Belinda Rodik

Das
TAROT
Lexikon

Grundbegriffe
und Schlüsselworte
zu Symbolik
und Deutung

Delphi bei Droemer

Die Folie des Umschlags sowie die Einschweißfolie sind PE-Folien
und biologisch abbaubar.
Dieses Buch wurde auf chlor- und säurefreiem Papier gedruckt.

INHALT

»Hätte ein Gefangener keine Bücher außer dem Tarot, dessen Anwendung er verstünde, könnte er sich in einigen Jahren ein universelles Wissen aneignen und sich in unvergleichlicher Gelehrtheit mit unerschöpflicher Beredsamkeit unterhalten.«

Eliphas Lévi

EINFÜHRUNG

Die Fülle an Tarotliteratur macht es recht schwierig, sich einen Überblick über die Grundlagen des Tarot zu verschaffen. Auf den ersten Blick hat es den Anschein, als gäbe es keinerlei Regeln oder festgelegte Maßstäbe, auf denen alle Tarotautoren aufbauen. Tatsächlich aber gibt es definierte Regeln und Maßstäbe, die sich nicht nur in der Literatur widerspiegeln, sondern auf deren Basis auch die vielen verschiedenen Kartendecks, die jährlich erscheinen, erarbeitet werden. Dabei ist es ganz gleich, ob die Bildsymbolik im russischen Stil gemalt wurde oder ob man die altüberlieferten Figuren durch Katzen, Hunde oder Raumschiffe ersetzt hat. Alle Tarotdecks erzählen den gleichen Inhalt.

Hinzu kommt, daß es meist für Anfänger oder Laien nicht ganz einfach ist, Sachbücher über Tarot auf Anhieb zu verstehen. Die meisten Tarotautoren beschäftigen sich seit langem mit den Karten bzw. mit den dem Tarot verbundenen esoterischen Wissenschaften, z. B. Astrologie oder Kabbala. Sie benutzen Fachwörter, die für sie als Kenner natürlich selbstverständlich sind, und vergessen dabei, daß der Tarotanfänger diese Begriffe noch nicht kennt. Hier setzt eine wichtige Aufgabe dieses Lexikons ein: Es hilft dem Tarotlaien, der gerade erst beginnt, mit Tarot zu arbeiten, sich einen schnellen Überblick zu verschaffen – über Tarot selbst und sämtliche dem Tarot zugeordneten esoterischen Disziplinen. Je tiefer jemand

Tarot de Marseille

9

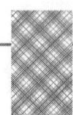

ins Tarot einsteigt, um so wertvoller wird dieses Wörterbuch als Nachschlagewerk, weil es dafür sorgt, die Kenntnisse zu vertiefen und Stück um Stück zu erweitern.

Für den Tarotkenner wiederum stellt das Lexikon eine Zusammenfassung dar, die ihm hilft, Fakten und Zusammenhänge mit einem Griff zu finden, die man sonst mühsam aus den unter-

A. E. Waite

schiedlichsten Büchern heraussuchen müßte. Wenn man z. B. auf die Schnelle die Planetenzuordnungen finden möchte, muß man sehr versiert sein, um die verschiedenen Zuordnungen der unterschiedlichen Autoren im Blick behalten zu können. Dieses Wörterbuch kann also sowohl Tarotanfängern als auch geübten Tarotforschern eine wertvolle Hilfe sein.

Die umfassende Thematik ließ es naturgemäß nicht zu, jedes der unzähligen

A. Court
de Gebelin

M. Le D'Encausse
(Papus)

Details, das zum Thema Tarot verfaßt oder gesagt wurde, aufzunehmen. Außerdem wird die Tarotliteratur natürlich durch Neuerscheinungen ständig erweitert. Dies mag auf den ersten Blick nachteilig erscheinen, ist es aber keineswegs, da das Augenmerk auf die altüberlieferten Symbole gerichtet wurde, die bis heute Bestand haben und Grundlage für jede Neuerscheinung bilden. So gelten in den Bereichen Astrologie, Kabbala, Zahlenmystik bis heute die erarbeiteten Erkenntnisse von Lévi, Papus, Christian und Crowley, wirklich neue Erkenntnisse sind auf diesen Gebieten nicht zu verzeichnen. Mit Ausnahme weniger Autoren (z. B. Cynthia Giles) stützt sich die heutige Tarotliteratur also auf die überlieferte, klassische Literatur, so daß dieses Wörterbuch in der Tat aktuell ist und nichts an Aktualität verlieren wird.

Neue Erkenntnisse sind in den modernen Naturwissenschaften zu erwarten, die allerdings selbst noch mit der Anerkennung durch die »alte« Naturwissenschaft (die Newtonsche) zu kämpfen haben. Bereits Crowley verwies in seinen Büchern auf Einstein und Physi-

kerkollegen, um den Tarot aus dem Bereich der vermeintlichen Scharlatanerie herauszuführen. Leider sind neue Erkenntnisse und Forschungsergebnisse des Tarot im Zusammenhang mit moderner Physik wahrscheinlich nicht allzu schnell zu erwarten. Doch es wäre ein guter Ansatz zu neuer Erkenntnis zu gelangen, die durchaus in den Bereich der Esoterik fallen würde, da man heute weiß, daß viele Begriffe der Alchemie und der Geheimwissenschaften durchaus mit den Begriffen der modernen Naturwissenschaft zu verbinden sind. Es bleibt abzuwarten, inwieweit in diesem Bereich wahrhaft Neues zu erwarten ist.

Sich mit den altüberlieferten Symbolen und Werten des Tarot, die in diesem Wörterbuch zusammengefaßt sind, zu befassen, bietet jedem von uns, einen ganz eigenen Weg zu wichtigen Erkenntnissen und Einsichten zu kommen.

Rider-Waite-Tarot

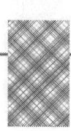

Benutzerhinweise

Hebräische Buchstaben:
Die hebräischen Buchstaben sind unter ihrem lautsprachlichen Namen zu finden, also Aleph, Beth, Gimel …
Die einzelnen Zeichen – wie א für Aleph sind unter dem Stichwort »Hebräisches Alphabet« zu finden. Die Schreibweise der Bezeichnungen weicht in der Literatur deutlich voneinander ab. In diesem Wörterbuch wurde die gängigste deutsche Schreibweise gewählt.

Schreibweise der Fachbegriffe:
Einzelne Fachausdrücke weichen in ihrer Schreibweise in der einschlägigen Tarotliteratur deutlich oder geringfügig voneinander ab. So wird z. B. der ägyptische Gott Thot manchmal auch Thoth geschrieben. Es wurde die jeweils gängigste Form gewählt. Bei Buchtiteln wurde die Schreibweise des Autors verwendet.

Stichwortverzeichnis als Suchhilfe:
Die Suchhilfe am Ende des Buches ist in fachliche Themengruppen unterteilt, in die der Tarot und die mit dem Tarot zusammenhängenden esoterischen Wissenschaften gegliedert werden können. So finden Sie z. B. unter »Tarot und Kabbala« alle Stichwörter zum Begriff Kabbala, die in diesem Wörterbuch aufgeführt sind. Das bedeutet, Sie können sich das Buch nicht nur über die einzelnen Stichwörter erschließen, sondern erhalten zugleich einen Überblick darüber, welche Begriffe zu den einzelnen Themenbereichen zählen.

Zahlen:
Alle Zahlen, auch die als Ziffern geschriebenen (1, 2, 3), sind unter den ausgeschriebenen Stichwörtern zu finden, also »Eins«, »Zwei«, »Drei« …

Zusammengesetzte Stichwörter:
Stichwörter wie »Das Gericht« oder »Der Herrscher«, die in Kombination mit dem Artikel einen festen Begriff bilden, finden sich immer unter dem jeweiligen Hauptwort, der Artikel ist nachgestellt, z.B. »Gericht, Das«. Feststehende, mehrgliedrige Begriffe, z. B. »Astrologische Häuser« oder »Große Arkana« finden sich unter dem ersten Buchstaben, hier also unter »A« und »G«, da es sich hier um untrennbare Begriffe handelt.

Verweise:
Das Zeichen → bedeutet, daß der Begriff in diesem Lexikon unter dem entsprechenden Stichwort erläutert wird.

13

BEGRIFFE VON A BIS Z

Abenteuer

Karte	Art
Der Narr (0)	Abenteuerliche Person und/oder Beginn eines Abenteuers.
Ritter d. Stäbe	Abenteuer durch Vorrücken ins Unbekannte.
Ritter d. Schwerter	Ein Mensch, der sich kopfüber in Abenteuer stürzt.

Abgeleitete Häuser

→ Legesystem nach → Papus; baut auf der Auslegung der → astrologischen Häuser der → Radauslage auf. Astrologische Kenntnisse – vor allem der klassischen Astrologie und der astrologischen Prognose – sind für dieses Legesystem notwendig. Hat der Fragende nicht zu seiner eigenen Person, sondern zu der des Vaters, der Mutter, Fragen, wird dieses Legesystem angewandt. Hierbei wird die Bedeutung eines Hauses in bezug zu einem anderen gestellt. Wird z. B. Auskunft über die Ehefrau verlangt, wird Haus VII (Ehepartner) so analysiert, als wäre es Haus I usw. Anschließend wird Haus VIII als Haus II interpretiert,

Haus IX als III, d.h. die Häuser des → Radix müssen umnumeriert werden, wie es in der klassischen Astrologie (z. B. Stundenastrologie) bekannt ist. Dadurch werden z. B. die Karten der Ehefrau über die Karten des Ehemannes mitgedeutet.

Haus I des Fragenden
Wird zu Haus VII des Ehepartners,
Haus IX des Kindes,
Haus IV der Mutter,
Haus X des Vaters

Haus II des Fragenden
Wird zu Haus VIII des Ehepartners,
Haus IX des Kindes,
Haus V der Mutter,
Haus XI des Vaters

Haus XII des Fragenden
Wird zu Haus VI, des Ehepartners,
Haus VIII des Kindes,
Haus III der Mutter,
Haus IX des Vaters

Haus XI des Fragenden
Wird zu Haus V des Ehepartners,
Haus VII des Kindes,
Haus II der Mutter,
Haus VIII des Vaters

Haus III des Fragenden
Wird zu Haus IX des Ehepartners,
Haus XI des Kindes,
Haus VI der Mutter,
Haus XII des Vaters

Für den Verlobten oder die Verlobte gilt Haus III. Für einen früheren Ehemann gilt Haus IX.

Abhängigkeit

Karte	Art
Der Teufel (XV)	Abhängigkeit durch Unterwerfung, Sucht, Gewalt durch eine andere Person.
Der Mond (XVIII)	Abhängigkeit im Sinne von ausgenützt werden.
8 d. Schwerter	Abhängigkeit durch Gefangenschaft, Verleumdung oder beherrscht werden durch Dritte.

Haus X
des Fragenden

Wird zu Haus IV
des Ehepartners,
Haus VI
des Kindes,
Haus I
der Mutter,
Haus VII
des Vaters

Haus IX
des Fragenden

Wird zu Haus III
des Ehepartners,
Haus V
des Kindes,
Haus XII
der Mutter,
Haus VI
des Vaters

Haus VIII
des Fragenden

Wird zu Haus II
des Ehepartners,
Haus IV
des Kindes,
Haus XI
der Mutter,
Haus V
des Vaters

Haus VII
des Fragenden

Wird zu Haus I
des Ehepartners,
Haus III
des Kindes,
Haus X
der Mutter,
Haus IV
des Vaters

Haus VI
des Fragenden

Wird zu Haus XII
des Ehepartners,
Haus II
des Kindes,
Haus IX
der Mutter,
Haus III
des Vaters

Haus V
des Fragenden

Wird zu Haus XI
des Ehepartners,
Haus I
des Kindes,
Haus VIII
der Mutter,
Haus II
des Vaters

Haus IV
des Fragenden

Wird zu Haus X
des Ehepartners,
Haus XII
des Kindes,
Haus VII
der Mutter,
Haus I
des Vaters

Auslegung der
Karten – die
abgeleiteten
Häuser

Abneigung

Karte	Art
4 d. Kelche	Einem Menschen oder einer Sache gegenüber vollkommen abgeneigt sein, nichts mehr annehmen.

Absichten

Karte	Art
Mond	Die wahren Absichten eines anderen nicht durchschauen können.
Bube d. Stäbe	Ein Fremder mit guten Absichten.

Acht

→ Grundzahl.

1. Die kosmische Zahl. Zahl der Ewigkeit: In der hebräischen Zahlenmystik gilt die 8 als die Zahl des neuen Tages und steht damit in engem Zusammenhang mit der Zahl 50 ($7 \times 7 = 49$ = Symbol für diese Welt, während die 50 bereits die Offenbarung, die neue Welt symbolisiert). Der 8 wird der hebräische Buchstabe → Chet zugeordnet. Mit der 8 beginnt ein neuer Siebenerzyklus (7 = die Zahl der Zeit). Auch die Zahl Gottes genannt. Die persönliche Zahl des Gottes → Thot, → Merkur (Hermes). Ist die Zahl der Magie und der hermeneutischen Wissenschaft. → Case nennt sie die vollkommene Intelligenz. Da die Zahl 7 auch die Zahl des Erfolges ist, wird die 8 auch als die vollkommene Verwirklichung des Erfolges betrachtet und galt für Aristoteles und Pythagoras als Zahl der Fülle und Vollkommenheit. Die 8 ist zudem die erste Kubikzahl ($2 \times 2 \times 2$). Die 8 ist die Zahl der Einweihung, da sie erst die vorletzte Grundzahl vor der 9 ist, die für die Vollendung steht. Die 8 ist in 2×4 teilbar, deshalb auch Symbol für Gerechtigkeit. Auch bei der erneuten Teilung (2×2) ergibt sich wieder die Gleichheit. Die zwei sich überschneidenden Linien stellen bildlich den Übergang vom Irdischen zum Göttlichen dar. Als Glückszahl: Das → Rad des Schicksals hat 8 Speichen (z. B. → Rider-Waite-Tarot), ebenso das Jahresrad der Germanen und das buddhistische Radsymbol.

2. Im Tarot ist die 8 → Die Gerechtigkeit – Justitia mit Schwert und Waage. → A. E. Waite tauschte Die Gerechtigkeit (XIII) mit der Trumpfkarte → Kraft (XI). Beim → Rider-Waite-Tarot ist u. a. eine junge Frau dargestellt, über deren Kopf die liegende 8 zu sehen ist. (→ Lemniskate). Möglicherweise wollte er damit einen Bezug zur → Numerologie aufzeigen, hier fehlt es der 8 oftmals an → Kraft, Unternehmungen zu Ende zu bringen. Das Bild im Rider-Waite-Deck zeigt ein junges Mädchen, das einem Löwen das Maul besänftigend zudrückt. Dies grenzt ebenfalls an Überirdisches und bedeutet, daß der Betreffende seine Emotionen (der Löwe) mit Sanftmut unter Kontrolle halten soll, was Kraft kosten könnte.

3. Im Tarot gibt es in jedem Satz eine Acht. Treten mehrere Achten in einem Kartenbild auf, so haben diese die folgenden, zusätzlichen Bedeutungen (kann unterschiedlich sein, je nach Position):
2 Achten: neue Erkenntnisse
3 Achten: viele Reisen oder Heirat
4 Achten: viele Neuigkeiten oder Umkehrung

Acht der Kelche

→ Zahlenkarte.
Rider-Waite-Tarot: Die acht Kelche stehen im Vordergrund des Bildes, während ein Mann (in

Acht der Kelche, Rider-Waite

Umhang, gestützt auf einen Stab) den Ort des Geschehens verläßt. Er hat den Kelchen bereits den Rücken gekehrt, und er schickt sich an, einen Berg hinaufzugehen, der Mond zeigt die Nacht an.

Tarot de Marseille: Die acht Kelche unterteilen sich in zwei Gruppen zu je drei Kelchen oben und unten, zwei Kelche in der Mitte der Karte. Die beiden mittleren Kelche werden von Blumen umrahmt. Hier wird das Gleichgewicht zwischen dem Spirituellen (oben) und dem Materiellen (unten) symbolisiert – zusätzlich durch die vorherrschenden Farben Rot (Materie) und Blau (Spirituelles), welche durch die grünen Blätter verbunden werden (Grün als Symbol des Ausgleichs), s. →
Farbsymbolik.

Acht der Kelche, Marseille

Symbol für: Die kosmische Acht wird häufig in Verbindung mit Veränderungen gebracht; hier in negativer Beziehung: Die Karte zeigt das Ende einer Angelegenheit an, Aufgabe von Plänen, die vielleicht nicht mehr so wichtig erscheinen, Verzicht, Enttäuschung.
Umgekehrte Bedeutung: Fröhlichkeit, Fortsetzen der Arbeit an bestimmten Plänen, Freude.

Acht der Münzen

→ Zahlenkarte.
Rider-Waite-Tarot: Ein Steinmetz bei der Arbeit, sechs Pentakel hängen ausgestellt vor ihm (rechte Seite), ein

Acht der Münzen, Rider-Waite

Pentakel liegt zu seinen Füßen, während er das achte gerade bearbeitet.
Tarot de Marseille: Jeweils vier Münzen zu

17

Acht der Münzen,
Marseille

jeder Seite, getrennt durch Blüten und blühende Zweige. Die Gleichmäßigkeit der Anordnung symbolisiert hier das Gleichgewicht, ohne daß sich die Münzen berühren und damit Kraft abgeben müßten.

Symbol für: Auftrag, Handfertigkeit, Geschicklichkeit im Handwerk, Freimütigkeit, Aufrichtigkeit, schnelle Auffassungsgabe, Lehrzeit. Das Arbeiten an den Grundlagen einer Sache.

Umgekehrte Bedeutung: Mangelnder Ehrgeiz, Wucher, Vorgabe von Fertigkeiten, die nicht vorhanden sind, Lüge.

Acht der Schwerter

→ Zahlenkarte.
Rider-Waite-Tarot: Drei Schwerter stecken links, fünf Schwerter rechts in der Erde, zwischen den Schwertern steht eine Frau in

Acht der Schwerter,
Rider-Waite

Fesseln und mit verbundenen Augen.

Tarot de Marseille: Jeweils vier Schwerter auf jeder Seite, die an ihren Enden oben und unten ineinander verflochten sind. Eine Blume in der Mitte.

Acht der Schwerter,
Marseille

Symbol für: Schlechte Neuigkeiten, Demütigung, Verurteilung, Macht der Fesseln und Hindernisse, Konflikt, Krankheit, Verrat, Verleumdung, Kritik, Zensur, Gefangenschaft, Krise, große Not.

Umgekehrte Bedeutung: Unruhe, Verhängnis, Schwierigkeiten. Unangenehme Dinge aus der Vergangenheit können den Fragenden einholen.

Acht der Stäbe

→ Zahlenkarte.
Rider-Waite-Tarot: Flug von acht Stäben durch das offene Land, wobei sie sich bereits der Erde zuneigen; zwischen den Stäben Abstände – vier Stäbe und zwei mal zwei Stäbe.

Tarot de Marseille: Jeweils vier rotblaue (Materielles und Spirituelles miteinander verwoben) Stäbe auf jeder Seite, die in der Mitte miteinander verflochten sind.

Symbol für: Eine getroffene Entscheidung, rasches Handeln und Fortbe-

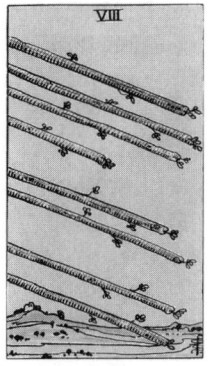

Acht der Stäbe,
Rider-Waite

Acht der Stäbe,
Marseille

wegen, Beweglichkeit in Unternehmungen, große Hoffnungen, das ange-
strebte Ziel verspricht sicheres Glück.
Die Karte kann aber auch großen Streß
anzeigen.
Umgekehrte Bedeutung: Herausforde-
rung, Streit, Eifersucht.

Achtzackiger Stern

Acht achtzackige Sterne in der Großen
Arkana → Der Stern (XVII); Symbol
der Göttin → Astarte (Ishtar). In der
klassischen Symbolik stellen Sterne generell Planeten oder Kometen dar.

Achtzehn

1. Astronomische Symbolzahl, da alle
18 Jahre Sonnen- und Mondfinster-
nisse wiederkehren. Symbolzahl des
→ Elementes → Luft. Der Magier und
Philosoph Agrippa von Nettesheim
schrieb, die 18 sei eine »unglückliche
[Zahl], denn achtzehn Jahre diente Israel dem moabitischen Könige Eglon«
(Aus: »Die magischen Werke«.) Da der

Zahlenwert 18 nach der hebräischen
Zahlenmystik dem Namen David
entspricht, spielt diese Zahl in der
→ Kabbala eine bedeutende Rolle.
Die christliche Mystik sieht in der 18
die Verbindung der 10 Gebote mit der
Auferstehung – der 8. Tag. Wird die
18 dreigeteilt, erhält man 3 Sechsecke
(auch Davidschilde genannt), die als
Glücksbringer betrachtet werden.
Außerdem steht die 18 in enger Verbindung mit der Kreiszahl 360 (die Hälfte
der 36 = 18).
2. Im Tarot ist die 18. → Trumpfkarte
→ Der Mond. Bei manchen Tarotsätzen
(Tarot de Marseille u. a.) fallen 18 Tau-
oder Blutstropfen vom Himmel. Da
in der hebräischen Zahlenmystik erst
die 20 wieder eine wirkliche Zahl darstellt, kann der 17 eigentlich kein hebräischer Buchstabe zugeordnet werden. Da manche Autoren jedoch den
Tarot mit dem → hebräischen Alphabet
gleichsetzten, steht für die Karte 18 der
Buchstabe → Zade. → Case ordnet der
18. Karte den Buchstaben → Kof zu, da
er den ersten Buchstaben → Aleph
nicht der 1, sondern der 0 zuschrieb.

AGM AG Müller

Spielkartenhersteller, Neuhausen,
Schweiz; größtes deutschsprachiges
Angebot an Tarotkarten, z.B.: Neuzeit
Tarot, Zigeuner Tarot, Kabbalistischer
Tarot, Tarot Classic, Rider-Waite-
Tarot, Aleister Crowley Tarot, Arcus
Arcanum, Tarot der Liebe, Jungiani-
scher Tarot.

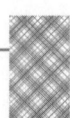
Ägyptische Symbole

Seit → Court de Gebelin fasziniert ein ägyptischer Ursprung der Karten die Tarotforschung, obwohl dieser nicht bewiesen ist. Auch moderne Tarotdecks verwenden ägyptische Symbole, Götter und Figuren. Der Name Hohepriesterin leitet sich ebenfalls aus den ägyptischen Ursprungsmythen ab. Sie wurde vorher als → Päpstin bezeichnet. Der → Hierophant hingegen wird manchmal auch Der Hohepriester genannt. Im → Rider-Waite-Tarot finden sich ägyptische Elemente, während andere Tarotsets komplett auf die ägyptische Mythologie bauen (z. B. → Brotherhood of Light Tarot). Auch der Tarotforscher → Paul Christian beschrieb 78 Meditations- und Einweihungsstufen anhand ägyptischer Motive. Dabei vermengen sich bei allen Tarotdecks und Autoren die verschiedenen Epochen ägyptischer Mythologie.

Ägyptische Symbole des Tarot

Die wichtigsten Symbole sind:

Ägyptische Götter

Anubis: Schakalköpfiger Totengott. Nachdem Osiris als neuer Totengott in Erscheinung trat, wurde Anubis zu seinem Untertan und zum Wächter und Wäger der Herzen beim Totengericht. Im Rider-Waite-Deck stellt eine der Figuren am Rad des Schicksals Anubis dar. Anubis wird zudem bei den meisten Tarotdecks, die sich mit ägyptischer Symbolik auseinandersetzen, auf dieser Karte gezeigt, um das ewige Auf und Ab des Lebens zu versinnbildlichen. Anubis ist aber auch als Wächter der Unterwelt auf der Karte des Mondes zu sehen.

Aton: Zunächst der Name für die Sonnenscheibe, die Sonne als astronomisches Objekt. Später war Aton der Name für die sichtbare Erscheinungsform des Sonnengottes Re, später wurde Aton selbst zum Sonnengott (symbolisch dargestellt als Mensch mit Falkenkopf). Das Zeichen der Münzen oder Pentakel wurde und wird mit Aton in Verbindung gebracht.

Horus: Wahrscheinlich ursprünglich ein Himmelsgott, der als Falke mit ausgebreiteten Flügeln dargestellt wurde. Ursprünglich war Horus der Bruder von Seth und stellte damit die helle, positive Seite der Dualität dar, während Seth ihm gegenüberstand. Später wurde Horus zum Sohn von Osiris und auch Sohn der Isis. Im Tarot wird Horus als »Göttliches Kind« mit den Karten in Verbindung gebracht. Die Karte des Turmes wird auch als Sinnbild für das »Auge des Horus« gesehen, durch dessen Öffnen das Universum zerstört werden kann.

Isis: Der Kopfschmuck der Göttin sieht aus wie ein Thron, daher wird sie auch als die »Mutter der Könige« betrachtet. In der Mythologie war sie die Gattin von Osiris und Mutter des Horus. Sie wurde auch mit dem Reich der Magie und des Zaubers in Verbindung ge-

bracht. Die verschleierte Isis zeigt im Tarot → Die Hohepriesterin (mit Bezug zu ihrer Daseinsform als Mondgöttin) und die unverschleierte Isis-Herrscherin.

Nut: Die Göttin galt als Tochter des Luftgottes Schund. Als Mutter des Sonnengottes Re verschlang sie allabendlich ihren Sohn und gebar ihn morgens aufs neue. Dadurch wird Nut mit der Auferstehung in enge Verbindung gebracht. Zudem galt sie als die Herrin über das Himmelsgewölbe und die Sterne. Manche Tarotautoren setzen sie mit der Tarotkarte → Der Hierophant in Verbindung.

Maat: Die Göttin wird mit der Gesetzmäßigkeit aller Daseinsformen in Verbindung gebracht. Sie galt als Herrin über Recht, Wahrheit und Weltenordnung. Dadurch steht sie auch symbolisch in enger Verbindung mit der Tarotkarte → Die Gerechtigkeit. Die Feder der Maat (eine Straußenfeder) galt als Symbol der Wahrheit, während die Richter die Priester der Maat waren. → Crowley nannte diese Straußenfeder das Symbol der zweifältigen Wahrheit.

Osiris: Vielfältiger Gott der ägyptischen Götterwelt. Gatte von Isis und Bruder des Seth. Da Seth Osiris die Beliebtheit beim Volk neidet, bekämpft und tötet er ihn. Isis erweckt ihn mit Hilfe von Anubis wieder zum Leben. Durch seinen Tod (im Nil) und seine Wiederauferstehung wird er u. a. als Gott der Auferstehung betrachtet.

Durch seinen Tod durch Ertrinken im Nil wird das Land überschwemmt und damit fruchtbar gemacht. Somit gilt er auch als Gott der Fruchtbarkeit. Die Dreiheit Isis–Osiris–Horus wird in der Tarotsymbolik mit der Dreiheit Herrscherin, Herrscher und Hierophant in Verbindung gebracht.

Thot: Der ibisköpfige Gott steht in enger Verbindung mit dem Gott Osiris, als dessen Beschützer er galt. Zudem soll Thot aus dem Kopf des Seth entsprungen sein. Thot galt als Überbringer der Sprache und der Schrift und wurde daher auch mit dem griechischen Gott der Sprache, Hermes, gleichgesetzt. Er wird mit dem → Magier im Tarot in Verbindung gebracht (→ Hermes Trismegistos).

Mako: Sohn des Gottes Seth, der in Form eines Krokodils verehrt wurde.

Seth: Der Gott Seth galt als Bruder des Gottes Horus und stellte damit einen Teil der Dualität dar. Während Horus als Gott des lebenspendenden Nils verehrt wurde, galt Seth u. a. auch als Gott der Wüste und damit auch als Widersacher des Gottes Osiris, der für die Vegetation stand.

Krokodil: In frühen ägyptischen Darstellungen war der Kopf des Krokodilgottes mit einer Feder geschmückt. Auch → Der Narr trägt meist eine Feder an seinem Hut, um seinen regen und wachen Geist zu symbolisieren. Allerdings war im alten Ägypten das Krokodil ein Unglückstier, da es von Seth, dem Gott der Unterwelt ab-

stammte. → Crowley geht bei dem Krokodil als Symbol von dem Gott Sebek (auch Suchos) aus. Manche alte Tarotdecks zeigen den Narren auch nicht in Begleitung eines Hundes, sondern eines Krokodils. Das Krokodil gilt im Tarot allgemein als Symbol des Narren.

Ägyptische Symbole

Ankh: Symbol (Hieroglyphe) für Leben, auch ewiges Leben. Das Ankh taucht in der Tarotsymbolik oftmals anstatt des Symbols des Zepters oder des Stabes auf. (Als Zeichen der Macht des Trägers, da das Ankh auch ein Symbol der Götter war, wie der Stab ein Symbol der Macht darstellt.) Die Figur → Der Gehängte baumelt manchmal auch nicht von einem Ast oder Baum, sondern ist an der oberen Schleife des Ankh befestigt.

Ibis: Der Vogel galt als Symbol der Konzentration und z.T. auch als Inkarnation des Gottes Thot.

Obelisk: Die Spitze von Obelisken galt als Sitz des Sonnengottes. Zwei Obelisken nebeneinander sollten auch die beiden Pole der Dualität und des Kosmos versinnbildlichen. Auf der Karte der Hohepriesterin sind oftmals zwei Obelisken zu sehen, die ebenfalls die Dualität darstellen.

Skarabäus: Der heilige Käfer war Sinnbild der Selbstschöpfung, auch ein Glückssymbol und der Sonne zugeordnet. Daher auch mit dem Schöpfergott Atum gleichgesetzt. Ein Skarabäus fin-

det sich z.B. auf der Karte des Mondes im Crowley-Tarot.

Sphinx: Entwickelte sich aus dem Symbol des Löwen, der mit dem König gleichgesetzt wurde. Auch Symbol der königlichen Macht. Die Sphinx wurde als Symbol besonders dem Sonnengott Amon-Re zugeordnet. Das Symbol der Sphinx findet sich auf mehreren Karten der Kartendecks, z.B. als Zugtiere vor dem → Wagen, als oberste Figur auf dem → Rad des Schicksals.

Ägyptischer Tarot

1. Mehrere Autoren, unter ihnen → Gebelin, → Eteilla, → Lévi, → Papus und → Scheidle, waren der Meinung, der Tarot wäre ägyptischen Ursprungs. Sie sahen in vielen Symbolen des Tarot ägyptische Symbole, wie z.B. die Krone der Isis (→ Die Hohepriesterin).

2. Zu den → Tarotsets, die mit ägyptischen Symbolen arbeiten, gehört u.a. auch der → Crowley-Tarot. Das Set entstand zwischen 1938 und 1942. 1941 erschien der Begleitband »Das Buch Thot. Ägyptischer Tarot«. (s. auch → Ägyptische Symbole, → Etymologie des Tarot, → Ursprungsmythen des Tarot.)

Aiwaz

Abgesandter des ägyptischen Gottes → Ra-Hoor-Khuit. Erschien angeblich → Aleister Crowley und offenbarte diesem ein neues Zeitalter, Auf diesen Offenbarungen basiert Crowleys Apho-

rismensammlung »Liber Al vel legis« (Das Buch der Gesetze).

Ajin

1. Sechzehnter hebräischer Buchstabe mit Bedeutung »Auge« und Zahlenwert 70. Dadurch eng mit der Bibel verbunden: 70 Älteste, 70 Sprachen beim Turmbau zu Babel, 70 Völker, 70 Weisheiten. Ajin symbolisiert den Menschen, der vor der Erkenntnis um sich blickt und äußere Erscheinungsformen wahrnimmt, später auch Verborgenes sehen kann. In der Schreibweise ist Ajin eine Verbindung von → Waw und → Sajin auf einer Grundlage und symbolisiert damit die Frage des Menschen, ob er bereits das Verborgene und damit »alles« sieht oder ob er lediglich äußere Erscheinungsformen wahrnimmt.

2. → Case ordnete Ajin dem → Teufel zu und nannte diesen Buchstaben auch die erneuernde Intelligenz.

3. Andere Autoren ordneten Ajin nach dem System von → Lévi dem Turm zu.

Aktivität

Karte	Art
As d. Schwerter	Aktivität, die Siege erringt, Aktivität, die Meisterschaft verlangt.
Bube d. Schwerter	Jemand, der sich aktiv in Wachsamkeit übt, der Aktivität als zum Erlangen von Übersicht betreibt.
Ritter d. Stäbe	Jemand, der überschäumt vor Aktivität, ständig in Bewegung zu sein scheint, Abenteuer und Reisen liebt.

Aleph

1. Erster hebräischer Buchstabe. Aus Aleph wurde das griechische Alpha. Bedeutet »das Haupt (des Stieres)«, wird dem Zahlenwert → Eins zugeordnet. Im jüdischen Glauben entstand die Welt im Zeitalter des Stieres. So wird Aleph noch zu einem Teil der jenseitigen Welt zugeordnet. Aleph gilt als Gottes Ruf aus dem Jenseits. Aleph ist aber auch die erste Manifestation aus Gottes Reich, das erste Sichtbarwerden aller Erscheinungen. Zwei Tropfen, in enger Beziehung mit Blutstropfen – einer oben und einer unten, die auch als Tränen gelten –, stehen für das Verborgene und das Erscheinende. Aleph wird als Zeichen gesehen und gelesen, nicht aber gesprochen. Es gilt als Hauch, da das Prinzipielle, das Grundlegende nicht ausgesprochen werden kann. Das Zeichen »Und« verbindet die beiden Tropfen oder Tränen, als Symbol für die Mitte, das Herz des Menschen.

2. → Case ordnet den Buchstaben Aleph im Tarot dem → Narr zu und nicht dem → Magier, der mit der Zahl 1 (Eins) beziffert ist, da mit dem Magier die diesseitige Welt beginnt, die

Welt der Manifestationen, während der Narr als das Ende und der Anfang der Karten gilt. Er bezeichnete Aleph als die feurige oder funkelnde Intelligenz. Case gab dem Narren mit der Ziffer 0 den ersten Buchstaben, da laut → Sohar der Buchstabe → Beth als der erste Buchstabe im hebräischen Text der Genesis (Schöpfungsgeschichte) gilt, während die 0 als Symbol des Göttlichen Geistes über den anderen Zahlen steht. Aleph und 0 repräsentieren damit den formlosen Geist, Beth und 1 hingegen den ersten Schritt in der Abfolge der Schöpfungsaktivitäten.
3. Andere Tarotautoren, z. B. → Waite, ordnen Aleph dem → Magier zu.

Alchemie

Auch Alchimie, Alchymie, Alchymei. Wissenschaft im Zeichen der Magie. Der Begriff Alchemie stammt höchstwahrscheinlich vom griechischen Kymia ab, übersetzt bedeutet es im übertragenen Sinn »die Kunst der Metallschmelzung«. Die Araber übernahmen den Begriff, setzten (relativ spät) den Artikel »al« voran. Erst in mittelalterlichen Schriften taucht die vollständige Bezeichnung »Alchemie« auf. Basierend auf der Lehre des → Mikro-Makrokosmos kommt bei der Alchemie das eigentlich Spezifische ihrer Lehre hinzu: die → Metallurgie, die Lehre von der Verwandlung und dem Wachstum der Materie. Bei der praktischen Alchemie stand die Transmutation (Umwandlung durch Auflösung

von Gegensätzen) von unedlen Metallen in Gold im Vordergrund. Die esoterischen Alchemisten suchten mit Hilfe ihrer Lehre den Weg zu Gott zu finden. Dieser Weg sollte über mehrere (Entwicklungs-)Stufen führen. Die von den Alchemisten durchgeführten chemischen Prozeduren waren dabei Sinnbilder der einzelnen Entwicklungsstadien, die Verfärbung der Metalle durch die unterschiedlichen Aggregatzustände trugen dabei »nur noch« symbolischen Charakter. Die Auflösung der Gegensätze begann mit den Grundstoffen Schwefel (männlich) und Quecksilber (weiblich), durch deren Vereinigung die verschiedenen Erze als »ihre Kinder« entstanden. Das Material wurde also zuerst aufgelöst (solve) und dann vervollkommnet wiederhergestellt (coagula). Die einzelnen Stufen führten von nigrede (Schwärzung) über albedo (Weißung) in Regenbogenfarben schillernden Dampf und zum »Stein der Weisen«, der durch rubedo (Rötung) entstehen sollte und als rotes Pulver zutage trat. Hierbei spielte auch die → Astrologie eine große Rolle, z. B. unter dem Einfluß des → Mondes sollte Silber heranwachsen, die → Sonne ließ Gold entstehen, die → Venus Kupfer, der → Mars Eisen und der → Saturn Blei. Die Transmutation wurde dabei in rätselhaften Bildern und Symbolen dargestellt. → Hermes Trismegistos spielte für die Alchemisten und ihre Lehren eine große Rolle. Nach Ausgang des Mittelalters bildeten sich durch die ver-

änderte Naturanschauung ein praktisch-chemischer Zweig – die Chemie – und ein theoretischer Zweig, deren Anhänger die Transmutation vervollkommnen wollten. In der Renaissance bildete die → Tabula Smaragdina die Grundlage für die alchemistische Lehre. Viele Esoteriker sahen (sehen) in der Tabula Smaragdina Anspielungen, die den Großen Arkana im Tarot entsprechen, bzw. setzten sie die einzelnen Stufen der Transmutation in Verbindung mit den Trumpfkarten. Im Orden des → Golden Dawn spielte die Alchemie eine nicht unwesentliche Rolle, Rituale nach alchemistischen Vorbildern wurden praktiziert. Die Alchemie stand für den Golden Dawn in engem Zusammenhang mit dem → Tarot, der → Kabbala, der → Astrologie und der → Numerologie. → A. E. Waite, der einen der beliebtesten Tarotsätze schuf, schrieb Bücher über die Alchemie. Auch → Israel Regardie veröffentlichte Arbeiten über die Alchemie. Der Psychoanalytiker → C. G. Jung sah in der Alchemie einen Weg der psychologischen → Transformation (Umwandlung), da die Bilder der Alchemisten den → archetypischen Vorstellungen nahe kommen; er verfaßte darüber die Werke »Psychologie und Alchemie« und »Studien über alchemistische Vorstellungen«.

Allegorische Karten

Andere Bezeichnung für die → Großen Arkana, da sie allegorische (symbolhafte) Bilder tragen.

Alleinsein

Karte	Art
Der Eremit	Sich auf sich selbst oder in die Einsamkeit zurückziehen, um ein Problem besser betrachten zu können.
10 d. Stäbe	Das Gefühl, alles allein machen zu müssen.
5 d. Schwerter	Das Gefühl, sich in einer Angelegenheit zu viel alleine aufgebürdet zu haben.

s. auch → Einsamkeit

Alliette

Geburtsname von → Eteilla, der diesen umkehrte, um einen besseren Klang und nach kabbalistisch-numerologischer Methode eine andere Aussage über seinen Namen und damit seine Person zu erzielen. Er ist beinahe ausschließlich als Eteilla bekannt.

Amanti, Il

Italienische Bezeichnung für die → Große Arkana → Die Liebenden.

Amethyst

Edler Stein der Quarzgruppe. Der violette Stein wird den → Großen Arkana → Der Gehängte und → Der Mond zugeordnet. Er soll seinem Träger die Angst vor sich selbst nehmen und ihn offen machen für spirituelle Dinge (s. auch → Edle Steine).

25

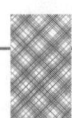

Ancien Tarot de Marseille

78 Karten, Verlag Grimaud. Das Kartendeck gehört zu den »Marseiller Tarockspielen«, dazu gehören sämtliche Tarotsets, die auf dem → Tarot de Marseille aufbauen. Der Ancien Tarot de Marseille ist hierbei für viele jedoch am interessantesten, da die Tarotforschung davon ausgeht, daß erst mit der Neuveröffentlichung dieser Karten im Jahr 1930 das Interesse am Tarot de Marseille für die → Divination geweckt wurde. Die Karten wurden im 19. Jh. erstmals gedruckt. 1930 brachte der Verlag Grimaud das Set mit einigen Veränderungen neu heraus. Die Figuren von → Papst und → Päpstin waren anstatt → Jupiter und → Juno eingesetzt worden. Der damalige Firmenleiter von Grimaud → Paul Marteau beschäftigte sich ernsthaft mit dem Tarot zu Divinationszwecken und brachte 1949 ein Begleitbuch zu den Karten heraus: »Le Tarot de Marseille«. In diesem entwickelte er eine für die damalige Zeit erstaunliche Art der Auslegung der Karten. → C.G. Jungs Lehre war noch nicht so bekannt wie heute, trotzdem versuchte Marteau diese einzubauen. Die Karten konnten in seiner Lehrmethode auf drei verschiedene Weisen auf ihren Aussagegehalt untersucht werden: »Anima«, »Geist« und »Physis«. Im heutigen Begleitheft findet sich diese Deutungsmethode auf zwei Gebiete zusammengezogen: »Körperlich« und »Geistig-seelisch«. Doch auf Marteaus Methode der Auslegung basieren heute eine Fülle von Legesystemen, die angebliche »neue Forschungsergebnisse der Psychoanalyse« berücksichtigen.

Angst

Karte	Art
Der Gehängte	Angst, sich aus einer Situation selbst befreien zu müssen.
Der Teufel	Schlimmste Ängste jeder Art.
Der Mond	Berechtigte Angst, im unklaren über eine Sache zu sein oder gelassen zu werden; berechtigte Angst vor Verleumdung.
Königin d. Schwerter	Jemand, der mit seinem Verstand die Fesseln der Angst und Verzweiflung lösen kann.
8 d. Schwerter	Angst, sich endgültig entscheiden zu müssen; Angst, vor den eigenen Fähigkeiten.
5 d. Schwerter	Angst, höhnisch besiegt zu werden.
2 d. Schwerter	Wut und Angst beherrschen den Menschen oder die Situation und machen diese beinahe unerträglich.
9 d. Stäbe	Angst, erneut verletzt zu werden.
5 d. Münzen	Materielle (oder geistige) Existenzängste.

Antichi Tarocchi Esoterici

Kartendeck mit 78 Karten, die auf einem Original aus dem ausgehenden 19. Jh. beruhen. Die divinatorische Bedeutung der Karten ist am oberen und unteren Ende der Karte angegeben. Die Auslegung erfolgt nach richtig und umgekehrt fallenden Karten, daher ist die Beschriftung ebenfalls so angebracht. Die Karten tragen in der linken oberen Ecke eine große, durchlaufende Numerierung, so daß z. B. die → 3 d. Kelche die Nummer 47 trägt und in richtiger Lage den Namen »Abschluß« aufweist. Umgekehrt gelegt bedeutet sie laut Angabe »Sendung«. Die Wahrsagebedeutungen beruhen auf den Überlieferungen → Eteillas und sind in Italienisch, Deutsch, Englisch und Französisch auf die Karten gedruckt. Die Bildgestaltung zeigt eine Mischung aus ägyptischen Figuren und Symbolen mit den Figuren der → Großen Eteilla Karten. Nur die Numerierung der → Großen Arkana wurde in die herkömmliche Art versetzt. Den Karten ist eine Beschreibung in ebenfalls vier Sprachen beigelegt, die eine ungewöhnliche → Auslegemethode nach Eteilla aufweist.

Alptraum

Karte	Art
Der Mond	Alptraumhafte Umgebung (Menschen oder Dinge).
9 d. Schwerter	Ein real gewordener Alptraum.

Altindische Karten

Manche Tarotforscher vertraten die Ansicht, der Ursprung des Tarot sei in Indien zu finden, wobei der Tarot dabei durch → Zigeuner nach Europa kam, da ihr Ursprung in Indien gesehen wird und die Zigeuner von jeher mit → Wahrsagen durch Karten in Verbindung gebracht werden. Ansatz für diese Annahme waren altindische Karten, die entweder acht oder zehn → Sätze in einem Spiel umfaßten. Die Sätze symbolisierten die zehn Inkarnationsstufen. Jeder Satz bestand aus zwölf Karten, die wiederum aus Zahlenkarten von eins bis zehn bestanden. Der Theorie, die Tarotkarten wären mit den Zigeunern aus Indien gekommen, steht jedoch die moderne Geschichtswissenschaft entgegen, die den Einzug der Zigeuner nach Europa erst später datiert, als den Ursprung bzw. das Aufkommen der Karten in Europa.

Anwalt

Karte	Art
Der Magier	Kann den Anwalt (die Anwältin) symbolisieren, wenn auf eine Rechtssache gelegt wird.

Aquarian Tarot

Tarotdeck (1970) von David Palladini. Obwohl die Kartengestaltung absolut auf Jugendstiltechnik ausgerichtet ist, wurde das Deck erst in den 70er Jahren

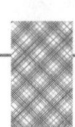

entworfen. Der Name Aquarian ist vom Wassermannzeitalter abgeleitet: Aquarius = lat. Name für das → Tierkreiszeichen → Wassermann. (Der Magier erinnert z. B. etwas an einen Popstar der 70er Jahre.) Obwohl das Kartenset in der Gestaltung nicht an die herkömmliche Überlieferung angelehnt ist, vereint es alle essentiellen Symbole des Tarot in sich, um tiefgreifend damit arbeiten zu können. Auch die Farbsymbolik ist nicht mit der klassischen Farbsymbolik zu vergleichen, trotzdem kann der Zugang zu den Karten schnell gefunden und sehr sinnvoll damit gearbeitet werden.

Aquamarin

Edler Stein, der zur Gruppe der Berylle zählt. Wird den → Großen Arkana → Der Narr und → Der Stern zugeordnet (s. auch → Edle Steine). Der Aquamarin galt schon von alters her als Schutzstein mit großen Kräften. So soll er besonders Hellsichtigkeit unterstützen.

Arbeit

Karte	Art
Der Magier	Absoluter Könner seiner Arbeit.
Der Herrscher	Verantwortlich und sozial arbeiten.
Bube d. Münzen	Stellenangebot.
8 d. Münzen	Geschickter Arbeiter (Handwerker), an der Basis einer Sache arbeiten; Neubeginn einer Arbeit.
3 d. Münzen	Meister seines Könnens, nur noch feine Arbeiten an einer Angelegenheit ausarbeiten müssen.
10 d. Stäbe	Sich zu viel Arbeit aufgebürdet haben.
5 d. Stäbe	Eine Sache noch bearbeiten müssen, sich üben in einer Angelegenheit (Scheinkampf).
6 d. Stäbe	Erfolgreicher Abschluß.
7 d. Münzen	Das Ernten der Früchte einer Arbeit, den Erfolg einer Arbeit betrachten können.

Archetypen

Von → C. G. Jung geprägter Begriff. Den Archetypen entsprechen bestimmte Urbilder, Urformen, die im kollektiven Unbewußten jedes Menschen in gleicher Weise verankert sind, z. B. das Bild der Mutter und des Vaters. Im Tarot stellen die → Großen Arkana Archetypen dar, z. B. Der Herrscher den Archetypus des Vaters, des Väterlichen. Auch → Symbole stellen Archetypen dar, z. B. das Symbol der Schlange oder des Mondes.

Arcus Arcanum Tarot

Tarotdeck von Günter Hager und Hansrudi Wäscher (1986). Die Gestaltung der Karten ist stringent comichaft an das Mittelalter angelehnt.

Arglist

Karte	Art
Der Teufel	Arglistiger Mensch, Verführer.
Der Mond	Arglistige Täuschung.
9 d. Stäbe	Angst vor Arglist.

Arkana

(Lat.) geheime Mittel, Geheimnis.
1. Geheimlehren werden auch Arkandisziplinen genannt. Vor allem in antiken Mysterienreligionen und im Frühchristentum wurde damit die Geheimhaltung der Lehren und Kulte einer Religionsgemeinschaft vor Außenstehenden in Wort und Schrift bezeichnet. Dabei werden manche → Symbole derart gewählt, daß die Glaubensaussagen und Inhalte verschleiernd dargestellt werden (z.B. das Symbol des Fisches als Symbol des Christentums). Viele Tarotforscher glauben, daß auch der → Tarot eine geheime Botschaft und Lehre beinhaltet, die sich nur Eingeweihten erschließt, die seine Symbolik kennen.
2. Der Tarot unterteilt sich in die 22 Großen Arkana (darunter → Der Magier, → Die Hohepriesterin, → Die Welt) und 56 → Kleinen Arkana (darunter → Könige, → Königinnen, → Buben, → Ritter, → Asse und → Zahlenkarten von → Zwei bis → Zehn). Die moderne Tarotforschung geht davon aus, daß → Christian den Begriff mit dem Tarot erstmalig in Verbindung brachte. Vor Paul Christian wurden die Großen Arkana → Trumpfkarten genannt.

Armut

Karte	Art
Der Eremit	Sich freiwillig in die Armut zurückziehen.
6 d. Münzen	Jemandem in Armut helfen.
5 d. Münzen	Materielle und/oder geistige Armut, da der innere Reichtum und/oder angebotene Hilfe nicht gesehen wird.
4 d. Münzen	Materielle und geistige Armut durch einen geizigen Menschen.
8 d. Schwerter	Emotionale Armut.
5 d. Kelche	Eingebildete Armut, da die Angelegenheit nicht verloren, aber so betrachtet wird.

Ars Memoria

Die Kunst des Gedächtnisses. Ist die Technik zur Erzeugung geistiger Strukturen (z.B. einer Reise oder eines Gebäudes) zur Aufbewahrung und zum Wiederabrufen von Informationen. Ars Memoria war im alten Griechenland als einfaches Mittel zur Steigerung der Gedächtnisfähigkeiten in Zeiten fehlender schriftlicher Unterlagen entwickelt worden. Im 13. Jh. wurde das Verfahren um die hebräische Buchstaben- und Zahlenmystik erweitert und zu einem Werkzeug zur Erlangung mystischer Erfahrung ausgebaut.

29

Arzt

Karte	Art
Der Magier	Kann einen Arzt (eine Ärztin) symbolisieren, wenn speziell nach Gesundheit gefragt wird.

As

→ Zahlenkarte. Die Asse repräsentieren die Qualität ihres jeweiligen → Elementes (z. B. Erde = Münzen = Materielles, Geschäftliches) in der reinsten Form, da sie die Vollkommenheit eines jeden Satzes darstellen. In manchen → Kartensets, z. B. → Rider-Waite-Tarot, ist auf jedem As eine Hand, die aus einer Wolke kommt und das betreffende Satzsymbol hält, zu sehen. Dies soll symbolisch die spirituelle Erfahrung darstellen, die Quelle unseres Unbewußten, unseres höheren Selbst. Treten mehrere Asse in einem → Legebild auf, so erhalten sie folgende, zusätzliche Bedeutung:

2 Asse: Gaunerei.

3 Asse: Reichtümer, (kleiner) Erfolg.

4 Asse: Große Stärke und Kraft oder günstige Gelegenheit.

Generell gilt, daß Asse immer starke Karten sind und von daher auch Stärke (von der Qualität des jeweiligen Satzes) repräsentieren. Manche Autoren sehen in den Assen auch immer eine Chance. Diese bezieht sich auf das Element (z. B. As d. Münzen = Chance auf großen Reichtum – materiell oder innerlich).

As der Kelche

→ Zahlenkarte.

Rider-Waite-Tarot: Eine nach oben geöffnete Hand, aus einer Wolke greifend, hält einen Kelch, der an einen christlichen Abendmahlkelch oder den Heiligen Gral erinnert. Eine weiße Taube mit geöffneten Flügeln und einer Hostie im Schnabel über dem Kelch. Aus dem Kelch strömen fünf Wasserstrahlen in einen Teich. Jodzeichen (→ Jod = zehnter hebräischer Buchstabe mit der Bedeutung »Hand«) unter dem Kelch.

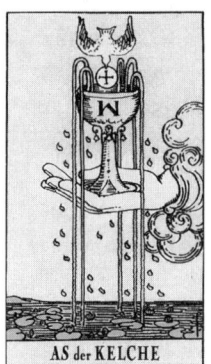
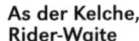

As der Kelche, Rider-Waite

As der Kelche, Marseille

Tarot de Marseille: Ein großer, prächtig verzierter Kelch in Gelb, Blau und Rot (s. auch → Farbsymbolik). Rechts und links wachsen Blumen und Zweige.

Symbol für: Chance auf Reichtum, Vollendung, Vollkommenheit und Freude, die nur durch reine Liebe erreicht werden können. Den spirituellen Sinn des Lebens begreifen. Zufriedenheit,

Enthusiasmus, Überfluß und Fülle im Gefühlsleben, wenn man darauf achtet, sein Herz auch den spirituellen Dingen gegenüber zu öffnen. Auch: Chance auf spirituellen Reichtum. Schönheit, überfließende Güte.

Umgekehrte Bedeutung: Wer sich nur nach weltlichen Dingen richtet, wird allerdings innerlich zerrissen werden, und es kommt zu Haltlosigkeit, unerwiderter Liebe, Sterilität, Unglück, Gewalt und Zerstörung.

As der Münzen

→ Zahlenkarte.

Rider-Waite-Tarot: Eine nach oben geöffnete Hand aus einer Wolke kommend, hält eine Münze. Unter der Hand ein reicher Garten mit einem Torbogen.

Tarot de Marseille: Eine große, goldene Münze in der Mitte mit Blumen verziert.

Symbol für: Chance auf materielle Gaben, Erfolg und materiellen

Triumph. Vervollkommnung, Fertigkeiten, Wohlstand, Glück, großer Reichtum, Glückseligkeit, die Verwirklichung von sich ergänzenden Ideen, die Verbindung von materiellem und spirituellem Glück, wenn man sich der Magie der Natur erinnert. Auch: Chance auf materiellen oder inneren Reichtum.

Umgekehrte Bedeutung: Wohlstand ohne Glück, verschwendetes Geld, Habsucht, Korruption, Konkurrenz, Mißtrauen, Abhängigkeit von Luxus, aber auch, daß die damit in Beziehung stehende Person sich weigert, erwachsen und damit unabhängig zu werden.

As der Schwerter

→ Zahlenkarte.

Rider-Waite-Tarot: Eine Hand aus einer Wolke kommend, hält ein Schwert senkrecht nach oben. An der Spitze des Schwertes eine mit Edelsteinen verzierte Krone und Eichen- und Lorbeer-

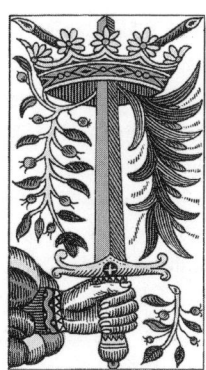

**As der Münzen,
Rider-Waite**

**As der Münzen,
Marseille**

**As der Schwerter,
Rider-Waite**

**As der Schwerter,
Marseille**

laub. Zu jeder Seite des Schwertes
Jodzeichen (→ Jod). Eine Gebirgsland-
schaft unter der Hand.
Tarot de Marseille: Eine Hand aus einer Wolke kommend, hält das Schwert
senkrecht in die Höhe. An der Spitze
des Schwertes eine goldene Krone mit
Eichen- und Lorbeerlaub.
Symbol für: Macht der Gerechtigkeit,
Weisheit und Wahrheit. Kraft, Energie
und Macht, repräsentiert Sieg, Aktivität, Vernunft, Intelligenz, Meisterschaft, Eroberung, emotionale Inten-
sität – sowohl Liebe als auch Haß
in reinster Form. Intellekt und Ge-
fühlswelt werden miteinander verbunden und führen so zum Sieg. Auch:
Chance auf eine intellektuelle Entscheidung.
Umgekehrte Bedeutung: Umsturz,
Tyrannei, Unglück, Selbstzerstörung,
Gewalt, Hindernis, Illusionen und ver-
wirrte Emotionen.

As der Stäbe,
Rider-Waite

As der Stäbe,
Marseille

Geburt eines Kindes, Beginn einer
sinnvollen Erfahrung, Anfang, Erfindung. Auch: Chance auf einen fruchtbaren Neubeginn.
Umgekehrte Bedeutung: Falscher Start,
Neubeginn, der falsch durchgeführt
oder zu oft probiert wird, zu viele Aktivitäten, die belasten, ungelenkte (auch
sexuelle) Energie, Dekadenz, hohles
Dasein.

As der Stäbe

→ Zahlenkarte.
Rider-Waite-Tarot: Eine Hand aus einer
Wolke kommend, hält einen Stab. Her-
abfallende Blätter zu beiden Seiten des
Stabes in der Form von Jod. Unter der
Hand eine grüne Landschaft mit einer
Burg und einem Fluß.
Tarot de Marseille: Eine Hand aus den
Wolken kommend, hält einen Stab, von
dem Blätter und Blumen fallen.
Symbol für: Gewinn, Erbschaft, Neu-
schöpfungen, sexuelle Energie und
Erfahrungen, Stärke, Macht, Erfolg,

Askese

Karte	Art
Der Eremit	Askese, um ein Problem näher betrachten zu können.
Die Mäßigkeit	Das rechte Maß finden.
4 Schwerter	Askese im Sinne von Meditation – freiwillig oder un- freiwillig – zur Askese gezwungen sein.
4 d. Kelche	Askese aus Trotz.

Astarte

Phönizische Liebes- und Fruchtbarkeitsgöttin. Mit der babylonischen Ishtar und der griechischen Aphrodite wesensverwandt. Der → achtzackige Stern gilt als eines ihrer Symbole. Sie wird mit der Karte → Der Herrscherin in Verbindung gebracht.

Astrologie

(Griech.) Sternkunde. Mit Hilfe astronomischer Daten, z.B. der Stellungen der einzelnen Sternbilder, → Sonne und → Planeten, der Einteilung der Ekliptik (→ Astrologische Häuser), des Aszendenten (Geburtsstunde) und des MC (Medium Coeli = höchster Stand der Sonne zum Zeitpunkt der Geburt), wird das Schicksal eines Menschen u.a. errechnet. Dabei wird von der »Qualität des Augenblicks« gesprochen, was in engem Zusammenhang mit dem → Mikro-Makrokosmos steht (»Wie oben, so auch unten.«). Der Tarotforscher → Paul Christian war einer der ersten, die sich im Zuge des Tarot auch um eine Zuordnung der Karten zur Astrologie bemühten. Im → Golden Dawn war die Astrologie neben dem → Tarot, der → Alchemie, der → Kabbala und der → Numerologie ein wichtiges Instrument für die Arbeit mit visionären Erfahrungen. Der Tarotgelehrte → Papus beschäftigte sich stark mit der Lehre der Astrologie. → C. C. Zain, Begründer der »Kirche des Lichts« schuf weitere, tiefgreifendere Details im Zusammenhang zwischen Astrologie und → Tarot. → Paul Foster Case, Gründer des Ordens → B.O.T.A., trug ebenfalls grundlegende Beiträge zur Annäherung von Tarot und Astrologie bei. Auch heute noch beschäftigt die Verbindung von Tarot und Astrologie die Autoren und Tarotforscher.

Astrologische Legesysteme sind z.B. → Astrologische Häuser und → Abgeleitete Häuser, die allerdings beide fundierte astrologische Kenntnisse vom → Deutenden verlangen. Die einzelnen → Tierkreiszeichen können auch jeweils einem der vier → Sätze zugeordnet werden, wobei sich hier die → Elemente entsprechen, d.h. jeder Satz im Tarot wird einem Element zugeordnet. In der Astrologie werden jeweils drei Tierkreiszeichen einem Element zugeordnet (Feuer-, Erd-, Luft- und Wasserzeichen):

Satz	Element	Tierkreiszeichen
Stäbe	Feuer	Widder, Löwe, Schütze
Schwerter	Luft	Zwillinge, Waage, Wassermann
Kelche	Wasser	Krebs, Skorpion, Fische
Pentakel	Erde	Stier, Jungfrau, Steinbock

In der Astrologie werden Planeten und → Tierkreiszeichen durch → Symbole dargestellt (siehe Seite 34).

Manche → Tarotdecks zeigen neben den Ziffern auch die astrologischen Symbole auf den Karten. Die Tarot-

Planeten	Symbol	Tierkreiszeichen	Symbol
Sonne	☉	Löwe	♌
Mond	☽	Krebs	♋
Merkur	☿	Zwillinge/Jungfrau	♊ / ♍
Venus	♀	Stier/Waage	♉ / ♎
Mars	♂	Widder	♈
Jupiter	♃	Schütze	♐
Saturn	♄	Steinbock	♑
Neptun	♆	Fische	♓
Uranus	♅	Wassermann	♒
Pluto	♀	Skorpion	♏

forscher → Case, → Scheidle, → Robson verbanden den Tarot mit der Astrologie und ordneten den 22 Großen Arkana sowohl ein → Tierkreiszeichen als auch einen Planeten zu. Speziell der Golden Dawn verband den Tarot mit der Astrologie. Man ging davon aus, daß alle westlichen, komplexen Orakelsysteme miteinander in Verbindung stehen und daher alle Karten des Tarot auch eine Zuordnung der Planeten und Tierkreiszeichen erfahren können. Sinn ist es dabei, bei der Deutung der Karte oder bei ihrer Verwendung zur → Tarotmediation immer auch die Planeten- und Tierkreiskräfte miteinzubeziehen. Da sich in neuerer Zeit immer mehr Autoren mit den Zuordnungen beschäftigten, gibt es beinahe keine einheitliche Regelung mehr. Darum sind die folgenden, nach klassischer Zuordnung von Case und dem Golden Dawn aufgeführt, allerdings sind die »neuen« Planeten Uranus, Neptun und Pluto be-

Zuordnung der Großen Arkana

Große Arkana		Planet
0	Der Narr	Uranus
I	Der Magier	Merkur
II	Die Hohepriesterin	Mond
III	Die Herrscherin	Venus
IV	Der Herrscher	Mars
V	Der Hierophant	Venus
VI	Die Liebenden	Merkur
VII	Der Wagen	Mond
VIII	Die Kraft	Sonne
IX	Der Eremit	Merkur
X	Rad d. Schicksals	Jupiter
XI	Die Gerechtigkeit	Venus
XII	Der Gehängte	Neptun
XIII	Der Tod	Pluto
XIV	Die Mäßigkeit	Jupiter
XV	Der Teufel	Saturn
XVI	Der Turm	Mars
XVII	Der Stern	Uranus
XVIII	Der Mond	Neptun
XIX	Die Sonne	Sonne
XX	Das Gericht	Pluto
XXI	Die Welt	Saturn

Planetenzuordnung der Kleinen Arkana

Kleine Arkana	Planet	Kleine Arkana	Planet	Kleine Arkana	Planet
2 d. Stäbe	Mars	9 d. Münzen	Merkur	Ritter d.	Uranus
3 d. Stäbe	Mars	10 d. Münzen	Merkur	Schwerter	
4 d. Stäbe	Mars	Bube d.	Saturn	Königin d.	Venus
5 d. Stäbe	Sonne	Münzen		Schwerter	
6 d. Stäbe	Sonne	Ritter d.	Saturn	König d.	Venus
7 d. Stäbe	Sonne	Münzen		Schwerter	
8 d. Stäbe	Jupiter	Königin d.	Merkur	As d. Schwerter	Merkur
9 d. Stäbe	Jupiter	Münzen		2 d. Kelche	Mond
10 d. Stäbe	Jupiter	König d.	Merkur	3 d. Kelche	Mond
Bube d. Stäbe	Jupiter	Münzen		4 d. Kelche	Mond
Ritter d. Stäbe	Jupiter	As d. Münzen	Venus	5 d. Kelche	Pluto
Königin d.	Sonne	2 d. Schwerter	Venus	6 d. Kelche	Pluto
Stäbe		3 d. Schwerter	Venus	7 d. Kelche	Pluto
König d. Stäbe	Sonne	4 d. Schwerter	Venus	8 d. Kelche	Neptun
As d. Stäbe	Mars	5 d. Schwerter	Uranus	9 d. Kelche	Neptun
2 d. Münzen	Saturn	6 d. Schwerter	Uranus	10 d. Kelche	Neptun
3 d. Münzen	Saturn	7 d. Schwerter	Uranus	Bube d. Kelche	Neptun
4 d. Münzen	Saturn	8 d. Schwerter	Merkur	Ritter d. Kelche	Neptun
5 d. Münzen	Venus	9 d. Schwerter	Merkur	Königin d.	Pluto
6 d. Münzen	Venus	10 d. Schwerter	Merkur	Kelche	
7 d. Münzen	Venus	Bube d.	Uranus	König d. Kelche	Pluto
8 d. Münzen	Merkur	Schwerter		As d. Kelche	Mond

reits miteinbezogen. Diese waren zwar in der Blütezeit des Golden Dawn noch nicht in der Aufzählung erwähnt (Pluto wurde zudem erst 1930 entdeckt), doch hat die auf dem Golden Dawn aufbauende Tarotforschung diese entsprechend zugeordnet. (Zu beachten ist: Sonne und Mond zählen in der Astrologie ebenfalls als Planeten. Die Erde wird in der Astrologie als Planet nicht einbezogen.)

s. auch einzelne → Tierkreiszeichen, z. B. Widder, außerdem einzelne → Planeten, z. B. → Sonne oder → Pluto

Astrologische Häuser

1. Bei der Erstellung eines Horoskops von entscheidender Bedeutung. Die Unterteilung des Horoskops erfolgt in zwölf Teile = Häuser, wobei jedes Haus für einen anderen Lebensbereich steht. Die Häuser werden durch die

Die Zuordnung der Häuser

Haus	Zuordnung
1. Haus	Das Ich, das Ego, Anlagen.
2. Haus	Materieller Besitz, ererbter Besitz.
3. Haus	Wie der Mensch sich nach außen gibt, präsentiert, seine Kommunikations-fähigkeit und auch die Geschwister.
4. Haus	Heim, Familie, die Mutter, die Seele, die Empfin-dungsfähigkeit.
5. Haus	Sexualität, Kreativität, das Schöpferische, die Kinder (auch die geistigen Kinder, sprich geistige Schöpfun-gen), manchmal auch der Vater.
6. Haus	Beruf, Gesundheit, die Vernunft.
7. Haus	Partnerschaften, Ehepart-ner, Beziehungen zu anderen Menschen, das persönliche Umfeld.
8. Haus	Tod und Wiedergeburt, Okkultes, Ideologien, Rituale.
9. Haus	Reisen, Religion, Philoso-phien, Hobbys, das soziale Milieu.
10. Haus	Die Berufung, der Vater.
11. Haus	Gesinnungsgenossen, die Gesellschaft.
12. Haus	Schicksal, geheime Feinde, Gefangenschaft.

Drehung der Erde um ihre Achse er-rechnet. Durch diese Drehung entsteht zu jedem Zeitpunkt ein anderes Projek-tionsbild der Tierkreiszeichen an jedem einzelnen Punkt der Erde. Diese Bilder werden in den Häusern erfaßt.

2. → Legesystem nach → Papus, das auf dem → Rad aufbaut. Zuerst werden die → Großen Arkana verwendet: Nach dem Mischen werden die zwölf obersten Karten des Stapels in Kreis-form, von links beginnend, ausgelegt. Jede der Karten steht für ein astrolo-gisches Haus und hat dem-zufolge auch dessen Be-deutung (Haus I betrifft die äußere Persönlichkeit, die man anderen zeigt, welchen Eindruck man bei anderen erweckt, Haus II spiegelt die Einstellung zu materiellen Werten wider, symbolisiert die Fähigkeit zu überleben usw.).

Haus XII
Prüfungen
Kämpfe
Geheime Dinge

Haus I
Der Fragende
Seine Geistes-haltung
Seine Möglich-keiten
Seine Absichten

Haus II
Die finanzielle Situation
Erwerbungen

Astrologische
Häuser

Die Auslage kann auf Fragen zu allen Lebensbereichen verwendet werden und gilt nur für wenige Monate oder Wochen. Nach den Großen Arkana kommen die → Kleinen Arkana. Auf jede Trumpfkarte wird eine Kleine Arkana gelegt, um das Problem näher zu betrachten, zu erhellen oder näher zu erklären usw. Will der Fragende nicht nur zur eigenen Person Fragen stellen, wird das Legesystem der → Abgeleiteten Häuser verwendet.

Haus X

Die gesellschaftliche Stellung
Ambitionen
Das Ideal
Der Vater

Haus XI

Beziehungen und Unterstützungen
Pläne
Hoffnungen

Haus IX

Das geistige Leben
Reisen
Höhere Studien
Verwaltung

Haus VIII

Veränderungen
Gewinne
Tiefgreifende Veränderungen

Haus VII

Das äußere Leben des Fragenden
Verbindungen und Vereinigungen
Heirat
Der Ehepartner

Haus VI

Arbeit
Gesundheit

Haus III

Die nähere Umgebung
Die Familienangehörigen
Neuigkeiten
Kleinere Ortswechsel
Brüder und Schwestern

Haus V

Das Gefühlsleben
Werke und Schöpfungen
Die Kinder

Haus IV

Ehe
Familie
Die Mutter

37

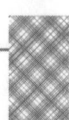

Astrum Argenteum

Nach der Spaltung des → Golden
Dawn und seinem Streit mit → Mathers
gründete → Aleister Crowley 1905 seinen eigenen Orden: Astrum Argenteum
(Der Silberne Stern), in dessen Lehren
er Sexualmagie, Tantrismus und Yoga
einbaute.

Atouts

(Franz.) für die 22 → Trumpfkarten
oder → Großen Arkana im Tarot.

Atutti

(Ital.) für die 22 → Trumpfkarten oder
→ Großen Arkana im Tarot.

Aufbruch

Karte	Art
Ritter d. Schwerter	Jemand, der beinahe voreilig zum Aufbruch zu Reisen oder in Abenteuer drängt.
6 d. Schwerter	Vorschneller Aufbruch; Aufbruch mit zuviel »Altlast«.
Ritter d. Stäbe	Jemand, der ins Unbekannte aufbricht.
8 d. Kelche	Schmerzvoller Aufbruch, da eine Angelegenheit nicht mehr weitergeführt werden kann.

Aufdecken der Karten

Üblicherweise werden die Karten vom
→ Deutenden von rechts nach links
aufgedeckt:

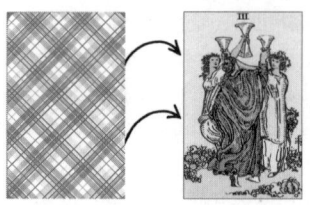

Wird die Karte hingegen von unten
nach oben aufgedeckt, wird sie auto-
matisch auf den Kopf gestellt. Darauf
muß geachtet werden, wenn auch die
→ umgekehrte Bedeutung der Karte
gedeutet werden soll.

Aufgabe

Karte	Art
8 d. Kelche	Aufgeben einer Aufgabe, da diese nicht mehr fortgesetzt werden kann oder nicht mehr wichtig erscheint.
5 d. Schwerter	Durch einen höhnischen Sieger zum Aufgeben gezwungen werden.

Ausgebreitete Flügel

In den → Großen Arkana → Die
Mäßigkeit (XIV), → Die Liebenden
(VI), → Das Gericht (XX) und → Der
Teufel (VI) zu sehen. Bei → Der
Mäßigkeit steht der Engel mit ausgebreiteten Flügeln auf der Erde. Das
himmlische Wesen verkörpert den absoluten Geist und die reine Erkenntnis,
die Flügel verstärken hierbei den Charakter des Mittlers zwischen Himmli-

schem und Irdischem. Im → Rider-Waite-Tarot symbolisieren die roten Flügel des Engels den (alchemistischen) Feuerzustand, in dem der Ausgleich stattfinden wird. (Diese → Trumpfkarte trägt manchmal auch den Namen → Ausgleich). Der Engel der Trumpfkarte → Das Gericht bläst die Trompete des Jüngsten Gerichts, und der Engel → Der Liebenden wacht über die beiden Menschen als Symbol der Mentalebene. Auf allen drei Karten hat der Engel oder Cherub immer Mittlercharakter, verstärkend symbolisiert durch die ausgebreiteten Flügel. Die ausgebreiteten Fledermausflügel des Teufels zeigen hingegen die Vergänglichkeit der irdischen Liebe und die beschränkte Macht des Teufels.

Ausgleich

Karte	Art
Die Mäßigkeit	Inneren Ausgleich als Seelenzustand finden.
Die Gerechtigkeit	Gerechten Ausgleich in einer Angelegenheit finden.
6 d. Münzen	Ausgleich im Sinn von »gerecht verteilen«.

Auslegemethode nach Eteilla

Sehr ungewöhnliche Form der Auslage eines Kartenbildes zur → Divination. Die Beschreibung hierfür findet sich heute als Begleittext der → Antichi Tarocchi Esoterici und beruht laut Angabe im Begleittext der Karten auf → Eteilla. (Manche Tarotforscher sehen den Ursprung dieser Legemethode allerdings in einem 1826 erschienenen Buch der Kartenlegerin Perenna aus Polen.) Bei dieser Legemethode ist es üblich, die Karten auch umgekehrt zu deuten. Daher muß man immer darauf achten, daß vor dem Mischen keine der Karten »auf dem Kopf stehend« im Stapel erscheint. Die Auslegemethode eignet sich auch für andere Kartendecks, doch muß man darauf achten, eine Karte als → Signifikator zu wählen, da diese sonst zu viel im restlichen Spiel wäre.

So geht man vor

1. Die Karten sorgfältig sortieren. Für den Ratsuchenden die entsprechende Karte herausnehmen und an die Seite legen.
2. Der Fragende muß eine eindeutige Frage stellen und anschließend die gesamten Karten siebenmal mischen, danach muß er mit der linken Hand die Karten abheben und den oberen Teil um 180° drehen. Dieses Ritual wird dreimal wiederholt.
3. Der Deutende verteilt anschließend die ersten vierzig Karten auf fünf kleine »Haufen des Lebens« mit je acht Karten. Diese Stapel haben folgende Bedeutung:

I Liebe	IV Freundschaft
II Arbeit	V Gesundheit
III Familie	

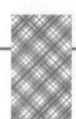
4. Der Ratsuchende muß nun das Thema wählen, also sich für einen Stapel entscheiden. Dieser wird dann vom Deutenden einzeln, nacheinander, von links nach rechts aufgedeckt und dann der Reihe nach gedeutet (Ausgangspunkt – Weiterentwicklung).

5. Ist dies beendet und der Ratsuchende möchte einen Aspekt der Deutung vertiefen, werden die restlichen 36 Karten (»Figuren der Vertiefung«), die zuvor liegengeblieben sind, aufgenommen und nochmals gemischt.

6. Diese Karten werden erneut so aufgenommen und abgehoben wie vorher und dann in 6 Reihen à 6 Karten verteilt.

Diese Reihen unterscheiden sich wie folgt:

I 1. Haus (engere Umgebung und nahe Verwandte)

II Person (das »Subjekt der Wahrsagung«)

III Ereignisse (Umstände und Situationen, günstige und ungünstige)

IV Überraschungen (Unvorhergesehenes, Unfälle und Glücksfälle)

V Urteil (eine generelle Aussage zu der besprochenen Situation)

VI Ratschläge (Hinweise, wie man die Situation in optimaler Weise nutzen kann).

7. Die letzten sechs Karten behandeln bereits laufende Veränderungen. Sie sind nacheinander zu interpretieren und dann im Gesamtzusammenhang zu se-

hen, damit auch ein Ereigniszusammenhang entsteht, der in Kürze eintreten wird.

8. Am Ende der Deutung kann der Fragende einen neuen Stapel aus den kleinen »Haufen des Lebens« wählen, und die Deutung kann erneut wie oben beschrieben weitergeführt werden.

Autorität

Karte	Art
Die Herrscherin	Soziale, mütterliche und verantwortungsvolle Autorität.
Der Herrscher	Soziale, väterliche und verantwortungsvolle Autorität
Der Hierophant	Kirchliche Autorität.
König d. Stäbe	Die Fähigkeit, Weisheit und Autorität miteinander zu verbinden.
Bube d. Schwerter	(Meist) junger Mensch, der bereits Autorität ausstrahlt.
4 Königinnen	Autorität und Einfluß nebeneinander.

Baal und Jehova

Auch Bel oder Bal, Hauptgott der Kanaaniter. Manche Tarotforscher vermuten, das B in einer der Säulen auf der Karte → Die Hohepriesterin könnte

für diesen Gott stehen (statt → Boaz). Die Säulen auf der Karte repräsentieren möglicherweise den Tempel Salomos, auf dem diese beiden Buchstaben geschrieben standen. Somit könnte das J der anderen Säule für Jehova stehen, um die beiden Kulte symbolisch zu vereinen (statt → Jakin, wie andere Tarotautoren wiederum vermuten).

Bagattel, II

(Ital.) Bezeichnung der → Großen Arkana → Der Magier (I). Ebenfalls → il Bagatto.

Bagatto, II

(Ital.) Bezeichnung der → Großen Arkana → Der Magier (I). Ebenfalls → il Bagattel.

Banzhaf, Hajo

Einer der namhaftesten deutschen Tarotautoren unserer Zeit, der sich darum bemüht, den Tarot als Mittel der Selbsterfahrung verständlich zu machen, ohne dabei die alten Symbole und überlieferten Tarotfiguren außer acht zu lassen. Werke: »Der Crowley-Tarot«, in Zusammenarbeit mit Tarotautor Akron, »Tarot-Deutungsbeispiele«, »Das Tarot-Handbuch«, »Das Arbeitsbuch zum Tarot«, »Das Geheimnis der Hohepriesterin«, im Set mit → Rider-Waite-Karten und Faltplänen, alle Werke in der Reihe Kailash, Hugendubel Verlag, München, »Schlüsselworte zum Tarot«, Goldmann Verlag, München.

Baphomet, Tarot der Unterwelt

Tarotset des Schweizer Künstlers und Oscar-Preisträgers H. R. Giger (Schöpfer von »Alien«). Das Set besteht aus den 22 → Großen Arkana, die ein unheimliches Szenario darstellen. Manche Karten wurden umbenannt. (z. B. die Karte Die Welt in Das Universum wie bei → Aleister Crowley, die Karte Die Mäßigkeit in Die Alchemie).

Barbara Walker Tarot

Tarotdeck, das nach der erschaffenden Künstlerin benannt wurde. Die → Großen Arkana sind stark an die Symbolik der alten Karten angelehnt. Die Bezeichnungen der Karten finden sich im unteren Teil in vier Sprachen (Englisch, Deutsch, Französisch, Italienisch). Die → Zahlenkarten der → Kleinen Arkana tragen zudem eine ihrer Hauptbedeutungen im oberen Teil der Karte. Allerdings sind diese Bedeutungen zum Teil sehr unterschiedlich zu den herkömmlichen Auslegungen (z. B. Überlieferte Symbolik 2 d. Münzen: Wankelmut, Unentschlossenheit, im Barbara Walker Tarot: Wechsel). Die Besonderheit der Karten ist allerdings, daß den Hofkarten neben ihrer üblichen Bezeichnung Namen von alten Göttern (z. B. → Baal, auf der Karte »Bal« geschrieben) verliehen wurden.

Basilikum

Pflanze, die den → Großen Arkana → Der Herrscher und → Der Turm zugeordnet werden. Das Heilkraut hat

zugleich anregende und beruhigende Wirkung (s. auch → Pflanzen).

Bastoni

(Ital.) Satzbezeichnung, bedeutet → Kreuz.

Bateleur, Le

(Franz.) Bezeichnung für → Der Magier.

Batons

(Franz.) Satzbezeichnung, bedeutet → Kreuz.

Baum des Lebens

Wichtigste → Glyphe (Symbolkombination) des westlichen → Okkultismus. Entstammt der → Kabbala. Hebräischer Name: Otz Chiim. Wird zur Durchführung von magischen Ritualen, Meditation und Pfadarbeit verwendet. Die zehn Kreise zeigen die → Sephiroth, die jeweils einen Aspekt von Gott repräsentieren. Diese sind durch Pfade miteinander verbunden, welche die jeweiligen Erfahrungen darstellen, die ein Mensch oder ein Ereignis durchlaufen muß, um von einem Seinszustand zum nächsten zu gelangen. Durch Meditation über den einzelnen Pfaden und Stationen soll der Weg zu Gott erlangt werden. In manchen Tarotdecks wird der Baum des Lebens mit der → 10 d. Münzen dargestellt (z. B. im → Rider-Waite-Tarot). Der Baum des Lebens kann mehrfach untergliedert werden:

Säulengliederung

Soll die komplementären Prinzipien veranschaulichen. Rechts befindet sich die Säule der Gnade oder des Erbarmens, es ist die männliche/aktive/positive Seite. Links die Säule der Strenge, auch Gerechtigkeit genannt, die weibliche/passive/negative Seite. Diese Gegensätze werden in der mittleren Säule der Milde oder der Liebe miteinander versöhnt. Die Gegensätze werden damit ins Gleichgewicht gebracht.

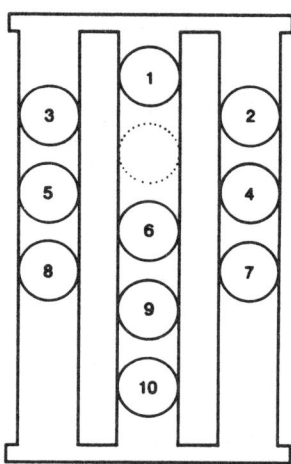

Säule der Strenge (links), Säule der Milde (Mitte), Säule der Gnade (rechts)

Dreieckgliederung

Jeweils drei Sephiroth bilden ein Dreieck, wobei immer zwei gegenüberliegende Elemente durch ein drittes in ihr Gleichgewicht gebracht werden. Das oberste Dreieck bilden Kether als Einheit und Chockmah und Binah als Dualität. Dieses Dreieck wird auch die

Wurzel des Universums genannt. Es gilt als das höchste und bedeutendste der Dreiecke. Das zweite Dreieck wird von Chesed, Geburah und Tiphereth gebildet und auch das ethische Dreieck genannt. Das letzte Dreieck bildet sich aus Nethach, Hod und Jesod und wird als magisches Dreieck bezeichnet. An der Basis des Baumes liegt eine einzelne Sphäre, Malkuth, welche die ganze materielle Welt repräsentiert.

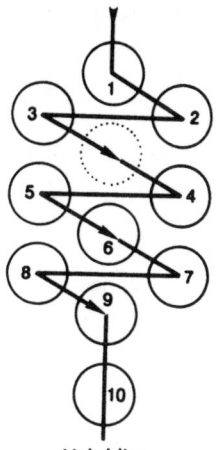

Lichtblitz

Dreieckgliederung

Der Lichtblitz

Die Bedeutung des ganzen Baumes gießt sich durch Jesod, den Trichter, in Malkuth ein, wo sie manifest wird. Die Beziehungen zwischen den Sephiroth werden durch 22 Pfade veranschaulicht. Diese Pfade bilden eine Art Wendeltreppe oder Blitz des spirituellen Aufstiegs, der über das unten liegende Reich, d.h. die Welt des Menschen (Malkuth) zur Krone Gottes (Kether) nach oben führt.

Unterteilung in vier Welten

Der Baum des Lebens kann nach kabbalistischer Methode auch in die vier Seinsbereiche (Welten) untergliedert werden, wobei sich auch hier die Grundaussage des Lebensbaumes wiederholt: Das Schöpfungsschema des Universums, des Menschen, aber auch jedes noch so kleinen oder unbedeutend erscheinenden Ereignisses oder Dinges:

● Aziluth – der Entwurf nach Archetypen.
● Beriah – das Erschöpfen nach einem detaillierten Plan.
● Jezirah – das Gestalten.
● Assiah – das Endergebnis die materielle Welt.

Jedem Pfad sind Haupt- und Nebensymbole zugeordnet. Zu den Hauptsymbolen zählen die Großen Arkana, die 22 hebräischen Buchstaben, die Tierkreiszeichen und je ein Planet oder

43

Pfad 25	Die Wüste	von Tiphareth zu Jesod
Hauptsymbole	Tarot	Die Mäßigung (XIV)
	Hebräischer Buchstabe	Samech
	Astrol. Tierkreiszeichen	Schütze (Feuer)
Nebensymbole	Tier	Zentaur, Pferd, Hund
	Pflanze	Binse
	Stein	Hyazinthe
	Farbe	Blau
	Zustand	heiß/trocken
	Duft	Aloe

Element. Als Nebensymbole werden Tiere, Pflanzen, Steine, eine Farbe, ein Seinszustand und ein Duft verwendet. Hauptzweck der Symbole ist es, sich bei der → Pfadarbeit wirkungsvoll und zielgerecht auf den jeweiligen Pfad einstellen zu können. Hierzu das Beispiel oben.

Die zehn Sephiroth werden von oben nach unten mit 22 Pfaden verbunden

Pfad	Trumpf	Pfad	Trumpf
11. Kehter nach Chokmah	Der Narr	22. Geburah nach Tiphareth	Gerechtig-
12. Kether nach Binah	Der Magier		keit
13. Kether nach Tiphareth	Die Hohe-priesterin	23. Geburah nach Hod	Der Ge-hängte
14. Chokmah nach Binah	Die Herr-scherin	24. Tiphareth nach Netzach	Der Tod
15. Chokmah nach Tiphareth	Der Herr-scher	25. Netzach nach Hod	Die Mäßig-keit
16. Chokmah nach Chesed	Der Hiero-phant	26. Hod nach Tiphareth	Der Teufel
17. Binah nach Tiphareth	Die Lieben-den	27. Tiphareth nach Jesod	Der Turm
		28. Jesod nach Netzach	Der Stern
18. Binah nach Geburah	Der Wagen	29. Netzach nach Malkuth	Der Mond
19. Chesed nach Geburah	Die Kraft	30. Jesod nach Hod	Die Sonne
20. Chesed nach Tiphareth	Der Eremit	31. Hod nach Malkuth	Das Gericht
21. Chesed nach Netzach	Das Rad des Schick-sals	32. Jesod nach Malkuth	Die Welt

und ergeben damit die »32 Pfade der Herrlichkeit«. Diese 22 Pfade zwischen den Sephiroth wurden von verschiedenen Autoren in unterschiedlicher Weise den 22 Tarottrümpfen zugeordnet. Den Sephiroth hingegen werden die → Kleinen Arkana zugeordnet. Eine klassische Darstellung des Baumes des Lebens findet sich in dem Buch »Schlüssel zur ewigen Weisheit des Tarot« von → Paul Foster Case.

Befreiung

Karte	Art
Der Gehängte	Angst, sich aus eigener Kraft aus einer Situation befreien zu müssen.
Der Turm	Blitz- und schockartige Befreiung; Befreiung durch plötzliche Erkenntnis.
Königin d. Schwerter	Jemand, der sich selbst aus Nöten befreit hat.
7 d. Münzen	Befreiung von materiellen Sorgen.

Begabung

Karte	Art
Der Magier	Begabung, alle Dinge des Lebens meistern zu können.
Die Hohepriesterin	Intuitive Begabung.
3 d. Münzen	Geschickter Künstler.
Königin d. Kelche	Jemand mit künstlerischer Begabung.

Beherrschung

Karte	Art
Der Magier	Das Leben als Ganzes beherrschen.
Der Herrscher	Beherrscht sein, korrekt sein.
Die Kraft	Emotionen beherrschen und unter Kontrolle halten.
8 d. Schwerter	Sich selbst zu sehr beherrschen.
2 d. Schwerter	Von Wut und Angst beherrscht sein.

Bembo

Kardinal (1479–1547). Er war im Besitz einer ägyptischen Bronzetafel (Tabula Bembina), die manche Tarotforscher des 19. Jh. für eine moderne Variante der → Tabula Smaragdina hielten, welche die Lehren der → Alchemie enthielt und auch mit dem Tarot in Verbindung gebracht wird. So glaubte z. B. auch → Lévi, darin das → Buch Thot zu erkennen.

Bembo, Bonifazio

Maler und Künstler des 15. Jh., einer der wichtigsten für die Tarotforschung. Manche Tarotforscher sehen in ihm den Erfinder und Maler der → Visconti-Sforza-Karten. Über sein Leben ist wenig bekannt. Die Kunstgeschichte nimmt an, daß er aus einer Malerfamilie stammt, die in der Nähe von Mailand lebte, und er für mehrere Mailänder Herzöge als Maler gearbeitet hat (s. auch → Geschichte d. Tarot).

Benjamine, Elbert

Taufname von Zain, der aus numerologischen Gründen unter diesem Pseudonym seine Arbeiten veröffentlichte (s. auch → Zain).

Bergamotte

Pflanze, die den → Großen Arkana → Der Magier, → Die Liebenden und → Der Eremit zugeordnet wird (s. auch → Pflanzen).

Bergkristall

Edler Stein der Quarzgruppe. Der farblose Stein wird den → Großen Arkana → Die Sonne und → Die Kraft zugeordnet. Früher wurden Wahrsagekugeln aus Bergkristall hergestellt. Durch seine Klarheit soll der Bergkristall besonders die Kunst des Wahrsagens fördern und den Blick schärfen (s. auch → Edle Steine).

Beruf

Karte	Art
Der Magier	Meister seines Berufes sein.
Die Welt	Den richtigen Beruf gefunden haben.
As d. Münzen	Möglichkeit, einen sicheren Beruf zu finden.
König d. Münzen	Jemand, der es weit gebracht hat in seinem Beruf, aber »festgefahren« wirkt oder ist.
Bube d. Münzen	Gutes, zuverlässiges berufliches Angebot.
8 d. Münzen	Berufsbeginn.
3 d. Münzen	Meister seines Faches; neue Möglichkeiten oder Aufgaben im Beruf.
As d. Kelche	Die wahre Berufung finden.
Bube d. Kelche	Berufliches Angebot, das nicht unbedingt zuverlässig scheint.

Besançon Tarock

Unter diesem Namen finden sich mehrere Tarotdecks. Sie alle leiten sich vom → Tarot de Marseille ab. Der Oberbegriff Besançon bezieht sich auf die südfranzösische Stadt. Die Spielkartenhersteller des Tarot de Marseille verlagerten ihre Herstellung im 19. Jh. nach Besançon. Alle Kartensets, die unter diesen Begriff fallen, zeichnen sich durch bestimmte alte Symbole aus: → Juno und → Jupiter statt → Papst und → Päpstin, → Der Mond sieht den Betrachter der Karte direkt an. Zu den Besançon-Spielen zählen: Tarocco di Besançon, 1JJ Tarot (heute eines der beliebtesten Decks in den Vereinigten Staaten) und Tarot d'Epinal (alle drei s. Tarotdecks im Anhang).

Beth

 1. Zweiter hebräischer Buchstabe mit der Bedeutung »Haus«. Alles, was sich manifestiert und zeigen, also sichtbar wer-

den kann, bildet unsere Welt und damit auch unser Haus. Auch unsere Wirklichkeit und unsere Gesellschaft.

Da ein Haus Grenzen hat, ist auch diese Welt eingegrenzt. Dem Bild des Hauses wird auch das Bild der Frau zugeordnet. In der Schreibweise von Beth zeigt sich auch die Ausdehnung: Aus dem Tropfen des Beginnes von → Aleph wird Beth. Damit ergibt sich eine Parallele zum zweiten Schöpfungstag, der ebenfalls Ausdehnung mit sich bringt (da in der Bibel am zweiten Tag die Unterscheidung der Wasser oben und der Wasser unten kommt, d. h., die Welt dehnt sich aus). 2. → Case ordnet Beth dem → Magier zu und nennt ihn die »Intelligenz der Transparenz, das Licht durchscheinen zu lassen« als Synonym u. a. für → Merkur, der diesem Buchstaben zugeordnet wird und als Götterbote für das Überbringen von Botschaften, Neuigkeiten und die Kommunikation stand. 3. Andere Autoren ordnen Beth der → Hohepriesterin als zweite → Große Arkana zu.

Betrug

Karte	Art
Der Teufel	Hinterlistiger Betrug.
Der Mond	Betrug, der verschleiert wird.
3 Königinnen nebeneinander	Betrug und Täuschung durch Frauen.
3 Dreien nebeneinander	Betrug jeglicher Art.

Bewußt

Karte	Art
Der Magier	Bewußtes Handeln.
Der Herrscher	Verantwortungsbewußt.
Die Gerechtigkeit	Bewußtheit für rechtes Handeln und Tun.
Der Gehängte	Bewußtseinswandel.
Der Tod	Sich einer radikalen Veränderung bewußt sein, sich der Endlichkeit bewußt werden.
As d. Schwerter	Bewußte – gewollte – Entscheidung.
3 d. Münzen	Neue Bewußtseinsebene erreichen.

Bildung

Karte	Art
Bube d. Münzen	Jemand, mit Verlangen nach Bildung.

Blatt

Satzbezeichnung, bedeutet → Pik.

Blau

1. In der → Farbsymbolik werden dieser → Farbe folgende Eigenschaften zugeschrieben:

Körperregion: Kopf, Schädelbasis.
Charakter: Loyalität, Vertrauen, Integrität, Frieden, Heiterkeit, Reinheit, Schutz, antiseptisch, Vollkommenheit, intuitive Erkenntnis, Ruhe, manchmal Reserviertheit, introvertiert, Wahrheit.
Wirkung: Antiseptisch, beruhigend,

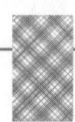
entspannend, kühlend, heilend, zuviel Blau kann Melancholie bewirken.

2. Wird in der Farbsymbolik ein blauer Mantel gezeigt, symbolisiert dieser die Reinheit des Trägers oder der Trägerin – Jungfrau Maria oder auf der → Trumpfkarte → Die Hohepriesterin (II). Er symbolisiert Schutz und Vollkommenheit. Blau verbindet mit der intuitiven Erkenntnis, wofür im Tarot wiederum Die Hohepriesterin steht. Im → Rider-Waite-Tarot werden die Trumpfkarten Die Hohepriesterin, → Rad des Schicksals (X), → Der Stern (XVII), → Der Mond (XVIII), → Das Gericht (XX) und → Die Welt (XXI) von der Farbe Blau im Hintergrund dominiert. Diese Trumpfkarten stehen vornehmlich auch für die höhere Erkenntnis bzw. für die Verbindung mit dem Höheren in uns oder mit Gott.

Blutstein

→ Hämatit

Boaz

(Hebr. = in ihm ist Kraft), manchmal auch Booz.

1. Boaz und → Jakin bezeichneten die beiden Hauptpfeiler des Tempels von Jerusalem.

2. Das weiße B in der linken, schwarzen Säule der Trumpfkarte → Die Hohepriesterin (II). Das Emblem des Dunkeln, der Nacht, des Negativen als Gegensatz zu Jakin. Eine der beiden weltbewahrenden Zwillingskräfte (z. B. aktiv und passiv, männlich und weiblich, Materielles und Spirituelles). Das B für Boaz ist auf der Trumpfkarte weiß gemalt (Jakin schwarz) und soll damit auch zum Ausdruck bringen, daß alles in dieser Welt auch seinen Gegensatz in sich trägt. Manche Tarotforscher sind allerdings der Meinung, das B auf der Säule der Hohepriesterin könnte auch → Baal bedeuten.

Bologneser Tarock

In der italienischen Stadt Bologna wurde seit dem 15. Jh. ununterbrochen die Kultur des Tarot weitergeführt. Eine Besonderheit des Bologneser Tarock ist, daß statt 78 Karten nur 62 Karten in jedem Spiel sind. Daher wird dieser Tarot auch Tarocchino (Kleiner Tarot) genannt. Auffällig ist, daß sich die Gestaltung der Karten immer stark an politischen und kulturellen Vorkommnissen der Stadt und der Umgebung orientierte. Sehr markant ist, daß vier Mohren in den → Großen Arkana auftauchen. Statt der Figuren → Kaiser, → Kaiserin, → Papst und → Päpstin sind vier Mohren (Mauren) abgebildet. Dies rührt von einem Vorfall des Jahres 1725 her, als der Papst den Kartenhersteller Montieri inhaftieren und sein Kartendeck öffentlich verbrennen ließ. Auf Drängen der Bevölkerung hin wurde Montieri entlassen, mußte sich aber dem Papst gegenüber verpflichten, besagte vier Figuren nicht mehr abzubilden. Er wählte die vier Mohren. Diese sind bis heute in den Bologneser Spielen erhalten (s. auch → Tarocchino von Bologno).

Bösartigkeit

Karte	Art
Der Teufel	Im Sinne von hinter-hältig, gemein, hin-terlistig, verschlagen.
Der Mond	Bösartige Verschleie-rung, bösartige Ge-heimnistuerei, bösar-tiges Gerede hinter dem Rücken einer Person.
Königin d. Schwerter	Negative Seite dieser Person (wenn sie ihren Verstand nicht einschaltet).
7 d. Stäbe	Bösartige Angriffe durch andere.
Königin d. Stäbe	Negative Seite einer Person (in Krisen).
7 d. Schwerter	Bösartig getäuscht werden.
5 d. Schwerter	Boshafter Sieger.

B.O.T.A.

Abkürzung von Builders of the Ady-tum. Der Zirkel wurde 1920 von → Paul Foster Case gegründet. Heute noch aktiv. Hauptsitz in Los Angeles: »Temple of Tarot and Holy Qabalah«. Die Gruppe beschäftigt sich mit → Astrologie, → Kabbala, → Numero-logie und → Tarot und den Zusammen-hängen zwischen diesen Lehren.

B.O.T.A.-Tarot

Von → Paul Foster Case entworfenes Tarotset. Erstmals 78 Karten. Ähnelt von der Grundausführung sehr dem → Rider-Waite-Tarot. Abweichungen z.B. bei der → Trumpfkarte → Der Herrscher. Case vertrat die Ansicht, der Herrscher dürfe nicht frontal zum Be-trachter dargestellt werden, da dies zum einen in keinem der klassischen → eso-terischen Tarotsets gemacht wurde und zum anderen die Darstellung des Herr-schers im Profil tief in der kabbalisti-schen Philosophie und Symbolik wur-zelte. Das Set ist in Schwarzweiß, so daß der Tarotinteressierte das Kolorie-ren selbst vornehmen kann. Dies rührt noch von Cases Zeit als Leiter des → Golden Dawn her. Außerdem vertrat Case die Ansicht, daß sich der Tarot-schüler auf diese Weise mit den Karten zum besseren Verständnis intensiver be-schäftigen mußte. (Indem der Schüler jedes Symbol der einzelnen Karten be-wußt in Farbe setzt, öffnet sich ihm auch der Zugang zu der geheimen Sym-bolik des Tarot.)

Braun

Zwar tragen sehr viele Figuren – be-sonders auf den Abbildungen der → Kleinen Arkana im → Rider-Waite-Tarot – braune Kleidung, doch spielte diese Farbe in der klassischen → Farb-symbolik eine untergeordnete Rolle. In Verbindung mit Braun stehen Erd-verbundenheit und das Naturgebun-dene. Auch: Eine Verbindung zu mate-riellen Dingen herstellen können.

Brotherhood of Light Tarot

Original 1896 von → Falconnier und

M. O. Wegener, Neubearbeitung 1936
von → Zain und Gloria Beresford.
Tarotforscher gehen davon aus, daß
dieses Deck Inspiration für alle nach-
kommenden Kartensets mit ägyptischen Symbolen ist. In Falconniers
Buch »Les XXII Lames Hermetiques
du Tarot« waren die Karten erstmals
erschienen. Der Leser konnte diese ausschneiden und selbst kolorieren, wie es
auch in der Tradition des → Golden
Dawn üblich war. Auch → Papus soll
von diesem Kartenset zu seinem Deck
(→ Papus Tarot) angeregt worden sein.
In den 30er Jahren unseres Jahrhunderts wurden die Karten von der Ge-
meinschaft Brotherhood of Light neu
aufgelegt. 78 Karten, schwarzweiß, Verlag Brotherhood of Light, U.S. Games.
Falconnier und Wegener gelten auch als
die Urheber des → Tarocchi Egizi.

Bruch

Karte	Art
Der Tod	Bruch im Sinne einer radikalen Änderung.
3 d. Schwerter	Bruch mit einem geliebten Menschen oder einer geliebten Sache.

Bruder

Bei jüngeren Menschen kann jeder
→ Bube den Bruder symbolisieren,
wobei auf die jeweiligen Charaktereigenschaften geachtet werden sollte
(s. auch → Signifikator).

Bube

→ Hofkarte, manchmal auch → Page
genannt. Der Bube steht immer für junge Leute, kann aber auch Meinungen,
Gedanken und Ideen symbolisieren. Je
nach seiner Position steht er in Harmonie oder im Widerspruch zu der gestellten Frage. Wird ein Bube als → Signifikator eingesetzt, muß neben dem Alter
auch noch das Temperament des →
Fragenden beachtet werden. Treten in
einem Kartenbild mehrere Buben auf,
so kommt zu ihrer eigentlichen Bedeutung noch hinzu:
2 Buben: Unruhe
3 Buben: Gesellschaft junger Leute
4 Buben: neue Ideen oder Pläne

Bube der Kelche

→ Hofkarte.
Rider-Waite-Tarot: Ein junger Page
mit geblümtem Überkleid, rotem Beinkleid, rotem Hemd und mit einem etwas weiblich wirkenden blauen Hut mit
blauer Feder und blauem Schal. In
der rechten Hand hält er einen Kelch,
aus dem ein kleiner, blauer Fisch zu
ihm aufsieht. Er
lächelt den Fisch
an, was in der Be-
deutung auch aus-
sagt, daß dieser
Mensch aufge-
schlossen gegen-
über Neuem und
Kreativem ist.

**Bube der Kelche,
Rider-Waite**

BUBE der KELCHE

Tarot de Marseille: Der junge Mann hält im Gehen einen Kelch in seiner rechten Hand. Eine Blume sprießt zu seinen Füßen. Der Kelch ist mit einem rundgewölbten Deckel verschlossen, kann also geöffnet und gefüllt werden oder ist bereits gefüllt.

Bube der Kelche, Marseille

Symbol für: Neuigkeiten, Botschaften, Aufmerksamkeit, Betrachtung, Möglichkeit zu einem Flirt. Überbringer von Botschaften, die sehr schön sind, aber völlig unverhofft eintreffen. Symbolisiert er eine Person, dann trägt diese die Charaktereigenschaft des künstlerischen, etwas verträumten Menschen, der sich vielleicht ein wenig zu sehr von seinen schöpferischen Kräften entfernt hat und diese wieder neu aufleben lassen soll.

Umgekehrte Bedeutung: Person, die sich durch Schmeicheleien stark beeinflussen läßt. Sehr ablenkbarer Mensch, vor allem durch Spiel und Spaß. Kann für den → Fragenden selbst stehen, als → Signifikator oder in Form eines jungen, hilfsbereiten Mannes in das Leben des Fragenden treten, manchmal auch als Liebhaber bzw. Geliebte. Kann bei jüngeren Menschen für den Verlobten, die Verlobte, den Bruder bzw. die Schwester oder den Freund bzw. die Freundin stehen, bei älteren Menschen für den Sohn oder die Tochter.

Bube der Münzen

→ Hofkarte.

Rider-Waite-Tarot: Ein junger Mann in orangefarbenem Unterkleid, grünem Überkleid und rotem Hut mit rotem Schleier hält eine Münze in beiden Händen und betrachtet diese innig und gespannt. Er nimmt seine Umgebung nicht wahr.

Tarot de Marseille: Ein junger Mann hält mit seiner rechten Hand eine Münze hoch. Er betrachtet diese innig. Zu seinen Füßen liegt eine zweite Münze, was auf das Materielle hindeutet. Sein Hut erinnert von der Form an die liegende → Acht.

Bube der Münzen, Rider-Waite

Bube der Münzen, Marseille

Symbol für: Fleiß, Studium, Gelehrtentum, Verlangen nach Bildung und neuen Ideen, tiefe Konzentration, Wohltäter, auch Botschaft und Bote von Neuigkeiten in bezug auf materi-

51

elle Dinge. Symbolisiert dieser Bube eine Person, dann hat diese ein großes Selbstwertgefühl oder kann jemanden oder eine Sache auf Händen tragen.
Umgekehrte Bedeutung: Unrealistische Person, die Tatsachen nicht anerkennen will. Kann für den → Fragenden selbst stehen als → Signifikator oder in Form eines ernsthaften, intelligenten jungen Mannes in das Leben des Fragenden treten. Kann bei jüngeren Menschen für den Verlobten, die Verlobte, den Bruder, die Schwester oder den Freund, die Freundin stehen, bei älteren Menschen für den Sohn oder die Tochter.

Bube der Schwerter

→ Hofkarte.
Rider-Waite-Tarot: Ein junger, blonder Held, der an Siegfried erinnert, hält aufrecht ein Schwert in beiden Händen. Er trägt ein gelbes Unterkleid, lila Überkleid und rote Stiefel. Er blickt in die Ferne, bereit, sich sofort auf einen kommenden Feind zu stürzen. Im Hintergrund bauschen sich wilde Wolken.
Tarot de Marseille: Ein prächtig gekleideter, junger Mann hält in seiner linken Hand ein gezogenes Schwert und stützt sich mit der rechten Hand auf einen Stab.
Symbol für: Autorität, Übersicht, Wachsamkeit, Spionage, Aktivität. Symbolisiert dieser Bube eine Person, dann trägt diese die Charaktereigenschaft des intellektuellen und wach-

Bube der Schwerter, Rider-Waite

Bube der Schwerter, Marseille

samen Menschen in sich, der sich aber eine feste Grundlage schaffen muß, um wirklich effektiv vorgehen zu können. (Die Haltung des Buben ist etwas wenig standfest.)
Umgekehrte Bedeutung: Person mit unzureichender Vorbereitung für eine bestimmte Sache. Ein Mensch, der ein Schwindler sein könnte. Kann für den → Fragenden selbst stehen, als → Signifikator oder in Form eines wachsamen, jungen Mannes, der fähig ist, das, was weniger augenscheinlich ist, wahrzunehmen, in das Leben des Fragenden treten. Kann bei jüngeren Menschen für den Verlobten, die Verlobte, den Bruder, die Schwester oder den Freund, die Freundin stehen, bei älteren Menschen für den Sohn oder die Tochter.

Bube der Stäbe

→ Hofkarte.
Rider-Waite-Tarot: Ein junger Mann mit grauem Hut, roter Feder, gelbem

Überkleid und orangefarbenem Unterkleid hält mit beiden Händen einen Stab vor sich, als wolle er eine Bekanntmachung ausrufen. Im Hintergrund pyramidenartige Erdhügel.

Tarot de Marseille: Ein junger Mann geht feierlich – zur Seite gewandt – voran. Mit beiden Händen hält er einen grünen Stab.

Symbol für: Ein Fremder mit guten Absichten, Überbringer wichtiger Neuigkeiten, anvertrauter Freund, beständiger Mensch, ein Kurier, Liebender, Gesandter, Überbringer guter Botschaften, die erwartet wurden und einen Neubeginn betreffen.

Umgekehrte Bedeutung: Überbringer schlechter Neuigkeiten in bezug auf einen Neubeginn. Unschlüssige Person, die keine Entscheidungen treffen kann. Kann für den → Fragenden selbst stehen, als → Signifikator oder in Form eines vertrauenswürdigen, dunklen, jungen Mannes, der eine vorteilhafte Aussage überbringt, in das Leben des

Fragenden treten. Kann bei jüngeren Menschen für den Verlobten, die Verlobte, den Bruder, die Schwester oder den Freund, die Freundin stehen, bei älteren Menschen für den Sohn oder die Tochter.

Buch Thot

1. Andere Bezeichnung für den → Tarot, da mehrere Tarotforscher, u. a. → Gebelin, → Scheidle und → Eteilla, dem Tarot einen ägyptischen Ursprung zuschrieben. Der Name basiert auf dem ägyptischen Gott → Thot, der allgemein als Überbringer der Schrift und des Wissens dieser Welt galt (mit → Merkur und Hermes zu vergleichen).

2. Das erste Buch Thot wurde 1857 von J. Scheidle veröffentlicht: »Theoretischer und praktischer Unterricht über das Buch Thot oder über die höhere Kraft, Natur und Mensch mit Zuverlässigkeit die Geheimnisse des Lebens zu enthüllen und Orakel zu erteilen, nach der Ägypter wunderbaren Kunst. Mit 78 Tarotkarten zum Ausschneiden«. Hierbei handelt es sich um eine neue Übersetzung eines Buches von Eteilla.

3. Werk von A. Crowley, 1944 unter Crowleys magischem Pseudonym »The Master Therion« in limitierter Auflage privat veröffentlicht. In Zusammenhang erschienen auch die → Crowley-Tarotkarten, die von → Lady Frieda Harris gestaltet worden waren. Nach Crowley sollte das Buch Thot

BUBE der STÄBE
Bube der Stäbe, Rider-Waite

Bube der Stäbe
Bube der Stäbe, Marseille

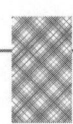

als eine Art »Enzyklopädie der gesamten ernstzunehmenden ›okkulten‹ Philosophie« angesehen werden. Heute wird das Buch im deutschsprachigen Raum im Verlag Urania, Neuhausen, Schweiz, publiziert.

4. Manche Autoren bezeichnen auch die → Tabula Smaragdina als das eigentliche Buch Thot, da als Verfasser der Tabula der ägyptische Gott → Thot angenommen wird.

Bündnis

Karte	Art
2 d. Kelche	Bündnis zwischen zwei Menschen oder als geschäftlicher Vertrag.
10 d. Kelche	Bündnis im Sinn von Verlobung oder Heirat.
3 Zehner nebeneinander	Neuer Vertrag.

Calvino, Italo

(1923–1985), italienischer Schriftsteller. Schrieb zum Thema Tarot u. a. das Buch »Das Schloß, darin sich Schicksale kreuzen« (1973). Der Roman wird in drei Abschnitten mittels Tarotkarten erzählt: Menschen unterschiedlicher Herkunft erzählen ihre eigene Geschichte nur mit Hilfe der Karten, die sie selbst aus dem Kartenset wählen und auf den Tisch vor sich legen. Jeder, der an der Reihe ist, legt seine Geschichte hinzu. Daraus ergibt sich ein doppeltes Bild im Roman. Erstens die Erzählung anhand der Karten, zweitens das Legen der Karten wie in einem Legesystem. Dadurch zeigt sich, wie sehr sich Schicksale kreuzen. Calvino äußerte sich dazu:»Ich begriff, daß die Tarocks eine Konstruktionsmaschine für Erzählungen sind. Mir kam die höllische Versuchung, alle Geschichten hervorzulocken, die in einem Tarockspiel stecken.« Andere Werke zum Thema Tarot (z. B. über die → Visconti-Karten, erschienen in limitierter Auflage, 1974, Verlag F. M. Ricci, Mailand) von Italo Calvino sind nicht ins Deutsche übersetzt worden, aber in Italienisch und Französisch erhältlich.

Carey-Tarotkarten der Französischen Revolution

Das von L. Carey gestaltete Tarotset stammt aus dem Jahre 1791. Drei der → Trumpfkarten und die → Hofkarten wurden während der Französischen Revolution den Umständen angepaßt. Aus → Der Herrscher und → Die Herrscherin wurden Großvater und Großmutter, → Das Gericht wurde zu La Trompète. Die Hofkarten wurden wie folgt umfunktioniert: Könige zu Genie, Königinnen zu Liberté (Freiheit) de Lepee, Buben zu Egalité (Gleichheit) de Lepee. Nur die Ritter blieben gleich: Cavaliers (franz. für Bube).

Carro (II)

(Ital.) Bezeichnung für → Der Wagen.

Cartomanzia Italiana

Kartendeck nach → Eteilla. Das Original ist Ende des 19. Jh. erschienen, eine Faksimileausgabe in limitierter Auflage (2000 Stück) 1983 im Verlag Edizioni del Solleone. Die Karten beruhen auf den Eteilla-Karten und wurden in anderer Auflage als → Antichi Tarocchi Esoterici 1996 im Verlag Lo Scarabeo, Turin, herausgegeben. Allerdings sind beide Kartendecks keine strenge Wiedergabe der Eteilla-Karten (s. auch → Große Eteilla-Karten).

Case, Paul Foster

(1884–1954), einer der wichtigsten und maßgeblichsten Tarotgelehrten. Seine Lehren sind ausschlaggebend für die weitere Tarotforschung seit dem → Golden Dawn, wobei Case einige Neuerungen und Änderungen in die Tarotforschung einbrachte. Er wurde 1910 Ordensleiter der Golden-Dawn-Ortsgruppe von New York. 1920 gründete er seinen eigenen Zirkel unter dem Namen »The Builders of the Adytum« (→ B.O.T.A.). 1927 Veröffentlichung seines Buches »The Tarot. A Key to the Wisdom of the Ages« (deutschsprachige Ausgabe »Schlüssel zur ewigen Weisheit des Tarot«, Urania Verlag, Neuhausen, Schweiz) und 1931 eines eigenen → B.O.T.A.-Tarot. 1931 übersiedelte B.O.T.A. nach Los Angeles und errichtete dort einen Tempel. Der Zirkel ist bis heute aktiv. Case vertrat die Auffassung, der Tarot wäre in Fez, Marokko, entstanden. Dort hätten sich im Jahre 1200 n. Chr. weise Männer aus aller Welt eingefunden. Um ihre Sprachbarrieren zu überbrücken, hätten sie ihre Lehren in Bildern zusammengefaßt und damit den Tarot geschaffen. Es gibt allerdings keine historische Stütze für diese Annahme. Case schuf einen engen Zusammenhang zwischen Tarot, → Kabbala, → Astrologie und → Numerologie und beschäftigte sich als erster mit der tiefenpsychologischen Wirkung und den Inhalten der Karten und griff dabei auf → C. G. Jung und dessen Lehre von den → Archetypen zurück. Er empfahl seinen Schülern, die Karten aufmerksam zu studieren, in eigenen Worten zu beschreiben und diese dadurch besser kennenzulernen.

Carreaux

(Franz.) Satzzeichen in Kachelform, entspricht Karo.

Cavalier

(Franz.) Bezeichnung für Ritter, → Hofkarte, zwischen Königin und Bube.

Cavallo

(Ital.) Bezeichnung für Ritter, → Hofkarte zwischen Königin und Bube, auch → Cavalier.

Chance

Zu beachten ist immer, daß alle Asse und Buben für Chancen stehen. Die Asse zeigen Chancen an, die der → Fragesteller selbst erkennen und annehmen muß, während die Buben Chancen anzeigen, die sich dem Fragenden auch von allein aufdrängen (in Form von Botschaften).

Karte	Art
As d. Kelche	Chance, die »wahre« Berufung zu finden auf größtes spirituelles Glück.
As d. Münzen	Chance, beständiges Glück zu finden.
As d. Schwerter	Chance, zu bewußter, gewollter Entscheidung.
As d. Stäbe	Chance, zur eigenen Bewußtwerdung und auf große Erfahrungen.
Bube d. Kelche	Chance, auf Versöhnung, eine Liebesbeziehung.
Bube d. Münzen	Chance, auf beruflichen und materiellen Erfolg.
Bube d. Schwerter	Chance, auf eine klärende, reinigende Auseinandersetzung.
Bube d. Stäbe	Chance, auf Neuigkeiten, Abenteuer, Reisen.

Chariot, Le

(Franz.) Bezeichnung für → Der Wagen.

Chariot, The

(Engl.) Bezeichnung für → Der Wagen.

Charles VI. von Frankreich

Karl VI. (der »Wahnsinnige«). In den Schatzbüchern von Charles VI. fand sich ein Eintrag aus dem Jahre 1392 über die Bezahlung von 56 sols de Paris an → Jacquemin Gringonneur. Besagten Sold erhielt Gringonneur für drei vergoldete und verzierte Kartenspiele, die auf Tarotkarten schließen lassen. Somit gilt Gringonneur als der eigentliche Erfinder des Kartenspiels. Der Eintrag ist für die Tarotforschung von großer Bedeutung, da er eine erste genauere zeitliche Bestimmung des ersten Auftauchens von Spielkarten im allgemeinen in Europa zuläßt. Allerdings ist die Forschung auch hier geteilter Meinung. Möglicherweise stammen die Karten auch aus dem Venedig des 15. Jh. (s. auch → Venezianischer Tarot). Heute geht die Tarotforschung auch davon aus, daß diese Karten etwa 1470 in Ferrara entstanden.

Chet

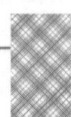 1. Achter hebräischer Buchstabe mit der Bedeutung »Zaun«. Mit dem achten Buchstaben beginnt ein neuer Zyklus der hebräischen Buchstaben. Mit der → Acht beginnt eine andere, kommende Welt, es

ist die Zahl der Ewigkeit. Mit der hebräischen Bedeutung »Zaun« wird auch symbolisiert, daß wir unsere Leidenschaften, unser Befinden einzäunen, umgrenzen und damit die Außenwelt vergessen. In der Schreibweise ähnelt Chet dem Buchstaben → He, der für den Begriff »Fenster« steht. Bei He ist die linke Linie nicht geschlossen, Symbol für das geöffnete Fenster, das geöffnete Bewußtsein. Bei Chet ist die Linie durchgezogen – der Mensch engt sich selbst ein, will die Außenwelt nicht mehr sehen.

2. → Case ordnete Chet dem → Wagen zu und nannte ihn auch die »Intelligenz des Hauses des Einflusses« und sprach von »… [dem] Bewußtsein der Tatsache, daß die menschliche Persönlichkeit einem eingezäunten Areal vergleichbar ist, in dem die universalen Kräfte wirken« (Aus: Schlüssel zur ewigen Weisheit des Tarot.)

3. Andere Autoren ordneten Chet → Der Kraft zu.

Chinesisches Domino

Manche Tarotforscher wähnen den Ursprung der Tarotkarten in China. Da eine Art chinesischer Karten denselben Namen trägt wie das chinesische Schach (Streitwagen–Pferde–Gewehre), sehen diese Forscher den Ursprung der Karten im Schach. Beim chinesischen Domino wiederum sind die Spielwürfel wie die Steine gekennzeichnet. Das Spiel besteht aus 21 Steinen, von denen 11 Steine doppelt vorhanden sind und somit einen Satz von 32 Steinen ergeben. Damit nehmen einige Forscher an, daß sich die Spielkarten über den chinesischen Domino aus den Spielwürfeln entwickelten, die ursprünglich zum Wahrsagen benutzt wurden.

Christian, Paul

(1811–1877), Pseudonym von Jean-Baptiste Pitois, Historiker, Journalist und Astrologe. Gab ausschlaggebende Anstöße in der Entwicklung des Tarot. Als 28jähriger vom Erziehungsministerium zum Archivar ernannt, sichtete er viele der Bücher, die 1790 bei der Schließung der französischen Klöster beschlagnahmt worden waren. Dabei stieß er auch auf okkulte Schriften. 1863 veröffentlichte er sein Werk »L'homme rouge des Tuileries« – angeblich die Abschrift eines Manuskriptes eines alten Mönchs. Obwohl es sich bei dieser Schrift um ein Werk kabbalistischer Astrologie handelt und der Tarot nicht namentlich genannt wird, sahen viele seiner Anhänger Bezüge zum Tarot. Christian beschreibt einen Kreis aus 78 goldenen Blättern, der in einem ägyptischen Tempel in Memphis zu Kultzwecken verwendet worden war. 1870 wurde sein Werk »Histoire de la Magie« veröffentlicht. Hierin beschreibt er ägyptische Zeremonien, die sich in 78 Stufen gliederten und anschließend in einer Halle mit Tarottrümpfen als symbolische Darstellungen endeten. Die einzelnen

Trümpfe wurden von Christian zwar manchmal anders betitelt, doch läßt sich der Zusammenhang zum klassischen Tarot sofort erkennen:

I	Der Magier
II	Die Pforte des Heiligtums
III	Isis Urania
IV	Der kubische Stein
V	Meister der Mysterien der Arkana
VI	Die zwei Wege
VII	Der Osiriswagen
VIII	Themis oder Waage und Klinge
IX	Die verhüllte Lampe
X	Die Sphinx
XI	Der gezähmte Löwe oder der Löwe mit dem Maulkorb
XII	Das Opfer
XIII	Der Schnitter Tod oder die Sense
XIV	Die zwei Urnen oder der Sonnengenius
XV	Der Typhon
XVI	Der Geköpfte oder der vom Blitz getroffene Turm
XVII	Der Turm der Magier
XVIII	Das Dämmerlicht
XIX	Das grelle Licht
XX	Die Erweckung der Toten oder der Genius der Toten
0	Das Krokodil
XXI	Die Krone der Magier

In Christians Aufstellung der Trumpfkarten spiegelt sich die Schule → Lévis wider, da Christian 1852 die Bekanntschaft Lévis machte und für einige Zeit sein Schüler war (s. auch die Zuordnung der → Null). Auch heute noch ist Christians Tarotforschung von Bedeutung, da er sich im besonderen der Verbindung von Tarot und → Astrologie widmete. Auf seinen Lehren beruht wahrscheinlich auch der Begriff der → Arkana, da er als erster den Tarot auch als Beschreibung oder Weg einer menschlichen Entwicklung sah. Die Idee eines umfassenden Zyklus der Bewußtwerdung, speziell anhand der 22 → Großen Arkana, ist aus der modernen Tarotforschung und Tarotpraxis nicht mehr wegzudenken (s. auch → Ägyptische Symbole).

Citrin

Edler Stein, der den Großen Arkana → Der Magier, → Die Liebenden und → Der Eremit zugeordnet wird. Dem hellgelben bis goldbraunen Stein der Quarzgruppe wird ausgleichende und reinigende Wirkung zugeschrieben (s. auch → Edle Steine).

Clairvoyance

(Franz.) Hellsehen.

Classic Tarot

Tarotset aus dem 18. Jh. von Claude Burdel. Die Karten wurden nach Originalholzschnitten des Künstlers erstellt.

Cœurs

(Franz.) Bezeichnung für das Satzzeichen Herz.

Coppe

(Ital.) Bezeichnung für das Satzzeichen der → Kelche, auch Herz.

Coupes

(Franz.) Bezeichnung für das Satzzeichen der → Kelche, auch Herz.

Crowley, Aleister

(1875–1947), Pseudonym für Edward Alexander Crowley, englischer Tarotforscher. Nannte sich selbst »Das Tier« und betrachtete sich als Inkarnation von → Lévi, da er am Tag vor Lévis Tod geboren wurde. Ab 1898 im → Golden Dawn tätig. Seine Mitwirkung führte durch verschiedene Eigentümlichkeiten seinerseits zur Spaltung des Ordens in verschiedene Gruppen. Eine der Folgen davon war, daß jede dieser Gruppen ein eigenes → Tarotset veröffentlichte. Hauptgegner Crowleys waren → Yeats und → Waite. Obwohl Crowley zusammen mit der Malerin → Frieda Harris den → ägyptischen Tarot schuf, war für ihn der ägyptische Ursprung des Tarot nicht unumstritten und vor allem auch nicht relevant. Allerdings berief er sich selbst darauf, im Jahre 1904 in Kairo eine Botschaft von → Aiwaz, einem Abgesandten des Gottes → Ra-Hoor-Khuit, empfangen zu haben. 1941 erschien sein Buch »Das Buch Thot. Ägyptischer Tarot« und zwischen 1938 und 1944 entstanden die dazugehörigen Karten, gemalt nach seinen Entwürfen. Nur die → Große Arkana → Der Mond ist von ihm selbst gemalt. Einige → Trumpfkarten benannte er um: → Die Kraft in Die Lust, → Die Gerechtigkeit in Ausgleichung, → Die Mäßigkeit in Kunst und → Das Gericht in Äon. Durch diese Umbenennungen der Karten wollte er seine den Karten zugrundeliegende Lehre verdeutlichen. In seinen Tarotinterpretationen verband Crowley die Lehren des Golden Dawn mit Sexualmagie und Yoga. Trotz seiner ausschweifenden Eskapaden und manchmal merkwürdig anmutenden Lehren, war Crowley einer der ersten, der einen Vergleich zwischen der modernen Naturwissenschaft und alten überlieferten, meist magisch-okkulten Systemen erkannte. Er schrieb: »Die Kernaussagen der heutigen Naturwissenschaft sind viel geheimnisvoller als die dunkelsten Spekulationen eines Leibniz, Spinoza oder Hegel; die moderne Definition der Materie erinnert schlagend an die Definition des Geistes, die Mystiker wie Ruysbroek, Böhme und Molinos gaben. Die Vorstellung des Kosmos im Geiste eines heutigen Mathematikers hat verblüffend viel von den überschwenglichen Phantasien eines William Blake.« (Aus: Buch Thot.) Wie tief Crowley mit den zum damaligen Zeitpunkt neuen Ideen und Ansätzen Einsteins, Plancks und Heisenbergs verbunden war, zeigt, daß er die Große Arkana → Die Welt in Universum umbenannte und sie mit »Planskizze des Hauses der Materie« (Buch Thot) erklärte. Dabei verwies er den

Leser auf das Buch »The Bases of Modern Science« von J. W. N. Sullivan.

Cup Player, The

(Engl.) Bezeichnung für → Der Magier.

D

Daleth

1. Vierter hebräischer Buchstabe mit der Bedeutung »Tür«. In der hebräischen Buchstabenmystik beschreiben die einzelnen Buchstaben den Weg des Menschen zur Vollkommenheit. Da der dritte Buchstabe → Gimel »das Kamel« und »den Weg« bedeutet, kommt man mit dem vierten Buchstaben an eine Tür, an Daleth. Diese Tür öffnet dem Menschen den Weg aus seinem Haus oder in sein Haus – er kann Aussperren, Einsperren oder Öffnen – sich selbst öffnen für neue Wege. In der hebräischen Mystik kann der Sinn unseres Lebens nur bei offener Tür verstanden werden, sie gilt als die Möglichkeit zur Beantwortung vieler Fragen. Da die Tür geöffnet oder geschlossen werden kann, ordnen die Kabbalisten Daleth auch Weisheit und Torheit zu. In der Schreibweise von Daleth zeigt sich der Mensch auf seinem Weg in der Welt, wobei er mit Daleth seine Tür erreicht hat und nicht mehr den Unterwelten ausgeliefert

ist (symbolisiert durch eine fehlende untere Zeile).

2. → Case ordnete Daleth der → Herrscherin zu, da diese → Große Arkana u.a. für → Mutterschaft steht und Daleth als Tür manchmal auch als Gebärmutter, durch die sich Leben hindurchbewegt, angesehen wird. Er nannte Daleth die »leuchtende Intelligenz, die für Sicherheit, Selbsterhaltung und allgemeines Wohlbefinden sorgt«.

3. Andere Autoren wie → Waite ordnen Daleth dem → Herrscher zu.

Dama

(Ital.) Bezeichnung für die → Hofkarte → Königin.

Dame

(Franz.) Bezeichnung für die → Hofkarte → Königin.

Death, The

(Engl.) Bezeichnung für die → Große Arkana → Der Tod (XIII).

Demut

Karte	Art
5 d. Schwerter	Eine demütigende Erfahrung.

Denari

(Ital.) Bezeichnung für das Satzzeichen → Karo.

Derniers

(Franz.) Bezeichnung für das Satzzeichen → Karo.

Deutender

Die Person, welche die Karten in einem → Legesystem auslegt und für den → Fragenden deutet.

Deutsches Original-Tarot

Tarotdeck des deutschen Tarotforschers Glahn (siehe Seite 106). Es erschien 1924 in Zusammenarbeit mit Hans Schubert im Verlag Hermann Bauer. Glahn lehnte sich an die Lehren → Lévis und → Papus' an, verband hinduistisches, buddhistisches und z. T auch astrologisches Gedankengut mit seinen eigenen Lehren. Die Karten zeigen neben ägyptischen Darstellungen heroische Germanengestalten und sind zudem mit astrologischen Symbolen und hebräischen Buchstaben versehen. Es ist Glahn anzurechnen, daß er einen deutschen Tarot schaffen wollte, da sich zur damaligen Zeit im deutschen Sprachraum niemand ernsthaft mit der Erforschung des Tarot auseinandersetzte. Sein Begleitbuch zu den Karten »Das Deutsche Tarotbuch«, Verlag Bauer, Erstauflage 1924 ist allerdings auch Tarotkennern nur sehr schwer zugänglich und vermischt wirre, nationalistische Ideen mit östlichen Systemen.

Deutung

Nach dem → Auslegen der Karten erklärt der → Deutende die Karten, wobei zuerst die Grundaussagen der Karten genommen und anschließend zusammengezogen werden. So ergibt sich in jeder Reihe eine natürliche Abfolge von Dingen.

Devil, The

(Engl.) Bezeichnung für die → Große Arkana → Der Teufel (XV).

Diable, Le

(Franz.) Bezeichnung für die → Große Arkana → Der Teufel (XV).

Diamant

Auch König der Edelsteine genannt. Er wird den Karten → Die Kraft und → Die Sonne zugeordnet und soll seinen Träger vor allen negativen Schwingungen schützen (s. auch → Edle Steine).

Diamantbild

Vier → Große Arkana → Der Narr (0), → Der Magier (I), → Die Hohepriesterin (II) und → Die Welt (XXI) werden in Diamantform ausgelegt (siehe Seite 62).
Diese Auslegeform dient vornehmlich dazu, Tarotschülern den Einstieg in die → Tarotmeditation und → Tarotimagination zu verdeutlichen. Die vier → Großen Arkana stellen grundlegende → Archetypen dar, die Entwicklung und spirituelles Bewußtsein versinnbildlichen. So sind z. B. im → Rider-Waite-Tarot nur → Der Narr und → Die Welt in Bewegung, während alle anderen → Trumpfkarten fixiert wirken, also auch → Der Magier und → Die Hohepriesterin. Dadurch stellen

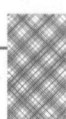

Das Diamantbild

Der NARR

Der MAGIER

Die WELT

Die HOHEPRIESTERIN

diese vier Großen Arkana auch die
→ Dualität dar: männlich–weiblich,
aktiv–passiv, hell–dunkel.

Diavolo, II

(Ital.) Bezeichnung für die → Große
Arkana → Der Teufel (XV).

Diebstahl

Karte	Art
7 d. Schwerter	Man wird bestohlen. (Besondere Vorsicht, wenn → Der Mond zusätzlich erscheint.)

Dimensionsmagie

Jede der → Großen Arkana bildet ein
→ Dimensionstor, d. h. alle Bilder
zusammengenommen führen zum vollkommenen Durch- und Erleben des
Erfahrungsradius, des → Rota. Der
Tarotschüler muß sich mit der jeweiligen Karte identifizieren und die Konflikte der Figur durchstehen, um zur
nächsten Dimension zu gelangen. Ziel
der Dimensionsmagie ist es, sich über
die Welt zu erheben, zum »Weisen«
zu werden.

Dimensionstore

(Dimension = Ausdehnung). In der Magie wird davon ausgegangen, daß jede Erscheinung ihr Negativ besitzt, eine unsichtbare Parallele. Mit Dimensionen werden in diesem Zusammenhang nach W. Charon die höheren und tieferen Schwingungen des menschlichen Bewußtseins tituliert. Von daher ist der → Tierkreis mit seinen 12 Unterteilungen nur ein Halbkreis, die Hälfte des 24teiligen Kreises des Kosmos. Diese 24 Sektoren sind gleichbedeutend mit den 24 Dimensionen der modernen Dimensionsphilosophie. Die 22 → Großen Arkana des Tarot werden mit diesen Toren gleichgesetzt, wobei → Isis und Osiris für die fehlenden, restlichen zwei Karten eingesetzt werden. Mittels der Großen Arkana kann die → Dimensionsmagie praktiziert werden.

Divination

(Vergöttlichung, Verzückung). Ursprünglich gebraucht für: Den Willen der Götter zu schauen. Auch für Weissagung, Hellsehen, Prophezeiung. Der Tarot kann sowohl zu divinatorischen Zwecken als auch zur spirituellen Arbeit wie → Meditation, Bewußtseinserweiterung, verwendet werden. Manche Tarotgelehrte, die selbst Anleitungen zur Divination mit dem Tarot gaben, z. B. → Waite, äußerten sich eher kritisch eben dieser gegenüber und benutzten den Tarot vielmehr zur spirituellen Arbeit. Demgegenüber stehen andere Tarotforscher, wie → Regardie,

der schrieb: »[Nach der magischen Hypothese] geht es der Divination letztlich nicht um bloße Wahrsagerei, noch um eine Erkundung der spirituellen Ursachen im Hintergrund materieller Ereignisse, wiewohl letzteres von nicht unerheblicher Bedeutung ist. Die Praxis der Divination, wenn sie in rechter Weise durchgeführt wird, hat im Gegenteil die Entwicklung der inneren psychischen Fähigkeit oder Intuition zum Ziel ... daß es diesem Mechanismus zunächst darum geht, Antworten auf anscheinend triviale Fragen zu finden, ist per se kein Einwand gegen die Technik selbst ... ebensowenig besagt der Einwand etwas, daß die Technik immer wieder von skrupellosen Scharlatanen mißbraucht wird. Wenn sie aber von einem wirklichen Schüler aufrichtig, intelligent und gewissenhaft praktiziert wird, öffnet sich das Bewußtsein allmählich zu tieferen Wahrnehmungsebenen ...« (Aus: Regardie »Foundations of Magical Practice«.)

Djehuti

Anderer Name für → Thot.

Doppelköpfige Hofkarten

Das Bild auf den entsprechenden → Hofkarten ist zweigeteilt, kann von beiden Seiten betrachtet werden. Bei modernen → Tarotsets nicht mehr üblich.

Drei

→ Grundzahl.

1. Die göttliche, heilige Zahl, da mit

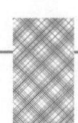

der 3 der Gegensatz zwischen 1 und 2 aufgelöst wird. In der → Kabbala versteht die 3 die Weisheit der Zahl 2, die auf die Erkenntnis der Zahl 1 zurückblickt (als konkrete Anwendung der abstrakten Weisheit, das Verstehen). Die kabbalistische Tradition besagt, daß die Zahl 3 zwei entgegengesetzte Kräfte 1 und 2 durch ihr Hinzukommen zu einem Zyklus verbindet und damit eine Einheit schafft. Ihr wird der hebräische Buchstabe → Gimel zugeordnet. Auch findet der Mann in der 3 seine höchste Vollendung (die Frau in der 4). Die 3 im Quadrat ergibt 9 – die höchste für den Mann zu erreichende Stufe in dieser Welt. Die 3 ist in sehr vielen Religionen als göttliche Dreiheit dargestellt. z. B.:

Im Christentum: Glaube–Liebe–Hoffnung, Dreifaltigkeit, am dritten Tag die Wiederauferstehung Jesu Christi.
In Ägypten: Isis–Osiris–Horus.
Im Hinduismus: Brahma–Vishnu–Shiva.

Als Zahl der Erfüllung taucht die 3 in Märchen in Form von drei Rätseln bzw. drei Aufgaben auf. In der → Alchemie existieren drei Grundprinzipien: Schwefel–Salz–Quecksilber. In der → Magie werden Dämonen dreimal angerufen. Das Symbol der 3 ist u. a. das Dreieck. Wird dieses auf die Spitze gekehrt dargestellt, gilt es als Symbol des Dämonischen. Im Tarot ist die → Trumpfkarte 3 → Die Herrscherin. Sie vereinigt durch ihre Person das männliche (herrschen) mit dem weiblichen

Prinzip. Sie trägt eine dreieckige → Sternenkrone und auf manchen Tarotdecks wird ihr → Zepter mit einer dreieckigen Spitze dargestellt.

2. Treten in einem → Legebild mehrere Dreien gemeinsam auf, so haben diese folgende zusätzliche Bedeutung (kann je nach Position unterschiedlich sein):
2 Dreien: Ruhe, Gelassenheit.
3 Dreien: Betrug, aber auch Einheit.
4 Dreien: Entschlossenheit, Entschiedenheit, Fortschritt.

Drei der Kelche

→ Zahlenkarte.
Rider-Waite-Tarot: Drei junge Frauen (mit rotem, gelbem und grauem Umhang), einander zugewandt. Jede von ihnen hält einen Kelch in der rechten Hand empor, als ob sie einander zutrinken würden.
Tarot de Marseille: Zwei Kelche unten, ein Kelch oben. Ein blühender Ast trennt die Kelche voneinander.
Symbol für: Lösungen für Schwierigkei-

Drei der Kelche,
Rider-Waite

Drei der Kelche,
Marseille

ten und Probleme, Sieg, Erfüllung, Wonne, Heilung, zufriedenstellender Ausgang einer Affäre, glückliche Wendung.
Umgekehrte Bedeutung: Ausschweifendes Vergnügen, Überfluß, Nutzlosigkeit, Verlust des Ansehens.

Drei der Münzen

→ Zahlenkarte.
Rider-Waite-Tarot: Die drei Münzen als Fresko in einem Kirchenpfeiler.

Umgekehrte Bedeutung: Finanzielle Schwierigkeiten, überholte Ideen, nicht genügend Geschick für eine Sache zeigen, Nachlässigkeit.

Drei der Schwerter

→ Zahlenkarte.
Rider-Waite-Tarot: Drei Schwerter durchbohren ein großes Herz. Drei große Wolken im Hintergrund.
Tarot de Marseille: Ein Schwert senk-

Drei der Münzen, Rider-Waite

Drei der Münzen, Marseille

Drei der Schwerter, Rider-Waite

Drei der Schwerter, Marseille

Rechts zwei Menschen (einer davon Priester), links ein junger Mann, vermutlich Künstler, mit einer Art Meißel in seiner rechten Hand.
Tarot de Marseille: Eine Münze unten, zwei Münzen darüber, wie bei der Kelch-Drei trennt ein blühender Ast die Münzen.
Symbol für: Kunstfertige, geschickte Tätigkeit, Handel, Begabung, Perfektion, Künstler, erfolgreiche Pläne, kann auch für Ruhm, Pracht, Aristokratie und Adel stehen.

recht in der Mitte, zwei Schwerter rechts und links, die sich oben und unten überkreuzen.
Symbol für: (Liebes-)Kummer, Bruch, Abwesenheit, Trennung, Enttäuschung, Zank.
Umgekehrte Bedeutung: Verlust, Trennung, Fehltritt, Unordnung, Entfremdung.

Drei der Stäbe

→ Zahlenkarte.
Rider-Waite-Tarot: Ein Mann mit dem

Drei der Stäbe, Rider-Waite

Drei der Stäbe, Marseille

Rücken zum Betrachter. Links von ihm ein Stab, rechts von ihm zwei Stäbe in die Erde gesteckt. Er hält den äußersten rechten Stab mit seiner Hand. Im Hintergrund drei Schiffe, die aufs Meer fahren und von dem Mann beobachtet werden.

Tarot de Marseille: Ein Stab senkrecht in der Mitte, zwei Stäbe überkreuzen sich in der Mitte. Rechts und links davon Blüten.

Symbol für: Unternehmungsgeist, Anstrengung, Geschäft, Handel, Entdeckung, mögliche Teilhaberschaft in Geschäften, Unternehmungen, praktisches Wissen. Fernweh. Man sendet seine Gedanken zu neuen Ufern, d. h. Unternehmungen, hält aber trotzdem (vorerst) noch an alten Dingen fest.

Umgekehrte Bedeutung: Verrat. Hilfe, die angeboten wird, ist nicht ehrlich gemeint und kann zu Schaden führen. Zu vorschnelles Voranschreiten in neue Gefilde.

Dreikartenbild

→ Legesystem. Nach dem → Mischen und → Abheben, ggf. auch dem → Ertasten der Karten werden entweder die ersten drei Karten des Stapels aufgelegt oder drei Karten gezogen (s. auch → Ziehen einer Karte) und ausgelegt:

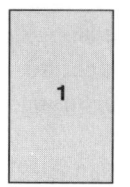
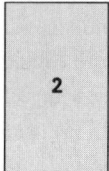
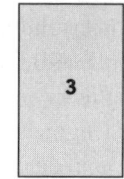

Die Bedeutung der Karten in ihren Positionen

Karte 1	Karte 2	Karte 3
Vergangenheit	Gegenwart	Zukunft
Zentrale Aussage	Einerseits	Andererseits
Verstand	Körper	Geist
Grundlage	Gegenwärtige Entwicklung	Ergebnis

Dreizehn

1. Vornehmlich im europäischen Volksglauben eine Unglückszahl (die Ursprünge hierfür sind unbekannt). Im jüdischen Glauben und in manchen indianischen Kulturen eine heilige Zahl. Im christlichen Glauben wird die 13 durch die 10 Gebote und der Trinität (Vater, Sohn und Heiliger Geist) gebildet ($10 + 3 = 13$) oder aus der Summe des Pentateuch (die fünf Bücher Mose) und der Auferstehung, für die die Zahl 8 steht ($5 + 8 = 13$). Im Tarot ist die → Trumpfkarte mit der Nummer 13 → Der Tod. Im Tarot bedeutet der

»Tod« allerdings nicht immer oder nur den physischen Tod, sondern auch einen Neubeginn: »Etwas muß sterben, damit das Neue leben kann«. Im Zusammenhang mit dem physischen Tod wird auf den meisten Karten auch die Auferstehung symbolisch dargestellt. Hier ist die Verbindung mit der 13 als überschreitende Zahl. Die heilige Zwölf wird um die Eins überschritten – möglicherweise ist hier ein Ursprung zur Unglückszahl zu finden.

2. Da in der hebräischen Zahlenmystik erst die 20 wieder eine echte Zahl darstellt, wird der 13 an sich kein hebräischer Buchstabe zugeordnet. Da manche Autoren jedoch den Tarot mit dem hebräischen Alphabet gleichsetzten, steht für die Karte 13 der Buchstabe → Mem. → Case ordnet der 13. Karte den Buchstaben → Nun zu, da er → Aleph nicht der 1, sondern der 0 zuschrieb.

Drudenfuß

Andere Bezeichnung für das magische → Pentagramm (Druden = im Mittelalter die Bezeichnung für weibliche Nachtgeister).

Duftöle

Auch Aromen Duftöle werden den Tarotkarten zugeordnet, um die Arbeit mit den Karten z. B. zu erleichtern oder zu vertiefen.

Zuordnung der Großen Arkana zu den Aromen

Karte	Große Arkana	Aroma	Karte	Große Arkana	Aroma
0	Der Narr	Sandelholz	11	Die Gerechtigkeit	Rose und Vanille
1	Der Magier	Salbei, Limone und Bergamotte	12	Der Gehängte	Honigmyrte
			13	Der Tod	Patchouli und Galbanum
2	Die Hohepriesterin	Weihrauch und Jasmin	14	Die Mäßigkeit	Aloeholz und Blutorange
3	Die Herrscherin	Rose und Vanille			
4	Der Herrscher	Myrrhe und Kamille	15	Der Teufel	Zypresse und Eukalyptus
5	Der Hierophant	Rose und Vanille	16	Der Turm	Myrrhe und Kamille
6	Die Liebenden	Salbei und Limone			
7	Der Wagen	Weihrauch und Jasmin	17	Der Stern	Sandelholz
			18	Der Mond	Honigmyrte
8	Die Kraft	Moschus und Orange	19	Die Sonne	Moschus und Orange
9	Der Eremit	Salbei, Limone und Bergamotte	20	Das Gericht	Patschuli und Galbanum
10	Rad d. Schicksals	Aloeholz und Blutorange	21	Die Welt	Zypresse und Eukalyptus

Zuordnungen der Aromen zu den Kleinen Arkana

Aroma	Kleine Arkana
Moschus und Orange	5 d. Stäbe, 6 d. Stäbe, 7 d. Stäbe, Königin d. Stäbe, König d. Stäbe
Weihrauch und Jasmin	2 d. Kelche, 3 d. Kelche, 4 d. Kelche, As d. Kelche
Salbei und Limone	8 d. Schwerter, 9 d. Schwerter, 10 d. Schwerter, As d. Schwerter, 8 d. Münzen, 9 d. Münzen, 10 d. Münzen, Königin d. Münzen, König d. Münzen
Rose und Vanille	5 d. Münzen, 6 d. Münzen, 7 d. Münzen, As d. Münzen, 2 d. Schwerter, 3 d. Schwerter, 4 d. Schwerter, Königin d. Schwerter, König d. Schwerter
Myrrhe und Kamille	2 d. Stäbe, 3 d. Stäbe, 4 d. Stäbe, As d. Stäbe.
Aloeholz und Blutorange	8 d. Stäbe, 9 d. Stäbe, 10 d. Stäbe, Bube d. Stäbe, Ritter d. Stäbe
Zypresse und Eukalyptus	2 d. Münzen, 3 d. Münzen, 4 d. Münzen.
Sandelholz	5 d. Schwerter, 6 d. Schwerter, 7 d. Schwerter, Bube d. Schwerter, Ritter d. Schwerter
Honigmyrte	8 d. Kelche, 9 d. Kelche, 10 d. Kelche, Bube d. Kelche, Ritter d. Kelche
Patschuli und Galbanum	5 d. Kelche, 6 d. Kelche, 7 d. Kelche, Königin d. Kelche, König d. Kelche

Dummet, Michael

Tarotautor, Professor für Philosophie der Universität Oxford. Sein Buch »The Game of Tarot from Ferrara to Salt Lake City«, London 1980, gilt für die moderne Tarotforschung als Standardwerk in bezug auf die → Geschichte des Tarot. Auch bot er zum erstenmal eine geschichtliche Variante zur Erklärung der Karte → Der Gehängte. In einem Sonderteil der Zeitschrift FMR (Titel des Artikels: »Tracing the Tarot«, Jan./Feb. 85), der sich ausschließlich mit Tarot befaßte, schrieb er darüber, der Gehängte stelle einen Verräter dar. Diese sind in der italienischen Renaissance in derartiger Pose dargestellt worden. In dieser Weise wurde auch Francesco Sforzas Vater auf allen Brücken und Toren Roms dargestellt, da ihn der Papst als Verräter betrachtete. Weiteres Werk Dummets zum Thema Tarot: »The Visconti Sforza Tarot Cards«.

Durststrecke

Karte	Art
5 d. Münzen	Finanzielle Durststrecke.

68

E

Edle Steine

Den einzelnen Tarotkarten werden die sogenannten edlen Steine zugeordnet. Die Bezeichnung rührt daher, daß nicht alle Steine tatsächlich Edelsteine sind, sondern zur Gruppe der Halbedelsteine gehören bzw. die Perle überhaupt kein Stein ist. Die edlen Steine können bei der Arbeit mit den Karten zur Unterstützung der einzelnen Aussagen eingesetzt werden. Auch bei der Steinezuordnung scheiden sich die Geister der verschiedenen Tarotautoren und -forscher, daher wurde hier die gängigste Form der Zuordnungen gewählt (siehe auch Seite 70).

Zuordnung der Großen Arkana zu den Steinen

Karte	Große Arkana	Edler Stein
0	Der Narr	Aquamarin
1	Der Magier	Tigerauge und Citrin
2	Die Hohepriesterin	Perle, Mondstein und Rosenquarz
3	Die Herrscherin	Smaragd, Rubin und Karneol
4	Der Herrscher	Jaspis und Blutstein
5	Der Hierophant	Smaragd, Rubin und Karneol
6	Die Liebenden	Tigerauge und Citrin
7	Der Wagen	Perle, Mondstein und Rosenquarz
8	Die Kraft	Diamant, Goldtopas und Bergkristall
9	Der Eremit	Tigerauge und Citrin
10	Rad des Schicksals	Lapislazuli und Saphir
11	Die Gerechtigkeit	Smaragd, Rubin und Karneol
12	Der Gehängte	Amethyst
13	Der Tod	Granat
14	Die Mäßigkeit	Lapislazuli und blauer Saphir
15	Der Teufel	Onyx und Chalzedon
16	Der Turm	Jaspis und Blutstein
17	Der Stern	Aquamarin
18	Der Mond	Amethyst
19	Die Sonne	Diamant, Goldtopas und Bergkristall
20	Das Gericht	Granat
21	Die Welt	Onyx und Chalzedon

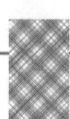

Zuordnungen der edlen Steine zu den Kleinen Arkana

Edler Stein	Kleine Arkana
Diamant, Bergkristall und Goldtopas	5 d. Stäbe, 6 d. Stäbe, 7 d. Stäbe, Königin d. Stäbe, König d. Stäbe
Perle, Mondstein und Rosenquarz	2 d. Kelche, 3 d. Kelche, 4 d. Kelche, As d. Kelche
Tigerauge und Citrin	8 d. Schwerter, 9 d. Schwerter, 10 d. Schwerter, As d. Schwerter, 8 d. Münzen, 9 d. Münzen, 10 d. Münzen, Königin d. Münzen, König d. Münzen
Smaragd, Rubin und Karneol	5 d. Münzen, 6 d. Münzen, 7 d. Münzen, As d. Münzen, 2 d. Schwerter, 3 d. Schwerter, 4 d. Schwerter, Königin d. Schwerter, König d. Schwerter
Blutstein und Blutjaspis	2 d. Stäbe, 3 d. Stäbe, 4 d. Stäbe, As d. Stäbe
Lapislazuli und blauer Saphir	8 d. Stäbe, 9 d. Stäbe, 10 d. Stäbe, Bube d. Stäbe, Ritter d. Stäbe
Onyx	2 d. Münzen, 3 d. Münzen, 4 d. Münzen, Bube d. Münzen, Ritter d. Münzen
Aquamarin	5 d. Schwerter, 6 d. Schwerter, 7 d. Schwerter, Bube d. Schwerter, Ritter d. Schwerter
Amethyst	8 d. Kelche, 9 d. Kelche, 10 d. Kelche, Bube d. Kelche, Ritter d. Kelche
Granat	5 d. Kelche, 6 d. Kelche, 7 d. Kelche, Königin d. Kelche, König d. Kelche

Ehe

Karte	Art
Die Liebenden	Ehe voller Liebe.
2 d. Kelche	Eheschließung aus Liebe.
5 d. Kelche	Ehe ohne Liebe.
10 d. Kelche	Eheschließung, Familiengründung.
3 Achten nebeneinander	Mögliche Heirat.

Ehefrau

Generell können → Königinnen die Ehefrau des → Fragenden symbolisieren. Wobei hier auf den Charakter geachtet werden muß. Auch die → Große Arkana → Die Herrscherin kann die Ehefrau symbolisieren.

Ehemann

Generell können → Könige den Ehemann der → Fragestellerin symbolisieren. Wobei hier auf den Charakter geachtet werden muß. Auch die → Große Arkana → Der Herrscher kann den Ehemann symbolisieren.

Ehre

Karte	Art
4 Könige nebeneinander.	Große Ehre

Eicheln

→ Satzzeichen für → Kreuz.

Einfluß

Karte	Art
Der Teufel	Jemanden negativ beeinflussen.
4 Königinnen	Einfluß und Autorität.

Eins

1. Sowohl in der hebräischen Zahlenmystik als auch bei den Pythagoräern wurde die 1 nicht als Zahl angesehen, sondern als das alles Seiende, das aus dem Nichts (0) erschaffen wurde. Da ihr Symbol in der geometrischen Darstellung der Punkt ist, wird sie sowohl als undifferenzierter Beginn als auch als Einheit in sich angesehen. Der Magier und Philosoph Agrippa von Nettesheim schrieb über die 1: »Sie enthält alle Zahlen in sich vereint, schließt jede Vielfalt aus, ist immer dieselbe und unveränderlich ...« (Aus: »Die magischen Werke.«) Mit der 1 wird in der hebräischen Zahlenmystik die Einheit, die alles umfaßt, beschrieben. Die 1 gilt manchmal als männliche und weibliche Zahl, da sie alles umfaßt, und wird in vielen hauptsächlich monotheistischen Religionen als das Symbol Gottes angesehen. Auch in der hebräischen Zahlenmystik ist die 1 das Symbol Gottes, wird aber nur der männlichen, rechten, der Lichtseite und der Zeitlosigkeit zugeordnet. Ihr entspricht der hebräische Buchstabe → Aleph. In der alchemistischen Symbolik steht der Ritter, der ein Ei zerschlägt, als Symbol für den Zusammenhang zwischen 0 und 1, der gottähnlich aus dem philosophischen Ei die vier → Elemente – Feuer, Erde, Wasser, Luft – erschafft.
2. Im Tarot ist die Trumpfkarte Nummer 1 → Der Magier. Er stellt oft den Beginn einer Sache dar. Er symbolisiert aber auch die → Initiation und die

71

Erkenntnis eines Menschen, der sein Innerstes gefunden hat. Womit hier durch den Magier mit der Zahl 1 wieder der Bezug zu den → Dimensionstoren und der → Dimensionsmagie besteht. Die → Kabbala nennt die 1 auch die wunderbare Intelligenz oder höchste Krone, das ICH BIN, das sich durch viele Persönlichkeiten oder Formen ausdrückt, offenbart oder zeigt – das erste Prinzip.

Einsamkeit

Karte	Art
Der Eremit	Selbstgewählte Einsamkeit, in die man sich zurückzieht, um ein Problem aus der Distanz besser betrachten zu können.
Königin d. Schwerter	Manchmal einsame Person – Witwe, geschieden, alleinstehend.
10 d. Schwerter	Einsamkeit, die keine ist, da der Betreffende seine Situation beinahe hysterisch beurteilt.
4 d. Schwerter	Einsamkeit im Sinn von Exil, Meditation, Ruhe.

Einsicht

Karte	Art
7 d. Kelche	Visionär erlangte Einsicht.

Eintracht

Karte	Art
4 d. Stäbe	Eintracht durch Ruhe und Harmonie.
9 d. Kelche	Eintracht und Zufriedenheit mit sich selbst.
2 d. Kelche	Eintracht der Geschlechter in Liebe und Freundschaft.

Einundzwanzig

1. Entsteht aus der Multiplikation der heiligen Zahlen 7 und 3. Im Alten Testament besitzt die Weisheit 21 Eigenschaften.

2. Im Tarot ist die → Trumpfkarte 21 → Die Welt. Da in der hebräischen Zahlenmystik nach der 10 nur noch die runden Zehner eine wirkliche Zahl darstellen, kann der 21 eigentlich kein → hebräischer Buchstabe zugeordnet werden. Da manche Autoren jedoch den Tarot mit dem hebräischen Alphabet gleichsetzten, steht für die Karte 21 der Buchstabe → Taw. Dies ist eigentlich der 22. Buchstabe des hebräischen Alphabets, da aber nur zwei Buchstaben für den Geist, das Nicht-Ding stehen (→ Aleph und → Schin), ordneten → Lévi und seine Nachfolger Schin dem Narren mit der 0 zu. → Case ordnete der 21. Karte den Buchstaben Taw zu und schrieb damit den ersten Buchstaben Aleph nicht der 1, sondern der 0 zu.

Einweihung

Karte	Art
Der Magier	Einweihung zum Magier, den Weg des Meisters gehen durch erkennen, verstehen, sich alle Elemente d. Welt nutzbar machen.
Die Hohepriesterin	Die mystische Einweihung.
Der Eremit	Einweihung durch Fasten, Insichgehen.
Der Gehängte	Einweihung durch Erkenntnis, Erleuchtung.
3 d. Münzen	Der Beginn der Einweihung.

Elemente

Die vier Elemente – Feuer, Erde, Wasser, Luft – werden im Tarot den → Satzzeichen zugeordnet:

Zuordnung der Elemente zu den Satzzeichen

Satz	Element
Kelche	Wasser
Münzen	Erde
Schwerter	Luft
Stäbe	Feuer

Die Elementezuordnung ist von grundlegender Bedeutung im Tarot. In einem → Kartenbild kann der → Deutende bereits anhand der Elementezusammensetzung einen ersten Eindruck über die gefragte Situation gewinnen. Dabei müssen die Elemente ebenfalls immer in einem Zyklus gesehen, als Ganzes betrachtet werden. Hier wird auch das → Tetragrammaton (die vier hebräischen Buchstaben des Gottesnamens Jahwe: Yod, Heh, Waw, Heh) als Hilfe eingesetzt. Yod (Feuer) symbolisiert den Anfang von Unternehmungen, den ersten Impuls (Yod bedeutet auch der göttliche Funke). Heh (Wasser) symbolisiert den tatsächlichen Beginn, die Tat, die eine Idee umsetzt. Waw (Luft) symbolisiert die Entwicklung der Umsetzung, die zielvolle Bewegung. Luft (Schwerter) wird auch mit dem Intellekt gleichgesetzt. Das zweite Heh (Erde) bedeutet die Vollendung der Tat, der in die Realität umgesetzte Gedanke, das Ding an sich, das erreichte Ziel.

Je nachdem, welches Element überwiegt und wie sich die Elemente zusammensetzen, wird die Grundstimmung der gefragten Situation verdeutlicht. Überwiegt der Satz der Kelche (damit das Element des Wassers), geht es um emotionale Dinge, Beziehungen. Bei den Münzen um finanzielle und geschäftliche Angelegenheiten. Stäbe symbolisieren in einer Deutung oft den Beginn einer Sache, während ein Überwiegen der Schwerter einen rein geistigen Charakter und den Intellekt als entscheidendes Kriterium zeigt. Meistens überwiegen zwei Sätze, deren Elemente dann miteinander kombiniert werden können, z. B. Stäbe und Schwerter: ein Neubeginn, der vor allem mit dem Intellekt angegangen werden sollte.

Elf

1. Zählt zu den → Meister- oder Kettenzahlen, da sie durch die Verdoppelung einer Grundzahl (1–9) entsteht. Die Zahl der Sünde in der christlichen Symbolik, da sie die 10 Gebote um 1 überschreitet und nach dem Verrat an Jesus nur noch 11 Apostel »übrig« sind, was wiederum auf Unvollkommenheit hinweist. Der Magier und Philosoph Agrippa von Nettesheim nennt sie die Zahl der Sünder und Reuigen. Die Unvollkommenheit der 11 findet sich auch wieder im → Tierkreis: Eines der 12 Zeichen des Tierkreises bleibt immer unsichtbar, da es hinter der Sonne steht. Mit der 11 wird aber auch die irdische Welt verlassen (als Verdoppelung der 1, die als das alles Seiende gilt). In der hebräischen Zahlenmystik existiert keine 11, 12, nach der 10 ist die Stufe der Zehner erreicht, d. h. die nächste wirkliche Zahl ist die 20 (die erste 1 der Elf wird als die alles umfassende Einheit angesehen, während die zweite 1 als Teil einer Reihe betrachtet wird).
2. Im Tarot ist die → Trumpfkarte 11 Die Kraft – eine Jungfrau mit der → Lemniskate (der liegenden 8) über ihrem Kopf. Sie hält einem Löwen das Maul zu. Symbol für eine Kraft, die nicht mehr irdisch ist. (In der christlichen Symbolik werden hingegen 11000 Jungfrauen von der hl. Ursula mit ihrem Mantel beschützt.) → Waite vertauschte in seinem Tarotdeck die

Trumpfkarte 8 → Die Gerechtigkeit mit der Kraft – möglicherweise weil der 8 manchmal die Kraft fehlt, begonnene Unternehmungen zu Ende zu bringen. Waite ließ sich allerdings nicht näher dazu aus. Da in der hebräischen Zahlenmystik erst die 20 wieder eine wirkliche Zahl darstellt, kann der 11 eigentlich kein → hebräischer Buchstabe zugeordnet werden. Manche Autoren setzten jedoch den Tarot mit dem hebräischen Alphabet gleich, daher steht für die Karte 11 der Buchstabe → Kaf. → Case ordnet der 11. Karte den hebräischen Buchstaben → Lamed zu, da er den hebräischen Buchstaben → Aleph nicht der 1, sondern der 0 zuschrieb.

Elferkreuz

→ Legesystem. Baut auf dem → Keltischen Kreuz auf. Wobei es zwei Arten von Elferkreuzen gibt:
1. Nach dem Mischen werden die Karten nacheinander vom Stapel genommen und vom → Deutenden gelegt. Karte Nr. 3 wird über Karte 1 und 2 gelegt, als Hindernis oder Einfluß. Danach werden die restlichen Karten ausgelegt. Allerdings in anderer Reihenfolge als im klassischen Keltischen Kreuz (s. Abbildung auf Seite 75).
2. Die klassische Auslage des → Keltischen Kreuzes erfolgt mit 10 Karten und kann auf jede Frage angewandt werden. Manche → Deuter legen das Keltische Kreuz jedoch mit 11 Karten, wobei die Bedeutung der Karten-

Elferkreuz

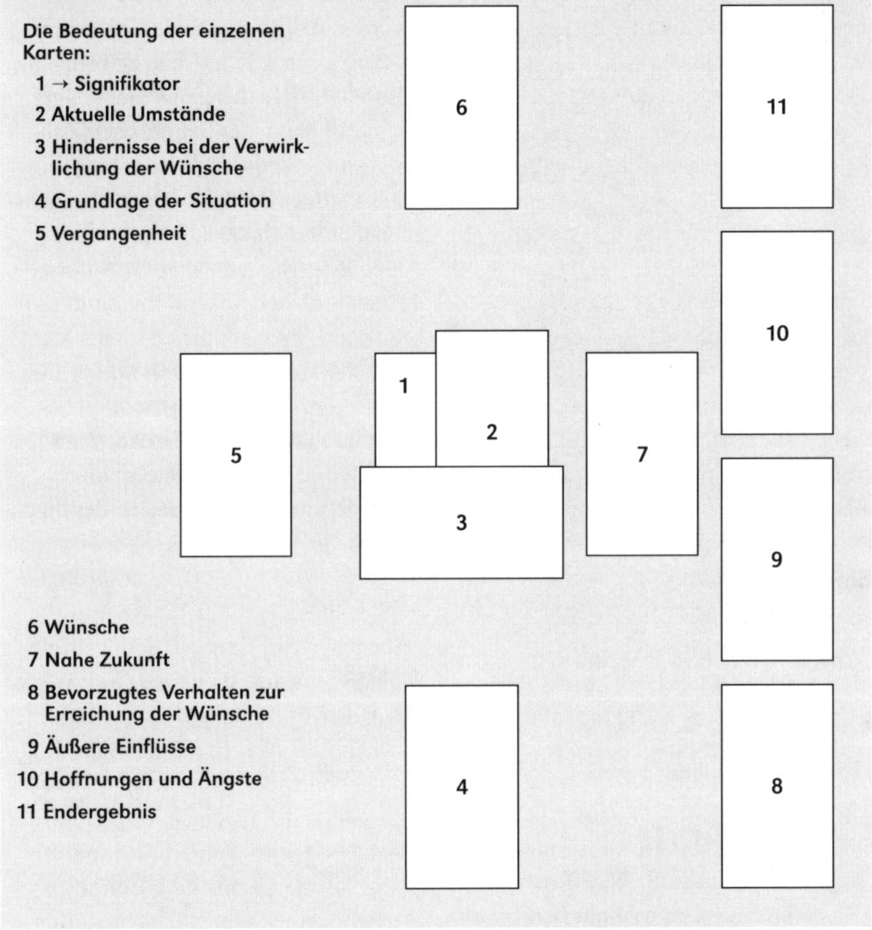

Die Bedeutung der einzelnen Karten:

1 → Signifikator

2 Aktuelle Umstände

3 Hindernisse bei der Verwirklichung der Wünsche

4 Grundlage der Situation

5 Vergangenheit

6 Wünsche

7 Nahe Zukunft

8 Bevorzugtes Verhalten zur Erreichung der Wünsche

9 Äußere Einflüsse

10 Hoffnungen und Ängste

11 Endergebnis

nummern nicht mehr dem Keltischen Kreuz oder der Elferauslage Nr. 1 entspricht, da Elferauslage Nr. 2 nur auf bestimmte Unternehmungen, Reisen, gelegt wird: 1 Ausgangssituation. 2 Was will ich hinter mir lassen? 3 Was nehme ich mit? 4 Was nehme ich nicht mit? 5 Was erwartet mich bei meiner Rückkehr? 6 Was kommt mir während der Zeit entgegen? 7 Wie gebe ich mich während dieser Zeit? 8 Wie sind Ort und Menschen? 9 Hoffnungen und Ängste. 10 Was kann ich dort erreichen? 11 Womit muß ich mich während dieser Zeit auseinandersetzen?

Emotion

Karte	Art
Die Kraft	Alle Kraft aufwenden, um die eigenen aufwallenden Emotionen unter Kontrolle halten zu können.
As d. Schwerter	Intensivste Emotionen – sowohl Liebe als auch Haß in ausgeprägter Form.
8. d. Schwerter	Arm an Emotionen.
9 d. Stäbe	Emotionale Verhärtung durch früher durchlebte Emotionen.

Empress, The

(Engl.) Bezeichnung der → Großen Arkana → Die Herrscherin (III).

Encausse, Dr. Gerard

Geburtsname von → Papus.

Encausse, Dr. Philippe

Sohn von → Papus. Er veröffentlichte 1932 eine Biographie seines berühmten Vaters: »Papus, sa vie, son œuvre.«

Ende

Karte	Art
Der Tod	Abruptes Ende (z. B. einer Angelegenheit, Sache, Beziehung), radikale Änderung, auch physischer Tod.
8 d. Kelche	Ende einer Angelegenheit, da diese nicht mehr wichtig genug erscheint.
4 d. Schwerter	Das Ende von Schwierigkeiten.

Zu beachten: Generell können → Ritter je nach ihrer Blickrichtung auch das Ende oder den Beginn einer Sache anzeigen:

Karte	Art
Ritter d. Kelche	Ende einer Liebesbeziehung.
Ritter d. Münzen	Ende einer geschäftlichen Beziehung.
Ritter d. Schwerter	Ende eines Kampfes.
Ritter d. Stäbe	Ende eines Abenteuers, einer abenteuerlichen Reise.

Energie

Karte	Art
As d. Schwerter	Die Energie, einen Sieg und Macht zu erringen.
As d. Stäbe	Sexuelle Energie und Erfahrung.
König d. Stäbe	Person, die ihre Energie für immer neue Aktivitäten benutzt.
Königin d. Kelche	Eine Person, die ihre Energie und Vitalität zur Verwirklichung von Plänen einsetzt.

| Königin d. Stäbe | Jemand mit unerschöpflichen Energiereserven, Person mit großer sexueller Energie. |
| Ritter d. Stäbe | Energie muß zielgerichtet werden, sonst kann sie leicht in sinnlosen Taten enden. |

Enttäuschung

Karte	Art
8 d. Kelche	Enttäuschung durch Aufgabe von Plänen.
5 d. Kelche	Enttäuschung tief empfundener Gefühle.
9 d. Schwerter	Enttäuschung durch fehlerhaftes Verhalten, Mißerfolg.
3 d. Schwerter	Enttäuschung durch das Ende einer Beziehung.
9 d. Stäbe	Emotionale Verhärtung durch früher durchlebte Enttäuschung.
4 Siebener nebeneinander	Enttäuschung durch Intrigen.

Entscheidung

Karte	Art
8 d. Stäbe	Eine getroffene Entscheidung.
As d. Schwerter	Chance auf bewußte Entscheidung.

König d. Schwerter	Jemand, der nichts von gefühlsmäßig getroffenen Entscheidungen hält.
8 d. Schwerter	Sich nicht endgültig entscheiden wollen.
3 d. Schwerter	Der Verstand entscheidet entgegen dem Gefühl.
2 d. Stäbe	Sich für eine Sache entschieden haben, aber trotzdem noch nach anderen Dingen »Ausschau« halten.
2 d. Münzen	Lavieren, sich nicht richtig entscheiden können.

Entschlossenheit

Karte	Art
4 Dreien nebeneinander	Entschlossenheit im Sinn von entschiedenem Vorgehen.
Bube d. Schwerter	Jemand, der entschlossen, zielgerichtet handelt.

Epees

(Franz.) → Satzzeichen für → Pik.

Erbe

Karte	Art
As d. Stäbe	Erbschaft.
5 d. Kelche	Erbe, verbunden mit Frustration.

Ereignis

Karte	Art
Rad d. Schicksals	Ein Ereignis selbst herbeiführen können (oder je nach Lage durch andere Menschen).

Erde

Das → Element Erde wird im Tarot dem → Satzzeichen der → Münzen zugeordnet. Erde bzw. Münzen werden im Tarot mit materiellen und irdischen Dingen in Verbindung gebracht.

Eremit, Der

→ Große Arkana. Mit dem Eremit ist im Zyklus der Großen Arkana eine → Initiationsstufe erreicht. → C. G. Jung sah in ihm den Archetypus des weisen alten Mannes, und in den → Gralssagen wird immer wieder von einem Eremiten berichtet, der mit seiner Erleuchtung, Erkenntnis und Weisheit den Rittern auf ihrer spirituellen Suche weiterhalf. Der Eremit soll vor allen Dingen das Bild des spirituellen Führers darstellen und im Betrachter wecken. Manche Tarotautoren setzen ihn auch mit einem geistigen Führer gleich, der in Träumen auftaucht.

Laterne: Symbol des inneren, unbewußten Lichtes, das dem Menschen seinen Weg weist.

Laterne im Rider-Waite-Tarot: Hier hält der Eremit eine Laterne, in der sich ein sechszackiger Stern befindet.

Das alchemistische Hexagramm unterteilt sich in zwei *Dreiecke:* das Wasserdreieck mit der nach unten weisenden Spitze und das Feuerdreieck mit der nach oben weisenden Spitze.

Der Eremit, Rider-Waite

Damit soll auch die doppelte Bedeutung des Eremiten symbolisiert werden – der Rückzug von der äußeren Welt, um die eigene Psyche zu aktivieren (Wasserdreieck). Die Abkehr von weltlichen Dingen, die den Menschen umgeben und den Zugang zu seinem Unbewußten und damit auch den Weg zur Erleuchtung und Erkenntnis versperren. Das Feuerdreieck stellt symbolisch den geistigen oder spirituellen Führer dar, der als Person auftreten kann. Eine Person, die bereits den Weg der Erleuchtung gegangen ist, oder aber auch als der Führer in den Träumen, der Führer, der aus dem Unbewußten, dem Selbst heraus auftritt und die Schritte des Menschen lenkt. Das Hexagramm symbolisiert durch seine Zweiteilung auch die Gegensätze des Lebens, die vereint werden müssen.

Laterne im Tarot de Marseille: Hier ist die Flamme teilweise verdeckt, um zu symbolisieren, wie kostbar dieses Licht ist und wie sehr es beschützt werden muß. Eine der Klappen der Laterne ist

Der Einsiedler

**Der Einsiedler,
Marseille**

blutrot, um die Leidenschaften der Menschen zu symbolisieren, die zur Erfahrung eines Lebens gehören.
Stab: Der Eremit stützt sich bewußt auf seinen Stab, nicht wie → Der Narr, der seinen Stab locker über der Schulter trägt. Damit wird der Stab des Eremiten zum Symbol der geheimen Lehre, die den Zugang zum inneren Ich öffnet. Der Eremit als Führer und Lehrer setzt diese Lehre bewußt ein. Ein Stab ist aber auch mit einem Zepter vergleichbar und dieses symbolisiert immer die Macht seines Trägers. Hier bedeutet der Stab die Macht des Eremiten über die Gedanken.
Kleidung im Rider-Waite-Deck: Hier ist der Eremit in einen grauen Umhang gehüllt. Dieser Mantel gilt als Symbol des Bewußtseins. Auch der Hintergrund ist komplett in Grau, der Farbe der Autorität (der Eremit als Führer), aber auch als Farbe der Mäßigung – man muß sich von den alltäglichen Dingen zurückziehen, um das Unbewußte wirklich beleuchten zu können.
Kleidung im Tarot de Marseille: Hier trägt der Eremit einen himmelblauen Umhang als Farbe des himmlischen Geistes, das Futter ist gelb als Symbol des inneren Lichtes, der inneren Energie. Manche Tarotautoren sehen darin auch das Gold der Philosophen – die kostbarste Substanz der Alchemisten, die sie freizusetzen suchten, um damit zu Erleuchtung zu gelangen.
Archetypus: der alte Weise.
Divinatorische Bedeutung: Um ein Problem lösen zu können, muß der Betreffende alle Alltäglichkeiten hinter sich lassen, sich zurückziehen (geistig) und das Problem gründlich von allen Seiten beleuchten. Nur dann wird er Zugang zur Lösung finden. Erscheint die Karte auf einer Position von außen, so deutet sie auf einen Menschen in der Umgebung des → Fragenden, der bei der Lösung helfen kann, selbst ein Führer ist oder sein kann.
Umgekehrte Bedeutung: Angst vor anderen Menschen, Rückzug als Flucht, übertriebene Vorsicht. Aber auch törichtes Handeln, um der Verantwortung aus dem Weg zu gehen.

Erfolg

Karte	Art
Der Magier	Erfolg durch meisterhaftes Können erringen.
Die Hohepriesterin	Erfolg durch Einsetzen der eigenen Intuition.
Der Herrscher	Ideen erfolgreich verwirklichen.
As d. Stäbe	Erfolgschancen bei einem Neubeginn.
6 d. Stäbe	Erfolgreicher Abschluß.

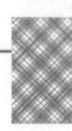

As d. Münzen	Chancen auf materiellen Erfolg.
König d. Münzen	Ein in materiellen Dingen erfolgreicher Mensch.
7 d. Münzen	Das Ernten der Früchte einer Arbeit, den Erfolg einer Arbeit betrachten können.
8 d. Münzen	Erfolgreich an der Basis einer Idee arbeiten.
9 d. Münzen	Erfolg durch gezieltes Einsetzen von Energien; Erfolg entweder durch kleine Schritte oder einen »beflügelten« Geist.
3 d. Münzen	Erfolgreiche Pläne.
Königin d. Kelche	Jemand, der Erfolg erringt durch kreative Ideen.
3 Asse nebeneinander	(Kleiner) Erfolg (in bezug auf die Frage).

Erhöhte Planeten

In der klassischen → Astrologie waren → Uranus, → Neptun und → Pluto noch nicht bekannt, so wurden den Planeten → Mars, → Saturn und → Jupiter jeweils zwei → Tierkreiszeichen als Zeichenherrscher zugeordnet: Jupiter – Schützen und Fische; Mars – Widder und Skorpion; Saturn – Steinbock und Wassermann. (→ Merkur wird auch heute noch zwei Tierkreiszeichen – Zwillinge und Jungfrau – zugeteilt.)

Die moderne Astrologie ordnet folgendermaßen zu: Uranus – Wassermann, Neptun – Fische, Pluto – Skorpion. Dabei werden die alten Zeichenherrscher fast immer noch als »erhöhte« Planeten angegeben. Auch heute werden den → Sephirot und manchmal auch den → Kleinen Arkana nur die sieben klassischen Planeten zugeordnet.

Erinnerung

Karte	Art
6 d. Kelche	Kindheitserinnerungen, Erinnerung an schöne Gefühle vergangener Tage.

Erniedrigung

Karte	Art
5 d. Schwerter	Erniedrigung durch einen höhnischen Sieger.

Errungenschaft

Karte	Art
As d. Schwerter	Chance, Sieg und Macht zu erringen.
Ritter d. Schwerter	Jemand, der manchmal auch mit Gewalt einen Sieg erringen möchte.

Ertasten der Karten

Eine Form, die richtigen Karten zur Kartenlegung zu finden. Entweder wird nach dem Mischen das Kartenpäckchen mit der Bildseite nach unten

auf einer flachen Oberfläche auseinandergebreitet, oder die Karten werden nicht gemischt, sondern gleich ausgebreitet. Danach werden mit einer Hand und unter Konzentration auf die Frage die Karten ausgewählt. Dabei ist es wichtig, keine Eile zu zeigen und die Karten immer mit Konzentration auf die Frage auszuwählen (s. auch → Mischen).

Esoterischer Tarot

Esoterikos (griech.) = zum inneren Kreis gehörig. Die Tarotgeschichte unterscheidet zwischen → exoterischem und esoterischem Tarot. Der esoterische Tarot setzt ein geheimes Wissen voraus, das nur durch Einweihung weitergegeben werden kann (konnte). Nachweislich waren vor allem → Gebelin, → Lévi, → Christian, → Papus und → Mathers an der Begründung des esoterischen Tarot beteiligt, da sie die Zusammenhänge des Tarot mit der → Kabbala, → Alchemie und → Astrologie ausformulierten und den Grundstock für die esoterische, magische Arbeit mit dem Tarot schufen. Der esoterische Tarot geht vor allem auf den → Tarot de Marseille zurück, da dieser den genannten Autoren bekannt war, und nicht auf die älteren → Visconti-Karten oder das → Gringonneur-Spiel. Zu beachten ist, daß das Interesse am → Okkultismus zur Zeit von Papus enorm war, da sich der moderne Materialismus immer mehr ausweitete. Papus schrieb dazu in seinem 1889 erschienenen Buch »Der Tarot der Zigeuner«: »Wir stehen an der Schwelle zu einer vollständigen Transformation unserer wissenschaftlichen Vorgehensweise. Der Materialismus hat uns alles gegeben, was wir von ihm erwarten können, und die Forscher, wie enttäuscht sie auch im allgemeinen sind, erhoffen sich große Dinge von der Zukunft, und sie sind nicht mehr bereit, länger den Weg zu beschreiten, den die heutige Zeit eingeschlagen hat. In jeder Wissensdisziplin wurde die Analyse soweit wie möglich vorangetrieben, aber sie hat nur die Gräben vertieft, welche die Wissenschaften voneinander trennen.« Wie Papus sahen auch andere Tarotautoren und -forscher eine Notwendigkeit, die alten Traditionen, Werte und das alte Wissen um die geheimen Dinge des Lebens zu bewahren und zu erhalten. Der Tarot stellte für viele von ihnen den wichtigsten Träger der Synthese des Lebens dar.

Da sich die Bedeutung des Wortes Esoterik in moderner Zeit leicht gewandelt hat, wird die Bezeichnung esoterisch auf den Tarot im klassischen Sinne nur noch historisch angewandt (s. auch → Ursprungsmythen des Tarot).

Eteilla

(1738–12.12.1791), hieß eigentlich → Alliette, drehte diesen Namen aber aus numerologischen Gründen um. »Le Grand Eteilla« (Der große Eteilla), wie er auch genannt wurde, war zu seiner Zeit und besonders während der unru-

higen Tage der Französischen Revolution 1789 als Kartenleger und Wahrsager berühmt. Eteilla war ein großer Anhänger der Lehren von → Gebelin und verfocht anfänglich den ägyptischen Ursprung des Tarot. Er veröffentlichte viele Schriften, u. a. 1783 »Manière de se Recréer avec le Jeu de Cartes nommées Tarot«. Darin beschreibt er den Tarot als ein Werk, »das im 1828. Jahr der Schöpfung, 171 Jahre nach der Sintflut und vor 3953 Jahren« verfaßt wurde. → J. Scheidle veröffentlichte 1857 das erste Buch Thot: »Theoretischer und praktischer Unterricht über das Buch Thot oder über die höhere Kraft, Natur und Mensch mit Zuverlässigkeit die Geheimnisse des Lebens zu enthüllen und Orakel zu erteilen, nach der Ägypter wunderbaren Kunst. Mit 78 Tarotkarten zum Ausschneiden.« Hierbei handelt es sich um eine neue Übersetzung eines Buches von Eteilla. (Das Buch wurde 1990 im Verlag fourier unter dem Titel »Das Eteilla Tarot« neu herausgegeben.) Eteilla schuf einen eigenen Tarot, den er mit seinem Werk »Manière de Tierer. Le Grand Eteilla ou Tarots Egyptiens« veröffentlichte. Sein Tarot zeigt manche der altüberlieferten Tarotbilder in etwas anderer Gestaltung, die Anordnung der Karten ist anders als herkömmlich und die Karten tragen fortlaufende Nummern. Die → Kleinen Arkana beginnen also mit 22. Zudem sind auf den Karten Wahrsagehilfen aufgedruckt, sowohl normal als auch verkehrt herum,

um die Karte auch auf dem Kopf stehend zu deuten (s. auch → Große Eteilla Karten). Auf Eteillas Tarotforschung beruhen mehrere Kartendecks: → Tarot Égyptien/Grand Jeu del'Oracle des Dames, → Cartomanzia Italiana, → Tarocco Egiziano, → Antichi Tarocchi Esoterici.

Etymologie des Tarot

Über den Ursprung des Namens und des Wortes Tarot gibt es zahlreiche Auffassungen:
1. Tara – indischer Ursprung.
2. Ta-rosh – ägyptischer Ursprung, bedeutet königlicher Weg.
3. Ator – Name einer ägyptischen Göttin, die oft mit → Isis gleichgesetzt wird und deren Name als Anagramm für Tarot benutzt wurde.
4. Tora – hebräische Bezeichnung für die ersten fünf Bücher Mose (AT), der Name Tarot wäre als Anagramm benutzt worden.
5. Rota – lat. für Rad. Eine andere Möglichkeit ergibt sich auch aus dem Wort → Tarotee, da der Name Tarot möglicherweise erst nach Entstehung der Karten selbst aufkam.
6. Tariqa – arabischer Ursprung, bedeutet Weg (→ Case).
7. Tao – der Ursprung auf phonetischer Grundlage des chinesischen Wortes, bedeutet Weg.

Evangelisten

Die Verfasser der vier kanonischen Evangelien Matthäus, Markus, Lukas

und Johannes. Die vier Evangelisten werden auf den → Großen Arkana → Rad des Schicksals (X) und → Die Welt (XXI) als Umrahmung der Karten an den Eckpunkten dargestellt. Während bei der Welt nur ihre Häupter abgebildet sind, werden sie beim Rad des Schicksals als komplette Figuren gezeigt.

Evangelistensymbole

Seit konstantinischer Zeit werden die vier → Evangelisten entweder als Menschen oder in Symbolen dargestellt. Seit dem 4. Jh. handelt es sich bei den symbolischen Darstellungen um Mischwesen. Die Symbolik für die vier Evangelisten hat sich seither nicht mehr verändert:
Matthäus – Engel,
manchmal Wassermann
Markus – Löwe
Lukas – Stier
Johannes – Adler

Matthäus wird manchmal als → Wassermann bezeichnet, da die vier Evangelistensymbole eng verbunden werden mit den antiken astrologischen Vorstellungen des festen Kreuzes, das sich aus den vier Himmelsrichtungen, den vier Winden, den vier → Elementen und den → Tierkreiszeichen → Löwe, → Stier, → Skorpion und → Wassermann (sogenannte fixe oder feste Zeichen) zusammensetzt. Gleichfalls spielen die vier Paradiesflüsse bei den Evangelistensymbolen eine entscheidende Rolle, da diese mit den vier Evangelisten selbst gleichgesetzt wurden:
Matthäus – Euphrat
Markus – Tigris
Lukas – Gihon
Johannes – Pishon

Aus diesen antiken Vorstellungen, untermauert durch die Lehre vom → Mikro- und Makrokosmos wurden die vier Evangelisten auch zu den Pfeilern bzw. Begrenzungen der Welt – so wie sie auf der Großen Arkana Die Welt (XXI) in die Eckpunkte der Karte gesetzt dargestellt werden. Auf der → Trumpfkarte → Rad des Schicksals (X) hingegen stellen sie symbolisch die Grundfesten des Himmels und des Weltgebäudes dar.

Exoterischer Tarot

Exoterikos (griech.) = für die Öffentlichkeit. Im Gegensatz zum → esoterischen Tarot beschäftigt sich der exoterische Tarot ausschließlich mit der Erforschung der Herkunft und Geschichte des Tarot. Esoterisches Gedankengut wird nicht beachtet. Exoterisch wird der Tarot als gewöhnliches Kartenspiel gesehen. Der Tarot wird historisch betrachtet bis zu seiner »Neuentdeckung« durch → Gebelin als exoterisch bezeichnet, da bis zu diesem Zeitpunkt keine Anhaltspunkte existieren, ob der Tarot schon vorher zu divinatorischen Zwecken gebraucht wurde (s. auch → Geschichte des Tarot).

Fante

(Ital.) Bezeichnung für → Page oder → Schelm.

Farben

1. Andere Bezeichnung für → Sätze. Die → Kleinen Arkana werden in vier Farben unterteilt: → Schwerter/ → Schippen, → Stäbe, → Kelche, → Münzen/→ Pentakel/ → Schellen. Jede der Farben wird unterteilt in → As 2, 3, 4, 5, 6, 7, 8, 9, 10 und vier → Hofkarten: → Bube, → Ritter, → Königin und → König. Beim Tarot gibt es im Gegensatz zum herkömmlichen Kartenspiel eine Hofkarte mehr: den Ritter.

2. Die meisten → Tarotdecks sind farbig gestaltet, da die → Farbsymbolik eine wichtige Rolle im Tarot spielt.

Farbprisma

Isaac Newton (1643–1727) entdeckte, daß durch ein Prisma → sieben → Farben erkannt werden können. Nach Wellenlänge und Schwingungsfrequenz unterteilen sich diese in: → Rot (niedrigste Frequenz), → Orange, → Gelb, → Grün, → Blau, → Indigo und → Violett (höchste Frequenz).

Farbsymbolik

Wichtiges Instrument bei der Deutung der Tarotkarten. Jeder Farbe werden bestimmte Eigenschaften, Qualitäten und Auswirkungen zugeschrieben. Die Farbsymbolik spielt in der → Alchemie, → Kabbala und → Astrologie eine bedeutende Rolle, die ebenfalls

Kabbalistische Zuordnung der Farben

Sephiroth	Name	Bedeutung	Planet	Farbe
1	Kether	Krone	erste Bewegung	strahlendes Weiß
2	Chockmah	Weisheit	Zodiak	Grau
3	Binah	Verstehen	Saturn	Schwarz
4	Chesed	Barmherzigkeit	Jupiter	Blau
5	Geburah	Strenge/Stärke	Mars	Scharlachrot
6	Tipereth	Schönheit	Sonne	Gelb
7	Netzach	Sieg/Macht	Venus	Smaragdgrün
8	Hod	Ruhm	Merkur	Orange
9	Jesod	Fundament	Mond	Violett
10	Malkuth	Königreich	Erde	Gelb, Olivgrün, Rostbraun und Schwarz

mit dem Tarot in Verbindung gebracht
wird.

Alchemie: In der Alchemie wird der
höchste Zustand, den ein Mensch erreichen kann, durch verschiedene Farben
symbolisiert.

● Schwarz (Urzustand, Schwärzung,
  Nigredo),
● Himmelblau,
● Grün (Grünung),
● Schneeweiß (Weißung, Albedo,
  Symbol ist die → weiße Rose),
● Goldgelb (Gelbung),
● Rot (Rötung, Rubedo, Symbol ist die
  rote Rose). Mit Rot wird das Gold
  oder der → Stein der Weisen symbo-
  lisiert.

Kabbala: Sie ordnet jedem → Sephiroth neben einem Buchstaben auch
eine eigene Farbe zu. Manche Tarotforscher verbanden dieses noch mit den
astrologischen Planeten (s. Seite 80).

Diese Farbsymbolik sollte bei den
Tarotkarten zusätzlich zur klassisch-
christlichen Deutung der Farbsymbolik hinzugezogen werden, da viele
Tarotdecks, z.B. das → Rider-Waite-
Tarot, von beiden Farbsymboliken
leben.

Astrologie: Sie ordnet jedem → Planeten und jedem → Tierkreiszeichen eine Farbe zu, wobei die Charak-
tere einander entsprechen. Die Farbsymbolik der Astrologie hat sich
jedoch im Laufe der Zeit mehrmals
geändert.

Des weiteren werden manchen Tierkreiszeichen zwei Planeten zugeordnet (ein Planet als Nebenherrscher),
so daß die Farbsymbolik der Astrologie manchmal voneinander ab-
weicht.

Generell gilt heute die folgende Tabelle:

Heutige astrologische Zuordnung der Farben

Planet	Tierkreis	Farben
Sonne	Löwe	Gold (Gelb, Purpur)
Mond	Krebs	Silber (Gelborange, Violett)
Merkur	Zwillinge – Jungfrau	Gelb – Mattbraun
Venus	Stier – Waage	Grün (Hellblau, Rosa, Hellgrün) – Grün (Silber, Blau, Orange)
Mars	Widder	Rot (Indigo)
Jupiter	Schütze	Blau (Purpur, Safrangelb)
Saturn	Steinbock	Indigo (Schwarz, Dunkelgrau)
Uranus	Wassermann	Violett (Lila)
Neptun	Fische	Schwarz (Rotviolett, Grau)
Pluto	Skorpion	Braun, Orange (Blaugrün, Rot)

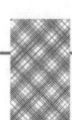

Farbsymbolik der mittelalterlichen Astrologie

Farbe	Tierkreiszeichen	Planet
Gelb	Löwe	Sonne
Weiß	Krebs	Mond
Grau	Zwillinge – Jungfrau	Merkur
Grün	Stier – Waage	Venus
Rot	Widder – Skorpion	Mars
Blau	Fische – Schütze	Jupiter
Schwarz	Wassermann – Steinbock	Saturn

Die Farbsymbolik des alten Ägypten

Farbe	Bedeutung
Rot	Rache, Unglück, Farbe von → Seth
Gelb	Neid
Grün	Hoffnung, Lust, aber auch Vegetation und Farbe des höchsten Gottes Osiris
Blau	Sicherheit
Weiß	Pracht, die heilige Farbe, Licht, daher ebenfalls Osiris zugeordnet
Schwarz	Tod, Osiris herrscht auch über die Toten – ihm durften nur »schwarze« Opfer dargebracht werden

→ Waite und → Crowley legten größten Wert auf die Farbgebung ihrer → Tarotdecks. Jede Wolke, jedes kleinste Detail kann auch farbsymbolisch gedeutet werden und gibt Hinweise auf die Aussage der Karten. Der → Golden Dawn,

→ Case und → Zain veröffentlichen Schwarzweißdecks, die von den Tarotschülern eigenhändig koloriert werden müssen. Dies dient nicht nur zur Entdeckung der Kartensymbolik an sich, sondern auch zur Entdeckung der Farbsymbolik, da die Farben vorgegeben werden.

Fasten

Karte	Art
Der Eremit	Fasten, um zu höheren Einsichten zu gelangen.
2 Fünfen nebeneinander	Auch: Nachtwache, Wache.

Fehltritt

Karte	Art
5 d. Münzen	Hoffnungsloses Herumirren nach einem Fehltritt; Niederlage, Armut.

Feigheit

Karte	Art
7 d. Schwerter	Aus Feigheit ein Problem umgehen wollen.
8 d. Schwerter	Aus Feigheit eine wichtige Entscheidung nicht fällen wollen.
4 d. Münzen	Angst, Gefühle zu zeigen, Angst vor materiellem Verlust und daraus resultierende Feigheit.

Female Pope, The

(Engl.) Bezeichnung für die → Große Arkana → Die Hohepriesterin (II). Auch The → High Priestress oder → Juno.

Fes

Auch Fez. Nach → Paul Foster Case trafen sich in Fes, Marokko, im Jahr 1200 weise Männer aus aller Welt. Um ihre Sprachbarrieren zu überwinden, entwickelten diese die Bildsymbolik des Tarot, um ihre Lehren austauschen zu können (s. auch → Royal Fez Maroccan Tarot im Anhang).

Fire of Heaven

(Engl.) Bezeichnung für die → Große Arkana → Der Turm (XVI). Auch The → Lightning Struck Tower, The → House of God, The → Hospital, The → Tower, The → Tower of Babel.

Fische

Astrologisches → Tierkreiszeichen (19. Februar bis 20. März). → Symbol: ♓, Element: Wasser (drittes Wasserzeichen). Der Tierkreis endet mit den Fischen, daher wird den Fischen auch die Auflösung der Realität und das Reich der Träume zugeordnet. Zeichen der Mystik und der mystischen Erfahrungen. Das Zeichen der Auflösung von Raum und Zeit. Fischeentsprechungen: Mißachtung der Realität, Hinnahmefähigkeit, stark ausgeprägte Passivität, außergewöhnliche Sensibilität, Mystik, Träume, Einfühlungsvermögen und

Empfänglichkeit. Dem Zeichen der Fische wird der Planet → Neptun zugeordnet, der Traum, Illusionen, aber auch Täuschung, Auflösung und Suchtgefahren symbolisiert. Im Tarot werden den Fischen → Der Gehängte und → Der Mond zugeordnet. Der Gehängte gilt innerhalb des → Tarotzyklus als die mystischste Karte, sie wird oft mit dem → Fischerkönig der → Gralssagen in Verbindung gebracht. Der Gehängte symbolisiert neu gewonnene Einsichten durch Umkehr der Anschauung, während der Mond Täuschung, Gefahr, aber auch das tiefste Innere der Seele symbolisieren kann.

Fischerkönig

Manche Tarotforscher sehen in der → Großen Arkana → Der Gehängte das Abbild des Fischerkönigs aus der → Gralssage. Somit würde er den verwundeten König darstellen, der erst genesen muß, damit auch sein Land wieder fruchtbar wird. (Der König als Symbol oder Sinnbild des gesamten Landes.) Erst der Gralsritter Parzival kann den Fischerkönig erlösen und heilen. (Dadurch würde der Herrscher den König vor der Verwundung und nach der Heilung darstellen, der Gehängte aber den verwundeten König.)

Flämischer Tarock

Unter diesem Sammelbegriff versteht die moderne Tarotforschung Kartendecks, die ab dem 18. Jh. in Flandern entstanden. Auffällig ist die Ähnlich-

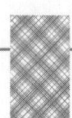

keit mit dem → Besançon Tarock und dem → Tarot von Bologna, in denen ebenfalls die → Großen Arkana → Papst und → Päpstin durch andere Figuren ersetzt wurden. Im Flämischen Tarock ist statt des Papstes (→ Der Hierophant) der römische Gott Bacchus gezeigt und als → Die Hohepriesterin wird eine Figur aus der Commedia dell'arte abgebildet. Als Flämischer Tarock gilt der → Vandenborre Bacchus Tarot (s. Anhang).

Flirt

Karte	Art
Ritter d. Kelche	Flirt mit einem phantasievollen, ideenreichen Menschen.
Bube d. Kelche	Chance zu flirten.
2 Kelche	Ein liebevoller Flirt.

Fool, The

(Engl.) Bezeichnung für die → Große Arkana → Der Narr (0). Ebenfalls The → Foolish Man.

Foolish Man, The

(Engl.) Bezeichnung für die → Große Arkana → Der Narr (0). Ebenfalls The → Fool.

Force

(Engl.) Bezeichnung für die → Große Arkana → Die Kraft (XI oder VIII).

Force, La

(Franz.) Bezeichnung für die → Große Arkana → Die Kraft (XI oder VIII).

Fortitude

(Engl.) Bezeichnung für die → Große Arkana → Die Kraft (XI oder VIII).

Forza, La

(Ital.) Bezeichnung für die → Große Arkana → Die Kraft (XI oder VIII).

Fou, Le

(Franz.) Bezeichnung für die → Große Arkana → Der Narr (0).

Fol, Le

(Franz.) Bezeichnung für die → Große Arkana → Der Narr (0).

Formahaut

Tarotforscher, der wie → Christian, → Robson und → Maxwell in den Figuren des Tarot die Zeichen des planetaren Tierkreises und der → Tierkreiszeichen sah (s. auch → Astrologie).

Fortschritt

Karte	Art
4 Dreien nebeneinander	Fortschritt in bezug auf die gestellte Frage.

Fragestellung

Der richtigen Fragestellung kommt im Tarot große Bedeutung zu.
1. Generell vertreten die meisten Tarotautoren die Ansicht, daß der → Fragende keine Entweder-oder-Frage stellen sollte. z. B.: Soll ich die neue Arbeitsstelle annehmen oder bei mei-

ner alten Arbeit bleiben? Bei dieser Fragestellung wird es sehr undeutlich, ob die Karten des Legebildes nun die alte Stelle oder die neue Stelle betreffen. Damit wird auch die Aussage unklar und undeutlich. Wichtig ist, aus einer derartigen Frage zwei Fragen zu formulieren: Was passiert, wenn ich die neue Stelle annehme? Was passiert, wenn ich bei meiner alten Arbeitsstelle bleibe?

Auch Fragen, die nicht spezifiziert werden, sind für den Tarot nicht besonders geeignet, z. B: Wie geht mein Leben in den nächsten drei Monaten weiter? (Auslageart ist das → Keltische Kreuz.) Bei dieser Fragestellung ist bei manchen Karten nicht klar, ob sie sich auf das berufliche Weiterkommen oder das private Leben beziehen, z. B. → Die Liebenden = beruflicher Erfolg oder privates Glück. Es gilt, die Frage im Tarot immer in Oberbegriffe zu trennen wie Beruf, Privates, Reise usw.

Generell kann der Fragende auch eine Frage stellen, die nicht seine eigene Person betrifft, z. B. Was geht in meinem Kind vor? Zu beachten ist hier, daß der Fragende nicht seine eigenen Gedanken, Hoffnungen und Ängste in die Karten mischt, sondern während des Mischens der Karten versucht, objektiv zu bleiben. Da dies nicht einfach ist, raten viele Tarotkartenleger von dieser Art, eine Frage zu stellen, ab (s. auch → Mischen).

Fragender

Die Person, die mit Hilfe der Karten nach dem Ausgang eines bestimmten Problems, einer Situation, fragt. Auch Fragesteller genannt. Gegenteil von → Deutender.

Freude

Karte	Art
Der Narr	Kindliche Freude am Leben.
Die Sonne	Lebensfreude.
As d. Kelche	Chance auf Freude, die nur durch Liebe erreicht werden kann.
6 d. Kelche	Erinnerung an die Freuden der Kindheit; Freude vergangener Tage.
4 d. Kelche	Man ist nicht mehr gewillt, die Freuden der Welt anzunehmen; gemischte Freude.
3 d. Kelche	Ein Freudenfest.
2 d. Kelche	Freudiges Zusammentreffen.
Bube d. Stäbe	Glückliche Nachrichten.
4 d. Stäbe	Freudige Erwartung.
5 d. Stäbe	Freude am Spiel.
Königin d. Münzen	Jemand mit Freude am eigenen, inneren Reichtum.

Freunde

Karte	Art
Der Tod	Totaler Bruch einer Freundschaft, aber Neubeginn.
2 Königinnen nebeneinander	Aufrichtige Freunde.
3 Königinnen nebeneinander	Mächtige Freunde.

Freundschaft

Karte	Art
Der Tod	Radikale Änderung innerhalb einer Freundschaft (negativ oder positiv).
2 d. Kelche	Beginn einer Freundschaft.
10 d. Kelche	Vervollkommnung menschliche. Liebe und Freundschaft.

Frieden

Karte	Art
4 Vieren	Frieden im Sinn von Ruhe.
9 d. Stäbe	Dem Frieden nicht trauen.
4 d. Stäbe	Eintracht und Harmonie.
Bube d. Kelche	Friedensangebot.

Fruchtbarkeit

Karte	Art
Königin d. Münzen	Kann für Schwangerschaft, aber auch geistige Fruchtbarkeit stehen.
7 d. Münzen	Fruchtbares Unternehmen.

Fugairon

Tarotforscher, der in den Figuren des Tarot die Zeichen des Tierkreises und der → Tierkreiszeichen sah. Demzufolge stellte der Tarot für ihn ein System innerhalb der → Astrologie dar.

Fünf

→ Ordnungszahl.

1. In der hebräischen Zahlenmystik gilt die 5 als die Zahl des Kindes, da Mann und Frau in ihren Vollendungen (3 im Quadrat = 9 + 4 im Quadrat = 16, 9+16 = 25. 25 ist die potenzierte 5) die 5 als ihre gemeinsame Frucht hervorbringen. Der Magier und Philosoph Agrippa von Nettesheim schrieb über die 5: »Die Zahl 5 ist von nicht geringer Kraft, denn sie besteht aus der ersten geraden und der ersten ungeraden, gleichsam aus einer weiblichen und einer männlichen, weshalb die Arithmetiker jene den Vater, diese aber die Mutter nennen. Die 5 besitzt daher eine große Vollkommenheit und Kraft, welche aus der Vermischung dieser Zahlen entspringt.« (Aus: Die magischen Werke.) Die Pythagoräer sahen in der 5 die Zahl der Ehe. Sie wurde auch die Zahl der Glückseligkeit genannt. Sowohl in der östlichen (China) als auch der westlichen Esoterik wurde die 5 immer als mächtige Zahl im Zusammenhang mit den 5 klassischen Planeten (Merkur, Venus, Mars, Jupiter, Saturn) gesehen.

Agrippa von Nettesheim schrieb die 5
dem Planeten → Merkur zu, während
andere Numerologen die 5 dem Freitag
und der → Venus zuordnen. Der 5 entspricht der → hebräische Buchstabe
→ He. Für die Alchemisten ist die 5 die
Zahl des geheimnisvollen 5. Elementes, welches den Körper als eine Art
Astralgeist durchzieht.

Der fünfzackige Stern, das → Penta-
gramm spielt nicht nur in der Magie,
sondern auch im Tarot eine große Rolle
und ist auf manchen Karten abgebildet.
So ist es z. B. im → Rider-Waite-Tarot
auf allen Münzkarten in der Mitte der
→ Pentakel zu sehen. Das umgekehrte
Pentagramm – der fünfzackige Stern
auf den Kopf gestellt, Sinnbild für
Schwarze Magie – ist im Rider-Waite-
Tarot auf der → Großen Arkana → Der
Teufel abgebildet. Die Große Arkana
→ Der Hierophant steht im Tarot an 5.
Stelle. Er symbolisiert kirchliche Würdenträger und Macht, aber auch, daß
die Lösung zu einem Problem zwar in-
nerlich bereits wahrgenommen, aber
bewußt noch nicht durchgeführt wird,
da möglicherweise soziale, d. h. äußere
Umstände dies verhindern.

2. Treten in einem → Legebild mehrere Fünfen gemeinsam auf, so haben
diese folgende, zusätzliche Bedeutung
(kann je nach Position unterschiedlich
sein):

2 Fünfen: Wachen, Nachtwachen,
Fasten.

3 Fünfen: Auseinandersetzungen,
Kämpfe, aber auch Entschiedenheit.

4 Fünfen: Ordnung und Regelmäßig-
keit.

(s. auch → Hebräische Zahlenmystik.)

Fünf der Kelche

→ Zahlenkarte.

Rider-Waite-Tarot: Eine Person im
dunklen Mantel steht mit dem Rücken
zum Betrachter. Die Gestalt wirkt
geknickt, traurig, grübelnd. Links
zu ihren Füßen liegen drei umge-
kippte Kelche, rechts von ihr stehen
noch zwei. Im Hintergrund sind ein
Fluß und eine Burg zu sehen. Eine
gewölbte Steinbrücke führt über den
Fluß.

Tarot de Marseille: Ein Kelch in der
Mitte, vier Kelche an den Ecken.
Eine Art Blumenkranz verbindet die
Kelche symbolisch miteinander.

Symbol für: Etwas ist zerstört worden,
doch die Sache an sich ist nicht ganz
verloren. Hinweis darauf, daß es einer
Art Umkehr bedarf, die Augen zu
öffnen für die Dinge, die noch nicht

Fünf der Kelche,
Rider-Waite

Fünf der Kelche,
Marseille

zerbrochen sind. Kann auch für Erbschaft oder Ehe stehen, allerdings auch
hier verbunden mit Frustration, eine
Ehe ohne Liebe. Manche → Deutenden
sehen im Unterschied dazu in dieser
Karte aber auch Weisheit, Gleichgewicht, Harmonie.
Umgekehrte Bedeutung: Je nach
Position hoffnungsvolle Einstellung
des → Fragenden oder hoffnungsvolle
Aussichten in der gestellten Frage.
Ein Freund aus früheren Zeiten kehrt
zurück.

Fünf der Münzen

→ Zahlenkarte.
Rider-Waite-Tarot: Zwei ärmlich ge-
kleidete Gestalten bewegen sich
scheinbar durch Sturm, Wind und
Schnee. Eine der Personen geht auf
Krücken. Sie wirken mittellos. Der
dunkle Hintergrund deutet eine Kathe-
drale an. Ein Fenster in der Mitte, hell
erleuchtet. In diesem sind die fünf
Münzen abgebildet.

**Fünf der Münzen,
Rider-Waite**

**Fünf der Münzen,
Marseille**

Tarot de Marseille: Eine Münze in der
Mitte, die restlichen vier an den Ecken.
Symbol für: Armut. Wer diese Karte
zieht, irrt hoffnungslos umher, findet
den Zugang zur Lösung seines Problems nicht, obwohl sich ein guter Ausgang bewerkstelligen ließe (angedeutet
durch das hell erleuchtete Fenster im
Rider-Waite-Tarot). Auch Niederlage,
Fehltritt. Manche → Deutenden sehen
im Unterschied dazu in dieser Karte
aber auch: Gleichgewicht, Harmonie
und die Begünstigung einer Sache.
Umgekehrte Bedeutung: Überwindung
der mißlichen Lage. Das Finden einer
Lösung des Problems.

Fünf der Schwerter

→ Zahlenkarte.
Rider-Waite-Tarot: Ein blonder, junger
Mann steht siegesgewiß lächelnd im
Vordergrund. In seiner linken Hand
hält er zwei Schwerter, auf ein drittes
stützt er sich mit der rechten Hand. Er
trägt rote Beinkleider und ein rotes
Hemd, einen grünen Überhang darüber.
Zwei Schwerter liegen ihm zu Füßen.
Im Hintergrund wenden sich zwei ge-
schlagen wirkende Gestalten ab und
gehen auf das Meer zu. Die zerklüfte-
ten Wolken am Himmel deuten auf
stürmisches Wetter.
Tarot de Marseille: Zwei mal zwei
Schwerter überkreuzen sich, ein
Schwert steht allein in der Mitte.
Symbol für: Höhnischer Sieger, allerdings bleibt ungewiß, ob der → Fragende selbst dieser Sieger oder aber der

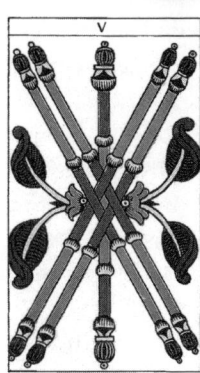

Fünf der Schwerter, Rider-Waite

Fünf der Schwerter, Marseille

Fünf der Stäbe, Rider-Waite

Fünf der Stäbe, Marseille

höhnisch Besiegte ist (die endgültige Lösung ergibt sich aus den umliegenden Karten). Auch Zerstörung, Unehre, Verlust, Erniedrigung, Widersacher. Erscheint diese Karte zusammen mit dem → Der Teufel, kann sie auch Verleumdung und Mißgunst, zusammen mit der Karte → Der Gehängte Niederlage und Gefahr bedeuten.

Umgekehrte Bedeutung: Möglicher Verlust oder mögliche Niederlage. Hinterhältige Verführung. Ein Freund in Not.

Fünf der Stäbe

→ Zahlenkarte.

Rider-Waite-Tarot: Fünf junge Männer mit jeweils einem Stab in der Hand im spielerischen Kampf miteinander (sie verletzen einander nicht).

Tarot de Marseille: Zwei mal zwei Stäbe über Kreuz, ein Stab in der Mitte.

Symbol für: Üben im Kampf, sich noch spielerisch vorbereiten auf eine schwierige Angelegenheit. Scheinkampf,

Nachahmung. Bemühen, Arbeit, aber auch Hindernisse, die noch überwunden werden müssen. Spielerischer Konkurrenzkampf.

Umgekehrte Bedeutung: Betrug. Kampf, bei dem jemand verletzt werden könnte. Harter Konkurrenzkampf. Verwicklungen.

Fünfunddreißig-Kartenbild

→ Legesystem nach → A. E. Waite. Er entwickelte dieses Legesystem, um etwaige offen gebliebene Fragen nach dem Legen der Karten nach dem → Zigeunerkartenbild zu beantworten. Dazu werden die aus der vorhergegangenen Kartenlegung (Zigeunerbild mit 42 Karten) übrig gebliebenen Karten neu gemischt und in sechs Stapel geteilt: die ersten sieben Karten bilden den ersten Stapel, die nächsten sechs Karten den zweiten, fünf Karten den dritten, vier Karten den vierten, zwei Karten den fünften und die verbliebenen elf Karten bilden den sechsten Stapel. Die

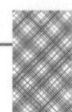
einzelnen Packen werden untereinander in Reihen gelegt:

1. Reihe: Haus, Heim, Umgebung usw.
2. Reihe: Person oder Gegenstand der → Divination.
3. Reihe: Äußere Umstände, sprich Personen, Ereignisse.
4. Reihe: Unerwartetes, Überraschungen usw.
5. Reihe: Tröstendes, kann alle ungünstigen Einflüsse der vorhergegangenen Reihen abmildern.
6. Reihe: Wird zur Erklärung und Aufklärung aller vorherigen Reihen herangezogen.

Die Deutung der Karten beginnt in der 1. Reihe und wird immer von links nach rechts vorgenommen.

Fünfzehn

Der Magier und Philosoph Agrippa von Nettesheim nannte die 15 das Symbol der geistigen Erhebungen. Sowohl in der hebräischen als auch der christlichen Mystik taucht immer wieder die Zahl 15 auf: 15 Arten der Liebe im Hohelied, 15 Psalmen im Stufengesang, 15 Generationen von Abraham bis Salomon, 15 Geheimnisse des Rosenkranzes. Auch existiert ein magisches Quadrat, das auf der 5 gebildet wird und dessen Summe immer die 15 ergibt. Im Tarot ist die → Große Arkana Nummer 15 → Der Teufel. Numerologisch kann aus der 15 auch die Zahl 6 gebildet werden (1+5 = 6). In der Bildsymbolik des Rider-Waite-Decks stehen die Karten Nummer 6 → Die Liebenden und die Karte → Der Teufel auch in der Bildgestaltung in engem Zusammenhang. Die freien Liebenden im Garten Eden sind auf der Karte des Teufels angebunden. Hier ist der Bezug zum Materiellen gegeben, aus dessen Fängen man sich befreien muß, um den Geist erheben zu können.

Da in der hebräischen Zahlenmystik erst die 20 wieder eine wirkliche Zahl darstellt, kann der 15 eigentlich kein hebräischer Buchstabe zugeordnet werden. Da manche Autoren jedoch den Tarot mit dem hebräischen Alphabet gleichsetzten, steht für die Karte 15 der → hebräische Buchstabe → Samech. → Case ordnet der 15. Karte den hebräischen Buchstaben → Ajin zu, da er den ersten hebräischen Buchstaben → Aleph nicht der 1, sondern der 0 zuschrieb.

G

Gaukler

Andere Bezeichnung für die → Große Arkana → Der Narr (0). Manchmal allerdings auch die Bezeichnung für die Große Arkana → Der Magier.

Gebelin, A. Court de

(1719–1784), Pseudonym für Antoine Court, Pastor der Reformierten Kirche, Freimaurer und Mystiker. Gilt als Vater

des esoterischen Tarot. Er widmete sich ein Leben lang dem Studium der Mythologie, der Sprachen und der Hyroglyphen. Versuchte im Zuge seiner Forschungsarbeit eine Art Ursprache zu entdecken, die sich immer wieder derselben Symbole bedient und damit die Weisheit der Welt beschreibt und darstellt. Diese Arbeit wurde zwischen 1775 und 1789 in neun Bänden unter dem Titel »Le Monde Primitif, analysé et comparé avec le monde moderne« veröffentlicht. Im ersten Band entwickelt er unter der Überschrift »Du Jeu des Tarot ...« seine Theorie vom ägyptischen Ursprung der Tarotkarten. Gebelin hielt sich im Jahr 1775 in Deutschland oder in der Schweiz auf und kam dort zum ersten Mal mit Tarotkarten in Berührung. Er sah in ihnen ein »altägyptisches« Buch des Gottes Thot, das in Symbolen das Wissen einer ganzen Kultur beinhalte. Er kam zu der Auffassung, daß der Tarot nur aus Ägypten stammen könne, da er auf der Zahl → Sieben basiert und unterteilte die vier Sätze des Tarot in die vier Klassen der Ägypter:

● Schwerter repräsentieren Herrscher, Militär.
● Stäbe repräsentieren Landwirtschaft.
● Kelche repräsentieren Priester, Klerus.
● Münzen repräsentieren Handel.

Einen weiteren Beweis für den ägyptischen Ursprung sah Gebelin im Namen Tarot, den er mit dem ägyptischen Wort

Taro (königlicher Weg des Lebens) gleichsetzte, da auch der Tarot selbst alle Tugenden und Laster der Menschen beinhaltet und den kompletten Lebensweg beschreibt. Außerdem zog er das orientalische Wort Mat heran, das sinnlos und abgenützt bedeutet. In Frankreich wird die → Große Arkana → Der Narr heute noch → Mat und in Italien → Matto bezeichnet, während die Karte Der Narr auch sinnlose Aktivitäten repräsentieren kann. Anhänger von Gebelins Theorien waren u. a. → Eteilla und → Scheidle (s. auch → Esoterischer Tarot, → Etymologie des Tarot).

Geduld

Karte	Art
Die Hohepriesterin	Geduldig abwarten können.
Ritter d. Schwerter	Jemand, für den geduldiges Warten innere Qualen bedeutet.
4 d. Schwerter	Frei gewählte Geduld – Meditation.

Gefahr

Karte	Art
Der Teufel	Gefahr durch Abhängigkeit.
Der Mond	Unerkannte Gefahr.
Der Gehängte neben der 5 d. Schwerter	Gefahr einer Niederlage durch einen boshaften, höhnischen Menschen.

Gefangenschaft

Karte	Art
8 d. Schwerter	Je nach Position: Reale Gefahr oder durch die eigenen Emotionen innerlich völlig gefangen werden.

Gefühle

Karte	Art
Die Liebenden	Verstrickt sein in die Gefühle eines Dritten oder Gefühlsfreiheit, starke Gefühle für jemanden haben oder entwickeln.
Der Wagen	Widerstreitende Gefühle, die dringend unter Kontrolle gebracht werden müssen.

Gehängte, Der

→ Große Arkana. Die Karte kann mit dem → Rad des Schicksals und → Die Gerechtigkeit verglichen werden, da alle drei Karten einen Prozeß darstellen. Der Hauptcharakter des Gehängten liegt im Erlangen von Erkenntnis. Manche Tarotautoren ziehen Vergleiche mit Initiationsriten, die den Übergang von einer Lebensphase in die nächste darstellen. In vielen Mythen und Legenden taucht die Figur des Gehängten auf. Der ägyptische Gott Osiris wurde drei Tage und Nächte verkehrt herum aufgehängt, bevor er zerstückelt wurde. Hier ergibt sich bereits ein Bezug zur darauffolgenden Arkana → Der Tod, deren Darstellungen meist zerstückelte Menschen zeigen als Symbol dafür, daß man neue Erkenntnisse erwerben muß, alte aufgeben muß.

Die Darstellung des Gehängten wird von manchen Tarotautoren zu Odins Selbstopfer in bezug gesetzt. Odin hängte sich an die Weltesche, deren Wurzeln in der Unterwelt (Unbewußtes) waren, deren Stamm in der materiellen Welt sichtbar war (Bewußtsein) und deren Krone (Über-Ich) im Himmel lag. Auch Odin wollte Selbsterkenntnis erlangen.

Andere Autoren ziehen Vergleiche zwischen dem Gehängten und dem sagenhaften → Fischerkönig der → Gralssagen, dessen Verwundungen ebenfalls erst heilen konnten, nachdem er sich zurückgezogen und Erkenntnis durch Hingabe erlangt hatte.

Manchmal wird der Gehängte mit Petrus in Bezug gesetzt, der zum Zeichen seiner Demut verkehrt herum gekreuzigt werden wollte.

Allen Mythen ist eine der Hauptaussagen des Gehängten gemeinsam: Opferbereitschaft. Nur wer alte und gewohnte Handlungsmuster aufgibt und sich einem völlig neuen und unbekannten Leben hingibt, kann wahre Erleuchtung und Erkenntnis erlangen. In manchen alten Darstellungen fallen dem Gehängten auch Münzen und andere symbolische Wertgegenstände aus den

Der Gehängte,
Rider-Waite

Der Gehängte,
Marseille

Taschen als Symbol der Aufgabe alter Werte und Vorstellungen.

Der Gehängte in seiner Position kann auch als Symbol für die Umkehr der Einstellungen gesehen werden. Dreht man die Karte auf den Kopf, so gleicht er der Tänzerin auf der Karte → Die Welt – demzufolge wird der Gehängte auch als halber Weg im → Tarotzyklus gesehen. Seine nach hinten gebundenen Arme ergeben zusammen mit seinem Kopf das nach unten gerichtete alchemistische Wasserdreieck, das den Zugang zum Unbewußten symbolisiert.

Baum/Galgen im Tarot de Marseille: Hier ist die Figur auf der Karte an einen Galgen gebunden, dessen beide Pfeiler gestutzte Bäume darstellen mit jeweils sechs blutenden Stumpen, an denen die Äste abgeschlagen wurden. Sein Kopf reicht in einen Erdspalt unter die Wurzeln der Bäume. Der gestutzte Baum gilt als Muttersymbol, als Möglichkeit neuen Wachstums, die Möglichkeit, eine höhere Bewußtseins-

sphäre zu erlangen. Gleichzeitig erinnert die Darstellung der beiden Stämme und dem Querbalken, als wäre der Gehängte in einen Sarg eingeschlossen – erneut ein Bezug zu Initiationsriten. Im Geheimbund der Freimaurer wird die Imitation auch heute noch durch den symbolischen Tod begangen: der Neuaufzunehmende wird in einen Sarg gelegt, um damit zu zeigen, daß er bereit ist, sein altes Leben aufzugeben und nach neuen Regeln zu leben.

Galgen im Rider-Waite-Tarot: Hier zeigt der Galgen die Form des Buchstabens T. → Case stellte eine Verbindung her zu dem hebräischen Buchstaben → Taw, welcher der Karte → Die Welt zugeordnet ist. Damit ergibt sich ein erneuter Bezug dazu, daß der Gehängte als halber Weg im Tarotzyklus bezeichnet wird.

Gekreuzte Beine: Die Beine des Gehängten bilden die umgekehrte Zahl 4, welche dem Herrscher zugeordnet wird und symbolisiert die (bewußt) auf den Kopf gestellten Wertmaßstäbe der sozialen Ordnung, ohne sie zu zerstören.

Archetypus: Die Erleuchtung.

Divinatorische Bedeutung: Umwandlung, Erkenntnis erlangen, Verzicht, Übergang und Wandel. Auch Unabhängigkeit durch eine tiefere Verbindung und ein umfassenderes Verständnis des Lebens, die dadurch erlangt wird, daß man sich selbst eine Ruhepause gönnt, sich gehenläßt oder seine Wertmaßstäbe überprüft. Es kann auch ein Abwar-

ten signalisieren, in dem der Betreffende noch nicht bereit ist, selbst in das Geschehen einzugreifen, sondern Hilfe von außen erwartet.

Umgekehrte Bedeutung: Nicht auf die innere Stimme hören, sich von außen unter Druck setzen lassen, sinnloses Opfer. Aber auch Unfähigkeit, von sich selbst etwas zu geben.

Gelassenheit

Karte	Art
Der Narr	Unbekümmerte Gelassenheit eines Kindes.

Gelb

Die → Farbsymbolik ordnet dieser → Farbe folgende Eigenschaften zu:

Körperregion: Bauch.

Charakter: Kreativität, neue Ideen, Interessen, Freude, Anregung, Intellektuelle Fähigkeiten, Wissen, das Denken.

Wirkung: Klärt den Verstand, kontrollierend bei Eßstörungen, unterstützt und fördert logisches, intellektuelles Denken. Zuviel Gelb kann jedoch bewirken, daß der Träger der Farbe zu schnell wird in seinen Äußerungen und damit auch geschliffen scharf werden kann in seiner Artikulation.

Rider-Waite-Tarot: Hier ist Gelb eine der dominantesten Farben des Hintergrundes. Am auffälligsten tritt sie in folgenden → Trumpfkarten in Erscheinung: → Der Magier (I), → Die Herrscherin (III), → Die Liebenden (VI),

→ Der Wagen (VII), → Die Kraft (VIII) und → Der Narr (0). Bei der Trumpfkarte → Die Sonne (XIX) ist der Himmel zwar blau, wird jedoch von der gelben Sonne derart übertönt, daß man auch hier von einer Dominanz dieser Farbe sprechen kann. Diese Karten verbindet die Aussage des klaren, intellektuellen Denkens, der Freude und der Anregung. Bei allen Karten spielt auch der Geist eine Rolle. Intellektuelles Verständnis und Bewußtheit sollen eingesetzt oder entwickelt werden.

Gelegenheit

Karte	Art
4 Asse nebeneinander	Bestmögliche Gelegenheit, → Chance.

Gematria

Hebräische Zahlenlehre. Jedes Wort besitzt seinen eigenen, geheimen Zahlenwert. Wörter mit identischem Zahlenwert besitzen auch die gleichen geheimen Werte. Aus der Gematria entwickelte sich die → Numerologie, die allerdings trivialer ist (s. auch → Hebräische Zahlenmystik).

Gemeinheit

Karte	Art
Der Teufel	Jegliche Art von Gemeinheit, Boshaftigkeit.

Genialität

Karte	Art
Der Magier	Geniales Können.

Genuß

Karten	Art
Der Teufel	Übermäßiger Genuß.
Die Mäßigkeit	Maß zwischen über-mäßigem Genuß und totaler Zurück-haltung.

Geranie

Pflanze, die den → Großen Arkana → Der Herrscher und → Der Turm zuge-ordnet wird. Ihr Duft hat beruhigende Wirkung (s. auch → Pflanzen).

Gerechtigkeit, Die

→ Große Arkana. → Waite vertauschte → Die Gerechtigkeit mit → Die Kraft und gab ihr die Nummer 11. Obwohl er selbst diese Änderung nie kommentier-te, sehen manche Tarotautoren den Sinn in der → Siebenerreihe. Die Karte der Gerechtigkeit zeigt vornehmlich eine willentliche Entscheidung, Tat oder Handlung an und paßt daher bes-ser in die Mitte der Reihe der Trans-formation, denn an ihren Anfang. In der Darstellung gleicht die Gestalt eigentlich der römischen Justitia, die allerdings eine Augenbinde trägt. Darin unterscheidet sich Die Gerechtigkeit des Tarot: Sie schaut mit offenen Augen geradeaus. Dadurch soll sym-bolisiert werden, daß soziales Recht und soziale Ordnung in den Bereich der Großen Arkana → Der Herrscher fallen, während sich das Recht der Großen Arkana → Die Gerechtigkeit

als psychisches Gesetz erweist – nur mit offenen Augen kann die Wahrheit erkannt werden.

Säulen: Symbol der Verbindung von Himmel und Erde. Die Säulen halten den Vorhang, Symbol der spirituellen Weisheit. Bezug zum Charakter der Karte als Ausgleich, Gleichgewicht. Symbol der tragenden Kraft (Kraft der Entscheidungen). Ein Bezug kann auch zu → Die Hohepriesterin und ih-rer Darstellung gezogen werden.

Zweischneidiges Schwert: Symbol der Entscheidung, der Trennung in gut und böse, der Gerechtigkeit, der Macht. Auch Symbol des Opfers (Illusionen, Anmaßungen werden geopfert). Die Fi-gur hält das Schwert entschlossen in der rechten, bewußten Hand und zeigt damit gen Himmel als Symbol für die bewußte Entscheidung, die innere Wahrheit finden zu wollen, sie von Illusionen zu trennen. Die Phantasie muß von der Wirklichkeit unterschie-den und getrennt werden. Im Tarot de Marseille ist das Schwert komplett in Gold als Symbol des bleibenden Wer-tes der Gerechtigkeit.

Waage: Symbol des Gleichgewichts, der Gerechtigkeit und des Richtens. Auch Gleichgewicht von Vergangen-heit und Zukunft. Die Gerechtigkeit als mittlere Karte der Großen Arkana zeigt auch einen Umbruch im Zyklus an: Die eigene Entwicklung muß vorangetrie-ben werden, indem der Mensch ener-gischer mitwirkt, indem er beginnt zu erkennen, abzuwägen. Er muß in die

Die Gerechtigkeit,
Rider-Waite

Die Gerechtigkeit,
Marseille

Zukunft schreiten, ohne seine Vergangenheit zu vergessen. Der Mensch muß ausgewogen werden in seinem Inneren, sein Gleichgewicht finden, nur dann kann er auch frei sein.

Vorhang: Der purpurne Vorhang als Symbol der spirituellen Weisheit.

Kleidung im Rider-Waite-Tarot: Der purpurne Mantel als Symbol der Macht über das Recht (die rechte Entscheidung). Der grüne Überhang als Ausgleich zwischen dem Rot des Mantels (auch weltliche Macht) und der goldenen Krone als Symbol der geistigen Macht.

Archetypus: Gerechtigkeit.

Divinatorische Bedeutung: Zeigt immer an, daß Ereignisse sich so entwickelt haben, daß sie dem Betreffenden »gerecht« wurden (ob gut oder schlecht). Er hatte die Möglichkeit der eigenen bewußten Entscheidung und das Ergebnis der daraus erfolgten Handlung fällt auf ihn zurück. (Alles was passiert, hat seine Wurzeln in der

Vergangenheit.) Auch Rechtschaffenheit, Ehrlichkeit, Harmonie, Unparteilichkeit, (ge)rechtes Handeln, da der Betreffende ehrlich zu sich selbst war.

Umgekehrte Bedeutung: Ungerechtigkeit, unehrliche Handlungen (uns selbst, anderen gegenüber oder die Taten anderer uns gegenüber). Auch falsche Beschuldigungen und unerbittliches Urteil.

Gerechtigkeit

Karte	Art
Die Gerechtigkeit	Archetypus der Gerechtigkeit, alles, was man unternimmt, wird einem gerecht werden (z. B. gute und/oder schlechte Taten).
6 d. Münzen	Gerechtes Verteilen (kann sich auch auf Gefühle beziehen).
Königin d. Kelche	Soziale und gerechte Person.

Gericht, Das

→ Große Arkana. Auch → Das jüngste Gericht. Große Arkana mit der Zahlenzuordnung → Zwanzig. In seiner Darstellung erinnert → Das Gericht zwar an das Jüngste Gericht und wird in manchen Tarotdecks auch so genannt, doch geht die Bedeutung der Karte über die althergebrachte Vorstellung der Trennung zwischen guten und bösen Seelen weit hinaus. Im Zyklus folgt das Gericht auf die Karte → Die Sonne,

die symbolisiert, daß der Mensch sein innerstes Licht, die ewige Wahrheit gefunden hat. Daraus resultiert die Bedeutung des Gerichtes als innerer Ruf, der auf das Finden dieser Wahrheit folgen muß. Dieser Ruf kann von außen und von innen erfolgen. Die Karte erinnert den Menschen daran, sein Leben auf eine höhere Bewußtseinsstufe zu stellen, seinem inneren Ruf zu folgen. Die Szenerie der Karte erinnert an das Motiv vieler Mysterienkulte, in denen der Tod symbolisch dargestellt wurde, um den Betreffenden zu neuem, bewußterem Leben zu erwecken. Dies ist auch der Hauptcharakter der Karte: Auferstehung, mit alten Erfahrungen ins Reine zu kommen und sie damit hinter sich zu lassen. Der Anfang einer neuen Ordnung als Wechselbeziehung zwischen Bewußtsein und Unbewußtsein.

Engel mit Posaune: Der Engel verkörpert den absoluten Geist und die reine Erkenntnis. Die Flügel verstärken hierbei den Charakter des Mittlers zwischen Himmlischem und Irdischem. Im → Rider-Waite-Tarot symbolisieren die roten Flügel des Engels den (alchemistischen) Feuerzustand, in dem der Ausgleich stattfinden wird. Die Posaune als Symbol der Stimme Gottes steht symbolisch auch für das Rufen zum Weltgericht.

Fahne: Das Kreuz auf der Fahne gilt als Symbol der Zusammenführung und Vereinigung von Gegensätzen (z.B. männlich–weiblich, aktiv–passiv,

Körper und Geist). Manche Autoren sehen im Kreuz auch das Symbol der zwei verschiedenen Arten von Zeit. Die von Menschen geschaffene Zeit, die man tagtäglich wahrnehmen kann als eine geradlinige Abfolge und Zeit als Ewigkeit, das spirituelle Ordnungsprinzip. Dadurch wird der Charakter der Karte verdeutlicht: Tod und Auferstehung als ewiger Kreislauf. Das Erkennen und Ablegen alter Werte, die trotzdem nicht vergessen werden, sondern auf andere Art und Weise angegangen werden.

Das Gericht, Rider-Waite

Das Gericht, Marseille

Gestalten im Tarot de Marseille: Hier sind nur drei Personen zu sehen: ein Mann und eine Frau zu seiten eines Sarges, dem ein Kind entsteigt. Die Eltern sind dem Betrachter zugewandt, während das Kind auf den Engel blickt. *Gestalten im Rider-Waite-Tarot:* Hier sind im Hintergrund drei weitere Gestalten in ähnlicher Anordnung zu sehen. Das Kind symbolisiert die Quelle

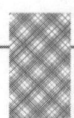

der Erleuchtung. Dadurch, daß es sich dem Betrachter von hinten zeigt, symbolisiert es, daß der Mensch sich erst dann selbst erkennen kann, wenn er seinem innersten Ruf folgt. Manche Autoren ziehen dabei eine Verbindung zu alten Mythen und Legenden, in denen der Held oft bei fremden Eltern aufwuchs und erst später im Leben seinem Ruf folgt, Heldentaten leistet, Prüfungen besteht und erst dann seine große Fähigkeiten erkennt. Dies entspricht dem Charakter der Karte, daß der Mensch nur dann seine Mitte findet, wenn er sein wahres Selbst entdeckt. Da Waite den drei vorderen Figuren drei weitere hinzufügte, sich aber über deren Symbolik nicht äußern wollte, sehen manche Tarotkommentatoren in ihnen einen Hinweis darauf, daß es keine Befreiung für einen einzelnen geben kann, sondern daß jeder einzelne für die gesamte Menschheit verantwortlich ist.

Archetypus: Die Bestimmung.

Divinatorische Bedeutung: Der Betreffende nimmt einen inneren Ruf wahr in bezug auf die gefragte Angelegenheit. Diesem Ruf soll er folgen, um alles zu seiner Zufriedenheit zu lösen. Der Ruf kann sich auch auf eine Veränderung beziehen. In jedem Fall muß dem Ruf Achtung geschenkt werden. Der Betreffende sollte ihm folgen, um sich oder die Angelegenheit weiterentwickeln zu können.

Umgekehrte Bedeutung: Der Betreffende will seinen inneren Ruf nicht hören, versucht ihn zu unterdrücken. Der Fragende möchte an alten Werten festhalten, ohne dabei zu erkennen, daß sich diese in der Realität bereits verändert haben. Er kann den Tatsachen nicht ins Gesicht sehen.

Geschenke

Karte	Art
6 d. Münzen	Wohlüberlegtes Geschenk.

Geschichte des Tarot

Auch wenn die Ursprünge des Tarot sehr im dunkeln liegen, kann man den Verlauf des Triumphzuges der Karten bis in die italienische Renaissance zurückverfolgen:

Wichtige Daten in der Geschichte des Tarot

Mitte des 15. Jh.: Entstehung der Visconti-Karten in Italien und damit auch der ersten Trumpfkarten (Große Arkana).

1760: Tarot de Marseille, die heute bekannten Darstellungen werden entwickelt.

Um 1775: Court de Gebelin entdeckt auf einer seiner Reisen durch Deutschland oder die Schweiz die Tarotkarten – auch oder gerade für den esoterischen Gebrauch.

1789: Eteilla, Anhänger der Lehren Gebelins, benützt den Tarot erstmals zur Kartenlegung, besonders während der Französischen Revolution.

1854: Eliphas Lévi schafft eine Ver-

bindung von Tarot und hebräischer Mystik (z. B. Kabbala).

1857: Scheidles »Buch Thot« (eine Übersetzung nach Eteilla) erscheint.

1870: Paul Christians Buch »Histoire de la Magie« erscheint. Damit prägt Christian auch den Begriff der Arkana und den Tarot als Entwicklungsprozeß der Bewußtwerdung.

1883: Der Golden Dawn wird gegründet, die Lehre des Tarot erfährt mit ihm einen neuen Aufschwung. Nach gewissen Streitigkeiten spalten sich die Anhänger in verschiedene Lehrmeinungen.

1889: Papus' Buch »Der Tarot der Zigeuner« wird aufgelegt.

1898: A. Crowley beginnt, sich eingehend mit dem Tarot zu beschäftigen. Er ist einer der ersten Tarotforscher, die sich auch mit moderner Physik im Zusammenhang mit dem Tarot beschäftigen.

1910: Das Tarotset von A. Waite erscheint, erstmals allegorische Darstellung der Kleinen Arkana.

1944: A. Crowleys »Buch Thot« erscheint.

Erläuterungen zur Geschichte des Tarot

Der Öffentlichkeit war der Tarot seit Mitte des 17. Jh. als Kartenspiel sehr gut bekannt. 1622 soll der Tarot in Frankreich häufiger gespielt worden sein als Schach, trotzdem setzt die Tarotforschung erst sehr spät mit Samuel Weller Singer im Jahre 1816 ein. 1848 veröffentlichte W. A. Chatto eine Arbeit über den Tarot. Beide nahmen einen → indischen Ursprung der Tarotkarten an. Diese Ansätze wurden im Lauf der Zeit immer wieder aufgenommen, erweitert, aber niemals bewiesen. Andere Forscher sehen im → Gringonneur-Spiel die ersten Tarotkarten überhaupt. 17 von Hand bemalte Karten befinden sich in den Archiven der Bibliotheque Nationale, darunter auch einige Tarottrümpfe. Man nimmt an, es handelt sich bei diesem Set um die Karten, die im Schatzbuch von → Charles VI. von Frankreich unter einer Zahlung an einen Maler namens Jaquemin Gringonneur erwähnt werden: »… für drei Kartenspiele, vergoldet und gefärbt und vielfältig geschmückt.« In seinem »Bilderschlüssel zum Tarot« äußert → Waite im Jahr 1910, daß die Karten höchstwahrscheinlich nicht von Gringonneur im Jahr 1392 in Frankreich gemalt wären, sondern venezianischen Ursprungs und Ende des 15. Jh. entstanden seien. Die meisten modernen Tarotforscher gehen mit Waite konform, doch hält sich nach wie vor die Theorie, die ursprünglichen Karten wären von Gringonneur 1392 geschaffen worden. Mit dieser These wäre die Theorie allerdings hinfällig, daß die Zigeuner die Karten nach Europa gebracht hätten, da diese erst 1411 in Europa erschienen. Andere Tarotforscher datieren den Ursprung der Gringonneur-Karten auf etwa 1470 und verlegen die Herstellung der Karten nach Ferrara, Italien.

Für die moderne Tarotforschung von besonderer Bedeutung sind die → Visconti-Spiele, die zwischen 1420 und 1450 in Italien entstanden sind. 250 Karten dieser Visconti-Spiele sind heute noch erhalten. Der Name rührt vom gleichnamigen Herzog von Mailand und dessen Familie. Unter den Visconti-Spielen versteht man das → Visconti-Sforza-Spiel, das → Visconti-Brambilla-Spiel und das → Visconti-Modrone-Spiel. Für die These der Visconti-Karten als ursprüngliche Karten sprechen vor allen Dingen auch die → Trumpfkarten → Päpstin und → Der Gehängte. Da sich die drei Spiele im Stil sehr ähneln, glaubt die Tarotforschung an einen Künstler, der alle drei schuf. Allerdings ist nicht klar, ob besagter Künstler → Bonifazio Bembo, Marziano von Tortona oder die Zavattari-Brüder waren. Die Mehrheit der Forscher entscheidet sich immer noch für Bembo und damit würde die Entstehungszeit um 1440 liegen. Das Entstehungsdatum nach der Theorie der Zavaratti-Brüder wäre bereits 1420.

Eine weitere Version der Entstehungsgeschichte des Tarot gab die zeitgenössische Tarotforscherin Gertrude Moakley, die annimmt, die Trümpfe des Tarot wären von Festwagen der Renaissance abgeleitet, welche die Tugenden darstellten, während das Fußvolk die Fehler und Laster repräsentieren würden. Hinzu kommt, daß die Trumpfkarten, also die → Großen Arkana, nicht gleichzeitig mit den Karten an sich auftauchten. (Diese bilden aber einen entscheidenden Unterschied des Tarot zu herkömmlichen Kartendecks.) Eine der ersten Erwähnungen von Trumpfkarten findet sich 1442 am Hofe der d'Estes in Ferrara. Trotzdem werden die Visconti-Spiele als die eigentlichen ersten Tarotkarten betrachtet.

Der Inhalt des Tarot hat sich seit den Visconti-Spielen nicht mehr grundlegend geändert, auch wenn im Lauf der Zeit immer wieder Abwandlungen auftauchten, vornehmlich bewirkt durch politische Strömungen, z. B. während der Französischen Revolution wurden aus → Die Herrscherin und → Der Herrscher vorläufig Großmutter und Großvater. Auch modische Strömungen spielten eine Rolle, so tauchten Mitte des 16. Jh. die ersten → Tier-Tarotkarten auf und zeigten z. B. Affen, Löwen, Papageien und Pfauen statt der üblichen Satzsymbole Schwerter, Münzen usw.

Durch die Entstehung und Verbreitung des → Tarot de Marseille standardisierte sich das Grundmuster endgültig. Erst → Waite nahm eine absolute Neugestaltung der → Kleinen Arkana vor. In neuerer Zeit tauchen immer mehr verschiedene Tarotdecks mit den unterschiedlichsten Motiven, Farben und Formen auf. Trotzdem lehnt sich die Grundaussage an den Tarot de Marseille an, auf dem auch Waite aufbaute. Heutzutage sind die meisten

Tarotdecks in der Gestaltung der Kleinen Arkana allerdings sehr von Waites Karten beeinflußt. Kartendecks, deren Aussagen zu sehr vom eigentlichen Tarot abweichen, gelten im streng klassischen Sinne nicht mehr als Tarotkarten.

Geschicklichkeit

Karte	Art
3 d. Münzen	Geschickte Person, Künstler.

Giles, Cynthia

Tarotautorin. Ihr Buch »Tarot – Geschichte, Geheimnis und Überlieferung«, Walter Verlag, Zürich, präsentiert erstmalig den kompletten Weg des Tarot durch die Jahrhunderte. Auch die moderne Wissenschaft fand (endlich in größerem Rahmen) Einzug in die Tarotforschung: Chaosforschung und Quantentheorie werden mit dem System des Tarot verbunden und erklärt. Das Buch ist zusätzlich mit einem Kapitel über Legemethoden versehen.

Gimel

1. Dritter hebräischer Buchstabe mit der Bedeutung »Kamel«. Das Kamel soll den Menschen auf seinem Weg durch die Welt tragen, wobei das Wort, das Sprechen, hier eine bedeutende Erfahrungsrolle spielt. Mit Gimel beginnt der Mensch den Sinn seines Lebens zu verstehen, im Sinn seiner Suche nach Gott, der Weg aus der Gefangenschaft seines Daseins, wie auch in der Schreibweise dieses Buchstabens symbolisiert wird: In der bildhaften Darstellung besteht Gimel aus dem sechsten hebräischen Buchstaben → Waw, der für das »Und« steht, und verbindet sich mit einem irdischen Teil, der von unten aufsteigt. Dieser irdische Teil soll die Versuchung, die Schlange symbolisieren, die dem Menschen immer wieder eine Falle stellt. Bei → Daleth, dem vierten, also darauffolgenden Buchstaben, ist dieser irdische Teil der Versuchung bereits nicht mehr gegeben.
2. → Case ordnete Gimel der Karte → Die Hohepriesterin zu und nannte den Buchstaben die vereinigende Intelligenz, da der Transport (das Kamel) »weit entfernte Plätze näher zusammenbringt und eine Verbindung zwischen ihnen herstellt, so verbindet sich auch das Unterbewußtsein verschiedener Persönlichkeiten miteinander ...« (Aus: Schlüssel zur ewigen Weisheit des Tarot.)
3. Andere Autoren ordneten Gimel der Karte → Die Herrscherin zu.

Giudizio, Il

(Ital.) Bezeichnung für die → Große Arkana → Das Gericht (XX). Auch → L'Angelo.

Giustizia, La

(Ital.) Bezeichnung für die → Große Arkana → Die Gerechtigkeit (XI oder VIII).

Glahn, A. Frank

(1895–1941), deutscher Tarotforscher, der den Tarot als Entwicklung aus den astrologischen Mondhäusern betrachtete. Er war sehr von der Lehre → Lévis und → Papus' beeinflußt. Trotzdem suchte er strikt nach deutschem Gedankengut in den Karten. So suchte er auch den Tarot mit den keltischen und germanischen Runen zu verbinden. Hinzu kommt, daß er Anhänger Helena Petrovna Blavatskis war. Sie war Gründerin der Theosophischen Gesellschaft, die sich mit östlicher Mystik auseinandersetzte. Demzufolge versuchte Glahn, auch hinduistisches und buddhistisches Gedankengut in den Tarot hineinzuinterpretieren. Da es sich beim Tarot aber um ein westliches System handelt, konnte er mit seinen Theorien nie wirklich Fuß fassen. Im Zuge seiner Arbeit schuf er 1924 ein eigenes Tarotset mit einem Begleitbuch:»Das Deutsche Tarotbuch«, 1924, Verlag Bauer, Freiburg/Breisgau. Glahn schreibt darin:»Zu einem deutschen Tarotbuch gehören eben auch deutsche Karten …«

Gleichgewicht

Karte	Art
Die Gerechtigkeit	Gleichgewicht zwischen zwei Positionen finden.
8 d. Kelche	Das Gleichgewicht zwischen materiellem und spirituellem ist nicht mehr gewahrt.
5 d. Kelche	Das Gleichgewicht ist zerstört worden.

Glück

Karte	Art
Rad d. Schicksals	Zusammen mit positiven Karten: die Wende zum Glück.
8 d. Stäbe	Das angestrebte Ziel verspricht sicheres Glück.
6 d. Stäbe	Glücklicher Ausgang einer Sache.
4 d. Stäbe	Glück durch Harmonie und Eintracht.
As d. Münzen	Chance auf großes materielles Glück.
9 d. Münzen	Glückliche Überraschung.
10 d. Kelche	Glückliche Familie, glückliche Zeit.
9 d. Kelche	Das errungene Glück genießen können.
3 d. Kelche	Eine glückliche Zeit.
2 d. Kelche	Glückliche (Neu-) Begegnung.

Glücksrad

Andere Bezeichnung für die → Große Arkana → Rad des Schicksals. Dieser Name rührt daher, daß die römische Göttin des Glücks, Fortuna, oft in Zusammenhang mit dem Rad des Schicksals gesehen wurde.

Glyphe

Bezeichnung für Symbolkombinationen, z. B. Bilderalphabete, → Baum des Lebens.

Gnade

Karte	Art
Königin d. Münzen	Eine gütige, gnaden-volle Person.

Gnosis

(Griech. = Selbsterkenntnis). Christliche religiöse und philosophische Bewegung der hellenistischen und frühchristlichen Zeit. Die gnostischen Texte entstanden zwischen 200 v. Chr. bis 200 n. Chr. Den gnostischen Lehren zufolge ist die Welt von einem Widerstreit zwischen Geist und Materie, zwischen Gut und Böse geprägt, und die Fähigkeit zur Überwindung dieser Dualität erlangt man nur durch eine besondere Art der Erkenntnis – der Gnosis. Aus dieser Vorstellung entwickelte sich auch der Grundgedanke der Mysterienreligionen, wonach Gnosis durch eine Initiation erlangt wird. Esoteriker betrachten die Gnosis als die eigentliche Lehre Jesu Christi. Durch Verfolgung durch die Amtskirche waren Gnostiker immer gezwungen, im Untergrund ihre Lehren zu verbreiten. Heute gelten die gnostischen Texte vor allem als die eigentlichen Ursprünge des Christentums. Manche Tarotautoren sehen Zusammenhänge zwischen Tarot und Gnosis.

Golden Dawn

Auch »Hermetischer Orden der Goldenen Dämmerung« (Hermetic Order of the Golden Dawn). Gegründet 1883 in England von → Woodman, → Wescott und → Mathers. Letzterer brachte auch → Aleister Crowley in den Orden, was schließlich zur Spaltung des Ordens in mehrere Gruppen führte. Angeblich fanden die Gründungsmitglieder in einem alten Buch die »Cypher Manuscripts«, die vom deutschen Rosenkreuzerorden »Goldene Dämmerung« stammen sollten. Die Authentizität dieses Manuskriptes wird bis heute angezweifelt. Der Orden entwickelte angeblich (auch dies ist nicht gesichert) ein eigenes → Tarotset, das bis heute aufgelegt wird. Es war ursprünglich komplett in Schwarzweiß, so daß die Mitglieder durch das Kolorieren der Karten spirituellen Zugang zu diesen finden konnten. Heute wird das Deck in Farbe aufgelegt. Allerdings ist bis heute umstritten, ob ein derartiges Tarotdeck tatsächlich existiert hat, da auch namhafte Mitglieder des Golden Dawn mit herkömmlichen Karten arbeiteten. Trotzdem wurde Ende der 70er Jahre ein → Golden Dawn Tarot herausgegeben. Die Lehren des Golden Dawn sind in dem vierbändigen Werk »Das magische System des Golden Dawn« auch heute noch nachzulesen. → Israel Regardie, ehemaliges Mitglied des Ordens, brachte dieses Werk 1937 erstmalig heraus. Da er jedoch erst sehr spät Mitglied im Golden Dawn wurde und der Orden seine Blütezeit bereits überschritten hatte, gehen manche Tarotforscher heute davon aus, daß dieses Material nur zum Teil als authentisch

zu betrachten ist. Unter der Führung von Yeats gründete die Mehrheit der anderen Mitglieder, die mit dem Begriff »mystisch« nicht leben konnten, den Orden Stella Matutina.

Golden Dawn Tarot

Tarotset (1977) von → Israel Regardie und Robert Wang. Das Deck basiert auf den Überlieferungen des → Golden Dawn. Allerdings ist es koloriert und nicht wie ursprünglich gedacht in Schwarzweiß, so daß die Tarotschüler den Zugang zu den Karten auch über die eigene Kolorierung finden konnten. Die Farbgestaltung hält sich laut den Erschaffenden des Decks an die Überlieferungen. Manche Karten unterscheiden sich in ihrer Symbolik stark von dem des → Rider-Waite-Decks. So sind auch die → Kleinen Arkana nicht durch allegorische Bilder dargestellt. Der Golden Dawn Tarot soll sich besonders für meditative Zwecke eignen (s. auch → Tarotmeditation).

Goldtopas

Auch Chrysolith genannt. Edler Stein, der den → Großen Arkana → Die Kraft und → Die Sonne zugeordnet wird. Er soll seinem Träger große Kraft verleihen und ihn vor bösen Geistern beschützen (s. auch → Edle Steine).

Golowin, Sergius

(geb. 1931), Schriftsteller, Autor bekannter esoterischer Werke (z. B. »Lexikon der Symbole«, »Magier Merlin«). Verfasser des Buches »Die Welt des Tarot«.

Gralssagen

→ Arthur Edward Waite griff in seinem Buch »The Holy Grail. The Galahad Quest in Arthurian Literature« als erster die Idee einer Verbindung zwischen den Gralssagen und dem Tarot auf. Er sah in den keltischen Schätzen bzw. Heiligtümern eine Verbindung mit den vier Sätzen des Tarot, äußerte sich aber nur sehr spärlich darüber. Der Tarotforscher → Jesse L. Weston verfolgte die Idee Waites weiter. Weston sah den Tarot nicht als Divinationsmittel, sondern als Symbolsystem und veröffentlichte 1920 eine Studie über die Gralssagen: »From Ritual to Romance«. Er greift darin Waites Auffassung über die Entsprechung der vier Sätze der → Kleinen Arkana zu den vier Heiligtümern des (christlichen) Grals (Kelch, Lanze, Schwert und Stein) und den heiligen Gegenständen der keltischen Sage auf: »Wir haben … Beweise dafür, daß diese vier Gegenstände ganz unabhängig von ihrem Erscheinen in Folklore oder Romanen eine spezielle Gruppe bilden. Sie erscheinen heute in Form der vier Sätze im Tarot …« Außerdem zitierte er aus einer persönlichen Mitteilung von → Yeats: »… (1) Kelch, Lanze, Schale und Schwert haben in verschiedenen leichten Abwandlungen niemals ihre mystische Bedeutung verloren, und sie sind

Verbindung zwischen den Gralssagen und dem Tarot

Tarotsätze	Heiligtümer des christlichen Grals	Keltische Schätze
Kelche	Der Gral, der Kelch, aus dem Christus trank	Kessel des Dagda
Schwerter	Schwert Davids	Schwert Nuadas, Excalibur
Stäbe	Heilige Lanze, die Christi Seite durchbohrte	Speer Lugs
Münzen	Die Platte, von der Christus das Osterlamm aß	Der Stein von Fál

heute Teil magischer Operationen.
(2) Die Erinnerungen, die in den vier Tarotsätzen Kelch, Lanze, Schwert und Pentakel (Schale) fortleben, sind eine esoterische Notation zum Zwecke des Wahrsagens.«
Weston sah im Tarot die Suche nach dem Gral, der sich nur dem offenbart, der innerlich bereit dafür ist und bildete damit u. a. auch die Grundlage für moderne → Tarotmeditationen, die auch Case beschrieb und die ebenfalls einer stufenweisen Einweihung gleichen, wie sie in den Gralssagen beschrieben werden.

Granat

Edler Stein, der bereits im Altertum als Schutzstein eingesetzt wurde. Er wird den → Großen Arkana → Der Tod und → Das Gericht zugeordnet und soll seinem Träger Mut und Energie verleihen (s. auch → Edle Steine).

Grimaud, B. P.

Franz. Hersteller von Spielkarten.

Grimaud-Tarot-Arista-Karten

Tarotset, 78 Karten, 1964 erstmals erschienen. Baut auf der Idee von → Eteilla auf, auf jeder Karte auch deren Aussage aufzudrucken. Zusätzlich zur eigentlichen Bedeutung ist auch die Bedeutung einer umgekehrt aufgedeckten Karte aufgedruckt sowie astrologische Zeichen und numerologische Codes.

Gringonneur, Jacquemin

Gilt in der Tarotforschung als der Erfinder der Spielkarten, da sich über ihn ein Eintrag im Schatzbuch von → Charles VI. von Frankreich aus dem Jahre 1392 findet, in dem sein Sold über die Erstellung von drei vergoldeten und verzierten Spielkarten aufgeführt wird. Heute existieren noch 17 Karten des → Gringonneur-Spiels, die allerdings weder Titel noch Numerierung tragen, aber durch ihre Bildsymbolik mit modernen Tarotsets verglichen werden können. Zehn Karten wiederum zeigen große Ähnlichkeit mit dem → Tarocchi-di-Mantegna-Spiel.

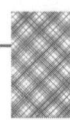

Vergleich zwischen den Spielkarten

Gringonneur-Spiel	Moderner Tarot	Mantegna
Le Fou	Der Narr	Misero I
L'Empereur	Der Herrscher	Imperator VIIII
Le Pape	Der Hierophant	Papa X (manchmal Papst)
Les Amoureux	Die Liebenden	Apollo XX
Le Chariot	Der Wagen	Marte XXXXV
La Justice	Die Gerechtigkeit	Justicia XXXVII
L'Ermite	Der Eremit	Saturno XXXXVII
La Fortune	Rad d. Schicksals (manchmal Glücksrad)	Astrologia XXVIIII
La Force	Die Kraft	Fortezza XXXVI
La Tempérance	Die Mäßigkeit	Temperancia XXXIIII
La Lune	Der Mond	Luna XXXXI
Le Soleil	Die Sonne	Sol XXXXIIII
Le Valet d'Epée	Bube d. Schwerter	Chevalier VI

Manche Forscher vermuten allerdings, die Gringonneur-Karten seien im Venedig des 15. Jh. entstanden (s. auch → Venezianischer Tarot). Manche der Tarotautoren sehen den Ursprung dieser Karten auch im 15. Jh. in Ferrara.

Große Arkana

(Arkana = geheime [Mittel]), Bezeichnung für die 22 → Trumpfkarten des Tarot. Sie gelten als die archetypischen Symbole im Set (s. Tabelle Seite 111 oben). Die Großen Arkana sind von → Eins (1/I) bis → Einundzwanzig (21/XXI) numeriert, die Große Arkana → Der Narr trägt die → Null (0) und gilt als Anfang und Ende zugleich (s. auch → Archetypen).

Große Eteilla-Karten

Von → Eteilla geschaffenes Tarotdeck, 78 Karten. Die Sätze sind in Bâtons, Coupes, Épées und Deniers unterteilt. Eteilla vertauschte bei manchen Karten die herkömmliche Numerierung, änderte einige traditionelle Bezeichnungen, z.B. → Die Liebenden (VI) in Ehe, fügte die vier → Elemente hinzu, setzte die Karte → Der Narr als Nummer 78 an das Ende des Sets und gab einigen Karten astrologische und astronomische Zeichen (s. Tabelle Seite 111 unten).

Manche Tarotdecks berufen sich auf Eteilla, sind aber in der Bildgestaltung etwas abgewandelt worden, z.B. → Antichi Tarocchi Esoterici und → Cartomanzia Italiana.

Die Großen Arkana

Karte/Nummer	Große Arkana	Karte/Nummer	Große Arkana
0	Der Narr	11/XI	Die Gerechtigkeit
1/I	Der Magier	12/XII	Der Gehängte
2/III	Die Herrscherin	13/XIII	Der Tod
4/IV	Der Herrscher	14/XIV	Die Mäßigkeit
5/V	Der Hierophant	15/XV	Der Teufel
6/VI	Die Liebenden	16/XVI	Der Turm
7/VII	Der Wagen	17/XVII	Der Stern
8/VIII	Die Kraft	18/XVIII	Der Mond
9/IX	Der Eremit	19/XIX	Die Sonne
10/X	Rad des	20/XX	Das Gericht
	Schicksals	21/XXI	Die Welt

Gegenüberstellung Eteilla-Karten mit Karten des klassischen Tarot

Eteilla-Karten	Numerierung und Karten im klassischen Tarot
1 Questionnant	19 Die Sonne
2 Feu	
3 Eau	18 Der Mond
4 Air	17 Der Stern
5 Terre	21 Die Welt
6 Jour	
7 Protection	
8 Questionnante	
9 Justice	11 Die Gerechtigkeit
10 La Tempérance	14 Die Mäßigkeit
11 La Force	8 Die Kraft
12 La Prudence	12 Der Gehängte
13 Mariage	6 Die Liebenden
14 Force Majeure	15 Der Teufel
15 Maladie	1 Der Magier
16 Jugement	20 Das Gericht
17 Mortalité	13 Der Tod
18 Traite	9 Der Eremit
19 Misère	16 Der Turm
20 Fortune	10 Rad d. Schicksals
21 Dissension	7 Der Wagen

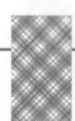

Großmutter

Bezeichnung für die → Große Arkana
→ Die Herrscherin während der Französischen Revolution.

Großvater

Bezeichnung für die → Große Arkana
→ Der Herrscher während der Französischen Revolution.

Großzügigkeit

Karte	Art
König d. Kelche	Großzügiger Mensch.
Königin d. Münzen	Großzügige und mildtätige Person.

Grundzahlen

1. In der → Numerologie die Zahlen
von 1 bis 9 (s. auch → Meisterzahlen).
Sie ergeben sich durch Bildung der
Quersumme aus allen anderen Zahlen
(z. B. 22 = 2 + 2 = Grundzahl 4). Die
→ Zehn (10) ist üblicherweise auch
eine Grundzahl, da aber aus ihr bereits
eine numerologische Quersumme
(1 + 0 = 1) gebildet werden kann, gilt
sie in der Numerologie nicht mehr
als Grundzahl.
2. Im Tarot sind die Grundzahlen
von Bedeutung für die Bildung der
→ Quersummenkarte.

Grün

In der → Farbsymbolik werden dieser
→ Farbe folgende Eigenschaften zugeordnet:
Körperregion: Herz.

Charakter: Harmonie, Gleichgewicht,
Ausgleich, gibt Hoffnung, Frieden,
Großzügigkeit, Überfluß.
Wirkung: Stärkt das Nervensystem,
hilft Probleme loszulassen, entspannend, entkrampfend.

Grün ist die einzige Farbe, die nicht
in ihr Gegenteil umschlagen kann,
d. h., auch viel Grün bewirkt keine
Veränderung des Einflusses, wie z. B.
bei → Rot. Zu viel Rot kann nicht nur
Energien hervorrufen, sondern auch
Zorn und Wut fördern.
In der Farbsymbolik des Tarot dominiert Grün nicht als Farbe einer
Großen Arkana. Jedoch weisen einige der → Trumpfkarten (des →
Rider-Waite-Tarot) grüne Elemente
auf, z. B. der Umhang der Justitia auf
der Karte → Die Gerechtigkeit (XI).
Bei den Karten → Die Kraft (VII
oder XI), → Der Magier (I), → Der
Wagen (VII) und → Die Mäßigkeit
(XIV) ist der untere Teil der Karte
jeweils entweder mit grünem Gras
oder Blumen bedeckt, was auf
die ausgleichenden Kräfte hinweist,
die durch diese Karten symbolisiert
werden.

Grau

Die → Farbsymbolik ordnet dieser
→ Farbe folgende Eigenschaften zu:
Körperregion: Keine.
Charakter: Selbstverleugnung, Angst,
sich selbst zu helfen, Mäßigung,
Neutralität.

Wirkung: Beängstigend, autoritäres Auftreten.

Im → Rider-Waite-Tarot ist bei fünf → Trumpfkarten der Hintergrund in Grau gestaltet: → Der Hierophant (V), → Der Eremit (IX), → Der Gehängte (XII), → Die Mäßigkeit (XIV) und → Der Tod (XIII). Jede dieser Trumpfkarten stellt symbolisch u. a. auch eine der Charaktereigenschaften oder der Wirkungen der grauen Farbe dar, z. B. die Angst des Gehängten, sich selbst aus seiner Situation zu befreien oder die Autorität des Hierophanten.

Hall, Manley Palmer

Tarotforscher, Gründer der Philosophischen Forschungsgesellschaft. Hauptwerk über den Tarot: »An Encyclopaedic Outline of Masonic, Hermetic, Cabbalistic and Rosicrucian Symbolical Philosophy« (1928, neu aufgelegt unter dem Titel »The Secret Teachings of All Ages«). Hall gab 1929 ein Tarotset heraus, das von Knapp gezeichnet wurde und auf Entwürfen von → Wirth basierte. 1930 erschien ein eigenes Knapp-Deck, das 1978 neu aufgelegt wurde. Das Besondere am Knapp-Tarot sind die → Meditationssymbole, die Hall jeder → Großen Arkana hinzugefügt hatte, z. B. in der linken, oberen

Ecke auf der Karte → Die Kraft ist es ein Schwan. Hall gab allerdings keinerlei Erklärung über die Bedeutung der Meditationssymbole ab. Halls wichtigster Beitrag zur Tarotforschung war, die Karten von → Ursprungsmythen und romantisierenden Vorstellungen zu befreien und sie in einem sachlicheren Licht zu betrachten, ohne dem Tarot die Faszination abzusprechen oder zu nehmen. Er schrieb dazu: »Jeder, der eine Analyse der Karten versucht, sollte sich zunächst mit ihrer historischen Herkunft auseinandersetzen, um bei seinen Schlußfolgerungen gegen verbreitete Irrtümer und Falschauffassungen gefeit zu sein.« (Aus: The Tarot, An Essay.) Auch vor der überhäuften Angliederung des Tarot an andere okkulte Systeme warnte Hall. So schrieb er über die Zuordnung der hebräischen Buchstaben in dem genannten Essay: »[Durch] ... den glücklichen Umstand, daß das → hebräische Alphabet zweiundzwanzig Buchstaben hat ... kann es nicht ausbleiben, daß diese anscheinend bedeutsame Tatsache heftige Spekulationen nährt, doch dürfen wir uns nicht zu vorschnellen Schlüssen verleiten lassen.«

Hämatit

Edler Stein, der auch Blutstein genannt wird. Er wird den → Großen Arkana → Der Herrscher und → Der Turm zugeordnet. Er galt bereits in früheren Zeiten als besonderer Glücksstein (s. auch → Edle Steine).

Handeln

Karte	Art
Der Narr	Unbekümmertes Handeln ohne Angst.
Der Magier	Bewußtes Handeln.
Die Hohepriesterin	Unbewußtes Handeln.
Der Wagen	Mögliche Handlungsunfähigkeit, da das Innerste nach zwei Seiten zieht.
Die Kraft	Vor dem Handeln sollten alle Emotionen unter Kontrolle gebracht sein.
Die Gerechtigkeit	Der Situation nach angemessen handeln.
8 d. Stäbe	Rasches Handeln nach einer getroffenen Entscheidung.

Handschabloniert

Für jede → Farbe wurde eine eigene Schablone verwendet. Dieses Verfahren wurde besonders im 18. und 19. Jh. zur Kolorierung von Tarotkarten angewandt.

Hanged Man, The

Auch The Hanging Man (engl.), Bezeichnung für die → Große Arkana → Der Gehängte (XII).

Harmonie

Karte	Art
Der Magier	Harmonie mit der Natur.
Die Hohepriesterin	Harmonie mit der eigenen Intuition.
4 d. Stäbe	Harmonie durch Ruhe und Frieden.
10 d. Kelche	Harmonie in der Familie.
2 d. Kelche	Harmonische Begegnung.

Häuser

→ Astrologische Häuser. Begriff aus der → Astrologie. Gemeint sind damit die Unterteilungen des Horoskops in einzelne Bereiche (= Häuser).

He

1. Fünfter hebräischer Buchstabe mit der Bedeutung »Fenster«. Durch das Fenster läßt die Welt Nachrichten von außen herein, aber auch Farben, Licht und Schatten – die Schönheit der Welt. In der Schreibweise wird das Streben des Menschen (durch die doppelte Strichführung – Mann und Frau) und seiner Welt nach oben angezeigt, dem Himmel entgegen.
2. → Case ordnete He der Karte → Der Herrscher zu und nannte den Buchstaben auch die erschaffende Intelligenz und nennt ihn in diesem Zusammenhang auch: der Urheber von Etwas, Produzent, Erschaffer, Begründer, Erzeuger und väterliche Autorität.
3. Andere Autoren ordnen He der Karte → Der Hierophant zu.
4. He als Substanz im Gegensatz zur Essenz entspricht dem Satz der Kelche und der Königinnen der → Hofkarten.

Die Zuordnungen nach Lévi, Papus und Waite, Hall

Hebräischer Buchstabe	Lévi und Papus	Waite und Hall
Aleph	I Magier oder Gaukler	0 Der Narr
Beth	II Päpstin	I Der Magier
Gimel	III Die Kaiserin	II Die Hohepriesterin
Daleth	IV Der Kaiser	III Die Herrscherin
He	V Der Papst	IV Der Herrscher
Waw	VI Laster und Tugend oder Die Liebenden	V Der Hierophant
Sajin	VII Der Kampfwagen	VI Die Liebenden
Chet	VIII Die Gerechtigkeit	VII Der Wagen
Teth	IX Der Eremit	VIII Die Kraft oder Stärke
Jod	X Schicksalsrad	IX Der Eremit
Kaf	XI Die Kraft	X Rad des Schicksals
Lamed	XII Der Aufgehängte	XI Die Gerechtigkeit
Mem	XIII Der Tod	XII Der Gehängte
Nun	XIV Die Mäßigkeit	XIII Der Tod
Samech	XV Der Teufel	XIV Die Mäßigkeit
Ajin	XVI Der Turm	XV Der Teufel
Pe	XVII Der Stern	XVI Der Turm
Zade	XVIII Der Mond	XVII Der Stern
Kof	XIX Die Sonne	XVIII Der Mond
Resch	XX Das jüngste Gericht	XIX Die Sonne
Schin	0 Der Narr	XX Das Gericht
Taw	XXI Das Universum oder Die Welt	XXI Die Welt

Hebräisches Alphabet

Da das hebräische Alphabet aus 22 Buchstaben besteht und der Tarot 22 Große Arkana besitzt, sahen (und sehen) manche → Tarotforscher einen engen Zusammenhang des Tarot mit dem hebräischen Alphabet und demzufolge auch mit der → Kabbala und der → hebräischen Zahlenmystik. Der Tarot beschreibt im ganzen einen Zyklus, das hebräische Alphabet erzählt mit jedem Buchstaben eine Station des Schöpfungszyklus. Die aufeinanderfolgenden Phasen dieses Zyklus werden othioth (Zeichen) genannt, auch Zeichen des Weltsinns. Im Tarot wurde jeder Großen Arkana ein hebräischer Buchstabe zugeordnet, der auch den Qua-

litäten dieser entspricht, wobei die Buchstaben ihre alphabetische Reihenfolge behielten. Allerdings scheiden sich hinsichtlich der Zuordnung der Karten zu den Buchstaben die Geister. → *Case:* Er gab der Karte → Der Narr mit der Zahl → Null den ersten Buchstaben, da nach dem Sohar (wichtiger Teil der Kabbala) der Buchstabe → Beth als der erste Buchstabe im hebräischen Text der Genesis gilt, während die 0 als Symbol des Göttlichen Geistes über den anderen steht. → Aleph und 0 repräsentieren damit den formlosen Geist, Beth und die → Eins (1) hingegen den ersten Schritt in der Abfolge der Schöpfungsaktivitäten. Außerdem beschriftete Case den von ihm entworfenen → B.O.T.A.-Tarot mit hebräischen Schriftzeichen und arabischen Ziffern.

→ *Lévi und* → *Papus:* Sie setzten Aleph mit 1 gleich usw. Allerdings setzte Lévi den Narren mit dem eigentlichen Zahlenwert 0 zwischen die Großen Arkana 20 und 21, da es im hebräischen Alphabet nur zwei Buchstaben gibt, die das geistige Prinzip verkörpern. Aleph – Symbol des Göttlichen Geistes und Schin – Lebensatem der Götter. Damit wollte Lévi klarstellen (Papus übernahm diese Darstellung), daß Der Narr im Tarot für das geistige Prinzip, das Nicht-Ding oder als Beginn der → Manifestation gilt (wie die Zahl 0) und gab dem Narren den hebräischen Buchstaben Schin, während → Taw, der 22. Buchstabe für die Große Arkana 21 steht.

→ *Waite und* → *Manley P. Hall:* Sie hingegen setzten den Narren mit Aleph gleich, da er wie Aleph aus dem Nichts zu kommen scheint.

Hebräische Zahlenmystik

In der jüdischen Zahlenmystik entspricht jedem der 22 Buchstaben des → hebräischen Alphabets eine Zahl und ihrem verschiedenen Wert. Dieses System soll den Charakter des einzelnen Wortes exakter definieren. Es soll dem Wort anhand von Zahlen seine ureigene Qualität geben. Jeder Buchstabe, jedes Wort, jeder Satz kann in Zahlen und Zahlenkombinationen wiedergegeben werden. Dabei spiegeln diese Qualitäten auch den Schöpfungszyklus wider. Grundvoraussetzung für das Verständnis der → Kabbala ist die Kenntnis der jüdischen Zahlenmystik und der Entsprechungen der Buchstaben bzw. Zeichen. Bei den Werten der Zahlen sind auch äußerer Wert, voller Wert, verborgener Wert und athbasch-Wert zu unterscheiden bzw. jeweils für ein Zeichen errechenbar. Dabei ist zu beachten, daß in der hebräischen Mystik immer von gleichzeitigem Hören und Sehen die Rede ist, wobei das Hören der linken Seite, der Zeitseite und dem Wasser zugeordnet wird, während das Sehen der rechten Seite, der zeitlosen Seite und dem Licht zugeordnet wird. Durch das gleichzeitige laute Aussprechen des Wortes während man es sieht, soll auch der wahre Wert des Wortes erkannt

Hebräische Zahlenmystik im Überblick

Name	Schriftbild	Name in Zahlen	Zahl	Name	Schriftbild	Name in Zahlen	Zahl
Aleph	א	1–30–80	1	Lamed	ל	30–40–4	30
Beth	ב	2–10–400	2	Mem	מ	40–40	40
Gimel	ג	3–40–30	3	Nun	נ	50–6–50	50
Daleth	ד	4–30–400	4	Samech	ס	60–40–20	60
He	ה	5–10,5–5,5–1	5	Ajin	ע	70–10–50	70
Waw	ו	6–10–6,6–1–6,6–6	6	Pe	פ	80–5	80
Sajin	ז	7–10–50	7	Zade	צ	90–4–10	90
Cheth	ח	8–400	8	Kof	ק	100–6–80	100
Teth	ט	9–400	9	Resch	ר	200–10–300	200
Jod	י	10–6–4, 10–4	10	Schin	ש	300–10–50	300
Kaf	כ	20–80	20	Taw	ת	400–6	400

werden. Hier werden wiederum die einzelnen Buchstaben in Zahlen umgesetzt und äußerer, voller, verborgener und athbash-Wert errechnet:

Äußerer Wert: adam (Mensch) – wird ausgedrückt in Zahlen 1–4–40 (Aleph–Daleth–Mem). Zusammen ergeben diese Zahlen den Wert 45 = äußerer Wert.

Voller Wert: adam – Aleph–Daleth–Mem, Aleph wird unterteilt in Aleph–Lamed–Pe 1–30–80 = voller Wert 111, Daleth 4–30–400 = voller Wert 434 und Mem 40–40 = voller Wert 80.

Verborgener Wert: Der linke Wert wird gehört – 1, der Zwischenwert ist 110 = der verborgene Wert.

athbash-Wert: Dieser Wert veranschaulicht, daß wir in einer »halben« Welt leben, also nach hebräischer Mystik noch in einer Welt diesseits dieser Zeit und diesen Raumes. Mit dem athbash-Wert kann die andere Seite eines Wortes erkundet werden bzw. die andere Seite der Welt. Alle Gegensätze bilden nach diesem System eine Einheit. Der äußerste Gegensatz und zugleich die größte Einheit ergibt die erste Zahl 1 und die letzte Zahl unserer Welt, die 400. 1 und 400 stehen einander als Gegensätze gegenüber und bilden eine Einheit, z. B. adam ergibt auf unserer Seite 1–4–40. Dem gegenüber steht 400–100–10 = 510. Diese Zahl, der athbash-Wert von adam, ist auf

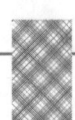
ihrer Gegen- oder verborgenen Seite der verborgene Wert für Messias (maschiach) – dem Gegenüber des Menschen.

Die Vier: Grundlegend von Bedeutung ist bei der hebräischen Zahlenmystik, daß die 4 eine entscheidende Rolle spielt, sie wird als eine Art Konsequenz gesehen. Was nach der 4 kommt, gilt als Wiederholung. Dies steht im Zusammenhang mit der Schöpfungsgeschichte des Alten Testamentes – 4 Schöpfungstaten, 4 Erzmütter. Mit der 400 endet die Reihe der absoluten Zahlen, die sich aus 1, 2, 3, 4, 5, 6, 7, 8, 9, 10, 20, 30, 40, 50, 60, 70, 80, 90, 100, 200, 300, 400 zusammensetzt. Die 500 zeigt eine Welt außerhalb dieser Schöpfung – Gott in seiner Transzendenz –, während die 400 als die Unendlichkeit für diese Welt steht.

Kabbalistische Addition: Die Zahlenwerte können aber auch in kabbalistischer Weise addiert oder reduziert werden, so daß sich erneute Querverbindungen zwischen den Zahlen ergeben, wobei man bei beiden Verfahren immer wieder zu einer → Grundzahl als Endergebnis kommt, z.B. $1 + 2 + 3 + 4 = 10$ (kabbalistische Reduktion: $10 = 1 + 0 = 1$), d.h. die Summe aller Zahlen bis 4, wobei die 4 mitgezählt wird, ergibt die höchste Möglichkeit, das was in dieser Welt erreicht werden kann.

Im Tarot wird die kabbalistische Addition angewandt, um z.B. die → Quersummenkarten eines → Lagebildes auszurechnen.

Hemmung

Karte	Art
Der Gehängte	Hemmung, da man nicht handeln will.
8 d. Schwerter	Hemmung im Sinn von handlungsunfähig.
9 d. Stäbe	Hemmung und Angst durch frühere Verletzungen.

Hermes Trismegistos

Lat. für »Der dreimalgöttliche Hermes«, andere Bezeichnung für den legendären ägyptischen Gott Thot. Entwickelte sich aus dem griechischen Gott Hermes. Gilt als Urvater der → Alchemie und der → Astrologie. Ihm wird auch die → Tabula Smaragdina zugeschrieben.

Herrscher, Der

→ Große Arkana. Stellt zusammen mit → Die Herrscherin und → Der Hierophant eine geschlossene Gruppe innerhalb der ersten → Siebenerreihe der Großen Arkana dar. Sie bilden zusammen das Dreieck von Mutter, Vater und Erziehung, außerdem von Natur, Gesellschaft und Kirche. Es kann auch eine Verbindung zur alten Gottheit von Ägypten hergestellt werden, die manchmal als Trinität betrachtet wurde: Isis–Osiris–Horus, ebenfalls die Gliederung in eine Frau und zwei Männer. Im

Tarot stellt Der Herrscher das erste menschliche Konstrukt dar: die Gesellschaft.

Zahl Vier: Symbol der Ganzheit. In ihrer geometrischen Entsprechung, dem Quadrat, stellt die Vier symbolisch Recht und Ordnung dar – der Hauptcharakterzug des Herrschers. Auch die Gesetze der Gesellschaft und die Macht, die diese ausüben (gut und schlecht – positive und negative Seite des Herrschers).

Symbolik: Auch wenn auf den meisten Tarotdecks die Symbole nicht vollständig identisch sind, so bezieht sich dies meistens auf die künstlerische Auslegung der Gestalter oder Strömungen der Zeit und nicht auf den Inhalt der Karte selbst. Der → Tarot de Marseille und das → Rider-Waite-Deck zählen zu den Tarotsets, deren Symbolik am klarsten und verständlichsten ist. (Anzumerken ist, daß → Case, der sonst weitgehend mit → Waite in Fragen der Symbolik übereinstimmte, in Waites Darstellung des Herrschers einen frappierenden Fehler sah. Während Waite in der frontalen Darstellung des Herrschers keinerlei Symbolik sah, vermutete Case einen tief in der kabbalistischen Philosophie und Symbolik verwurzelten Grund, den Herrscher von der linken Seite mit überkreuzten Beinen auf einem Würfel und nicht auf einem Thron sitzend zu zeigen. Der Würfel als kabbalistisches, esoterisches Symbol der Welt.)

Rider-Waite-Tarot-Symbolik

Thron: Ein steinerner Thron als Symbol der festgelegten Regeln und der harten Realität der Gesetze der Gesellschaft und des Lebens mit vier Widdern (zwei frontal, zwei von der Seite) als Unterstützung der Vier-Symbolik und als astrologisches Zeichen der Energie, Vitalität, Kraft, aber auch Aggression. Als erstes Zeichen des Tierkreises setzt mit dem Widder aber auch der Beginn des Lebens, der Zyklus des Werdens ein, der aus der Gesellschaft entspringt.

Purpurner Mantel: Symbol seiner sozialen und gesellschaftlichen Macht.

Rüstung: Unter seinem Mantel trägt Der Herrscher eine Rüstung als Symbol der einengenden Reglementierungen der Gesellschaft.

Krone: Mit fünf Edelsteinen besetzt als Symbol der Quintessenz, der Weisheit und des okkulten Wissens. Die Spitze der Krone zeigt das astrologische Zeichen des Widders.

Zepter: Das goldene Symbol der Macht in Form eines ägyptischen Ankh, dem Symbol des Lebens und der Macht über Leben und Tod, die er gerecht einsetzen kann in seiner rechten Hand, was bedeutet, daß er diese Macht auch bewußt einsetzt.

Lebensapfel: Die Frucht vom Baum der Erkenntnis als Zeichen der Ewigkeit, Unsterblichkeit und des spirituellen Wissens in seiner linken (unbewußten) Hand, als Reichsapfel auch Symbol der Weltherrschaft.

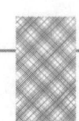

**Der Herrscher,
Rider-Waite**

Hintergrund: Die Farbe Orange dominiert den Hintergrund als Symbol von Vitalität, Bewegung, Aktivität, Spiel und Arbeit, Freude, Wohlgefühl, Gemeinsamkeit, Energie, Selbstvertrauen, schöpferischer Ausdruck, Sieg. Kombiniert mit Rot gilt Orange auch als Symbol der Macht.

Fluß: Der rauschende Wasserfall von → Die Herrscherin wurde hier zu einem dünnen Rinnsal und symbolisiert den beschwerlichen Weg des Unbewußten in einer festgefahrenen Gesellschaft der Regeln und Gesetze.

Tarot-de-Marseille-Symbolik

Zepter: In seiner rechten (bewußten) Hand trägt Der Herrscher ein goldenes Zepter, dabei ist diese Hand bedeutend größer dargestellt als seine linke als Symbol der beinahe übermenschlichen Anstrengungen, die es kostet, wahres Bewußtsein zu erlangen.

Wappenschild: Der Adler als Prinzip des Geistes und als Königs- und Göttersymbol. (Auch blickt der Adler nach rechts und damit in die Richtung des auf der Karte Die Herrscherin dargestellten Adlers als Symbol der Einheit der beiden.) Allerdings kann der Adler auch zum Symbol der machthungrigen

Herrschaft werden und zeigt damit die negative Seite des Herrschers auf, der schnell zu einer Autoritätsperson mit ungerechter Gesetzgebung werden kann. Er hält sein Schild nicht zum Schutz, sondern stellt es zur Schau als Symbol seines göttlichen Rechts zu regieren.

Thron: Der Herrscher sitzt locker mit gekreuzten Beinen (alchemistisches Symbol des Feuers, da seine Haltung ein Dreieck bildet) auf seinem Thron, der eher einem goldenen Stuhl gleicht, zur Symbolisierung des praktischen Führers.

Archetypus: Hier ist zu unterscheiden:
● Vater als verkörperter Logos, dem rationalen Prinzip. Er bringt (soziale) Ordnung in die Welt, verbindet Energie auf vernünftige, praktische Weise mit der Wirklichkeit.
● Über-Ich als Erscheinungsform von Regeln der Gesellschaft, der sozialen Welt, in die der Vater einführt.

Divinatorische Bedeutung: Weltliche Macht, Führerschaft, Autorität, Kraft, Erreichen der Ziele, Reichtum, Standfestigkeit, Würde, männliche Entwicklung, Vater, Ehemann, Vaterschaft. Auch das Ziel, seine

**Der Herrscher,
Marseille**

Herrschaft auf alle Gebiete auszuweiten. Kann auch eine Begegnung mit dem Gesetz andeuten – welcher Art (positiv oder negativ) hängt von den umliegenden Karten ab.
Umgekehrte Bedeutung: Kann durch Kreativität neues Leben bringen. Wohlwollen, Mitleid. Aber auch Unreife, Unentschlossenheit, Schwäche, kleinliche Gefühle können nicht kontrolliert werden.

Herrscherin, Die

→ Große Arkana. In der ersten → Siebenerreihe der Großen Arkana stellt die Herrscherin zusammen mit → Der Herrscher und → Der Hierophant eine Gruppe innerhalb der Reihe dar. Sie bilden zusammen das Dreieck von Mutter, Vater und Erziehung, auch von Natur, Gesellschaft und Kirche. Es kann auch eine Verbindung zur alten Gottheit von Ägypten hergestellt werden, die manchmal als Trinität betrachtet wurde: Isis–Osiris–Horus – auch hier eine Frau und zwei Männer. Im Tarot bildet die Herrscherin demnach als Verkörperung der Natur die zugrundeliegende Realität, während Herrscher und Hierophant mit ihren Charakteren menschliche Konstrukte sind, durch die der Mensch lernen muß, sich von der Außenwelt zu unterscheiden. (Zu beachten: Generell ist bei den Großen Arkana immer von Archetypen die Rede, die einen Zyklus beschreiben, z. B. den Zyklus der Menschwerdung im Sinn von Erlangung der vollen Bewußtheit.)

Zahl Drei: Bereits die Drei symbolisiert einen Hauptcharakter der Karte: die Fähigkeit, Gegensätze zu vereinen – 1 mit 2 = Magier und Hohepriesterin. Die Energie des Magiers, die eine Idee aus dem Nichts holt und sie entstehen läßt, mit der Passivität der Karte → Die Hohepriesterin, welche die Prophezeiung in Händen hält und abwartet, wird von der Herrscherin zusammengeführt und vollendet.
Symbolik: Auch wenn auf den meisten Tarotdecks die Symbole nicht komplett identisch sind, so bezieht sich dies meistens auf die künstlerische Auslegung der Gestalter oder Strömungen der Zeit und nicht auf den Inhalt der Karte selbst. Der → Tarot de Marseille und das → Rider-Waite-Deck zählen zu den Tarotsets, deren Symbolik am klarsten und verständlichsten ist.

Rider-Waite-Tarot-Symbolik

Zepter: Sie trägt ihr Zepter in der bewußten, rechten Hand und hält das Symbol der irdischen Macht und Realität stolz gen Himmel. Das Kreuz des Geistes fehlt an diesem Zepter und wurde von → Waite durch die Sternenkrone ersetzt.
Sternenkrone: Zwölf sechszackige Sterne (Hexagramme) an der Krone verbinden Die Herrscherin mit einer Gestalt der Offenbarung: »Und es erschien dort ein großes Wunder am Himmel; eine Frau, bekleidet mit der Sonne, mit dem Mond unter ihren Füßen, und mit einer Krone von zwölf

Sternen auf ihrem Haupt.« (Offb. 12,1). Die zwölf Sterne entsprechen auch den zwölf → Tierkreiszeichen, während ihre Halskette die neun → Planeten zeigt als Symbol, daß sie das gesamte Universum als zugrunde-liegendes Prinzip des Lebens trägt. Ein → Hexagramm unterteilt sich in zwei Dreiecke: eines nach oben gerich-tet als Symbol des Feuers und eines nach unten gerichtet als Symbol des Wassers, um damit symbolisch die Fähigkeit zu zeigen, Gegensätze zu vereinen. Dadurch wird aber noch ein anderer Aspekt deutlich: Die übertrie-bene Fruchtbarkeit der Herrscherin kann zu ungezügeltem Wohlleben führen. Außerdem deutet es zudem die andere Seite der (guten) Mutter an: Die grausame, rachsüchtige Mutter, die Opfer ihres eigenen Machttriebes werden kann, ohne es selbst zu be-merken (auch: grausame Mutter Natur).

Wappenschild: In Form eines Herzens mit dem astrologischen Zeichen der Venus darauf. Venus als Planet der Künste, Kreativität, Hingabe, Schön-heit und als Zeichen der Großen Göttin (s. auch → Astarte).

Kleidung: Ein wallendes Kleid mit dem astrologischen Symbol der Venus als Zeichen ihrer Fruchtbarkeit.

Garten: Eine üppige Vegetation, Sym-bol ihrer Naturverbundenheit, auch ihrer Natürlichkeit, ihrer überschweng-lichen, enthusiastischen Art. Kornfel-der im Vordergrund als weiteres

Die Herrscherin, Rider-Waite

Die Herrscherin, Marseille

Symbol der Großen Göttin (Demeter, Astarte), die auch Korngöttin genannt wurde.

Fluß: Wasser als Symbol des Unbe-wußten, der Seele. Aber auch der Ein-heit von Wandel und Stabilität. Symbol dafür, daß Die Herrscherin mit der Natur verbunden ist und ihre Entwick-lung, ihr Dasein wie der Fluß im ewi-gen Wandel ist: das Wasser des Flusses ist nie das gleiche und trotzdem bleibt es derselbe Fluß.

Gelb: Auch in der dominierenden Far-be der Karte – Gelb – zeigt sich die Verbindung der Herrscherin mit dem Kreativen.

Tarot-de-Marseille-Symbolik

Goldene Krone: Im Gegensatz zum anderen weiblichen Archetypus – der → Päpstin oder → Die Hohe-priesterin – zeigt sich unter der Krone der Herrscherin ihr Haar, Symbol der Macht der Sexualität. Die Mitte der Krone ist blutrot gezeigt und sym-

bolisiert die Liebe, derer die Herrscherin fähig ist (warme, mütterliche Liebe).

Wappenschild: Mit ihrem rechten Arm (rechte Seite gilt als Seite der Bewußtheit) hält sie ein Wappenschild mit einem Adler dergestalt, daß man auf den ersten Blick meinen könnte, der Vogel würde sich bewegen. Der goldene Adler als Symbol ihrer Verbindung mit dem Geist weist auch auf Befreiung und Transformation hin (durch seine Bewegung entlang der vertikalen Achse der Karte). Adler gelten als weibliches Symbol, und es soll verdeutlichen, daß sich mit der Herrscherin der Geist aus der Materie befreit.

Zepter mit Kreuz: In ihrer linken Hand (Unbewußtheit) hält sie ein goldenes Zepter – Symbol der irdischen Realität – mit dem Kreuz des Geistes über der goldenen Kugel. Mit beidem ist sie gefühlsmäßig und nicht auf der Verstandesebene verbunden (linke Hand) und zeigt damit ihre Fähigkeit zu Anpassung und Liebe und Dualitäten miteinander zu verbinden (Himmel und Erde, Geist und Fleisch). Sie hält das Zepter nicht wie → Der Herrscher bestimmt und energisch, sondern locker und leicht zur Seite geneigt, dadurch wird ihre Anpassungsfähigkeit und ihre Liebe angedeutet.

Wird das Kreuz mit Kugel umgedreht, zeigt es auch das astrologische Venuszeichen. Venus als Planet der Künste, Liebe und Hingabefähigkeit symbolisiert die Welt, in welcher Die Herrscherin lebt: die kreative Inspiration, manchmal unlogisch, aber immer erfüllt mit Liebe.

Thron: Der Thron als Attribut einer Herrscherin läßt den Hintergrund aussehen, als besäße sie goldene Flügel (auf manchen Tarotdecks wird Die Herrscherin auch als geflügelte Göttin dargestellt) und weist erneut auf ihre Fähigkeit, Gegensätze zu vereinen.

Umgebung: Nicht so üppig wie im Rider-Waite-Deck, trotzdem symbolisiert sie die Verbindung der Herrscherin zur Pflanzenwelt und Natur.

Archetypus: Weiblichkeit, Mutter.
Divinatorische Bedeutung: Weiblicher Einfluß, weiblicher Fortschritt, Entwicklung, Ergiebigkeit, Fruchtbarkeit, Errungenschaft, Vollendung. Phase der Leidenschaft, in der das Leben von Emotionen und nicht vom Verstand regiert wird. Mutter, Ehefrau und Ehe, Kinder. Kann aber auch auf Verschwendung, Übermaß, widerspenstige emotionale Haltung des Betreffenden hinweisen.
Umgekehrte Bedeutung: Mangelnde Konzentration, Rückzug aus den Emotionen (Gefühlen) und Unterdrückung geheimer Wünsche (vornehmlich sexueller). Unfruchtbarkeit (durch Sperrung im Unterbewußtsein).

Hexagramm

Von der Form ähnelt das Hexagramm dem → Pentagramm, nur ist dieses

ein sechszackiger Stern; auch David-stern genannt. Das Hexagramm ist ein altes magisches

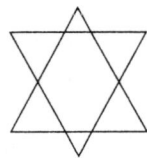

Hexagramm

Sinnbild, das so-wohl in der → Alchemie als auch der → Kabbala eine bedeutende Rolle spielt. Das Hexagramm war bereits in Ägypten und im alten Griechenland bekannt. Das sogenannte Hexa-gramm-Ritual soll angeblich auf alten Ritualen beruhen. Doch konnte die Geschichtsforschung bis heute den Ursprung des Rituals lediglich bis zum → Golden Dawn und → Aleister Crowley zurückführen. Ein Hexa-gramm wird aufgezeichnet. Mit einer Schwertspitze werden die beiden Dreiecke des Hexagramms nachgezo-gen. Die genaue Reihenfolge war nur Eingeweihten vorbehalten. Zum Ab-schluß des Rituals werden noch magi-sche Worte gesprochen, die sich zum Teil aus hebräischen Buchstaben, z. T aus ägyptischen Götternamen zusam-mensetzen: Inri, Jod, Nun, Resch, Virgo, Isis, Mächtige Mutter, Skor-pion, Apophis, Zerstörer, Sol, Osiris, erschlagen und wiederauferstanden, Isis, Apophis, Osiris, I, A, O, Igne natura renovando integra, Igne natura renovando integrat, Igne nitrum roris invenitur, Intra nobis regnum lao, Jesus nazarenus rex judeorum. Das Ritual wurde als Bannungsritual und als Anrufungsritual eingesetzt (s. auch → Symbole).

Hierophant, Der

→ Große Arkana. Auf manchen Tarot-sets als → Papst bezeichnet. → Waite führte den Namen des Hierophanten ein, da er die Bezeichnung als zu »ein-seitig« betrachtete und wählte statt des-sen den Namen der Hohenpriester der Eleusinischen Mysterien im antiken Griechenland. Stellt zusammen mit → Die Herrscherin und → Der Herr-scher eine geschlossene Gruppe inner-halb der ersten → Siebenerreihe dar. Sie bilden zusammen das Dreieck von Mutter, Vater und Erziehung, auch von Natur, Gesellschaft und Kirche. Es kann auch eine Verbindung zur alten Gottheit von Ägypten hergestellt wer-den, die manchmal als Trinität betrach-tet wurde: Isis–Osiris–Horus – auch hier eine Frau und zwei Männer. Im Tarot stellt Der Hierophant das zweite menschliche Konstrukt – die Kirche und Erziehung – dar. Mit dem Hiero-phanten beginnt eine neue Darstellung auf den Karten. Bis zu ihm wurden nur einzelne Figuren gezeigt (→ Der Narr, → Der Magier, → Die Hohepriesterin, Die Herrscherin, Der Herrscher), ihm zu Füßen knien zwei Adepten, Schüler, als Symbol, daß die mit der Kommuni-kation beginnt (im Zyklus der Großen Arkana betrachtet).
Zahl Fünf: Zahl der Menschheit (z. B. fünf Sinne). Zahl der Quintessenz und dadurch auch Symbol des Geistes. Den vier Elementen wird ein fünftes hinzu-gefügt: Äther, Sinnbild des menschli-chen Geistes.

Symbolik: Auch wenn auf den meisten Tarotdecks die Symbole nicht komplett identisch sind, so bezieht sich dies meistens auf die künstlerische Auslegung der Gestalter oder Strömungen der Zeit und nicht auf den Inhalt der Karte selbst. Der → Tarot de Marseille und das → Rider-Waite-Deck zählen zu den Tarotsets, deren Symbolik am klarsten und verständlichsten ist.

Purpurner Mantel: Als Symbol seiner geistigen, spirituellen Macht.

Krone: Die goldene Krone unterteilt sich in drei Ebenen – Trinität.

Zepter: Er hält das Zepter mit seiner linken Hand (linke Seite als Symbol des Unbewußten) zum Zeichen, daß er nicht die bewußte Macht wie Der Herrscher einsetzt, sondern mit dem Herzen regiert. Gleicht dem Tripelkreuz (auch Papstkreuz genannt) mit drei verschiedenen Querbalken. Symbol des → Hermes Trismegistos, des dreimalgewaltigen, der ebenfalls alle drei Werte der Lebenserscheinungen (Körper, Geist, Seele) entschlüsseln muß. Im → Tarot de Marseille hält der Papst das Zepter mit einer behandschuhten Hand als Zeichen, daß es nicht seine individuelle Macht ist, die Unfehlbarkeit repräsentiert.

Erhobene Hand: Mit den Fingern seiner rechten, bewußten Hand bildet er das traditionelle religiöse Zeichen der Segnung, der Exkommunikation und symbolisiert damit, daß die moralischen Probleme der Dualität (z. B. Gut–Böse, Himmel–Hölle) in seinen Machtbereich fallen, von ihm erkannt werden und zur Lösung geführt werden müssen. (Dieses Zeichen birgt auch eine dunkle Seite, es kann zum Zeichen des Teufels werden, durch den Schatten den es wirft.)

Der Hierophant,
Rider-Waite

Der Papst,
Marseille

Adepten: Manche Autoren sehen in der Dreiheit der Figuren die Verkörperung der Trinität. Andere ordnen den beiden Gestalten zu Füßen des Hierophanten die Rolle der Lernenden, der Adepten zu. Sie zeigen sich dem Betrachter nur von hinten, erlangen so also keine eigenständige Persönlichkeit. Dadurch, daß sie zu ihm aufblicken, wird der Charakter des Hierophanten als Lehrmeister der Kirche offenbar. Die beiden haben noch keinen Zugang zu den inneren Mysterien (Unbewußtsein) und Der Hierophant kann ihnen durch seine Weisheit helfen. Die Kleidung der beiden Adepten auf dem Rider-Waite-Deck unterscheidet die beiden jedoch voneinan-

125

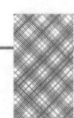

der. Der rechte trägt ein blaues Kleid mit Lilien, der linke ein graues Kleid mit Rosen. Lilien als Symbole der Reinheit und durch die Anzahl der Blütenblätter auch der Dreieinigkeit. Altes Lichtsymbol: die Lichtwerdung – eine Schöpfung kann beginnen, wurde bereits in Gang gesetzt. Rote Rosen als Symbol der Fruchtbarkeit und der göttlichen Liebe. Alchemistisches Symbol als Sinnbild komplexer Zusammenhänge.

Schlüssel: Der Schlüssel zu den heiligen Mysterien, → Cases Darstellung (→ B.O.T.A.-Tarot) zeigt einen goldenen und einen silbernen Schlüssel als Symbol, daß Negativ und Positiv, Energie und Passivität nach den Gesetzen der Geheimen Lehren vereint werden müssen. → Waite zeigt beide Schlüssel golden und symbolisiert damit, daß die dunkle, geheime Seite den meisten von uns immer verborgen bleiben wird. Im Tarot de Marseille wird kein Schlüssel gezeigt als Symbol, daß Der Hierophant den Schlüssel zu den Mysterien verborgen hält (Bewahrer der Mysterien).

Pfeiler: Zum einen betonen die Pfeiler den Charakter der Fünf (zwei Pfeiler, zwei Novizen und der Hierophant als fünftes Element), zum anderen symbolisiert bereits ihre Farbe Eigenschaften des Hierophanten (Selbstverleugnung, Mäßigung, Neutralität) und verstärkt sein autoritäres Auftreten. Hier muß das Unbewußte verschlossen bleiben, die persönlichen Belange hinter einem

gelassen werden, trotzdem werden die meisten spirituellen Geheimnisse verborgen bleiben. Die Säulen gelten zudem als Symbol der Erfahrungen der Kirche.

Archetypus: Geistiger Vater, Papst, kirchlicher Würdenträger; Papst, als Sinnbild des Kodex von Regeln, Gesetzen und Bekenntnissen, die man durch Glauben übernimmt (auch Geheimlehren).

Divinatorische Bedeutung: Zeremonien, Gnade, Demut, Güte, religiöser und spiritueller Führer, Kirche, Lehrsysteme, Erziehung, Verhaltensregeln der Gesellschaft. Manchmal das Aufgeben von Verantwortlichkeit. Kann bedeuten, daß die Lösung zu einem Problem bereits gefunden wurde, die Schlüssel können aber nicht genommen werden, da soziale, äußere Umstände dies verhindern.

Umgekehrte Bedeutung: Unorthodoxes Verhalten in geistigen Angelegenheiten, das aber auch zu besonders originellen Ideen führen kann. Unkonventionalität. Übertriebene Güte.

Hierophant, The

(Engl.) Bezeichnung für die → Große Arkana → Der Hierophant (V), auch → The Pope und → Jupiter.

High Priestress, The

(Engl.) Bezeichnung für die → Große Arkana → Die → Hohepriesterin (II).

Hoffnung

Karte	Art
8 d. Stäbe	Große Hoffnungen.
6 d. Stäbe	»Krone« der Hoffnungen, berechtigte Hoffnung.
5 d. Münzen	Hoffnungsloses Herumirren.
7 d. Schwerter	Hoffnung auf das Gelingen eines Plans, der leicht scheitern kann.
7 d. Kelche	Illusionäre Hoffnung.

Hofkarten

→ König, → Königin, → Ritter, → Bube, Bestandteile der → Kleinen Arkana. Jede der Hofkarten symbolisiert eine bestimmte soziale Stellung, ein bestimmtes Alter, ein bestimmtes Temperament, manchmal sogar eine bestimmte Haar- und Augenfarbe. Mit den Hofkarten werden im Tarot andere Menschen symbolisiert, die im Leben des → Fragenden eine Rolle spielen. Manchmal wird auch eine der Hofkarten als → Signifikator benützt. Generell symbolisieren König und Königin Männer und Frauen der gehobenen Stellung, der älteren Generation. Zusätzlich bedeuten König und Königin Männer und Frauen aus dem realen Leben, die mit der Frage in Bezug stehen. Ritter und Buben repräsentieren den Verlobten, den Freund – männlich oder weiblich. Ritter können das Ende oder den Anfang einer Angelegenheit symbolisieren – hier kommt es auf ihre Blickrichtung an.

Buben stellen auch Meinungen, Gedanken und Ideen dar – je nachdem, mit welchen Karten sie in Verbindung liegen, stehen sie in Harmonie oder im Widerspruch mit der gestellten Frage. Tauchen mehrere Hofkarten gemeinsam in einem → Kartenbild auf, bedeutet es zudem die Zusammenkunft, die Gesellschaft vieler Menschen.

Hohepriesterin, Die

→ Große Arkana. Früher auch → Päpstin genannt. → Gebelin führte die Bezeichnung Hohepriesterin ein. → Waite übernahm sie als einer der ersten auf seinem Deck. Die meisten modernen Decks übernahmen diesen Namen. Mit der Änderung des Namens vollzog sich allerdings auch eine grundlegende Umgestaltung der Figur, so daß im folgenden die Symbole getrennt beschrieben werden.

Zahl Zwei: Die Zahl der Frau. Die Hohepriesterin stellt den ersten Archetypus der Weiblichkeit dar. Auch die Zahl der Dualität, der Reflexion, Empfänglichkeit, Änderung und des Gegensatzes, aber auch des Gleichgewichts. Mit der Zwei wird der Mond symbolisiert. In der Alchemie wurde die Zwei symbolisiert durch einen Androgyn, in dem sich alle Gegensätze auflösen. In der → Kabbala gilt die Zwei als die erleuchtende Intelligenz, das Begreifen von inneren Prinzipien und steht für die Lebenskraft in allen Lebewesen.

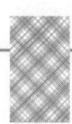
Rider-Waite-Tarot-Symbolik

Kleidung: Das blauweiße Kleid und
der blaue Überwurf erinnern stark an
Darstellungen der Mutter Gottes, sind
aber von der symbolischen Kleidung
der Isispriesterinnen abgeleitet. Blau
symbolisiert generell Integrität, Frieden, Heiterkeit, Reinheit, Schutz, Vollkommenheit, intuitive Erkenntnis, Ruhe, Reserviertheit und Wahrheit. Der
blaue Mantel verdeutlicht die Reinheit
der Hohepriesterin. Er symbolisiert
Schutz und Vollkommenheit. Blau verbindet mit der intuitiven Erkenntnis.
Allein durch die Aussage der Farbe
wird der Charakter der Hohepriesterin
klar: Sie verkörpert das weibliche Prinzip des Empfangens, des Passiven, der
Geheimnisse. Der Saum des Kleides
wird von Wasser umspült und symbolisiert das ruhige Fließen des Werdens,
dem sich die Hohepriesterin niemals
widersetzt. Diese Passivität ist der
Ausgleich zu den energischen und en-
ergiegeladenen Handlungen des Magiers.

Krone der Isis: Manche Tarotautoren
sehen darin die drei Mondphasen,
während andere die Krone als Sonnenscheibe in Konjunktion mit dem Mond
interpretieren. In beiden Fällen soll
der Bezug des Weiblichen zum Mond
und dessen Eigenschaften symbolisiert
werden.

Mond: Zu Füßen der Hohepriesterin eine Mondsichel als Symbol des Verbindung der Weiblichkeit und der Macht
des Mondes – die Launen der großen

**Die Hohepriesterin,
Rider-Waite**

**Die Hohepriesterin,
Marseille**

Göttin, das Dunkle, Geheimnisvolle
und Versteckte, das sich im Mondlicht
nur schemenhaft zeigt.

Boaz und Jakin: Die beiden Hauptsäu-
len des Tempels von Jerusalem symbolisieren die Dualität, Handlung und Bewußtsein, Passivität und Aktivität. Die
beiden getrennten Elemente sollen
durch die Krone der Isis vereint werden. Manche Tarotautoren sehen in den
Buchstaben B und J allerdings die In-
itialen der Götter → Baal und → Jehova. Diese seien auf den Säulen des
Tempels Salomon angebracht gewesen
und sollten eine Vereinigung zwischen
den beiden herstellen.

Schleier der Isis: Der Schleier verbirgt
den dahinterliegenden blauen Hintergrund nicht komplett. Damit soll angedeutet werden, daß man sich zwar die
Kräfte des Unbewußten (Wasser) nutz-
bar machen kann, man aber niemals
imstande sein wird, sich des Unbewußten voll bewußt zu werden. Das Unbewußte rational zu verstehen, ist nicht

möglich und darum mit einem Schleier halb verborgen. Wird der Tarot zur Bewußtseinsentwicklung eingesetzt und im Zyklus betrachtet, dann wird mit dem Schleier auch darauf hingewiesen, daß es bei der Stufe → Die Hohepriesterin angelangt, noch nicht Zeit ist, wirklich tief in die Wasser des Unterbewußtseins einzutauchen. Dazu ist der Mensch noch nicht bereit. Erst mit der Karte → Der Mond werden die Schleier zerrissen, und der Mensch kann sich in die Tiefen seiner Seele hinabwagen. Mit der Hohepriesterin wird das Unbewußte geweckt, aber noch nicht ganz erkundet.

Wasser: Symbol des Unbewußten und der darin verborgenen Weisheit. (Auch als Traumsymbol von → C. G. Jung das Symbol des Unterbewußtseins.) Die Wasseroberfläche ist vollkommen ruhig und glatt und verbirgt damit das aufwühlende Unbewußte. Der Schleier ist mit Palmenblättern bedruckt, Zeichen für Frieden, das ewige Leben und Symbol der Seele.

Thora: In ihren Händen hält die Hohepriesterin eine Thorarolle (Fünf Bücher Mose). Dadurch, daß nur die linke Hand sichtbar ist, die rechte aber unter dem Mantel verdeckt bleibt, soll symbolisiert werden, daß höheres Wissen unserem niederen, bewußten Verständnis immer zum Teil verborgen bleiben wird und uns nur in Form von Träumen, Sagen, Mythen und Märchen zugänglich wird (linke Seite symbolisiert das Unbewußte).

Tarot de Marseille-Symbolik

Offenes Buch: Die Päpstin hält ein offenes Buch mit beiden Händen, sieht aber nicht hinein, sondern hält es eher für einen Betrachter leicht nach unten geneigt. Symbol des Göttlichen Wortes, das Buch der Propheten. Dadurch soll gezeigt werden, daß der Geist durch die Päpstin in die Realität gebracht wird. Während → Der Magier das Gesetz erschafft, bringt sie es zur Entwicklung, ohne es zu kontrollieren. Sie hält das Buch mit beiden Händen als Symbol dafür, daß sie die Offenbarung mit ihrem ganzen Sein annimmt.

Gelbes Joch: Die horizontale Lage des Jochs deutet eine Kreuzform als Zeichen der Dimension irdischer Realität an. Es verbindet Unbewußtes mit Bewußtem.

Tiara: Die bienenkorbförmige Kopfbedeckung verbirgt das Haar der Päpstin, das Symbol der Sexualität und symbolisiert dagegen ihre immerwährende Fruchtbarkeit, ihre lebenspendende Kraft des Geistes. Die drei Abschnitte deuten an, daß sich dieser Geist in allen Welten offenbart: Himmel, Erde, Wasser.

Weißer Schleier: Symbol des Mittelalters für die Hingabe an den Heiligen Geist. Die weiße Farbe unterstreicht die Symbolik der Reinheit und Keuschheit.

Archetypus: Das Weibliche, die dunkle, geheimnisvolle, subtile Seite der Frauen (im Gegensatz zu → Die Herrscherin).

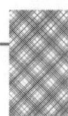

Divinatorische Bedeutung: Sich zurückziehen, um das Unbewußte an die Oberfläche kommen zu lassen. Dinge, Situationen, Angelegenheiten intuitiv erfassen und lösen können. Einfühlungsvermögen, Verständnis und gesunder Menschenverstand. Aus dem »Bauch heraus« handeln und damit Dinge in die Realität umsetzen, die unbewußt bereits im tiefsten Innern schlummern. Auf Beziehungen gelegt, auch platonische Liebe.

Umgekehrte Bedeutung: Falsches Urteil, Ignoranz, mangelndes Verständnis. Starke intuitive Gefühle können nicht umgesetzt werden.

Hospital, The

(Engl.) Bezeichnung für → Der Turm (XVI), auch → The Tower, → The Lightning Struck Tower, → The House of God, → The Tower of Babel oder → Fire of Heaven.

House of God, The

(Engl.) Bezeichnung für → Der Turm (XVI), auch → The Tower, → The Lightning Struck Tower, → The Hospital, → The Tower of Babel oder → Fire of Heaven.

Hufeisenkartenbild

Mit diesem Namen werden zwei unterschiedliche → Legesysteme bezeichnet: *Legesystem 1:* Zunächst werden alle 78 Karten gemischt und vom → Deutenden in zwei Stapel unterteilt, indem eine verdeckte Karte rechts und zwei

verdeckte Karten links von ihm abgelegt werden. So wird verfahren, bis alle 78 Karten in Stapel A (26 Karten) und Stapel B (52 Karten) unterteilt sind. Zunächst wird Stapel B nach der gleichen Methode wie o. a. in zwei neue Stapel unterteilt (= Stapel C: 18 Karten und Stapel D: 34 Karten). Stapel D wird wieder nach der genannten Methode in zwei neue Stöße aufgeteilt (= Stapel E: 12 Karten und Stapel F: 22 Karten). Stoß F zur Seite legen, Stoß A aufnehmen und alle 26 Karten in Form eines Hufeisens von rechts nach links aufdecken. Zuerst werden vom Deutenden alle Karten zusammenhängend gedeutet, dann paarweise (= 1. und

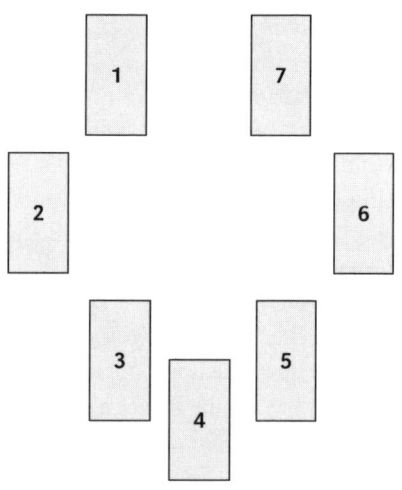

Hufeisenkartenbild nach Legesystem 2 (nach Papus).
Die Bedeutung der einzelnen Positionen:
1 Vergangenheit, 2 Gegenwart, 3 Zukunft, 4 und 5 Wie sich der Fragende gegenüber seiner Umgebung verhalten soll in bezug auf die gestellte Frage, 6 Hindernisse, 7 Endergebnis.

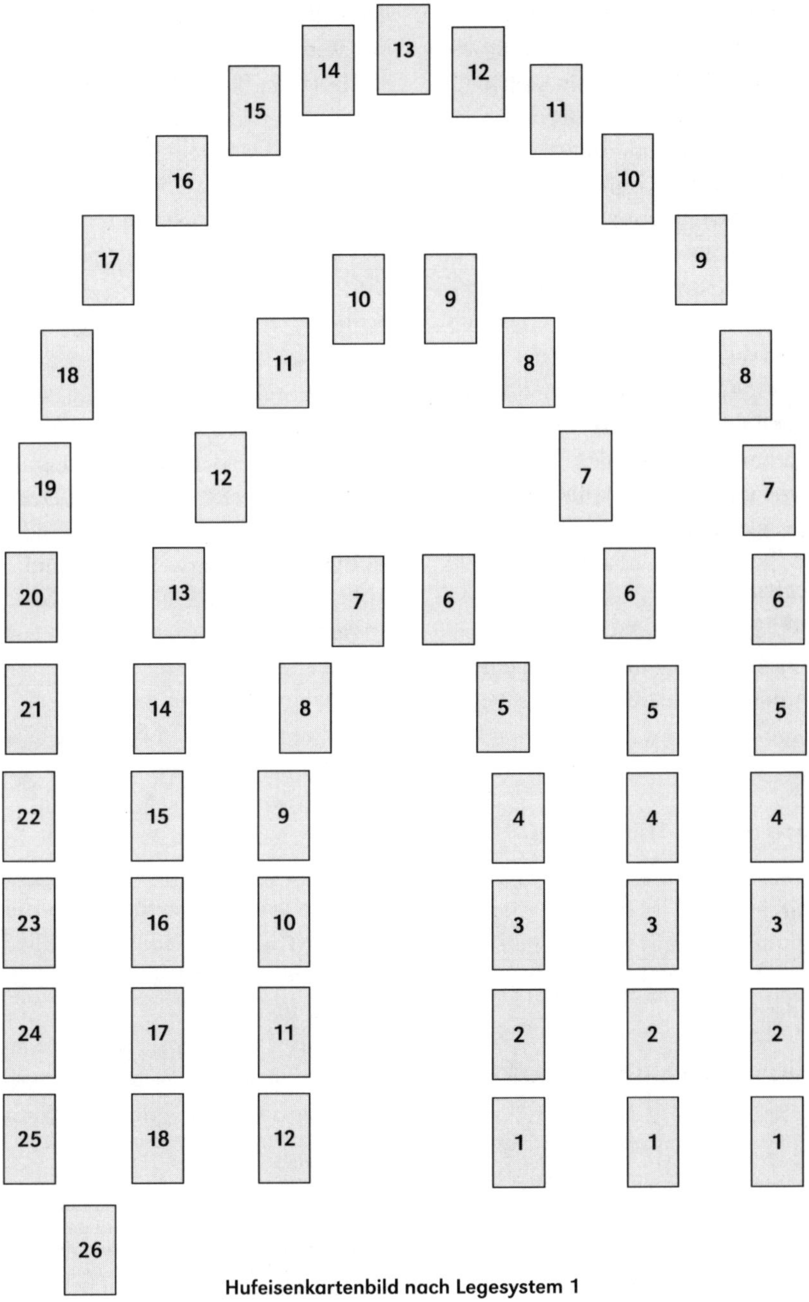

13

14   12

15   11

16   10

17   9

18   10   9   8   8

11   8

19   12   7   7

20   13   7   6   6   6

21   14   8   5   5   5

22   15   9   4   4   4

23   16   10   3   3   3

24   17   11   2   2   2

25   18   12   1   1   1

26

Hufeisenkartenbild nach Legesystem 1

131

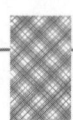

26. Karte zusammenziehen, 2. und 25. Karte usw.). Nach dieser Deutung wird Stapel C auf gleiche Weise ausgelegt und gedeutet, danach Stapel E.

Legesystem 2, nach → *Papus:* Zuerst werden die 22 → Großen Arkana vom → Fragenden gemischt und dem Deutenden übergeben. Dieser deckt die ersten sieben Karten von oben auf und legt sie in Hufeisenform aus. Danach werden die 56 → Kleinen Arkana gemischt und wiederum sieben Karten halb auf die vorher aufgedeckten Karten gelegt. Zuerst werden die Großen Arkana gedeutet, mit Hilfe der Kleinen Arkana können dann die Ergebnisse näher bestimmt werden (s. Seite 131).

Henkes

Tarotforscher, der den Ursprung des Tarot in der → Astrologie vermutete.

Ideen

Karte	Art
Der Narr	Kindliche Ideen.
Der Herrscher	Gezielte Verwirklichung von Ideen.
Der Tod	Geburt neuer Ideen durch eine abrupte Wandlung.
As d. Münzen	Verwirklichung von sich ergänzenden Ideen.

4 Buben nebeneinander	Neue Ideen oder Pläne.
Bube d. Münzen	Jemand mit Verlangen nach neuen Ideen.
Königin d. Kelche	Person mit kreativen Ideen.

Illusion

Karte	Art
7 d. Kelche	Visionär erlangte Einsichten, aber auch Einbildung und »reale Illusion«, die zu gar nichts führt.

Indigo

In der → Farbsymbolik werden dieser → Farbe folgende Eigenschaften zugeordnet:

Körperregion: Stirnmitte.

Charakter: Verkörpert das reine Wissen, Metaphysik, das dritte Auge, Inspiration, metaphysisches Wissen.

Wirkung: Reinigt die mentale Ebene, hilft, zu Einsicht zu gelangen und Inspiration für das menschliche Tun auf künstlerischer oder meditativer Ebene zu erlangen, ist die Brücke zwischen Himmel und Erde.

Indigo wird auch oft als Mitternachtsblau oder als Farbe der Nacht bezeichnet, da es fast in die Farbe → Schwarz geht.

Indikator

Wort lateinischen Ursprungs, das einen Umstand oder ein Merkmal bezeichnet,

das als Hinweis für etwas anderes dient. Im Tarot andere Bezeichnung für → Signifikator.

Ingwer

Pflanze, die den → Großen Arkana → Der Tod und → Das Gericht zugeordnet wird. Ingwer wirkt stabilisierend, beruhigend und hilft gegen Erschöpfung (s. auch → Pflanzen).

Initiation

Hineingehen. Einweihung in die Mysterien. Von Initiation wird vor allem im Zusammenhang mit Geheimbünden (z. B. → Rosenkreuzer, Freimaurer, Templer) gesprochen. So erfolgte auch im Orden des → Golden Dawn eine Initiation, Stufe für Stufe wurden die Schüler in die Lehren eingeweiht. Ab einem gewissen Grad erfolgte die volle Aufnahme des Schülers in den Orden. Durch die Initiation wurde der Schüler schrittweise mit den Mysterien bekanntgemacht. Die Initiation war vor allem aber auch mit einem Schweigegelübde verbunden, so daß Nichteingeweihte keinen Zugang zu den Lehren bekamen.

Innere Stimme

Karte	Art
Die Hohepriesterin	Archetypus der Intuition.
Das Gericht	Archetypus des Rufes der inneren Stimme.
Der Stern	Archetypus, der innere Leitstern.

Interesse

Karte	Art
König d. Stäbe	Ehrliches Interesse an Mitmenschen.

Intuition

→ Innere Stimme.

Iris

Pflanze, die den → Großen Arkana → Die Hohepriesterin und → Der Wagen zugeordnet wird. Der Pflanze wird beruhigende Wirkung zugesprochen (s. auch → Pflanzen).

Irreführung

Karte	Art
Der Teufel	Arglistiges Hintergehen, Vortäuschen.
Der Mond	Jemanden durch Halbwahrheiten oder Vertuschung in die Irre führen, Verschleierung von Tatsachen.

Isis

Ägyptische Göttin der Zauberei und der Magie. In der Tarotsymbolik ist die Göttin vornehmlich auf der Karte → Die Hohepriesterin des → Rider-Waite-Decks zu sehen. Isis wird manchmal auch mit Ator, der ägyptischen Göttin des Todes gleichgesetzt. Manche Kommentatoren sehen in Ator ein Anagramm (Wortspiel, in dem die Buchstaben eines Wortes derart vertauscht werden, daß sie neu zusammengesetzt ein anderes Wort ergeben) von

Tarot und damit den Beweis für einen ägyptischen Ursprung der Karten. Der Tarotgelehrte → Christian beschrieb in seinem 1780 veröffentlichten Werk »Histoire de la Magie« ägyptische Zeremonien, die sich in 78 Stufen gliederten und anschließend in einer Halle mit Tarottrümpfen endeten. Die → Trumpfkarte Nummer III betitelte er mit Isis Urania.

Isolierung

Karte	Art
9 d. Stäbe	Sich selbst isolieren, aus Angst, (erneut) verletzt zu werden.
4 d. Stäbe	Befreiung, das »Verlassen der Burg« nach langer Isolierung (z. B. Krankheit).

Jahresauslage

1. Andere Bezeichnung für das → Legesystem → Zigeunerauslage.
2. Legesystem nach → Papus. Die Deutung sollte exakt zu Jahresbeginn erfolgen, da die einzelnen Karten für die jeweiligen Monate des Jahres stehen. Zuerst werden die 22 Karten der → Großen Arkana gemischt, die obersten 13 Karten vom Stapel genommen und wie unten aufgedeckt.

Nach dem Auslegen der Großen Arkana werden die → Kleinen Arkana gemischt und neben das erste Hufeisen in gleicher Form gelegt. Die Bedeutung der einzelnen Positionen bleibt gleich, die Karten des zweiten Hufeisens erklären die Großen Arkana näher, indem sie anzeigen, auf welchen Bereich (z. B. Geld, Materielles, Kunst) sich Glück oder Unglück beziehen.

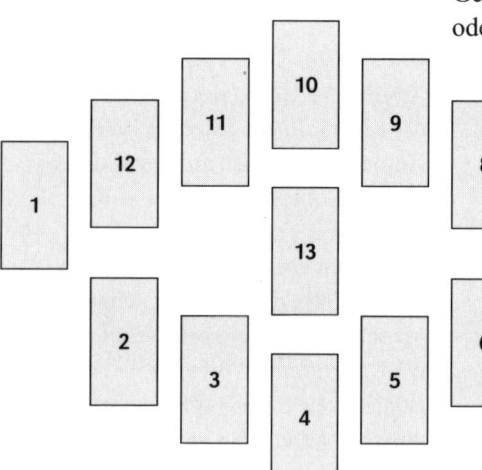

Die Bedeutung der einzelnen Positionen:
1 Allgemeiner Überblick über die 12 Monate,
2 Januar und Februar,
3 März, 4 April, 5 Mai,
6 Juni, 7 Juli,
8 August, 9 September,
10 Oktober,
11 November,
12 Dezember, 13 Wichtigste Karte, sie gibt das vorherrschende und zentrale Thema des kommenden Jahres wieder.

Jakin

1. (Hebr. = Er läßt feststehen, manchmal auch Jachin). → Boaz und Jakin bezeichneten die beiden Hauptpfeiler des Tempels von Jerusalem.

2. Das schwarze J in der rechten Tempelsäule der Trumpfkarte → Die Hohepriesterin (II). Das Emblem des Bewußtseins, des Hellen, des Tages und der Handlung im Gegensatz zu Boaz. Eine der beiden weltbewahrenden Zwillingskräfte. Das J für Jakin ist auf der → Trumpfkarte schwarz gemalt (Boaz weiß) und soll damit auch zum Ausdruck bringen, daß alles in dieser Welt auch seinen Gegensatz in sich trägt. Manche Tarotforscher sehen in dem J allerdings die Initiale für Jehova und in dem B die Initiale des Gottes → Baal.

Jasmin

Pflanze, die den → Großen Arkana → Der Gehängte und → Der Mond zugeordnet wird. Der Duft des Jasmins hilft gegen Depressionen, Angst und Gefühlskälte (s. auch → Pflanzen).

Jaspis

Edler Stein der Quarzgruppe. Der Stein ist in beinahe allen Farbschattierungen erhältlich und wird in Rot (Blutjaspis) den → Großen Arkana → Der Herrscher und → Der Turm zugeordnet. Er soll die Willenskraft stärken und seinen Träger von negativen Energien befreien (s. auch → Edle Steine).

John I.

König von Kastilien, verbot 1387 Würfel, Schach und → naipes (Karten). Dieses Verbot bildet einen wichtigen Beitrag zur Erforschung der Entstehungszeit des Tarot.

Jod

1. Zehnter hebräischer Buchstabe mit der Bedeutung »Hand«. Mit dem zehnten Buchstaben beginnt die Welt des menschlichen Tuns. In der Schreibweise besteht Jod aus einem Tropfen, der bereits in → Aleph doppelt vorhanden ist und auch den Beginn jedes hebräischen Buchstabens darstellt. Hier symbolisiert der Tropfen die geöffnete Hand, die aus der Unendlichkeit in das Leben der Menschen hineingreift. Der Durchgang zur Unendlichkeit wird durch die → Zehn (10) geöffnet. Mit dem Tropfen ist aber auch ein Kind symbolisiert, das aus der Finsternis geboren wurde. Die Finsternis wird durch den vorhergehenden Buchstaben → Chet dargestellt. Mit Jod manifestiert sich das Kind.

2. → Case ordnete Jod dem → Eremit zu und nannte den Buchstaben auch die Intelligenz des Willens.

3. Andere Autoren ordneten nach dem System von → Lévi Jod dem → Rad des Schicksals zu.

Joueur De Gobelets, Le

(Franz.) Bezeichnung für die → Große Arkana → Der Magier (I), auch → Le Bataleur.

Judgement

(Engl.) Bezeichnung für die → Große Arkana → Das Gericht (XX), auch → The Last Judgement.

Jugement, Le

(Franz.) Bezeichnung für die → Große Arkana → Das Gericht (XX).

Jungfrau

Astrologisches → Tierkreiszeichen (23. August bis 22. September). → Symbol: ♍. Element: Erde (das zweite Erdzeichen des Tierkreises). Das vorhergehende Zeichen Löwe zeigt im Tierkreis die kreative Schöpfung an. Die Jungfrau fängt diese auf und steuert sie. Jungfrauentsprechungen sind: Vernunft, Intellekt, Ordnung, Beobachtung, Sprache und Geist. Die Jungfrau will alles ordnen, einordnen und damit auch überschaubar machen, um das Leben funktional zu machen. Da die Jungfrau, neben den → Zwillingen, dem Planeten → Merkur zugeordnet wird, zeigt sie auch eine besondere Verbindung zu Schrift und Sprache. Die Jungfrau wird im Tarot den → Großen Arkana → Der Magier, → Die Liebenden und → Der Eremit zugeordnet. Die Liebenden können u. a. auch eine intellektuelle Entscheidung symbolisieren, während sowohl Der Magier als auch Der Eremit immer für eine geistige Bewältigung einer Aufgabe stehen.

Juno

(Engl.) Bezeichnung für die → Große Arkana → Die Hohepriesterin (II), auch → The The High Priestress, → The Female, → Pope.

Jupiter

1. Bezeichnung des Himmelsgottes in der römischen Mythologie, entspricht dem griechischen Göttervater Zeus.
2. Englische Bezeichnung für die → Große Arkana → Der Hierophant (V), auch → The Hierophant, → The Pope.
3. Planet. Symbol: ♃. In der → Astrologie wird Jupiter das → Tierkreiszeichen → Schütze zugeordnet, im Tierkreiszeichen → Fische gilt Jupiter als → erhöht.

Gilt als klassischer Glücksplanet. Seine astrologischen Charaktereigenschaften: der Wille und das Streben zu Wissen, Wahrheit und Weisheit; Toleranz, weite Reisen und Philosophie. Im → Radix gibt Jupiter Auskunft darüber, in welchen Lebensbereichen der Betreffende Glück, Erfolg, Anerkennung und Autorität erreichen kann. Auch Selbstherrlichkeit, Maßlosigkeit werden Jupiter zugerechnet. Seine körperlichen Entsprechungen: Leber, Fett, Geruchssinn, Dickdarm. Seine Farbe: Purpur, Violett, Blau. Tarotzuordnungen: → Rad des Schicksals (auch Glücksrad), → Die Mäßigkeit (s. auch → Erhöhte Planeten).

Justice, La

(Franz.) Bezeichnung für die → Große Arkana → Die Gerechtigkeit (VIII oder XI).

Justice

(Engl.) Bezeichnung für die → Große Arkana → Die Gerechtigkeit (VIII oder XI).

Juggler, The

(Engl.) Bezeichnung für die → Große Arkana → Der Magier (I), auch → The Magican, → The Thimblerigger, → The Cup Player, → The Mounterbank oder → The Pagad.

Jung, C. G.

(1875–1961), bedeutender Schweizer Psychoanalytiker, entwickelte den Begriff des → Archetypus. Hob die alten esoterischen Lehren auf einen neuen Stand, machte den Okkultismus zur ernsthaften Studie, bezog Mythen, Sagen, → Alchemie und Träume in seine Forschung mit ein und brachte damit vollkommen neues Gedankengut in die Psychologie wie auch in die Esoterik. Er selbst beschäftigte sich nicht mit Tarot, wurde aber zur maßgeblichen Instanz für Tarotautoren und -forscher, die sich auch mit der psychologischen Seite der Interpretation der Karten beschäftig(t)en. Jungs einzige Äußerung über den Tarot:»Es hat auch allen Anschein, als ob die Bildserien des Tarot Abkömmlinge der Wandlungsarchetypen wären.« (Aus:»Über

die Archetypen des Unbewußten«.) → Case war einer der ersten, die den psychologischen Aspekt miteinbezogen, dabei berief auch er sich auf C.G. Jung.

Jungianisches Tarot

Tarotdeck von Robert Wang, 1988, AGM Müller, Neuhausen, Schweiz. Das Deck ist auf der Archetypenlehre → C. G. Jungs aufgebaut. Die → Kleinen Arkana sind auf spezielle Farben und Muster ausgelegt. Unterschiedliche Meinung herrscht darüber, ob das Deck tatsächlich auf den Lehren Jungs aufbaut oder an diese überhaupt angelehnt werden kann.

Kabbala

(Hebr. = Überlieferung), ursprünglich bezeichnete die Kabbala die nichtmosaischen heiligen Bücher und die mündlich überlieferte Lehre. Ab dem 12. Jh. entwickelte sich unter dem Namen Kabbala eine eigene jüdische Schule. Die Geheimlehre, mit der sie sich befaßte, umschloß vor allem das Gebiet über Gott und die Schöpfung, später kamen die Lehre der Exegese, Moral und Philosophie hinzu. Der essentielle Teil der Kabbala ist der Sohar, eine kabbalistische Schrift, nach deren Aussage Gott die

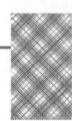

Quelle des Lebens und der Schöpfer des Universums ist. Durch die 10 → Sephiroth des Lebensbaumes (→ Baum des Lebens) existieren verschiedene Wege, seinem Schöpfer näherzukommen, bzw. Gott dienen die 10 Sephiroth als Werkzeuge der Schöpfung.

In der Renaissance erfuhr die Kabbala und ihre Lehre dann eine Wandlung, ausgelöst durch zwei verschiedene Ereignisabläufe: Zum einen durch die wiederaufkeimende Judenverfolgung und die damit verbundene Vertreibung zahlreicher jüdischer Gelehrter, zum anderen durch das erwachte Interesse christlicher Philosophen an der Kabbala (z. B. Pico della Mirandola, ein berühmter Gelehrter der platonischen Akademie in Florenz).

Heutzutage erlebt die Kabbala einen erneuten Aufschwung, das Interesse an ihr und den mit der Kabbala verbundenen Lehren ist enorm, auch oder trotzdem sie ein sehr komplexes, zum Teil sehr kompliziertes esoterisch-theologisch-philosophisches Lehrsystem darstellt.

Für den Tarot wurde die Kabbala bereits sehr früh »entdeckt«. Bereits → Lévi, ein Anhänger → Gebelins, stellte gewisse Verbindungen und Zusammenhänge zwischen den beiden Systemen dar: »… als weises kabbalistisches Buch, dessen Kombinationen die zwischen Zeichen, Buchstaben und Zahlen bestehende Harmonie enthüllen, ist der praktische Wert des Tarot wahrlich einzigartig …« Ausgehend von Lévi und seinen Lehren verbreitete sich das Gedankengut der Kabbala unter den Tarotinteressierten rasend schnell. Sowohl der → Golden Dawn (hier vornehmlich durch → Regardie) als auch namhafte Tarotforscher wie → Waite, → Case, → Mathers verknüpften den Tarot eng mit der jüdischen Geheimlehre.

→ Crowley brachte eine eigenständige Kabbaladeutung hervor, und der Tarotgelehrte → Papus gilt als einer der Wegbereiter zwischen der Verbindung von Tarot und Kabbala.

Mittlerweile ist die Kabbala aus dem System und Wissensgebiet des Tarot nicht mehr wegzudenken. Es wurde ein → Kabbalistischer Tarot ins Leben gerufen und zahlreiche Tarotliteratur beschäftigt sich ausschließlich mit diesem Wissensgebiet.

Kabbalistischer Tarot

Tarotdeck (1983) von C. Camphausen und A. van Leeuwen. Das Deck ist nicht nach alten Darstellungen aufgebaut, sondern zeigt die verschiedenen → Sephiroth und Stationen. Kenntnisse des Lebensbaumes (→ Baum des Lebens) sind nötig, um mit den Karten arbeiten zu können. Allerdings erleichtern Sie dann den Zugang zur kabbalistischen Arbeit mit dem Tarot erheblich.

Kaf

ב 1. Elfter hebräischer Buchstabe mit Zahlenwert → Zwanzig (20) und mit der Bedeutung »Hand«, allerdings nicht wie bei dem hebräischen Buchstaben → Jod die geöffnete, sondern die geschlossene Hand. Jod ist als Hand in dieser Welt noch nicht vollkommen manifestiert und damit sichtbar, während Kaf die Hand symbolisiert, die schon zum Greifen bereit ist. Auf den Menschen übertragen bedeutet dies »das Begreifen«. Durch die ähnliche Schreibweise steht der zweite hebräische Buchstabe → Beth in Beziehung zu Kaf. Die unterste Linie von Beth geht über die Verbindungslinie hinaus und symbolisiert somit die unbegrenzte Ausdehnung, während Kaf die Welt symbolisiert, die ihre Handlungen erkennen und abwägen kann.

2. → Case ordnete Kaf dem → Rad des Schicksals zu und nannte Kaf auch Intelligenz der Aussöhnung oder belohnende Intelligenz jener, die suchen.

3. Andere Autoren ordneten Kaf nach dem System von → Lévi der → Großen Arkana → Die Gerechtigkeit zu.

Kaiser

Andere Bezeichnung für die → Große Arkana → Der Herrscher (IV).

Kaiserin

Andere Bezeichnung für die → Große Arkana → Die Herrscherin (III).

Kampf

Karte	Art
Die Liebenden	Kampf zwischen geweihter und profaner Liebe.
Ritter d. Schwerter	Das Ende oder der Beginn eines Kampfes.
9 d. Stäbe	Stärke im Kampf.
7 d. Stäbe	Kampf im geschäftlichen Bereich.
5 d. Stäbe	Üben im Kampf, Scheinkampf.

Kamille

Pflanze mit beruhigender Wirkung, die den → Großen Arkana → Rad des Schicksals und → Die Mäßigkeit zugeordnet wird (s. auch → Pflanzen).

Kaplan, Stuart R.

Tarotautor, Sammler und Herausgeber (U.S. Games) von Tarotkarten. Sein Name ist unumgänglich mit dem Tarot verbunden. Kaplan ist einer der wichtigsten Tarotforscher seit etwa 1970. In seiner »Encyclopedia of Tarot« (3 Bände, Verlag U.S. Games, New York), einem umfangreichen Standardwerk des Tarot, sind neben der Geschichte der Viscontis und Sforzas und den historisch belegten Anfängen des Tarot auch andere wichtige Daten der Tarotgeschichte. Neben Tarotkarten aus Museen sind auch viele Karten aus der Privatsammlung des Tarotautors abgebildet. Auf seine Anregung hin entstan-

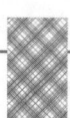

den viele der heute in den USA und z. T auch im deutschen Sprachraum erhältlichen modernen Kartendecks (z. B. Sacred Rose Tarot, Tarot of the Witches, Starter Tarot, s. Anhang), auch tritt er oft als Autor der Begleittexte der Kartendecks auf. In seiner Funktion als Sammler regte er Faksimileausgaben alter Tarotdecks (z. B. → Visconti-Sforza-Karten, → Minichiate, → Sizilianischer Tarock) an oder gab und gibt diese selbst heraus und macht sie damit einem breiten Publikum zugänglich.

Karneol

Edler Stein der Chalzedongruppe mit gelblicher bis blutroter Farbe. Er wird den → Großen Arkana → Die Herrscherin, → Der Hierophant und → Die Gerechtigkeit zugeordnet und soll seinem Träger Mut verleihen (s. auch → Edle Steine).

Kartenbild

→ Legesysteme. Die Form, in der die Karten zur → Divination ausgelegt werden.

Kelche

Satzbezeichnung. Symbolisieren generell Gefühle und Beziehungen, Freundschaften, Liebe, Spiritualität, Kreativität, Phantasie, Passivität, Ruhe, große Freude und Glück. Werden dem → Element → Wasser und den → Tierkreiszeichen → Krebs, → Skorpion, → Fische zugeordnet. Entsprechen → Herz.

Treten in einem → Kartenbild vermehrt Kelche auf, so bedeutet dies Vergnügungen, Belustigung, aber auch eine Frage (die gestellt wurde), die sehr viel Spiritualität in sich trägt.

Keltisches Kreuz

Wohl bekanntestes und am meisten verwendetes → Legesystem, das von → Waite entworfen wurde. Die Gültigkeitsdauer dieser Auslegeart beträgt generell drei Monate, es kann aber auch bewußt auf andere Zeiten gelegt werden (z. B. nur ein Tag, eine bestimmte, anstehende Situation) Die → Großen Arkana werden vom → Fragenden gemischt und dem → Deutenden gegeben. Dieser legt zehn Karten, die er von oben der Reihe nach vom Stapel nimmt, unverdeckt in folgender Reihenfolge auf (s. Abbildung auf Seite 141).

Manche Deutende wählen für die erste Position einen → Signifikator. Andere verwehren sich entschieden dagegen, da nach ihrer Meinung dadurch eine Grundaussage verlorengeht, bzw. der Fragesteller bereits seine Frage offenbaren müßte, die der Deutende eigentlich nicht wissen sollte (nur die Oberbegriffe wie z. B. beruflich oder privat sollten bei dem Deutenden vorher offenbart werden).

Die Karten werden zusammenfassend gedeutet. Durch Addieren aller Zahlenwerte der Karten, kann auch noch die → Quersummenkarte gedeutet werden.

Die Bedeutung der einzelnen Positionen:

1 Grundlage, Ausgangsposition.

2 Unmittelbarer Einfluß, dieser kann die Grundlage bestätigen oder aber bei einer negativ zu deutenden Karte auf Hindernisse hinweisen.

3 Ziel.

4 Vergangenheit, die mit der Frage in Verbindung steht und zu der momentanen Lage führte. Manche Deutende sehen darin aber auch: entfernte Vergangenheit.

5 Verhalten und Möglichkeiten. Manche Deutende sehen darin aber auch: kürzlich geschehene Ereignisse.

6 Zukünftiger Einfluß.

7 Charakterisierung des Fragenden.

8 Äußere Einflüsse, die helfend einwirken oder aber bei einer negativ zu deutenden Karte hinderlich oder sogar hemmend wirken können.

9 Hoffnungen oder Ängste des Fragestellers in bezug auf die Frage.

10 Endergebnis in etwa drei Monaten.

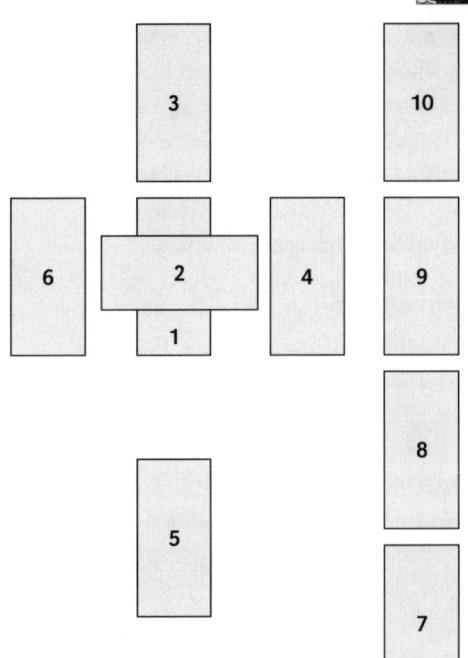

Keulen

Andere Bezeichnung für → Stäbe.

Kiefer

Pflanze, die den → Großen Arkana → Der Narr und → Der Stern zugeordnet wird (s. auch → Pflanzen).

Kindheit

Karte	Art
6 d. Kelche	Kindheits-erinnerungen.

Kleine Arkana

(Lat. Arkana = geheime [Mittel]), neben den 22 → Großen Arkana gibt es die 56 Karten der Kleinen Arkana, die in die vier Sätze der → Stäbe, → Schwerter, → Kelche und → Münzen unterteilt sind. Jeder Satz wird wiederum in → Asse, → Hofkarten und → Zahlenkarten unterteilt. Bevor → Waite auch die Kleinen Arkana in symbolischer Bildersprache mit eindeutigen Szenen darstellen ließ, waren auf den Karten der Kleinen Arkana üblicherweise nur die entsprechenden Sätze in Zahlen dargestellt (z. B. 5 Münzen, 5 Stäbe usw.). Neuere → Kartendecks richten sich meist nach Waites Darstellung und zeigen auch die Kleinen Arkana in Bildern, im Gegensatz zu den älteren Karten wie → Tarot de Mar-

141

seille. In esoterischen Kreisen werden allerdings die Darstellungen der älteren Decks bevorzugt, da sie beim Betrachter angeblich hellseherische und mediale Fähigkeiten hervorrufen sollen und nicht durch dargestellte Szenen von der eigentlichen Meditation ablenken.

Kleine Karten

Andere Bezeichnung für die → Zahlenkarten der → Kleinen Arkana.

Kleines Kreuz oder Frageauslage

Die 22 → Großen Arkana werden vom → Fragenden gemischt und dem → Deutenden übergeben. Dieser nimmt

```
        ┌─────┐
        │     │
        │  3  │
        │     │
        └─────┘

┌─────┐          ┌─────┐
│     │          │     │
│  1  │          │  2  │
│     │          │     │
└─────┘          └─────┘

        ┌─────┐
        │     │
        │  4  │
        │     │
        └─────┘
```

Bedeutung der einzelnen Positionen:
1 Charakterisierung des Fragenden in bezug auf seine Frage.
2 Günstige Einflüsse oder bei einer negativ zu deutenden Karte hemmende Einwirkungen.
3 Ziel.
4 Endergebnis.

die ersten vier Karten vom Stapel und legt sie nacheinander wie abgebildet auf (s. Abbildung links unten). Durch Addieren aller Zahlenwerte der Karten, kann auch noch die → Quersummenkarte gedeutet werden.

Kleinster Tarot der Welt

Kartendeck von Antonio Lupatelli mit 22 Karten in Mini: 14×22 mm. Alle Bilder zeigen Zwerge und Gnome in etwas abgewandelter alter Tarotsymbolik. Die bezaubernden Abbildungen zeigen z.B. ein Zwergenmädchen, das einem Lurch sanft das Maul zuhält (→ Die Kraft) oder einen Wagenlenker, der statt zweier Sphinxe zwei Hasen bändigt. Das Kartendeck ist auch in Normalgröße erhältlich, mit 78 Karten. I Tarocchi degli Gnomi (s. Anhang Tarotsets). Beide Ausführungen bei Verlag Lo Scarabeo, Turin, Italien.

Klugheit

Karte	Art
9 d. Münzen	Weitblick; Fähigkeit, die richtige Entscheidung treffen zu können (s. auch → Weisheit).

Knabe

Andere Bezeichnung für die → Hofkarte des → Buben.

Knapp-Hall-Tarot

Kartendeck von → Manly Palmer Hall und Augustus J. Knapp, 1929, Verlag

U.S. Games, New York. Es handelt sich hierbei um das erste Tarotdeck Amerikas (→ Cases Deck erschien erst 1931) und verbindet unter anderem den Tarot mit indischen, buddhistischen und hinduistischen Lehren.

Knechtschaft

Karte	Art
Der Teufel	Unterdrückung.
10 d. Stäbe	Zuviel aufgeladen und sich dadurch allein gelassen und wie in Knechtschaft fühlen.

Kof

P 1. Neunzehnter hebräischer Buchstabe mit der Bedeutung »Nadelöhr«. Mit Kof beginnt im Zyklus der hebräischen Buchstaben eine sogenannte neue Welt. Die Bedeutung Nadelöhr symbolisiert, daß der Durchgang von unserer in eine andere Welt nur sehr klein ist. Der materielle Ballast dieser Welt paßt nicht durch das Nadelöhr, nur die Seele des Menschen.
2. → Case ordnete Kof dem → Mond zu und nannte ihn auch körperliche Intelligenz.
3. Andere Autoren ordneten Kof nach Lévis System → Der Sonne zu.

Konflikte

Karte	Art
Der Wagen	Innerer Konflikt, hin und her gerissen sein.
8 d. Schwerter	Seelischer Konflikt.

König

→ Hofkarte. Generell symbolisieren die Könige Männer aus dem realen Leben, die mit der gestellten Frage in Bezug stehen. Sie stehen auch für Stabilität, Erfahrung, Verantwortung, Weisheit des Alters, soziale Absicherung. Wird ein König als → Signifikator eingesetzt, muß neben dem Alter auch noch das Temperament des → Fragenden beachtet werden. Treten in einem → Kartenbild mehrere Könige auf, so kommt zu ihrer eigentlichen Bedeutung noch hinzu (manchmal unterschiedlich, je nach Position):
2 Könige: Kleiner Ratschlag.
3 Könige: Rang und Namen, aber auch Beratung.
4 Könige: Begegnung mit einer oder mehreren bedeutenden Personen oder große Ehre.

König der Kelche

→ Hofkarte.
Rider-Waite-Tarot: Ein König in blauem Gewand und rotem Überwurf sitzt auf einem steinernen Thron, der von Wasser umgeben ist. In seiner linken Hand hält er ein Zepter, in seiner rechten Hand einen Kelch. Er sieht darüber hinweg in die Ferne. Rechts im Hintergrund springt ein Fisch aus dem Wasser, links im Hintergrund ist ein Schiff zu sehen. Um den Hals des Königs eine Kette mit einem steinernen Fisch.
Tarot de Marseille: König mit Bart in rotblauem Gewand sitzt auf einem

143

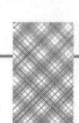

**König der Kelche,
Rider-Waite**

**König der Kelche,
Marseille**

König der Münzen

→ Hofkarte.

Rider-Waite-Tarot: Ein Mann auf einem steinernen Thron, der mit vier Stierköpfen versehen ist, in einem prächtigen Garten. Im Hintergrund eine Burg vor gelbem Himmel. Sein Gewand ist reich verziert mit Weinreben und Trauben. In seiner rechten Hand hält er ein Zepter, in seiner linken eine Münze, die er betrachtet.

Tarot de Marseille: Ein sitzender Mann mit Bart, der in seiner rechten Hand eine Münze trägt. Wie beim Ritter der Münzen erinnert auch die Form seines Hutes an die → Lemniskate.

Symbol für: Ein in materiellen Dingen sehr erfolgreicher Mensch, der mit seinem Leben zufrieden ist. Er ist geachtet, hat die Dinge erreicht, für die er gekämpft oder gearbeitet hat. Ein ernster Mann, der in Geldangelegenheiten sehr gut Bescheid weiß, über mathematische Fähigkeiten verfügt und seine Erfolge auf intelligente Weise

Thron. In seiner rechten Hand hält er einen Kelch. Er betrachtet nicht den Kelch, sondern sieht zur Seite.

Symbol für: Ein kreativer, künstlerisch tätiger Mensch, der seiner Phantasie unterdrücken mußte, um reale Ziele im Leben zu erreichen (Symbol dafür ist die Halskette mit dem steinernen Fisch). Er interessiert sich für Religion und Wissenschaft und ist in höchster Weise verantwortungsbewußt und auch großzügig. Möglicherweise verbirgt sich hinter seinem ruhigen und gefaßten Äußeren ein aufgewühltes Inneres, welches das künstlerische Temperament zu sehr unter Kontrolle hält oder halten mußte. Dadurch kann er auch tugendlos, durchtrieben und ungerecht werden.

Umgekehrte Bedeutung: Ein durchtriebener Mensch, der falsch und unehrlich handeln kann. Ungerechter und durchtriebener Mann.

Kann als → Signifikator für einen Mann eingesetzt werden.

**König der Münzen,
Rider-Waite**

**König der Münzen,
Marseille**

errungen hat. Wird ihm allerdings die Verbindung zur Natur genommen, kann er unzufrieden, korrupt und geizig werden.

Umgekehrte Bedeutung: Ein skrupelloser, geiziger Mann. Korrupter Geschäftsmann. Gefahr und Untreue. Kann als → Signifikator für einen Mann eingesetzt werden.

König der Schwerter

→ Hofkarte.

Rider-Waite-Tarot: Ein König in blauem Gewand und rotem Cape hält ein Schwert in seiner rechten Hand. Sein Blick ist dem Betrachter voll zugewandt. Von seinem Thron ist nur die steinerne Rückenlehne zu sehen. Wolken bauschen sich am Himmel im Hintergrund.

Tarot de Marseille: Der König auf einem Thron richtet seinen Blick etwas zur Seite. In der rechten Hand hält er ein Schwert, in der linken einen Stab.

Symbol für: Ein wahrheitsliebender, aktiver, entschlossener Mensch, der mit Kompetenz und Beherrschtheit seine Ziele erreicht. Er ist sehr realitätsbezogen und hält nichts von gefühlsmäßigen Entscheidungen. Will den Intellekt einsetzen und erreicht damit auch seine Ziele.

Umgekehrte Bedeutung: Ein Mensch, der durch zu intellektuelles und konsequent logisches Vorgehen grausam, kalt und hart werden kann und mit Strenge und Gefühllosigkeit Entscheidungen fällt.

König der Schwerter, Rider-Waite

König der Schwerter, Marseille

Kann als → Signifikator für einen Mann eingesetzt werden.

König der Stäbe

→ Hofkarte.

Rider-Waite-Tarot: Der König in orangefarbenem Gewand, mit gelbgrünem Überwurf hält einen Stab in der rechten Hand und zeigt sich dem Betrachter von der Seite. Ein Salamander zu seinen Füßen. Die

König der Stäbe, Rider-Waite

König der Stäbe, Marseille

145

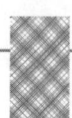

Haltung des Königs wirkt, als wollte er von seinem Thron springen.
Tarot de Marseille: Der König zeigt sich dem Betrachter frontal. In seiner rechten Hand hält er einen Stab.
Symbol für: Eine ehrliche, gewissenhafte, reife und energische Person, die Weisheit und Autorität miteinander zu verbinden weiß. Die Abenteuerlust läßt ihn immer wieder neue Aufgaben suchen. Seine Energie treibt ihn immer wieder zu neuen Aktivitäten, so daß er in verantwortungsvollen Positionen manchmal ungeduldig und maßlos werden kann.
Umgekehrte Bedeutung: Ein intoleranter, harter und strenger Mann. Kann er Schwierigkeiten nicht sofort überwinden, kann dieser Mensch auch zu Dogmatismus neigen.
Kann als → Signifikator für einen Mann eingesetzt werden.

Königin

→ Hofkarte. Generell symbolisieren die Königinnen Frauen aus dem realen Leben, die mit der gestellten Frage in Bezug stehen. Wird eine Königin als → Signifikator eingesetzt, muß neben dem Alter auch noch das Temperament des → Fragenden beachtet werden. Treten in einem → Kartenbild mehrere Königinnen auf, so kommt zu ihrer eigentlichen Bedeutung noch hinzu (manchmal unterschiedlich, je nach Position):
2 Königinnen: Aufrichtige Freunde.
3 Königinnen: Mächtige Freunde, aber auch Täuschung und Betrug durch Frauen.
4 Königinnen: Autorität und Einfluß, große Verhandlungen.

Königin der Kelche

→ Hofkarte.
Rider-Waite-Tarot: Die Königin sitzt auf einem Thron, der mit Nixen verziert ist. Sie hält einen kunstvollen Kelch in beiden Händen und sieht diesen an. Wasser umspült ihren Thron. Ihre Fußspitzen sind im Wasser.
Tarot de Marseille: Eine Königin in blaurote Kleider gehüllt, hält in der rechten Hand einen Kelch mit geschlossenem Deckel, in der linken ein Zepter.
Symbol für: Eine poetische, kreative, phantasiebegabte und zugleich soziale und gerechte Person, die entschlossenes Handeln mit phantasievollem Tun vereinen kann. Energie und Vitalität werden zur Verwirklichung von Plänen eingesetzt. Erfolg, der durch Einsetzen

KÖNIGIN der KELCHE

Königin der Kelche,
Rider-Waite

Königin der Kelche

Königin der Kelche,
Marseille

kreativer Ideen erreicht wird. Ihre Phantasie beschränkt sich allerdings nicht nur auf Kunst im engen Sinn, sondern auf alle Bereiche des Lebens, in denen diese Person alle Möglichkeiten mit Intelligenz und Liebe ausschöpft.

Umgekehrte Bedeutung: Verliert diese Person ihre Liebe und/oder die Verbindung zu ihrem kreativen Unterbewußtsein, kann sie unehrlich, unzuverlässig, lasterhaft und verdorben werden. Kann als → Signifikator für eine Frau eingesetzt werden.

Königin der Münzen,
Rider-Waite

Königin der Münzen,
Marseille

Königin der Münzen

→ Hofkarte.

Rider-Waite-Tarot: Eine Königin mit rotem Kleid und grünem Schleier sitzt auf einem reich verzierten, steinernen Thron inmitten eines üppig blühenden Rosengartens. Auf ihrem Schoß hält sie eine Münze mit beiden Händen. Rechts im Vordergrund ein Kaninchen. Im Hintergrund gelber Himmel.

Tarot de Marseille: Die Königin zeigt sich dem Betrachter von der linken Seite. Sie hält eine Münze mit der rechten Hand in die Höhe, in der linken trägt sie ein Zepter.

Symbol für: Eine anmutige, würdevolle, großzügige und mildtätige Person, die mit sich und der Natur in Einklang lebt. »Eine edle Seele«. Das Kaninchen im Rider-Waite-Tarot steht sowohl für sexuelle Fruchtbarkeit, als auch für geistige Erfüllung. Möglicherweise auch eine Person, die in

tatsächlichem materiellem Reichtum, Komfort und Luxus lebt.

Umgekehrte Bedeutung: Nimmt sich diese loyale Person ihren Einklang mit der Natur und äußeren Umgebung, kann sie nervös, ängstlich, gereizt, mißtrauisch – auch gegen sich selbst – werden. Dies kann bis zu Verwirrung gehen. Kann als → Signifikator für eine Frau eingesetzt werden.

Königin der Schwerter

→ Hofkarte.

Rider-Waite-Tarot: Die Königin zeigt sich dem Betrachter von der rechten Seite. Sie sitzt auf einem steinernen Thron und trägt ein weißes Kleid mit einem blauen Überkleid, auf dem Wolken eingezeichnet sind. Mit ihrer linken Hand hält sie ein Schwert senkrecht in die Höhe, die rechte Hand hält sie leicht nach oben gestreckt. Am linken Handgelenk ist eine durchschnittene Fessel zu sehen. Im Hintergrund türmen sich Wolken vor blauem Himmel.

147

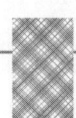

Königin der
Schwerter,
Rider-Waite

Königin der
Schwerter,
Marseille

Königin der
Stäbe,
Rider-Waite

Königin der
Stäbe,
Marseille

Tarot de Marseille: Die Königin sitzt auf einem Thron und hält ein Schwert in ihrer rechten Hand.

Symbol für: Eine weise und scharfsinnige Person, die auch leidvolle und schmerzhafte Erfahrungen gemacht hat. Im Rider-Waite-Tarot werden diese Erfahrungen mit dem durchschnittenen Seil an ihrem Handgelenk symbolisiert. Daher steht diese Karte auch für eine Witwe, geschiedene und/oder ältere Frau, die manchmal auch sehr einsam ist und sich unverstanden glaubt. Mit ihrem Verstand kann sie die Fesseln der Angst und Verzweiflung allerdings lösen. Jemand, der Unglück mit Fassung trägt.

Umgekehrte Bedeutung: Setzt diese Person ihren Verstand nicht ein, sondern läßt sich von Schmerz treiben, kann sie boshaft, autoritär, hart, kalt, rachsüchtig und heimtückisch werden. Kann als → Signifikator eingesetzt werden.

Königin der Stäbe
→ Hofkarte.

Rider-Waite-Tarot: Eine Königin in gelbem Kleid und weißem Überkleid sitzt auf einem Thron, der mit Löwen verziert ist. Vor ihr eine schwarze Katze. In ihrer rechten Hand hält sie einen Stab, in ihrer linken eine Sonnenblume. Der Himmel im Hintergrund ist wolkenlos und blau.

Tarot de Marseille: Ein junge Frau in blaurotem Kleid. In ihrer rechten Hand hält sie einen Stab.

Symbol für: Eine verständnisvolle, freundliche, liebevolle und warmherzige Person mit weiblichem Charme, Anmut, Sinnlichkeit und sexueller Energie. Ein Mensch, der das Leben in vollen Zügen genießen kann und ehrliches Interesse für andere Menschen hegt. Jemand, der durch glückliche Umstände immer wieder auf beinahe wundersame Art und Weise vor Schaden bewahrt wird (Symbol: schwarze

Katze als Schutz). Dieser Mensch richtet seine Aufmerksamkeit immer auf die positiven, sonnigen Aspekte des Lebens (Symbol: die Sonnenblume). Scheinbar unerschöpfliche Energiereserven.

Umgekehrte Bedeutung: Zeigt sich das Leben von der negativen Seite, so kann es passieren, daß diese Person in eine Krise stürzt und dabei boshaft, falsch, wankelmütig, untreu, eifersüchtig und verbittert wird.

Kann als → Signifikator für eine Frau eingesetzt werden.

Königskartenbild

→ Legesystem. Wird mit 54 Karten gelegt: → Große Arkana, → Hofkarten, → Asse und die → Zahlenkarten II, III und IV jedes Satzes.

Der → Fragende wählt zuerst einen → Signifikator aus den Hofkarten, der ihn repräsentiert, und eine oder bis zu vier weitere Karten – ebenfalls aus den Hofkarten –, die jene Person oder Personen repräsentieren, die in Vergangenheit oder Gegenwart mit der Frage in Verbindung stehen. Diese Karten werden zuerst aufgedeckt auf ihre Positionen gelegt (in der Abbildung durch einen Punkt gekennzeichnet, wobei die Schlüsselkarte in der Mitte liegt). Die restlichen Karten werden vom Fragenden gemischt

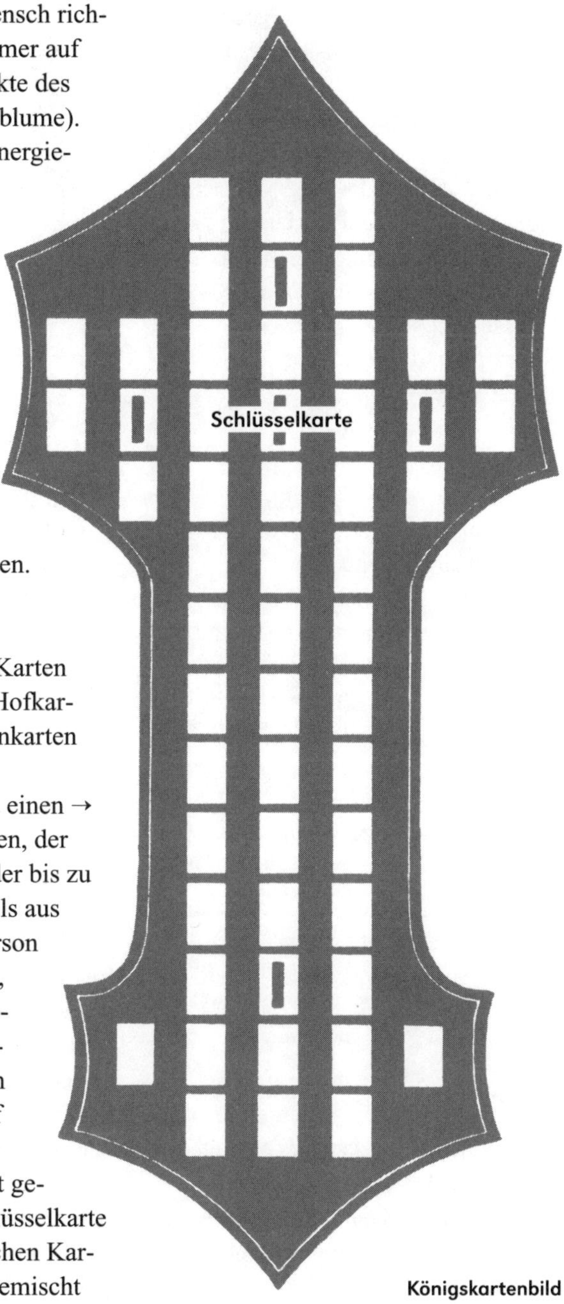

Schlüsselkarte

Königskartenbild

149

und dem → Deutenden übergeben. Dieser deckt die Karten nacheinander von rechts nach links und von oben nach unten wie oben gezeigt auf.

Die einzelnen Kartenpositionen haben keine spezielle Bedeutung, vielmehr kommt es bei diesem Kartenbild darauf an, die Karten zu einzelnen Gruppen zusammenzuziehen und damit bestimmte Ereignisse zu deuten.

Konsequenzen

Karte	Art
Die Liebenden	Die Konsequenzen nicht mehr beachten.

Kontrolle

Karte	Art
Der Wagen	Aufpassen müssen, um nicht die Kontrolle über sich selbst oder eine Angelegenheit zu verlieren.
Die Kraft	Gefühl unter Kontrolle halten müssen.
König d. Kelche	Jemand, der sein künstlerisches Temperament unter Kontrolle hält oder halten mußte.

Koriander

Pflanze, die den → Großen Arkana → Der Teufel und → Die Welt zugeordnet wird. Koriander hat belebende und anregende Wirkung (s. auch → Pflanzen).

Kraft

Karte	Art
Der Magier	Schöpferische Kräfte.
Die Kraft	Mit aller Kraft alle Emotionen unter Kontrolle halten, Kraft der Sanftmut.
Die Gerechtigkeit	Urteilskraft.
Der Gehängte	Kraftlos, Angst, sich aus eigener Kraft aus einer Situation befreien zu müssen.
4 Asse nebeneinander	Große Stärke und Kraft.
As d. Schwerter	Chance auf die Kraft der Wahrheit und Weisheit.
Ritter d. Schwerter	Enorme Lebenskraft.

Kraft, Die

→ Große Arkana. → Waite, → Case, → Crowley und mit ihnen andere Tarotautoren (von Waite angeregt) tauschten Die Kraft mit der Großen Arkana → Die Gerechtigkeit von Nummer 11 zu Nummer 8. Die meisten der modernen Tarotdecks haben diese Numerierung beibehalten, während auf den alten Karten wie z. B. dem → Tarot de Marseille noch die alte Numerierung zu sehen ist. Waite erklärte sein Vorgehen nicht, doch sehen viele Tarotforscher den Sinn in der Umnumerierung darin, daß die Karte die → Siebenerreihe (die Großen Arkana als Zyklus der Bewußtwerdung, → Transformation des Menschen betrachtet) besser und ver-

ständlicher fortsetzt. Mit der Karte Nummer 8 beginnt auch die zweite Reihe der Siebenerreihe, die Reihe der Transformation. Während die Figuren der ersten Reihe – Magier, Hohepriesterin, Herrscherin, Herrscher, Hierophant, Liebenden und Wagen – sich als Archetypen vornehmlich damit auseinandersetzen, die Außenwelt zu bewältigen. Mit der zweiten Reihe beginnt der Prozeß der inneren Entwicklung und Reifung.

Löwe: Symbol der Macht, der Kraft, der Weisheit, des Mutes und altes Lichtsymbol. Da Die Kraft die erste Karte der zweiten Reihe in der Siebenerreihe ist, symbolisiert der Löwe vor allen Dingen die innere Ruhe und Kraft, die es braucht, um sich mit dem eigenen Unbewußten zu konfrontieren. Urängste, verwirrende Gefühle, Wünsche, aber auch Geheimnisse können aus dem innersten Selbst hervortreten. Diese werden durch den Löwen dargestellt. Mit der vorhergehenden Großen Arkana Der Wagen wurden Energien bewußt gelenkt, die Karte Die Kraft symbolisiert das Hinausgehen über das Ego, indem man die innersten Emotionen zum Vorschein kommen läßt. Um diese durch den Löwen symbolisierten Emotionen unter Kontrolle zu halten, bedarf es innerer Ruhe, Kraft und Stärke. (Die Karte wurde manchmal auch mit Stärke tituliert.) Auch werden mit dem Löwen Kräfte dargestellt, die vom bewußten Denken überwunden werden müssen. Der Löwe gilt als eines der

wichtigsten alchemistischen Symbole. Er steht sowohl für das höchste Element Gold als auch für eines der niederen, nämlich Schwefel. Hier ergibt sich erneut ein Bezug zur Transformation – der Hauptcharakter der Karte. Der Prozeß, Schwefel zu Gold zu machen, ist die Transformation des niederen Selbst zu einer höheren Stufe.

Lemniskate: Die kosmische → 8 oder auch Zeichen der Unendlichkeit. Damit wird die Karte vor allen Dingen auch zur ersten Karte der ersten Siebenerreihe in Bezug gesetzt: Der Magier (auch über seinem Kopf schwebt die Lemniskate).

Blumengürtel: Waite bezeichnet den Blumengürtel als zweite Lemniskate, wobei eine Schleife um den Nacken des Löwen, die andere um die Taille der Frau geschlungen ist.

Weißes Kleid: Weiß als Symbol der Reinheit und Unschuld (hier Unschuld des Geistes, der transformiert wird.)

**Die Kraft,
Rider-Waite**

**Die Kraft,
Marseille**

151

Umgebung: Ein Berg im Hintergrund als Mittler zwischen Himmel und Erde, hier auch als Symbol des Mittlers zwischen Bewußtheit und Unbewußtheit. Die grüne Landschaft als Symbol der in der Natur wirkenden Kräfte, die der Geist überwinden muß, um sich zu entwickeln. Der Hintergrund wird von der Farbe Gelb dominiert, erneut das Symbol dafür, daß Energien, innere Leidenschaften freigesetzt und gleichzeitig kontrolliert und gelenkt werden müssen.

Archetypus: Kraft, Stärke.

Divinatorische Bedeutung: Der Fragende muß von innen heraus stark sein, seine Emotionen unter Kontrolle halten lernen, sie aber dennoch »hochkommen« lassen, trotz Angst und Bedenken eine neue Sache beginnen. Sich nicht von seinen Leidenschaften fortreißen lassen.

Umgekehrte Bedeutung: Schwäche, mangelndes Vertrauen (auch in sich selbst), Krankheit, innere Qual, Leidenschaften werden zur inneren Bedrängnis, mit welcher der Fragende nicht mehr fertig wird, er kann sie nicht mehr kontrollieren.

Krankheit

Karte	Art
8 d. Schwerter	Seelische Krankheit.
4 d. Schwerter	Heilphase, Pause.
4 d. Stäbe	Genesung nach Krankheit.
2 d. Stäbe	Krank werden durch Kummer, Trauer.

Kreativität → Künstler

Krebs

Astrologisches → Tierkreiszeichen (22. Juni bis 22. Juli). Element: Wasser (erstes Wasserzeichen). → Symbol: ♋. Als viertes Zeichen des Tierkreises symbolisiert der Krebs das Mütterliche und auch die Seele. Krebsentsprechungen sind: sensibel, verletzlich, unsicher, aber auch sehr häuslich, fürsorglich und einfühlsam. Der Krebs wird dem Planeten → Mond zugeordnet (nicht zu verwechseln mit der Tarotkarte Der Mond). Dieser Planet symbolisiert auch Sehnsüchte, Träume, Hoffnungen und Ängste, eine Welt der Sehnsüchte, Empfindungen, Träume und Ängste. Dem reichen Seelenleben steht ein sehr klar strukturiertes und bisweilen sogar hartherziges Denken gegenüber, damit die seelischen Vorgänge wieder ausgeglichen werden können. Der Krebs wird im Tarot den → Großen Arkana → Der Wagen und → Die Hohepriesterin zugeordnet. Der Wagen kann sowohl ein Triumphwagen als auch ein Streitwagen sein und bietet hier einen Bezug zur manchmal auftretenden Wankelmütigkeit des Krebses. Die Hohepriesterin hingegen symbolisiert das Unterbewußtsein, die Seele.

Krise

Karte	Art
8 d. Schwerter	Große innere Not.

Kritik

Karte	Art
8 d. Schwerter	Zensur, Kritik, Verleumdung.

Kummer → Trauer

Kunst → Künstler

Künstler

Karte	Art
Der Magier	Meister seiner Kunst, genial.
3 d. Münzen	Ein geschickter Künstler.
König d. Kelche	Ein kreativer, künstlerisch tätiger Mensch, der seine Phantasie unterdrücken mußte, um reale Ziele im Leben zu erreichen.
Königin d. Kelche	Kreative, künstlerische Person.
Ritter d. Kelche	Person mit künstlerischen Anlagen.

Kurtzahn, Ernst

(1879–1939), esoterischer Schriftsteller, Verfasser des ersten deutschsprachigen Buches nach dem Ersten Weltkrieg, das sich ausschließlich mit dem Tarot beschäftigte: »Der Tarot«, Leipzig 1920. Bis zum Erscheinungsjahr war auf dem deutschsprachigen Buchmarkt lediglich das Werk von → Scheidle »Theoretischer und praktischer Unterricht über das Buch Thot«, Stuttgart 1857, Interessierten zugänglich, ansonsten mußte man sich auf hauptsächlich englische oder französische Literatur stützen. Kurtzahn verfaßte sein Buch mit Hilfe der gesammelten Tarotmaterialien seines Mentors Dr. Hummel (der unter dem Pseudonym Laarss bekannte Esoteriker) aus dem französischen Sprachraum. Aufgrund des Buches entstand später auch der Kurtzahn-Tarot, der eng an die Darstellungen von → Eteilla angelehnt ist. Auf den Karten befindet sich neben den Darstellungen auch der zugeordnete hebräische Buchstabe, dessen Aussprache und Zahlenwert. Das Vergessen seiner Person in der heutigen Tarot-Literaturwelt liegt möglicherweise daran, daß er bereits zu Lebzeiten eine Art »Verschleierungstaktik« um seine Person praktizierte.

L'amoureux

(Franz.) Bezeichnung für die → Große Arkana → Die Liebenden (VI).

L'angelo

(Ital.) Bezeichnung für die → Große Arkana → Das Gericht (XX). auch → Il Giudizio.

L'appeso

(Ital.) Bezeichnung für die → Große Arkana → Der Gehängte (XII), auch → Il Penduto.

153

Lamed

 1. Zwölfter hebräischer Buchstabe mit der Bedeutung »Ochsenstachel«. Der Buchstabe spiegelt die obere und untere Welt und den Menschen wider. Der Buchstabe → Waw (mit der Bedeutung »Und«) verbindet die beiden. Lamed steht symbolisch für den Stock, den Ochsenstachel, der den Stier in Bewegung setzt. Da in der hebräischen Mystik die Welt mit dem Zeichen des Stiers begann, setzt sich hier die Welt erneut in Bewegung – durch das Handeln. Da die hebräischen Buchstaben immer unterhalb einer (unsichtbaren) Linie geschrieben werden, ist Lamed der einzige Buchstabe, der sich über die Zeile ausdehnt. Damit symbolisiert Lamed auch, daß das Verhalten, Handeln und Tun des Menschen von oben bestimmt ist.

2. → Case ordnete Lamed der → Großen Arkana → Die Gerechtigkeit zu und nannte den Buchstaben auch gläubige Intelligenz.

3. Andere Autoren ordneten Lamed nach dem System von → Lévi der Karte → Der Gehängte zu.

Lapislazuli

Edler Stein, der in früheren Zeiten beinahe so kostbar war wie Gold. Er soll neben Gesundheit und Freude auch Weisheit und Macht verleihen und wird den Großen Arkana → Rad des Schicksals und → Die Mäßigkeit zugeordnet (s. auch → Edle Steine).

Legen der siebenten Karte

Der → Fragende wählt einen → Signifikator für sich selbst, diese Karte wird

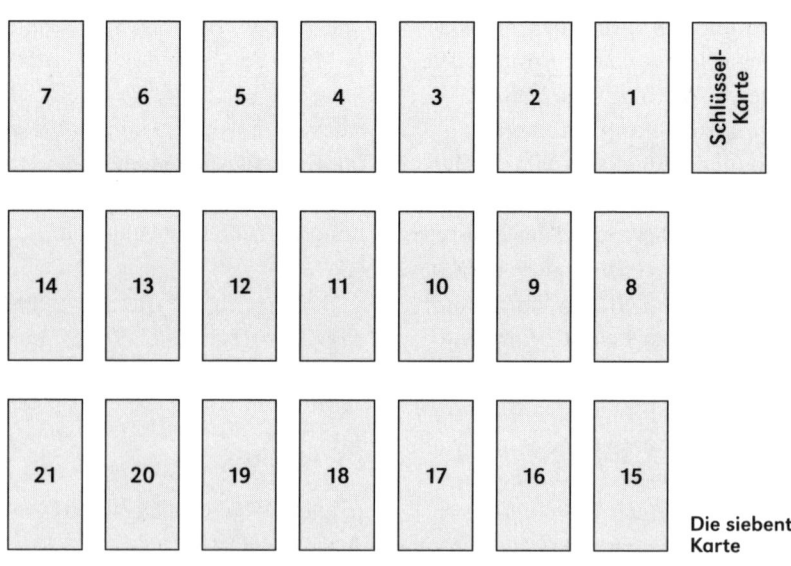

Die siebente Karte

dann derart aufgelegt, daß links von ihr noch sieben weitere Karten gelegt werden können. Dann werden die restlichen Karten gemischt und dem → Deutenden übergeben. Dieser nimmt die ersten sechs Karten vom Stapel und legt sie in der gleichen Reihenfolge unter den Kartenstoß. Die siebente Karte wird abgehoben und links neben den Signifikator gelegt. Dieser Vorgang wiederholt sich so lange, bis insgesamt 21 Karten in drei Reihen zu je sieben Karten von rechts nach links gelegt wurden (s. Abbildung Seite 154).

Zuerst wird die Bedeutung jeder einzelnen Karte gelesen, dann als Gruppe zusammengefaßt.

Legesysteme

Eine andere Bezeichnung für → Kartenbild. Die Form und Art, in der die Karten zum Zweck der → Divination ausgelegt werden: → Abgeleitete Häuser, → Astrologische Häuser, → Dreikartenbild, → Elferkreuz, → Fünfunddreißigkartenbild, → Hufeisenkartenbild, → Jahresauslage, → Keltisches Kreuz, → Kleines Kreuz, → Königskartenbild, → Legen der siebenten Karte, → Namenskartenbild, → Pyramidenkartenbild, → Zigeunerkartenbild.

Leichtsinn

Karte	Art
Der Narr	Leichtsinn, Sorglosigkeit.

Leidenschaft

Karte	Art
Königin d. Stäbe	Leidenschaftliche Frau.
2 d. Kelche	Zuneigung, Vereinigung.

Lemniskate

Symbol der Ewigkeit. Die Acht quer gelegt dargestellt. Im → Rider-Waite-Tarot bei den → Trumpfkarten → Der Magier (I) und → Die Kraft (VIII) über den Köpfen der abgebildeten Personen. Legt man den Tarot zur Veranschaulichung seiner Symbolik in der → Siebenerreihe auf, so erscheinen Der Magier und Die Kraft als Beginn einer Reihe, als dritte Karte und Beginn der letzten Reihe → Der Teufel (XV), über dessen Haupt das → Pentagramm schwebt – manchmal als die umgekehrte Lemniskate bezeichnet. In alten Darstellungen (→ Tarot de Marseille) bilden z. B. die Hüte von König und Bube eine stilisierte Lemniskate. Manche Autoren und Tarotforscher sehen deren Ursprung allerdings in der zur Entstehungszeit üblichen Hutmode.

Darstellung der Lemniskate: eine querliegende Acht.

L'Empereur

(Franz.) Bezeichnung für die → Große Arkana → Der Herrscher (IV).

155

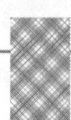

L'Ermite

(Franz.) Bezeichnung für die → Große Arkana → Der Eremit (IX).

L'Ermita

(Ital.) Bezeichnung für die → Große Arkana → Der Eremit (IX).

L'Étoile

(Franz.) Bezeichnung für die → Große Arkana → Der Stern (XVII).

Leuenberger, Hans-Dieter

Tarotautor, sein dreibändiges Werk »Schule des Tarot«, 1981, Bauer Verlag, Freiburg/Breisgau, befaßt sich vor allem eingehend mit dem Zusammenhang zwischen Tarot und → Kabbala.

Lévi, Eliphas

(1810–1875), Pseudonym von Alphonse Louis Constant, katholischer Priester, später Lehrer und Journalist. Als Anhänger von → Gebelin beschäftigte er sich zunehmend mit der Verbindung von → Kabbala und Tarot. Er betrachtete den Tarot als ein in sich komplexes, uraltes System der westlichen, okkulten Mysterien, als einen Schlüssel zur ewigen Weisheit: »Der Tarot ist wahrhaftig eine philosophische Maschine, die den Geist vom Wandern abhält und ihm doch seine Initiative und Freiheit läßt, er ist auf das Absolute angewandte Mathematik, die Allianz des Positiven mit dem Ideellen, ein Gedankenspiel, so exakt

wie Zahlenspiel, vielleicht die einfachste und großartigste Konzeption des menschlichen Genius … Als weises kabbalistisches Buch, dessen Kombinationen die zwischen Zeichen, Buchstaben und Zahlen bestehende Harmonie enthüllen, ist der praktische Wert des Tarot wahrlich einzigartig. Hätte ein Gefangener keine Bücher außer dem Tarot, dessen Anwendung er verstünde, könnte er sich in einigen Jahren ein universelles Wissen aneignen und sich in unvergleichlicher Gelehrtheit mit unerschöpflicher Beredsamkeit unterhalten …« (Aus: »Geschichte der Magie«, 1896, engl. Übersetzung von → Waite.)

Lévi beeinflußte die Tarotforschung nachhaltig. Mit seiner Aussage, daß nur derjenige den wahren Sinn des Tarot begreife, der auch die richtige Reihenfolge der → Trumpfkarten kenne, löste er einen anhaltenden Disput aus. Er wollte den Tarot wieder »esoterisch rein« machen, akzeptierte zwar die Reihenfolge des → Tarot de Marseille (was für ihn als der ursprüngliche Tarot galt, denn Gebelin hatte sich beinahe ausschließlich mit diesem Deck beschäftigt), ordnete der → Großen Arkana → Der Narr die 0 zu, um dessen Dasein als »Anfang und Ende« zu verdeutlichen, setzte ihn aber zwischen die Trümpfe 20 (→ Das Gericht) und 21 (→ Die Welt). Durch diese Umstrukturierung wurden im Anschluß unter den Tarotforschern immer wieder Stimmen laut, die behaupteten, daß nur

wirklich Eingeweihte den wahren Schlüssel zur Anordnung der Karten erhielten, während andere die Meinung vertraten, Lévi hätte aus Unwissenheit einen Fehler bei der Zuordnung begangen. Als Folge der Unstimmigkeiten unter den Esoterikern wurde auch jegliche Zuordnung der hebräischen Buchstaben als falsch beargwöhnt, und Lévi selbst betrachtete es als Notwendigkeit, »den zweiundzwanzig Arkana des Tarot ihre hieroglyphische Reinheit wiederzugeben«, kam aber nicht mehr dazu. Erst sein Anhänger → Papus veröffentlichte zusammen mit → Wirth 1889 einen Tarot nach Lévis System. Weitere Werke von Lévi: »Dogme de la Haute Magie« (1856), »Rituel de la Haute Magie« (1860), »Histoire de la Magie« (1861), »Le Chef des Grandes Mystères« (Erscheinungsjahr unbekannt)

Lichtseite

Im Gegensatz zur → Schattenseite. Bezeichnung einer Karte, die während einer Legung nicht auf dem Kopf stehend, sondern »richtig herum« erscheint.

Liebe

Karte	Art
Die Liebenden	Liebe aus ganzer Seele.
Die Kraft	Kraft der Sanftmut und Liebe.
Der Teufel	Abhängigkeit in der Liebe.
3 d. Stäbe	An der alten Liebe festhalten, aber bereits nach »neuen Ufern« Ausschau halten.
As d. Kelche	Chance auf die große Liebe.
Bube d. Kelche	Chance, sich zu verlieben.
10 d. Kelche	Beständige, dauerhafte Liebe.
7 d. Kelche	Illusionäre Liebe.
5 d. Kelche	Ehe ohne Liebe.
2 d. Kelche	Sich verlieben.

Liebenden, Die

→ Große Arkana. Die Darstellungen von Die Liebenden weichen im → Tarot de Marseille und → Rider-Waite-Tarot erheblich voneinander ab. (Diese beiden Tarotsets sind heute die maßgebenden Sets bei der Gestaltung neuer Tarotdecks.) Während im Tarot de Marseille ein junger Mann zwischen zwei Frauen dargestellt ist, zeigt das Deck von → Waite Die Liebenden als Adam und Eva im Garten Eden. Demzufolge unterscheidet sich die Auslegung der Symbolik dieser Karte grundlegend. Manchmal wurde diese Große Arkana auch mit → Der Scheideweg bezeichnet, womit sich noch mehr Auslegungsunterschiede der einzelnen Autoren ergaben. → Eteilla hingegen nannte die Karte → Ehe, womit kein Deutungsspielraum mehr gegeben ist.

Zahl Sechs: Kabbalistische Zahl der → Venus. In der hebräischen Zahlen-

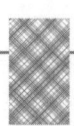

mystik die erste vollkommene Zahl (Gott erschuf die Welt in sechs Tagen usw.). Das Symbol der Sechs, das → Hexagramm, besteht aus zwei Dreiecken (Feuer- und Wasserdreieck). Damit wird bereits durch die Zahl der Charakter der Karte symbolisiert: das Vereinen der Gegensätze Mann und Frau, das auch durch die körperliche Liebe geschehen kann. Durch die 6 erscheint aber auch zum erstenmal das Individuum, die Unabhängigkeit – ebenfalls Symbol und Ausdruck der Karte (speziell, wenn man den Zyklus der Großen Arkana betrachtet).

Rider-Waite-Tarot-Symbolik

Frau: Die Frau auf der linken, unbewußten Seite des Bildes sieht zu dem Cherub auf, der sich über ihr befindet, und deutet damit auf ihre unbewußte Natur hin, ihre Fähigkeit, auch die unbewußte Seite des Lebens hinzuziehen zu können.

Mann: Der Mann auf der rechten, bewußten Seite des Bildes blickt die Frau an und symbolisiert damit sein bewußtes Handeln, die Vernunft des männlichen Logos und die Rationalität. Durch die Verbindung der beiden wird der Gegensatz überwunden, der Mensch erreicht seine Individualisierung.

Baum des Lebens: Hinter dem Mann der Lebensbaum mit zwölf Flammen als Symbol, daß alle Lebewesen die zwölf Inkarnationsphasen durchwandern müssen.

Baum des Wissens: Hinter der Frau der

Baum des Wissens, um den sich die Schlange der Weisheit windet. Da er sich auf der linken Seite befindet, gilt er auch als Zeichen der unbewußten, weiblichen, intuitiven Weisheit.

Die Liebenden, Rider-Waite

Cherub: Der Wächter des Paradieses, ausgestattet mit dem Allwissen der höheren geistigen Welten, steht über den beiden Figuren und vereint die Gegensätze, führt sie zusammen. Auch als Symbol der Vision, die sich nur beiden gemeinsam und keinen Einzelpersonen zeigt. Die ausgebreiteten, roten Flügel des Engels symbolisieren den (alchemistischen) Feuerzustand. Laut alchemistischen Vorstellungen soll in diesem Feuerzustand der Ausgleich stattfinden.

Berg: Immer das Symbol der Verbindung von Himmel und Erde, dadurch auf dieser Karte auch Symbol der Vereinigung von Gegensätzen (Mann und Frau) und damit der Bewußtwerdung. Auch Symbol der Höherentwicklung. Mit dieser Großen Arkana beginnt auch die Individualisierung des Menschen, er erhebt sich.

Tarot de Marseille-Symbolik

Drei Personen: → Case und nach ihm auch moderne Tarotforscher betrachteten die Darstellung nicht als tatsächli-

Der Liebende

**Der Liebende,
Marseille**

che Entscheidung zwischen zwei Geliebten, sondern sahen die Szene in einem anderen (verständlicheren, weil archetypischen) Licht. Case schrieb dazu in seinem Werk »Schlüssel zur ewigen Weisheit des Tarot«: »Sie sind Sinnbilder des kabbalistischen Sohnes und seiner Braut, die zusammen mit der kabbalistischen Mutter oder Königin auftreten. Dieses Motiv weist – ganz abgesehen von seiner tieferen Bedeutung – offensichtlich Bezüge zur Hochzeit auf.« Hier wären erneut Bezüge zur ersten bewußten Entscheidung gegeben, die Menschwerdung beginnt durch den bewußten Willen.

Manche Tarotautoren sehen in der Szene dieser Karte allerdings einen jungen Mann, der sich zwischen einer älteren und einer jüngeren Frau entscheiden muß. Dabei symbolisiert die ältere zu seiner rechten (bewußten) Seite die hohe Rangordnung, Stellung, die Weisheit des Alters, die ihre Sexualität nicht mehr zur Schau stellt, da ihr Haar – Symbol der Sexualität – verdeckt bleibt.

Auf der linken Seite steht eine junge Frau mit offenem Haar und symbolisiert die Wahl des Herzens.

Die Szene wird zudem als Symbol der Entscheidung zwischen dem Trieb und der Ratio angesehen. Esoterisch kann dies auch die Wahl zwischen dem äußeren Pfad und dem Weg der Erkenntnis der okkulten Lehren bedeuten.

Eros: Symbol der Zusammenführung von Gegensätzen und des Lebensimpulses, da er Harmonie ins Chaos bringt und damit Leben möglich macht. Eros zielt mit seinem Pfeil auf das Herz des jungen Mannes.

Archetypus: Liebe und Bewußtwerdung.

Divinatorische Bedeutung: Die Bedeutung der Rolle, welche die Liebe im Leben des → Fragenden spielt, eine wertvolle Beziehung, Harmonie, Vollkommenheit, Zuversicht, Ehre, tiefe Gefühle. Unterstützung bei einem Problem durch den Partner oder einen emotionalen Menschen. Zeigt Ehe oder lange Beziehung an.

Umgekehrte Bedeutung: Liebe ist blockiert, schlechte Ehe, Probleme in der Liebe (sexuell oder emotional), romantische Unreife, Frustration in der Liebe. Unkluge Pläne.

Liebhaber

Karte	Art
Bube d. Kelche	Kreativer, junger Liebhaber.

L'Imperatrice

(Franz. und ital.) Bezeichnung für die → Große Arkana → Die Herrscherin (III).

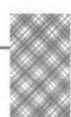

L'Imperatore

(Ital.) Bezeichnung für die → Große Arkana → Der Herrscher (IV).

Lombardischer Tarock

Unter diesem Sammelbegriff versteht die Tarotforschung Tarotkartensets, die im 18. Jh. in der Lombardei entstanden. Die Karten zeichnen sich alle durch eine Anlehnung an den → Tarot de Marseille aus. Allerdings wurde die Holzschnitttechnik verfeinert und später durch Holz- und Kupferstich ersetzt. Zur Kategorie des Lombardischen Tarocks zählen → Tarocchino Lombardo, → Tarocco Italiano Milano und → Tarocco Milanese 1850. Als »Der Lombardische Tarot« (historisches Kartenset mit Buch, ohne Angabe, von welchem Künstler und/oder Kartenhersteller das Deck stammt) 1998 im Falken Verlag, Niedernhausen, erschienen.

Lorbeer

Pflanze, die den → Großen Arkana → Die Kraft und → Die Sonne zugeordnet wird. Dem Lorbeer wird kräftigende Wirkung zugesprochen (s. auch → Pflanzen).

Los → Schicksal

Losbücher

Manche Tarotforscher und -autoren sehen den Ursprung des Wahrsagens mit Karten in den Losbüchern des 14. und 15. Jh. Der Ratsuchende zog aus einem Kartenspiel eine Karte. Deren Bedeutung wurde dann in dem Losbuch nachgeschlagen. Orakelsprüche und Anweisungen waren zu jeder Karte gegeben. Die Forschung geht davon aus, daß die Losbücher ursprünglich mit Würfeln als Auswahlverfahren benutzt wurden, später (ab dem 15. Jh.) waren Spielkarten der bestimmende Faktor für den Orakelspruch. Später wurden die Orakelsprüche dann direkt auf die Karten gedruckt (ab dem 17. Jh.). Das älteste bekannte, gedruckte Losbuch, das mit Spielkarten befragt wurde, ist das Mainzer Kartenlosbuch »Eyn Lozbuch aus der Karten gemacht«, das zwischen 1505 und 1510 erschienen ist. In diesem war auch ein Zeiger befestigt, der gedreht werden konnte, um zur Antwort auf eine Frage zu gelangen, ohne dabei eine Spielkarte ziehen zu müssen. »Mercelinos Kartenlosbuch« (Le Sorti di Francesco Mercelino da Forli) erschien 1540 in Venedig und brachte bereits genauere Orakelsprüche und Anweisungen als das Mainzer Kartenlosbuch. Den Losbüchern waren allerdings normale Spielkarten zugrunde gelegt, keine Tarotkarten. Aber das Wahrsagen der Karten entwickelte sich der heutigen Forschung zufolge aus den Losbüchern.

Lovers

(Engl.) Bezeichnung für die → Große Arkana → Die Liebenden (VI).

Löwe

Astrologisches → Tierkreiszeichen (23. Juli bis 22. August). Symbol: ♌.

Element: Feuer. Nach dem → Widder das zweite Feuerzeichen im Tierkreis. Als fünftes Zeichen im Tierkreis symbolisiert der Löwe die Schöpfung und die Kinder. Sowohl die leiblichen Kinder als auch die geistigen im Sinn von Büchern, Werken. Löweentsprechungen sind: Optimismus, Mut, Kreativität, Neutralität und Loyalität, aber auch Selbstüberschätzung. Die Freiheit, Eigenständigkeit und Loyalität stehen über allem. Verteidigt den Schwächeren, aber nur um des Individuums willen. Läßt sich nicht von politischen Meinungen und Überzeugungen fesseln. Der Löwe wird im Tarot der → Großen Arkana → Die Kraft und → Die Sonne zugeordnet. Die Kraft zeigt Emotionen an, die manchmal unter Kontrolle gehalten werden müssen, während Die Sonne das innere Kind und den strahlenden Optimismus anzeigt.

Luna, La

(Ital.) Bezeichnung für die → Große Arkana → Der Mond (XVIII).

Lune, La

(Franz.) Bezeichnung für die → Große Arkana → Der Mond (XVIII).

Lyoner Tarock

Die Tarotforschung bezeichnet das Kartenset des Catelin Geofrey mit Lyoner Tarock. Es wurde bis heute nicht wieder aufgelegt. (Das Original befindet sich im Museum für Kunsthandwerk Frankfurt/Main.) Als Entste-

hungsdatum wird 1557 angegeben. Für Tarotsammler und Tarotforscher wäre dieses Deck sehr wichtig, denn die Tarotforschung geht davon aus, daß die Anordnung der → Großen Arkana von diesem Spiel auch in den → Tarot de Marseille übernommen und von diesem dann wiederum in die nachfolgend entstandenen Decks aufgenommen wurde. Auch von → Waite war die Anordnung der Karten akzeptiert worden, allerdings mit einer Änderung: Er vertauschte die Karte → Die Kraft mit → Die Gerechtigkeit.

Macht

Karte	Art
Der Magier	Macht über die Elemente, die Natur, Einfluß.
Die Hohepriesterin	Macht des Unterbewußtseins.
Der Herrscher	Weltliche Macht.
Der Hierophant	Kirchliche Macht.
Die Gerechtigkeit	Macht, ein Urteil zu fällen.
Der Teufel	Mißbrauch von Macht.
As d. Schwerter	Macht der Gerechtigkeit, Weisheit und Wahrheit.
8 d. Schwerter	Macht der inneren Fesseln und Zweifel.
As d. Stäbe	Sexuelle Macht.

161

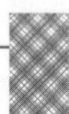

Magia

Christianisierte magische Lehre, die an der florentinischen Akademie während der italienischen Renaissance zum Brennpunkt des Interesses wurde. Ging von der Vorstellung aus, daß ein Netz sympathischer Beziehungen alle Facetten der Schöpfung miteinander verknüpft und daß diese Beziehung vom Magus (Magier) zur Manipulation der materiellen Welt benutzt werden konnte. Die Magia und der → Neuplatonismus haben in weiten Teilen ihren geistigen Hintergrund in der → Gnosis.

Magician

(Engl.) Bezeichnung für die → Große Arkana → Der Magier (I). auch → Juggler, → The Thimblerigger, → The Cup Player, → The Mounterbank oder → The Pagad.

Magier, Der

→ Große Arkana. Mit dem Magier beginnt im Tarot die erste → Siebenerreihe (der Tarot als Zyklus betrachtet). Früher wurde Der Magier auch Gaukler genannt. Seine Darstellung richtet sich in modernen Decks meist nach dem Entwurf von → Waite. Dieser weicht allerdings erheblich von der Darstellung des Magiers im → Tarot de Marseille ab, in dem er noch mehr an den ursprünglichen Gaukler oder Trickser erinnert, während im → Rider-Waite-Tarot der Magier einem Priester gleicht.

Zahl Eins: Bereits die aufrechte Schreibweise der 1 verdeutlicht ihre Symbolik: Durch die Eins werden Himmel und Erde miteinander verbunden, sie ist das Zeichen des Bewußtseins des Menschen. Auch der Magier als die erste Karte der Großen Arkana zeigt den Beginn eines Prozesses der Bewußtwerdung. Mit ihm setzt sich der Zyklus des Werdens in Gang. Nach dem fröhlichen Narren ist der Magier zur Ruhe gekommen und beginnt die Entwicklung. Er symbolisiert den Willen, die Idee, die aus dem Nichts kam, in die Realität zu holen, sie Wirklichkeit werden zu lassen. (Wird der Tarot als Zyklus betrachtet, so bildet → Der Narr Anfang und Ende. Er stellt das Reich der Phantasien und der Ideen dar, die sich erst in der Realität manifestieren müssen. Dies beginnt mit dem Magier.)

Lemniskate: Im Tarot de Marseille formt die Hutkrempe des Magiers das Zeichen der Unendlichkeit. Sie weist darauf hin, daß Gegensätze sich ständig in Bewegung halten, sich abstoßen und einander anziehen. Dadurch wird auch die schöpferische Kraft des Magiers symbolisiert. Das Rot der Hutkrempe soll an die pulsierende Lebenskraft erinnern, wie das Blut im Körper des Menschen kreisen die Gegensätze. Der Hut selbst erinnert an eine goldgelbe Krone, welche die magischen Fähigkeiten des Magiers repräsentiert. Im Rider-Waite-Deck »schwebt« die kosmische 8 über seinem Haupt.

Kleidung: Im Rider-Waite-Tarot trägt der Magier einen purpurnen Mantel als Zeichen seiner Macht über die Gesetze der Natur, die er zu beherrschen vermag. Darunter ein weißes Kleid, das an ein priesterliches Gewand erinnert. Symbol der Reinheit und Klarheit seines Geistes. Die Kleidung des Magiers im Tarot de Marseille erinnert auf den ersten Blick an die bunte Tracht des Narren, wobei hier der Bezug hergestellt werden sollte, daß sowohl Magier als auch Narr als Trickser oder Gaukler fungieren können. Die unterschiedlichen Farben sind eher symmetrisch, aber gegensätzlich angeordnet und symbolisieren den Funken elektrischer Energie (Spannung), da sie einander sowohl abstoßen als auch anziehen.

Stab: Symbol der Macht. Hier ist der Stab auch konzentrierte »Zauberkraft«. Der Magier holt sich Energien von höherer Stelle, um eine Idee in die Welt der Wirklichkeit zu holen, zu erschaffen, zu manifestieren. Diese Energien müssen konzentriert und dann in eine Richtung gelenkt werden, dirigiert werden: Er hält den Stab bewußt und kontrolliert in seiner Hand. Im Tarot de Marseille in seiner linken Hand als Symbol, daß seine Kraft nicht das Ergebnis von Intellekt und Ausbildung, sondern ein Geschenk ist. Im Rider-Waite-Tarot streckt er den Stab mit seiner rechten Hand gen Himmel: Er zieht die Energien bewußt in sich hinein, während er überschüssige Energien mit der zu Boden geneigten Hand wieder

Der Magier,
Rider-Waite

Der Magier,
Marseille

»erdet«. Manche Tarotautoren sehen darin auch das alchemistische Symbol des »Wie oben, so auch unten«. Die zwei Spitzen des Stabes deuten erneut auf die Dualität der Dinge hin.

Tisch mit den vier Symbolen: Auf dem Tisch der Wirklichkeit liegen jene Objekte, Symbole der Kräfte der Natur, die Der Magier benötigt, um erschaffen zu können. Die Kanten des Tisches lassen die Energien dabei nicht wegfließen, halten sie in Grenzen. Daß alle vier Symbole der vier Sätze vor ihm liegen, bedeutet, daß er fähig ist, alle Kräfte der Natur, der Welt für sich zu nutzen, sie einzusetzen. Im Tarot de Marseille liegen noch Würfel auf diesem Tisch. Dies soll die Dualität des Magiers symbolisieren, der durchaus auch als Gaukler oder Illusionär auftreten kann.

Lilien: Symbole der Reinheit und durch die Anzahl der Blütenblätter auch der Dreieinigkeit. Altes Lichtsymbol: Die Lichtwerdung – eine Schöp-

163

fung kann beginnen, wurde bereits in Gang gesetzt.

Rote Rosen: Symbol der Fruchtbarkeit und der göttlichen Liebe. Alchemistisches Symbol als Sinnbild komplexer Zusammenhänge. Der Magier kann diese erfassen und in eine Tat umfunktionieren.

Blumengarten: Der Blumengarten an sich symbolisiert auch die allgegenwärtige Natur und zeigt auf, daß kreative und emotionale Macht in der Realität gefestigt werden müssen, wenn wir sie nutzen wollen. So wie Der Magier seine Energien gezielt zur Umsetzung einer Idee in die Realität einsetzt. Im Tarot de Marseille scheint Der Magier wie in ein Nichts gesetzt ohne Umgebung und verdeutlicht damit auch den Beginn der Schöpfung innerhalb des Zyklus.

Archetypus: Hier ist zu unterscheiden:
● Gaukler/Trickster – hier werden von manchen Tarotautoren Vergleiche zu Merlin gezogen, der ebenfalls als Illusionär und Trickser auftrat ebenso wie als weiser Mann mit unbegrenzten magischen Fähigkeiten.
● Wunder.
Divinatorische Bedeutung: Auch diese ist von der Dualität des Magiers beeinflußt. Zum einen ist Der Magier ein Symbol für die ersten Schritte in einer Angelegenheit, der Beginn einer neuen Lebensphase. Begeisterung, Originalität und Kreativität. Sich alle zur Verfügung stehenden Möglichkeiten zunutze machen. Genialität und Meisterschaft. Zum anderen auch Willensstärke, Kraft, die zielgerichtet ist und energisch eingesetzt wird. Bewußte Handlung.

Umgekehrte Bedeutung: Der Fluß der Energien ist unterbrochen oder blockiert. (Energie muß auch geerdet werden.) Das Bewußtsein reagiert nicht, Schwäche, Mangel an Willenskraft, auch Machtmißbrauch.

Maison de Dieu, La

(Franz.) Bezeichnung (Das Haus Gottes) für die → Große Arkana → Der Turm (XVI).

Majoran

Pflanze, die den → Großen Arkana → Der Magier, → Die Liebenden und → Der Eremit zugeordnet wird (s. auch → Pflanzen).

Malory, Sir Thomas

(Anfang 15. Jh.–1471). In seiner Darstellung der → Gralssage in »Le Morte d'Arthur« (dt. »König Artus«, 3 Bände, Insel Verlag) erzählt er, wie Sir Balin König Pellam mit dem Gralsspeer verwundet. Die Wunde, die er dem König zugefügt hatte, verheilte auch trotz Merlins Heilkunst nicht und so wurde aus dem einst mächtigen Herrscher der → Fischerkönig. Seine Darstellung veranlaßte → Waite und in der Folge auch andere Tarotforscher wie → Wald und → Weston, eine Verbindung zwischen den Gralssagen und dem Tarot herzu-

stellen. (So wurde die Gralsburg z.B. mit dem Haus Gottes, eine andere Bezeichnung für die → Große Arkana → Der Turm, gleichgesetzt, → Der Herrscher und → Der Gehängte werden mit König Pellam vor und nach seiner Verwundung verglichen.)

Mars

→ Planet. → Symbol: ♂. In der → Astrologie dem → Tierkreiszeichen → Widder zugeordnet. Im Tierkreiszeichen → Skorpion gilt Mars als »erhöht« (→ Erhöhte Planeten). Seine astrologischen Charakterentsprechungen: feuriges Temperament, Durchsetzungsvermögen, Tatkraft, impulsiv, sportlich, spontan, enormer Wille, aber kein großes Durchhaltevermögen. Der kriegerische Mars wird in der Astrologie dem Instinktiven zugeschrieben. Seine körperlichen Entsprechungen: Blutkreislauf, Muskulatur, Galle, Adrenalin. Seine Farbe: → Rot. Tarotzuordnungen von Mars: → Der Herrscher und → Der Turm.

Marteau, Paul

In den 40er Jahren unseres Jahrhunderts Firmenleiter der Kartenherstellerfirma Grimaud, Paris. Er entwickelte ein eigenes → Legesystem mit sehr modernen Ansichten und Lehrmeinungen, die z.T auf dem Lehrgebäude → C. G. Jungs basieren und machte damit den → Tarot de Marseille für die → Divination interessant. Mit seinem Begleitbuch »Le Tarot de Marseille«,

Paris 1949, zum → Ancien Tarot de Marseille machte er die komplette Kartengruppe »Marseiller Tarock« für die Esoterik zugänglich.

Mäßigkeit, Die

→ Große Arkana. Bildet den Abschluß der zweiten → Siebenerreihe des Tarotzyklus (die Großen Arkana als Zyklus der → Transformation des Menschen), der Reihe der Transformation. Oft als Mäßigung im Sinne von »sich mäßigen«, »zurückhalten« mißverstanden. Der Charakter der Karte tritt am deutlichsten in ihrer englischen Übersetzung hervor: Temperance von lat. temperare = mischen, richtig verbinden.

Die Karte ist Sinnbild der richtigen Verbindung aller Elemente des Lebens. Der Mensch muß lernen, alle Aspekte miteinander in Kontext zu bringen und nicht einzelne Elemente auszulassen, auszugliedern. Dadurch wird der Prozeß der Ganzwerdung unterbunden. Eine Persönlichkeit kann nur entstehen, wenn das richtige Maß von Individuum und äußerer Welt gehalten wird. Der Hauptcharakter der Karte ist die Fähigkeit, Spontaneität mit Intellekt auf sinnvolle Weise zu verbinden, was aus der Symbolik der Karte deutlich hervorgeht. Manche Tarotautoren vergleichen den Engel der Karte auch mit dem astrologischen Tierkreiszeichen → Wassermann, der ebenfalls für das Auflösen alter, starrer Verhaltensmuster und gesellschaftlicher Normen steht.

165

Engel: Symbol des Mittlers zwischen Gott und der Welt. Das himmlische Wesen verkörpert den absoluten Geist und die reine Erkenntnis (u. a. auch das gelbe Haar). Die Flügel verstärken hierbei den Charakter des Mittlers zwischen Himmlischem und Irdischem. Im → Rider-Waite-Tarot symbolisieren die roten Flügel des Engels den (alchemistischen) Feuerzustand, in dem der Ausgleich stattfinden wird.

Die Karte trägt manchmal auch den Namen Ausgleich. Der Engel steht mit einem Fuß im Wasser (Symbol des Unbewußten), mit dem anderen Fuß auf der Erde (Symbol der realen Welt). Erneut der Hinweis auf die Verbindung der Gegensätze.

Im Tarot de Marseille ist der Engel mit blauem Haar als Symbol seiner intuitiven Erkenntnis und roter Blüte in fünfblättriger Kreisform als Symbol der Quintessenz dargestellt.

Hinzugefügt werden muß, daß die Figur des Engels nicht auf den ursprünglichen Tarotdecks, z. B. dem → Visconti-Sforza-Tarot, zu sehen war. Die Flügel der Figur und damit die Figur des Engels taucht erst ab Erscheinen des → Piemonteser Tarocks auf. Uneinigkeit herrscht in der Tarotforschung darüber, ob die Flügel des Engels der Mäßigkeit durch einen mythologischen Gedanken hinzugefügt wurden oder deshalb entstanden, weil die Druckschablonen beschädigt waren und die Hersteller an dieser Stelle Flügel vermuteten. Trotzdem bleibt der »Ausgleich« als Grund-

Die Mäßigkeit, Rider-Waite

symbol der Karte bestehen. Denn auch die Figur der älteren Decks zeigt eine Person, die Wasser von einem Kelch in einen anderen gießt und deren Haltung der des Engels sehr gleicht.

Kelche: Im Rider-Waite-Deck gießt der Engel das Wasser von einem goldenen Becher in einen anderen goldenen – beide Kelche werden als magische Instrumente dargestellt. Im Tarot de Marseille ist ein Becher blau, der andere rot als Symbol dafür, daß Gegensätze miteinander verbunden werden (z. B. Unterbewußtsein und Bewußtheit, Geist und Fleisch, weiblich und männlich). Die Art, wie der Engel das Wasser von einem Kelch in den anderen gießt, stellt eine Unmöglichkeit dar und symbolisiert damit »Das Unmögliche möglich machen«, indem ein Ausgleich stattfindet. Im Tarot de Marseille ist die Flüssigkeit in keiner Farbe dargestellt und gilt als Symbol der reinen Energie, die ungehindert fließen kann.

Straße: Manche Autoren deuten die Straße als Symbol der Rückkehr. Wird der Tarot als Zyklus gesehen, hat sich der Mensch bis zur Karte Die Mäßigkeit auf die Suche nach sich selbst gemacht und kehrt nun um Erfahrungen reicher in die äußere Welt zurück.

Der Ausgleich, Marseille

Archetypus: Engel. *Divinatorische Bedeutung:* Geduld, Harmonie. Wenn angebracht, in einer Situation auch gar nichts unternehmen. Abwarten. Das richtige Maß finden. Richtige Entscheidung treffen müssen durch Abwägen. Emotionen und Intellekt zusammenführen, verbinden und dann eine Entscheidung treffen. Phantasie und Wirklichkeit zusammenspielen lassen.

Umgekehrte Bedeutung: Interessenkonflikt, das richtige Maß nicht finden können. Neigung zu Extremen. Aufforderung, ruhiger zu werden.

Mat, Le

(Franz.) Bezeichnung für die → Große Arkana → Der Narr (0), auch → Le Fou oder → Le Fol.

Mathers, Macgregor

(1854–1918), eigentlich Samuel Liddel Mathers, änderte seinen Vornamen, um seine keltischen Sympathien zum Ausdruck zu bringen. Mitbegründer des → Golden Dawn. Verfaßte den größten Teil der rituellen Vorschriften und viele der »Erkenntnisschriften«, welche die magischen Lehren des Ordens bildeten. Unter seiner Leitung wurde im Golden Dawn ein magisches System geschaffen, das alle großen, westlichen Systeme miteinander verband, darunter: → Alchemie, → Astrologie, → Kabbala, → Numerologie und den Tarot. So wurde jede Karte einer Rangstufe des Ordens zugeschrieben und dementsprechende Rituale bei der → Initiation eines Mitglieds durchgeführt, die sich in besonderer Weise mit der Karte verbanden (z. B. wurde die vierte Ebene mit dem Element des Wassers und der → Großen Arkana → Der Mond in Verbindung gesetzt). Mathers trug damit maßgeblich zur Tarotforschung bei.

Ab 1900 kam es innerhalb des Ordens zu immer heftigeren Unstimmigkeiten. Mathers selbst verschlimmerte diese mit seiner Behauptung, → Westcott hätte die Gründungsunterlagen des Golden Dawn gefälscht. (Damit entzog er dem Orden in gewissem Sinn jegliche Berechtigung, zumindest aus streng historischer Sicht.) Zu den dadurch ausgelösten heftigen Streitereien kam, daß er → Crowley in den Orden brachte, dessen Erscheinung und Auftreten die Lager nur noch heftiger spaltete. → Yeats erkannte Crowleys Initiierung in den »Inneren Orden« durch Mathers nicht an. 1911 wurde Mathers aus dem Orden ausgeschlossen. Seine Hauptwerke: »The Kabbalah Unveiled« (1887), »Clavicula Salomonis«, »Das Grimoire Armadel«, »The Book of the Sacred Magic of Abramelin the Mage« (1900). Ein Werk befaßt sich ausschließlich mit dem Tarot: »The Tarot«.

Matto, II

(Ital.) Bezeichnung für die → Große Arkana → Der Narr (0).

Maxwell, Joseph

(1818–1938), Arzt und Jurist, Verfasser bedeutender Werke über den Tarot und Magie (z. B. »La Magie«, 1927).

Meditation

Karte	Art
Der Eremit	Sich in die Einsamkeit zurückziehen, um über ein Problem meditieren zu können.
4 d. Schwerter	Meditation als Ruhepause, zur Heilung.

Meditationssymbole

(Meditation, lat. = Nachdenken, sinnende Betrachtung.) 1978 legte → Hall ein von Knapp 1930 herausgegebenes Tarotset in überarbeiteter Ausgabe neu auf und versah dabei alle Karten mit Meditationssymbolen. Jede → Trumpfkarte hat in einer der Ecken ein kleines → Symbol, z. B. auf der Karte → Die Kraft ist es ein Schwan. Die Farben auf den Sätzen der → Kleinen Arkana werden von Figuren umrahmt, z. B. ein Dreieck die Stäbe, Würfel die Münzen und das Ankh die Schwerter. Dabei wurden noch einzelne Symbole zugefügt, z. B. bei 7 d. Stäbe eine Feder in dem Dreieck. Hall äußerte sich allerdings nicht zu der Bedeutung dieser

Symbole, eher scheint es, als wolle er den Tarotinteressierten dazu auffordern, sich wirklich mit den Karten auseinanderzusetzen, was Halls Auffassung des Tarot entsprechen würde: »Man kann die Karten niemals allein durch das Studium der Hieroglyphen selbst erklären, denn die Symbole sind durch viele Stufen der Veränderung hindurchgegangen. Jede Generation hat den Tarot neu gezeichnet, bis in vielen Fällen nur noch eine schemenhafte Kontur des ursprünglichen Gedankens zurückgeblieben ist. Der Schüler muß hinter den Karten die Psychologie aufspüren, die sie hervorbrachte …« (Aus: »The Tarot. An Essay«.)

Meisterschaft

Karte	Art
Der Magier	Meisterschaft erlangen können.
As d. Schwerter	Eine Sache, die Meisterschaft verlangt.
5 d. Stäbe	Durch Übung zur Meisterschaft gelangen.

Meisterzahlen

Zahlen, die durch Verdoppelung einer → Grundzahl (1–9) entstehen, z. B. 11, 22, 33 usw.

Mem

 1. Dreizehnter hebräischer Buchstabe mit Bedeutung »Wasser« und Zahlenwert vierzig. Durch den Zahlenwert hängt

Mem eng mit der Bibel zusammen – 40 Tage, 40 Jahre, und damit auch mit dem Fluß der Zeit (40 gilt zudem als Zahl der Wüste und der Erkenntnis). Da die 40 als weibliche Zahl angesehen wird, symbolisiert Mem auch die Mutter der Zeit, der Manifestationen. In der → Alchemie gilt das Wasser als Mutter. In der Psychologie nennt → C. G. Jung das Wasser als Symbol des Unterbewußtseins. So trägt Mem den Menschen im Fluß der Zeit und steht auch eng in Verbindung mit Veränderungen, Hoffnungen, aber auch den Schöpfungstaten. In der Schreibweise wird Mem zusammengesetzt aus den hebräischen Buchstaben → Kaf (rechts) und → Waw (links).

2. → Case ordnet Mem der → Großen Arkana → Der Gehängte zu und bezeichnet den Buchstaben auch als schwebender Geist. Auch bei Case ergibt sich ein Zusammenhang mit der Bibel, der sich auf hebräische Mystik stützt – »Über den Wassern schwebte der Geist Gottes«.

3. Andere Autoren ordneten Mem nach dem System von → Lévi der Karte → Der Tod zu.

Merkur

→ Planet. → Symbol: ☿. In der Astrologie den → Tierkreiszeichen → Zwillinge und → Jungfrau zugeordnet. Seine astrologischen Entsprechungen liegen im Geistigen, der Schrift, der Sprache und des Intellekts (Merkur = Hermes, der Götterbote. Aus Hermes entwickelte sich → Hermes Trismegistos). Kaufmännische Begabung und reaktionsschnell. Im → Radix (Geburtshoroskop) gibt Merkur immer Auskunft über die Intelligenz eines Menschen und seine persönliche Auffassungsgabe. Die körperlichen Entsprechungen von Merkur sind: Nerven, Hände, Lungen, Schlüsselbeine, Schultern, Arme. Als Metall des Merkur gilt das Quecksilber. Seine Farbe: strahlendes Gelb. Tarotzuordnungen von Merkur: → Der Magier, → Die Liebenden, → Der Eremit.

Metallurgie

Die Lehre von der Verwandlung und dem Wachstum der Materie. Die Welt befand sich für die → Alchemie in einer Art »Schwangerschaft«: In der Finsternis der Erde ruhten die Mineralien als lebende Materie, reiften und entwickelten sich langsam von »niederen« zu »höheren« Metallen. Nach dem Reifungsprozeß bestand jede Mineralie aus dem »höchsten« aller Minerale: Gold. Von Menschen wurden nach ihrer Auffassung nur unreife Mineralien zutage gefördert. Um den Reifungsprozeß zu beschleunigen, bedienten sie sich komplizierter Verfahren, um schließlich das Endprodukt – Gold – zu erhalten.

Metzner

Zeitgenössischer Psychologe, der sich u. a. auch mit der Natur des Tarot beschäftigt. Anhänger von → C. G. Jung und dessen Forschungsergebnissen hin-

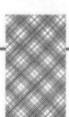

sichtlich der Archetypen in den Mythen, Sagen und Legenden und deren
Auswirkungen auf die Phantasie des
Menschen. Metzner veröffentlichte
dasBuch »Maps of Consciousness«,
in dem er über den Tarot schreibt:
»Mythen und Sagen machen die wert-
vollen Lehren der Transformation dem
gewöhnlichen Verstand leichter zugänglich, und sie können diejenigen
ansprechen, welche die Lehren nicht
direkt verstehen können. Sie bleiben
aber kulturgebunden und sind durch
die sprachlichen und literarischen
Medien des Zeitalters beschränkt. Daher wurde der Versuch unternommen,
die Archetypen der psychischen Transformation in direkter visueller Form
auszudrücken, einer Form, die in den
Gedanken und Empfindungen des
Wahrnehmenden ohne die Vermittlung
einer Sprache oder eines Codes Wider-
hall finden würde. Es sollten in Bildern
die Schritte, die getan werden müssen,
die vielen Phasen der inneren Arbeit
dargestellt werden, um den Lehren eine
Universalität zu geben, die über kulturelle und sprachliche Konventionen
hinausgeht. Dies ist der Tarot.« Auch
→ Papus, → Lévi und andere frühere
Tarotforscher sahen den Tarot in gleicher Weise als Synthese allen Wissens,
aller Empfindungen.

Mikro-Makrokosmos

Die kleine Welt/Das Universum. Mit
Mikrokosmos wird der Mensch in seiner Erscheinungsform bezeichnet –

als Lebenssystem in sich, wobei man
von innen nach außen unterscheidet:
die Persönlichkeit, das Offenbarungs-
feld, das aurische Wesen, ein sieben-
faches magnetisches Geistfeld. Dem
gegenüber steht der Makrokosmos oder
das Universum, das auch mit Gott
gleichgesetzt werden kann und sich der
Lehre von Mikro- und Makrokosmos
zufolge durch das Sonnensystem manifestiert. Mikro- und Makrokosmos stehen in engem Zusammenhang mit der
→ Astrologie, da hier von der Qualität
des Augenblicks gesprochen wird, in
dem ein Mensch oder ein Ereignis geboren wird und dem Menschen oder
dem Ereignis durch eine bestimmte
Sternenkonstellation auch die Persönlichkeit aufgeprägt wird – »Wie oben
(Makrokosmos), so auch unten (Mikrokosmos)« –, dieser Sinnspruch findet
sich auch in der → Alchemie wieder.

Minichiate von Florenz

Unter diesen Begriff fallen mehrere
Tarotdecks, die seit etwa 1530 in
Florenz entstanden. Sie ähneln dem
klassischen Tarotspiel, wurden allerdings von 78 auf 97 Karten erweitert.
Statt den 22 → Großen Arkana existieren in diesem Set 41 → Trumpfkarten.
19 davon stammen aus der Original-
reihe (allerdings in anderer Reihenfolge als bei den klassischen Tarotdecks), denen die 12 Tierkreiszeichen
(diese nicht in der astrologischen
Reihenfolge), die vier Elemente, die
drei theologischen Tugenden (Glaube,

Die ersten 35 Karten des Minichiate von Florenz

I	Der Gaukler	XIII	Der Tod	XXV	Jungfrau
II	Der Großherzog	XIV	Der Teufel	XXVI	Skorpion
III	Der Kaiser	XV	Der Turm	XXVII	Widder
IV	Die Kaiserin	XVI	Hoffnung	XXVIII	Steinbock
V	Liebe	XVII	Klugheit	XXIX	Schütze
VI	Die Mäßigkeit	XVIII	Glaube	XXX	Krebs
VII	Die Kraft	XIX	Wohltätigkeit	XXXI	Fisch
VIII	Die Gerechtigkeit	XX	Feuer	XXXII	Wassermann
IX	Rad d. Schicksals	XXI	Wasser	XXXIII	Löwe
X	Der Wagen	XXII	Erde	XXXIV	Stier
XI	Der Eremit	XXIII	Luft	XXXV	Zwillinge
XII	Der Verräter	XXIV	Waage		

Hoffnung, Wohltätigkeit) und eine Kardinaltugend (Klugheit) hinzugefügt werden. Die ersten 35 Karten sind mit römischen Ziffern beschriftet: Als »Minichiate« gelten Minichiate Fiorente (limitierte Auflage, 2000 Stück), Tarocco Fiorentino und Le Nuove Minichiate di Firenze (dies ist eigentlich ein Tarocco Fiorentino, aber es liegen zusätzlich 2 Würfel, 2 Chips und ein Spielplan bei). Alle haben 97 Blatt, erschienen im Verlag Edizioni del Solleone, Rissone, Italien.

Minze

Pflanze, die den → Großen Arkana → Der Magier, → Die Liebenden und → Der Eremit zugeordnet wird (s. auch → Pflanzen).

Mischen

Dem Mischen der Karten wird in der Tarotlegung hohe Bedeutung zugemessen. Der → Fragende muß sich zuerst auf eine bestimmte, konkrete Frage konzentrieren und dann die Karten mischen, immer in Gedanken an die Frage. (Diese Frage darf keine »Ja- oder Neinfrage« sein und soll auch nicht allgemein gehalten werden, sondern durchaus spezifiziert werden.) Die meisten Tarotleger vertreten die Meinung, der Fragende müßte die Karten immer selbst mischen, da jeder Mensch eine andere Art zu mischen hat, bzw. der Fragende sich intensiver auf die bewußte Frage konzentrieren kann und deren Antwort bereits in sich trägt. (Aus diesen verständlichen Gründen werden Tarotkartenlegungen via TV oder per Telefon ad absurdum und ins Reich der Geldmacherei geführt.) s. auch → Ertasten der Karten.

Mißtrauen

Karte	Art
As d. Münzen	Korruption, Konkurrenz.
9 d. Stäbe	Den Mitmenschen oder der Angelegenheit nicht mehr trauen aufgrund früherer Erfahrungen.
4 d. Münzen	Jedermann mißtrauen.
8 d. Schwerter	Den eigenen Gefühlen mißtrauen.

Mistel

Pflanze, die den → Großen Arkana → Der Teufel und → Die Welt zugeordnet wird (s. auch → Pflanzen).

Mitgefühl

Karte	Art
Die Hohepriesterin	Einfühlsames Mitgefühl.
Königin d. Münzen	Mitfühlende Person.
6 d. Münzen	Hilfe aus Mitgefühl.

Moakley, Gertrude

Tarotautorin, Kunsthistorikerin. In ihrem Buch »The Tarotcards painted by Bonifacio Bembo«, 1966, entwirft sie eine interessante Theorie über die Entstehung der → Trumpfkarten anhand der historischen → Visconti-Sforza-Karten. Die Trümpfe sind gemäß der Autorin möglicherweise aus den Umzügen entstanden, die während der italienischen Renaissance in Mode waren und in denen die Tugenden durch enorme Gebilde auf Festzugswagen dargestellt waren, während die Laster vom Fußvolk dargestellt wurden. Auch die Darstellung der → Päpstin wird von ihr aus dem Reich der legendären Päpstin Johanna geholt. Moakley sieht darin Schwester Manfreda, eine Verwandte der Visconti-Familie, die im Jahr 1300 von der lombardischen Sekte von Joachim von Fiore zur Päpstin gekrönt wurde.

Mond

In der Astrologie: → Planet. → Symbol: ☽. In der Astrologie wird der Mond dem → Tierkreiszeichen → Krebs zugeordnet. Astrologisch symbolisiert der Mond das Unbewußte, Verborgene, Heimliche, das passive Prinzip, wechselhaft, unbeständig. Er steht für den → Archetypus des Mütterlichen, der Geborgenheit, Gefühl, Empfinden. Im → Radix zeigt der Mond an, was für den betreffenden Menschen in dessen Wahrnehmung von Bedeutung ist und was nicht. Seine körperlichen Entsprechungen: Gehirn, Brust, Lymphe, Magen. Seine Farbe: Milchweiß. Seine Tarotzuordnungen: → Die Hohepriesterin und → Der Wagen.

Mond, Der

→ Große Arkana. Erfuhr mit dem Erscheinen des → Tarot de Marseille eine erhebliche Änderung in der Darstellung. Bis dahin wurden auf der Karte

Astrologen gezeigt, die den Mond als Himmelskörper beobachten. Wird der Tarot als Zyklus betrachtet, werden im → Turm Energien gewaltsam freigesetzt, der Geist des Menschen befreit, im → Stern kommen ebenfalls Energien zum Vorschein, jedoch auf sanfte und milde Art. Die Funktion der Karte Der Mond ist es, diese Energien, die den Menschen zu seiner Erleuchtung führen kann, in das Bewußtsein zu integrieren. Dabei muß der Mensch sich aber zuerst mit seinem Innersten wirklich auseinandersetzen, seinen eigenen inneren Dämonen begegnen und seine Angst besiegen. Diese Angst wird bereits durch das diffuse Mondlicht symbolisiert. Im Licht des Mondes sieht der Mensch nicht so klar wie im Licht der Sonne, es ist zwiespältig, weckt Imaginationen – Charakter der Mondkarte.

Außerdem ist auf der Mondkarte keine menschliche oder menschenähnliche Gestalt abgebildet als weiterer Hinweis darauf, daß keine Hilfe von außen zu erwarten ist, vielmehr muß der Mensch alleine durch die Welt der Dunkelheit (Unterbewußtsein).

Manche Tarotautoren verweisen im Zusammenhang mit der Symbolik der Karte auf das psychologische »Zwillingsmotiv« (zwei Tiere, zwei Türme), das in der Psychologie das Kommen neuer Inhalte aus dem Unterbewußten aufzeigt.

Hund und Wolf: Die Tiere symbolisieren das Animalische, das durch den Mond geweckt wird (ein Bezug zu Hunden und Wölfen, die tatsächlich »den Mond anheulen«). Der Wolf symbolisiert die stärkeren, weil noch ursprünglicheren Triebe, mit denen der Mensch sich nicht auseinandersetzen sollte, da er sie nicht besiegen kann. Eine Konfrontation würde ihn zerbrechen (psychologisch – Gemütskrankheit). Der Hund hingegen gilt als domestizierter Wolf – die Triebe wurden möglicherweise zu sehr unter Kontrolle gebracht. Da auf der Karte der Weg genau zwischen den beiden Tieren hindurchführt, wird symbolisiert, daß der Mensch den Mittelweg zwischen diesen beiden Trieben (der Urtrieb und der angekettete Trieb) finden muß. Die beiden Tiere können auch als Symbol der Bewacher der Unterwelt gesehen werden.

Manche Autoren verweisen in ihren Kommentaren auch auf die Mondgöttin Artemis, die als Begleiterin der Hexe Hekate galt. Hekate hetzte ihre Bluthunde an Weggabelungen auf unvorsichtige nächtliche Wanderer und ließ diese in Stücke reißen. Damit deutet die Mythologie erneut an, daß der Mensch sich auf seinem Weg in sein Unterbewußtsein vorsichtig und umsichtig verhalten muß, um nicht zerrissen zu werden (psychisch krank zu werden). Durch den Prozeß, welcher der Zyklus des Tarot beschreibt, kommt mit dieser Karte das Es an die Oberfläche, die Macht des Unbewußten, die aus Menschen reißende Wölfe machen

kann. Der Mensch muß nun lernen,
dies zu besiegen, damit umzugehen.
Krebs: Symbol des Urmeeres in enger
Verbindung mit dem Mond und damit
auch Symbol des Unbewußten. Auch
Symbol der Auferstehung. Da der
Krebs aus dem Wasser emporsteigt,
gilt er als Symbol des kollektiven Un-
bewußten, dessen Inhalte emporstei-
gen. → Waite nannte ihn in seinem
Werk »Bilderschlüssel zum Tarot«:
»…das, was tiefer liegt als das wilde
Tier«, d. h. tiefer als die animalischen
Triebe und Instinkte, welche durch die
Tiere an Land symbolisch dargestellt
sind.

Türme: Symbol der »Ewigen Stadt«
(gemeint ist damit das »Himmlische«).
Mit dem Erreichen der Türme hat der
Mensch wieder sein Bewußtsein und
damit sicheren Boden erreicht. Er
kann durch die mystische Pforte gehen.
Damit betritt der Mensch Neuland.
Manche Tarotautoren vergleichen die
zwei Türme mit den Pfeiler auf der
Karte → Die Hohepriesterin. Die
Türme des Mondes sollen die andere
Seite darstellen, das, was hinter dem
Schleier der Hohepriesterin verborgen
ist. (Der Tarot als Zyklus des Erken-
nens betrachtet, hat der Mensch mit
Trumpf 18 nun die andere Seite er-
reicht.)

Jod/Tropfen: Vom Mond fallen → Jod,
hebräische Buchstaben, zur Erde. Jod
bedeutet Gnade und soll symbolisieren,
daß, wer die Angst überwinden kann,
Neuland zu betreten und sich seiner

Der Mond,
Rider-Waite

Der Mond,
Marseille

selbst zu stellen, dem wird auch göttlicher Gnade in Form der Erkenntnis zu-
teil werden.

Archetypus: Es.

Divinatorische Bedeutung: Täuschung,
Zwielicht, Betrug. Der Betreffende
wird in Unkenntnis gehalten oder arg
belogen. (Je nach Position kann es auch
sein, daß der Fragende selbst der Be-
trüger ist.) Heuchelei, Unaufrichtigkeit,
aber auch Träume, Ängste aus dem
Unterbewußtsein können hochsteigen.
Der Fragende muß diese annehmen
und in sein Leben integrieren, dann
kann er wertvolle Erfahrungen machen.

Umgekehrte Bedeutung: Betrug wird
erkannt, bevor er zu großen Schaden
anrichten kann. Aber auch Kampf gegen aufsteigende Ängste, verwirrende
Träume und Phantasien, was zu ver-
wirrten Gefühlen führt. Durch den
Kampf werden die Ängste beinahe
übermächtig. Der Betreffende muß lernen, sie anzunehmen und in sein Leben
zu integrieren.

Mondstein

Edler Stein, der den → Großen Arkana → Die Hohepriesterin und → Der Wagen zugeordnet wird. Der sanft schimmernde, bläulichweiße Stein galt in früheren Zeiten als besonderer Schutzstein für Frauen (s. auch → Edle Steine).

Motherpeace Round Tarot

Tarotdeck (1981) von Karen Vogel und Vicki Noble. Die ungewöhnliche Form der Karten soll »die Bewahrung der Ganzheit in Gefühl, Gedanken und Sein« (Verlagsangabe) symbolisieren. Die Symbolik hält sich z. T an die alten Überlieferungen, andere Bilder entstammen der Frauenbewegung. Die Bilder erinnern z. T auch an Felsmalerei und sollen laut der Erschaffer eine matriarchalische und heile Welt darstellen.

Monde, Le

(Franz.) Bezeichnung für die → Große Arkana → Die Welt (XXI).

Mondo, Il

(Ital.) Bezeichnung für die → Große Arkana → Die Welt (XXI).

Moon, The

(Engl.) Bezeichnung für die → Große Arkana → Der Mond (XVIII).

Mort, La

(Franz.) Bezeichnung für die → Große Arkana → Der Tod (XIII).

Morte, Il

(Ital.) Bezeichnung für die → Große Arkana → Der Tod (XIII), auch → Lo Specchio.

Mouni Sadhu

Zeitgenössischer Tarotautor, veröffentlichte das Lehrbuch »The Tarot«.

Mounterbank, The

(Engl.) Bezeichnung für die → Große Arkana → Der Magier (I), auch → Juggler, → The Thimblerigger, → The Cup Player, → The Magician oder → The Pagad.

Müller 1JJ-Spiel

Eines der gängigsten und beliebtesten Tarotsets in den Vereinigten Staaten. 78 Karten, französische Beschriftung, die Darstellungen wirken in der Symbolik streng klassisch. La Papesse (→ Päpstin = → Die Hohepriesterin) ist (nach südfranzösischem Brauch) in Junon (→ Juno) umgeändert.

Münzen

Satzbezeichnung, manchmal auch → Pentakel, → Schellen, Geld oder → Sterne genannt. Generell symbolisieren Münzen die materielle Seite des Lebens, finanzielle Angelegenheiten, Gelderwerb, Transaktion, Geschäfte, Arbeit, Handel. Werden dem → Element → Erde und den → Tierkreiszeichen → Jungfrau, → Steinbock und → Stier zugeordnet. Entsprechen → Karo. Treten mehrere Münzen ge-

175

meinsam in einem → Kartenbild auf, so verstärken sie die Aspekte Geschäft, Geld und Besitz.

Mut

Karte	Art
Die Kraft	Mut, die eigenen Emotionen zu bezwingen.
Königin d. Schwerter	Mutige, kampferprobte Person.
Ritter d. Schwerter	Mutiger, abenteuerlustiger Mensch.
7 d. Stäbe	Sich mutig dem Kampf stellen.

Mutter

Karte	Art
Die Herrscherin	Archetypus der Mutter.
Königin d. Münzen	Mutterschaft.

Nachrichten

Karte	Art
Bube d. Stäbe	Überbringer von Botschaften, Neuigkeiten.
Bube d. Kelche	Überbringer von Botschaften.
3 Ritter nebeneinander	Unerwartete Nachrichten.
4 Achten nebeneinander	Viele Neuigkeiten.
2 Siebenen nebeneinander	Nachrichten allgemein.
8 d. Schwerter	Schlechte Nachrichten.
6 d. Stäbe	Große Neuigkeiten, die von einem Boten überbracht werden.

Naipes

(Span.) Name für Spielkarten. Manche Forscher glauben an eine sarazenische Herkunft der Tarotkarten, da der spanische Ausdruck Naipes möglicherweise im arabischen Raum seinen Ursprung hat. Das hebräische Wort naibes bedeutet Zauberei, Wahrsagerei, Prophezeiung, genauso wie der italienische naibi Name für Karten. Andere Tarotforscher sehen in dem Wort naipes eine Abwandlung des vermeintlichen Erfinders der Spielkarten: → Nicolao Pepin. Für keine der Theorien gibt es Beweise.

Namenskartenbild

→ Legesystem, in dem der Name des → Fragenden eine bedeutende Rolle spielt. Der Fragende mischt die Karten, übergibt sie dem → Deutenden, dieser legt genauso viele Karten auf, wie Buchstaben im Namen des Fragenden enthalten sind. Hat der Fragende keinen zweiten Rufnamen, wird die zweite Reihe mit ebensoviel Karten gelegt wie die erste. Besteht einer der Namen aus weniger als drei Buchstaben, werden drei Karten aufgedeckt.

Beispiel für ein Namenskartenbild

1. Reihe der Vergangenheit

(Schlüsselkarten der Vergangenheit)

A	R	T	H	U	R

Entfernte
Vergangenheit

Vorübergehende
Einflüsse

Jüngste
Vergangenheit

2. Reihe der Gegenwart

(Schlüsselkarten der Gegenwart)

E	D	W	A	R	D

Einfluß des Fragen-
den auf andere

Gegenwärtige
Situation

Einfluß anderer auf
den Fragenden

3. Reihe der Zukunft

(Schlüsselkarten der Zukunft)

W	A	I	T	E

Innere
Gefühle

Bestimmte
Ziele

Unmittelbare
Zukunft

Umfassende
Einflüsse

Endergebnis

Alterskarte: Im Anschluß an die zusammenfassende Deutung kann auch noch die Alterskarte gedeutet werden: Beginnend bei der ersten Karte wird das Alter des Fragenden abgezählt. Wäre der Fragende z. B. 35 Jahre alt, wird von der ersten Karte in der ersten Reihe von links nach rechts so lange abgezählt, bis die 35. Karte erreicht wird. Ihr kommt noch zusätzlich be-sondere Bedeutung zu in bezug auf die gestellte Frage.

Napoleonische Tarotkarten

78 Karten, Frankreich, etwa 1812. Die → Trumpfkarten (doppelköpfig mit arabischen Ziffern versehen) stellen die wichtigsten Erlebnisse und Ereignisse im Leben Napoleons dar, z. B. Karte Nummer 17 zeigt die Krönung Kaise-

177

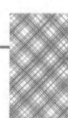
rin Josephines, Nummer 21 stellt Napoleons Einmarsch in Deutschland dar.

Narr, Der

→ Große Arkana. Die Darstellung des Narren erfuhr eine der größten Änderungen im Laufe der Geschichte des Tarot. Früher als zerlumpter (manchmal alter) Bettler oder wilder Mann dargestellt, wird er seit dem → Tarot de Marseille (1760) meistens als fröhlicher, junger Mann mit einem Hund zu Füßen gezeigt.

Null: Erst → Lévi ordnete dem Narren die Null (0) zu. Erstaunlich ist, daß in den alten italienischen Spielen der Narr den Wert der Karte, die neben ihm lag, erhöhte, so wie es die Null ebenfalls macht – 3, 30, 300 usw.

Im → Rider-Waite-Tarot kommt die symbolische Bedeutung der 0 am klarsten zum Vorschein, da sie wie ein Kreis geschrieben wird. Ein Kreis oder die Null symbolisieren immer das Nichts, aus dem alle Dinge hervorgehen. Symbol für den Garten Eden, dem Zustand von Unbewußtheit und Unschuld vor der Realität des Bewußtseins. Magische Kreise sollten in alter Zeit böse Geister fernhalten. Der Kreis an sich gilt als Symbol des ursprünglichen Chaos, Wohnstatt Gottes, aus dem der Kosmos und die Geschöpfe entstanden sind. Die Null symbolisiert bereits den Charakter des Narren, er handelt unbewußt, frei wie ein Kind, bar jeder Angst. Er hat die reale Welt des Bewußtseins hinter sich gelassen und

Der Narr,
Rider-Waite

Der Narr,
Marseille

lebt in seiner sorgenfreien Welt der Phantasie. Gleichzeitig stellt er eine Brücke zwischen Bewußtsein und Unbewußtheit dar. Er ist Anfang und Ende zugleich. Durch die Null kann er beliebig in die Reihe der Großen Arkana eingeordnet werden, ohne jemals wirklich den Zyklus zu stören. Er kann ein Wanderer zwischen den Karten sein. Er bewegt sich außerhalb von Raum und Zeit. (Auch die Joker der normalen Spielkarten können den Spielablauf durcheinanderbringen, sind nicht gebunden an die Regeln.)

Kopfbedeckung: Die Feder an seinem Hut (z. B. im Rider-Waite-Tarot) symbolisiert seine Verbindung mit dem himmlischen Geist, dem Unbewußten, manchmal auch Luftschlössern und Visionen. Manche Darstellungen zeigen den Narren auch mit Schellenkappe, die ursprünglich als Satire auf die Mönchskapuze entworfen wurde (mit Schellen/ Glocken ruft man zur Messe, dies sollte karikiert werden), aber ebenfalls an sei-

ne Bindung zum Geistigen erinnern soll.

Kleid: Seit dem Tarot de Marseille wird der Narr in bunter Kleidung dargestellt. Dies gilt als Symbol dafür, daß er sich außerhalb gesellschaftlicher Normen und Gesetze bewegt. Trotz der bunten Farben zeigt sein Kleid eine Art Mustersymbol dafür, daß man eine Brücke zwischen Unterbewußtsein und Bewußtheit herzustellen vermag.

Stock/Stab: Wie der Wagenlenker auf der Karte → Der Wagen und → Der Magier trägt auch Der Narr einen Stock – Symbol der Macht (manche Darstellungen der → Hofkarten zeigen die Könige ebenfalls mit Stock). Er aber trägt ihn locker über seiner Schulter und nicht mit festem Griff (wie z. B. die Tänzerin der Großen Arkana → Die Welt). Während alle anderen Stöcke weiß sind als Zeichen der Bewußtheit, ist der Stock des Narren schwarz als Symbol dafür, daß er zwar Macht (des Geistes) besitzt, diese aber nicht bewußt einsetzt. (Schwarz symbolisiert das Unbewußte, das sich noch keine Grenzen in der Realität gesetzt hat.) Auf manchen Darstellungen trägt Der Narr auch eine Narrenkappe als Talisman in seiner Hand – auch dies ein Zeichen seiner geistigen Unbewußtheit.

Beutel: An dem Stab des Narren im Rider-Waite-Tarot ist ein Beutel festgemacht als Symbol der Erfahrungen, die der Narr auf seiner Wanderschaft bereits gemacht hat. Diese Erfahrungen nimmt er mit sich, lehnt sie nicht ab. Sie werden ihm aber nicht schwer, d. h.,

er nimmt alles als gegeben hin und an, läßt sich aber nicht von ihnen kontrollieren. Auf dem Beutel ist der Kopf eines Adlers abgebildet, als Zeichen der in Geist umgewandelten Sexualität.

Hund: Auf manchen Darstellungen wird auch eine Katze statt des Hundes gezeigt oder ein Krokodil, das an der Seite auftaucht. Immer aber ist das Tier Symbol der animalischen Instinkte des Narren, die ihn vor dem Sturz retten, ihm seinen Weg zeigen, ohne daß er noch zu Boden (die Realität) sehen müßte. Daher wird der ihn begleitende Hund immer derart gezeigt, als wolle er seinen Herrn warnen. Manche Tarotautoren sehen in ihm auch die ungereinigte (alchemistische) Prima Materia – den an sich hilflosen Stoff, den Urstoff.

Weiße Rose: Alchemistisches Symbol. Die Rose als Symbol der Leidenschaft und das Weiß als Zeichen der Reinheit werden verbunden in der Art, wie er die Rose hält: leicht und locker, so wie er seine Leidenschaften (auch durch den Adler auf dem Beutel angedeutet) in eine höhere Sphäre gebracht hat.

Blickrichtung: Die meisten Darstellungen zeigen den Narren nach rechts gehend als Symbol der Bewußtheit (rechte Seite). Dadurch, daß er voranschreitet, soll das Wachsen des Bewußtseins durch gemachte Erfahrungen verdeutlicht werden. (Manche Tarotsets, z. B. → Aquarian Tarot, zeigen ihn nach links gerichtet als Symbol, daß Der Narr in einer anderen Realität lebt.)

Archetypus: Hier ist zu unterscheiden:

● Hofnarr: Fähig, Illusionen zu durchschauen, das Böse fernzuhalten (auch im Tarot ist Der Narr die einzige Karte, die den Teufel in seiner Aussage mildern, wenn nicht gar »besiegen« kann). An den Königshöfen früherer Zeit, war es Aufgabe des Hofnarren, nicht nur Späße und Kunststücke vorzutragen, sondern auch dem König die Wahrheit zu sagen, ohne dafür bestraft zu werden. Er war in seiner Position des Narren unantastbar.

● Ego: Nach → C. G. Jung: »Nicht ich schaffe mich, ich geschehe vielmehr mir selber.«

Divinatorische Bedeutung: Auf die eigenen Instinkte vertrauen und auf sie hören, Mut, Optimismus, kindliche Freiheit mit der Erfahrung eines Erwachsenen, der Glaube an uns selbst. In einer Legung kann Der Narr durch seine Position anzeigen, wo eine Brücke geschlagen werden muß, um den Übergang von einer Lebensphase zur nächsten zu bewältigen.

Umgekehrte Bedeutung: Der Betreffende muß mehr Mut entwickeln, sich selbst, seinen Instinkten zu vertrauen. Manchmal aber auch ein Projekt vorläufig einstellen, abwarten können und nicht leichtsinnig werden. Auch Rücksichtslosigkeit, falsche Wahl, falsche Entscheidung, Unschlüssigkeit.

Nelke

Pflanze, die den → Großen Arkana → Der Gehängte und → Der Mond zugeordnet werden (s. auch → Pflanzen).

Neuigkeiten → Nachrichten

Neptun

→ Planet. → Symbol: ♆. In der → Astrologie wird Neptun dem → Tierkreiszeichen → Fische zugeordnet. Im Zeichen → Schütze gilt Neptun als »erhöht« (→ Erhöhte Planeten). Seine astrologischen Charaktermerkmale: Sucht, Flucht, Illusionen, Kreativität, Spiritualität, Selbsttäuschung, Auflösung von Vordergründigem, die Wahrheit hinter den Dingen, Mystik, Traum und Traumwelten. Im → Radix (Geburtshoroskop) zeigt Neptun, wo der Betreffende intuitiv, einfühlsam, hilfsbereit ist, aber auch illusionär und träumerisch. Menschen mit starker Neptunstellung im Radix sind oft hellsichtig, medial begabt. Seine körperliche Entsprechung: Hormonsystem. Seine Farbe: Hellgrün, Wasserblau. Tarotzuordnungen: → Der Gehängte und → Der Mond.

Neun

→ Grundzahl.

1. In der hebräischen Zahlenmystik wird die 9 dem Buchstaben → Teth zugeordnet. Sie steht für den verborgenen Neubeginn nach dem Untergang. Im Alten Testament ist z. B. von der 9. Plage, der Finsternis, die Rede. In der 9 findet der Mann, dem die 3 zugeordnet wird, seine höchste Vollendung (die 3 im Quadrat). Der Magier und Philosoph Agrippa von Nettesheim ordnete den 9 Ordnungsstufen der Engel auch 9

→ Edle Steine zu. Manche Esoteriker sahen in der 9 die letzte Stufe vor der Vollendung, der Vollkommenheit der 10. Andere wiederum sahen bereits in der 9 die Vollendung durch die Verbindung der 8 mit der göttlichen 1. Agrippa von Nettesheim äußert sich hierzu: »Bisweilen jedoch ist die Zahl 9 das Zeichen der Unvollkommenheit und des Unvollständigen, denn sie gelangt nicht zur Vollkommenheit der Zehner, hinter dem sie um eins zurückbleibt ...« Im Tarot ist die → Große Arkana → Der Eremit mit der Zahl 9 gekennzeichnet.

2. Treten mehrere Neunen in einem → Kartenbild auf, so haben diese folgende, zusätzliche Bedeutung (kann unterschiedlich sein, je nach Position):

2 Neunen: Empfang.

3 Neunen: Kaufen, Verkaufen, Handel, aber auch Erfolg.

4 Neunen: Zusätzliche Verantwortung, aber auch ein guter Freund.

Neun der Kelche

→ Zahlenkarte.

Rider-Waite-Tarot: Ein Mann in grauweißem Umhang und mit rotem Hut sitzt auf einem Holzschemel in der Mitte der Karte. Hinter ihm sind auf einem halbrunden, hohen Tisch neun Kelche in einer Reihe aufgebaut. Der Tisch ist mit einem blauen Überwurf bedeckt. Der Mann hält seine Arme verschränkt und lächelt den Betrachter an. Seine Haltung wirkt stolz und präsentierend.

Neun der Kelche, Rider-Waite **Neun der Kelche, Marseille**

Tarot de Marseille: Drei mal drei Kelche untereinander, in der Mitte verbunden durch einen Blumenkranz.

Symbol für: Eintracht, Zufriedenheit, materieller/beruflicher Erfolg, Präsentation des Erreichten, Wohlergehen, Sieg, Genugtuung.

Umgekehrte Bedeutung: Streit und Disharmonie. Unvollkommenheit, Fehlschlag.

Neun der Münzen

→ Zahlenkarte.

Rider-Waite-Tarot: Eine Frau in gelbem Kleid und mit rotem Hut steht inmitten eines blühenden Gartens. Das Kleid ist mit roten Blumen gemustert und mit einem roten Schalkragen verziert. Links von ihr stapeln sich sechs Münzen, rechts zu ihren Füßen sind die drei restlichen zu sehen. Auf ihrer linken Hand sitzt ein Falke, dessen Gesicht mit einem Hütchen bedeckt ist. Im Vordergrund links ist eine kleine Schnecke zu sehen. Das komplette Bild ist in

181

→ Gelb gehalten (auch der Hintergrund ist komplett in Gelb).
Tarot de Marseille: Eine Münze in der Mitte, zwei mal vier Münzen oben und unten. Die Münzen werden durch Blütenranken miteinander ver-

ehrlichkeit. Möglicher Verlust von materiellem Besitz oder eines Freundes durch unvorsichtiges, voreiliges Vorgehen. Möglichkeit, einer Hochstapelei aufzusitzen.

Neun der Schwerter

Neun der Münzen, Rider-Waite

Neun der Münzen, Marseille

Neun der Schwerter, Rider-Waite

Neun der Schwerter, Marseille

bunden.
Symbol für: Sicherheit, Erfolg, Klugheit, Gewißheit, materielles Wachstum, Weitblick. Glückliche Überraschung. Hierbei ist zu beachten, daß Falke und Schnecke eine große symbolische Bedeutung besitzen: der → Fragende, welcher mit dieser Karte symbolisiert wird, kann entweder den Falken oder die Schnecke zum Erreichen seines Zieles einsetzen, d. h. rasch vorangehen oder aber kleine Schritte wählen, je nachdem, welches Vorgehen der Situation angemessen erscheint. Die Karte der bewußt eingesetzten Taktik.
Umgekehrte Bedeutung: Gefahr. Un-

→ Zahlenkarte.
Rider-Waite-Tarot: Eine Frau in weißem Kleid sitzt auf einem Bett. Sie wirkt, als wäre sie gerade aufgewacht und hält ihre Hände vors Gesicht geschlagen. Auf der Bettdecke wechseln sich Blumen und astrologische Symbole im Karo ab. Im schwarzen Hintergrund sind neun Schwerter in Querlage zu sehen.
Tarot de Marseille: Zwei mal vier Schwerter rechts und links, die sich oben und unten miteinander verbinden. Ein Schwert in der Mitte.
Symbol für: Unannehmlichkeiten, Mißerfolg, fehlerhaftes Verhalten, Verzögerung, Täuschung, Enttäuschung,

große Trauer um einen geliebten Menschen oder eine geliebte Sache, Alptraum, der Realität ist.
Umgekehrte Bedeutung: Schande, Angst, die ihre Gründe hat. Verdacht und Zweifel. Üble Nachrede.

Neun der Stäbe

→ Zahlenkarte.
Rider-Waite-Tarot: Ein Mann im Vordergrund des Bildes. Er trägt einen Verband an seinem Kopf und stützt sich auf einen Stab. Hinter ihm stehen acht Stäbe wie zu einem Zaun aufgerichtet. Grüne Hügel und blauer Himmel weiter im Hintergrund. Er selbst blickt mißtrauisch über seine rechte Schulter zu den Stäben.
Tarot de Marseille: Vier Stäbe rechts und vier Stäbe links überkreuzen sich, ein Stab in der Mitte der Karte.
Symbol für: Urteilsvermögen, Weitblick in finanziellen und beruflichen Dingen, Stärke im Kampf. Je nachdem,

wen die Karte symbolisiert, kann sich dieser Mensch als fürchterlicher Gegner, der auf alles gefaßt ist, herausstellen. Allerdings muß bei dieser Karte auch beachtet werden, daß man sich vielleicht zu mißtrauisch den Rücken stärkt, da man bereits Mißerfolge, vielleicht auch Blessuren erdulden mußte (er trägt eine Binde am Kopf). Dadurch können sich auch Verzögerung, Ungewißheit und Aufschub ergeben.
Umgekehrte Bedeutung: Hindernisse, die überwunden werden müssen. Probleme, Not und Verzögerungen.

Neunzehn

Aus der 19 läßt sich die Quersumme 10 bilden (9 + 1 = 10), astrologisch bedeutsame Zahl, da sie die Summe der 12 des Tierkreises und der 7 Planeten und damit den Kosmos symbolisiert. Im Tarot ist die 19. → Trumpfkarte → Die Sonne. Im Tarotzyklus erreicht der Mensch mit dieser Karte seinen eigenen, inneren Kosmos.

Da in der hebräischen Zahlenmystik erst die 20 wieder eine wirkliche Zahl darstellt, kann der 19 eigentlich kein hebräischer Buchstabe zugeordnet werden. Da manche Autoren jedoch den Tarot mit dem → hebräischen Alphabet gleichsetzten, steht für die Karte 19 der Buchstabe → Kof. → Case ordnet der 19. Karte den Buchstaben → Resch zu, da er den ersten Buchstaben → Aleph nicht der 1, sondern der 0 zuschrieb.

Neun der Stäbe,
Rider-Waite

Neun der Stäbe,
Marseille

Neuorientierung

Karte	Art
6 d. Schwerter	Aufbruch zu Neuem, allerdings belastet mit alten Sorgen, Problemen.
3 d. Stäbe	Sich noch an alten Dingen festhalten, aber bereits nach Neuem Ausschau halten.

Neuplatonismus

Philosophisches System, das auf den Werken des griechischen Philosophen Platon und deren Erweiterung durch synkretische (Vermischung verschiedener philosophischer Schulen) Philosophen des dritten und vierten Jahrhunderts wie Plotin und Iamblicus basierte. Für die Neuplatoniker war die mystische Erfahrung das wahre Ziel des Lebens, und diese Auffassung besaß für die in einer Aufbruchstimmung befindlichen Gelehrten im Italien der Renaissance eine außerordentliche Anziehungskraft. 1440 wurde in Florenz eine platonische Akademie gegründet, die sich das Studium der neuplatonischen Lehren zur Aufgabe machte (s. auch → Magia).

Niederlage

Karte	Art
5 d. Schwerter	Höhnisch besiegt werden.
Der Gehängte neben 5 d. Schwerter	Gefahr einer Niederlage durch einen boshaften, höhnischen Menschen.
5 d. Münzen	Niederlage durch einen Fehltritt.

Not

Karte	Art
Der Teufel	Finanzieller und/oder gefühlsmäßiger Ruin.
8 d. Schwerter	Große innere Not.
5 d. Münzen	Die Not durch Jammern verschlimmern, dadurch die Lösung nicht mehr finden.

Null

(Von lat. nulla figura = kein Zeichen). Ist keine Zahl. Obwohl als Symbol bekannt und verwendet, wurde die 0 erst im 12. Jh. in Europa bekannt. Zahlensymbolisch ist die Null das Chaos, die Idee vor der Tat. Darum setzte → Case den → Narr mit dem ersten Buchstaben im → hebräischen Alphabet → Aleph gleich. Aleph bedeutet ebenfalls das Eine, das aus dem Nichts entstand.
Die Null selbst hat keinen Wert, erhöht aber jede Zahl, wenn man sie anhängt, z. B. 30, 300, 3000 usw. Im Tarot ist die Null der → Großen Arkana → Der Narr zugeordnet. Lévi ordnete ihm die Null zu, da der Narr ohne Zahlenzuordnung war. Da der Narr im italienischen Tarot noch keine Numerierung besaß, erhöhte er den Wert jeder Karte,

mit der er in Verbindung auftrat (vgl. den Joker in herkömmlichen Kartenspielen).

Mit der Null wird symbolisiert, daß der Narr zugleich Ende und Anfang des Tarotzyklus ist. Er steht als Figur am Beginn seiner spirituellen Reise und hat sie gleichzeitig bereits hinter sich.

Numerationen

Anderer Name für → Sephiroth.

Numerologie

Esoterische Zahlenlehre, die von der hebräischen Zahlen- und Buchstabenmystik abgeleitet ist (→ Hebräisches Alphabet, → Hebräische Zahlenmystik). Aus der hebräischen → Gematria entwickeltes System der Zahlenbedeutungen. Beschäftigt sich mit Namen und Wörtern, die in Zahlen ausgedrückt werden. Die Ursprünge gehen bis zu den Pythagoräern zurück. Grundsatz: Die Zahl ist das Prinzip der Dinge. Der Arzt, Gelehrte und Okkultist Agrippa von Nettesheim (1486–1535) drückte den Wert der Zahlen in seinem Werk »De Occulta Philosophia« (Über die geheime Philosophie) folgendermaßen aus: »Es müssen den Zahlen große und erhabene Kräfte innewohnen. Warum sollte man darüber nicht staunen? Da aber bereits in den Zeugnissen der Natur so viele und so große Kräfte verborgen sind, die sich fortwährend kundtun, so muß es in der Zahl noch größere geben, da die Zahlen an sich vollkommen dem

Himmlischen entnommen sind. Gleichwie alles, was ist und was wird, existiert durch bestimmte Zahlen und erhält davon seine Kraft … kurz alles, was in der Zeit und durch Bewegung geschieht.« Er sah in den Zahlen magisch wirkende Kräfte und brachte damit die Numerologie in die Geheimwissenschaften ein. Auch → Lévi beschäftigte sich zeitlebens mit der Numerologie. Für bestimmte Buchstaben mußten jedoch im westlichen Sprachraum Zahlenwerte hinzuerfunden werden, da die hebräische Sprache keine Vokale mitschreibt.

Die gebräuchlichste Zuordnung: Methode des Pythagoras

1	2	3	4	5	6	7	8	9
A	B	C	D	E	F	G	H	I
J	K	L	M	N	O	P	Q	R
S	T	U	V	W	X	Y	Z	

Mit Hilfe dieser Zuordnungen kann der Zahlenwert jedes Wortes errechnet und die geheime Symbolik, die geheime Aussage hinter den Buchstaben erkundet werden. So sollen auch Wörter oder Namen, deren Zahlenwerte identisch sind, im geheimen identische Grundbedeutungen besitzen.

Numerologie im Tarot

Hier nimmt sie einen hohen Stellenwert ein:

1. Jede Karte, sowohl → Trumpfkarten als auch die → Kleinen Arkana, kann alleine durch ihre Zahlenzuordnung

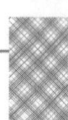
bestimmt werden oder erfährt zumindest durch die Zahl einen Teil ihres Charakters, z. B.:

● 2 d. Schwerter: Sowohl im → Tarot de Marseille als auch im → Rider-Waite-Tarot werden die Schwerter über Kreuz dargestellt, als Zeichen der Dualität = Gott und Mensch, Tag und Nacht, Leben und Tod. Im Tarot stellt die 2 d. Schwerter die Karte der Wut und Angst dar.

● 17 Der Stern, hier könnten neben den herkömmlichen Bedeutungen der → Siebzehn sogar Querverbindungen zu Bibeltextstellen »Du sollst mein Nachfolger, mein Stern sein« und selbst zum I Ging Nummer 17 – die Nachfolge – gezogen werden.

2. Im Tarot hat die Numerologie eine wichtige Rolle beim Errechnen der → Quersummenkarte.

Numerische Karten

Die 40 Zahlenkarten der → Kleinen Arkana. Die Karten jedes Satzes von 2–10 und die Asse.

Nun

1. Vierzehnter hebräischer Buchstabe mit der Bedeutung »Fisch« und dem Zahlenwert fünfzig. Der vorhergehende Buchstabe → Mem bedeutete Wasser. Mit Nun kommt Leben in dieses Wasser. Für den Menschen stellt dieses Leben den Sinn seines Daseins dar, er wächst mit seinen Erfahrungen, Wünschen, Träumen, Hoffnungen. In der Schreibweise verbindet sich

ein doppeltes → Jod oben und unten, es kann aber auch als der Buchstabe → Waw angesehen werden, der von beiden Seiten dargestellt wird.

2. → Case ordnete Nun der → Großen Arkana → Der Tod zu und nannte diesen Buchstaben auch die vorstellende Intelligenz.

3. Andere Autoren ordneten Nun nach dem System von → Lévi der Karte → Die Mäßigkeit zu.

Obermann

→ Hofkarte, entspricht der → Königin.

Okkultismus

(Lat. = Geheimwissenschaft), oft mit Spiritismus verwechselt. Im Gegensatz zu diesem beschäftigt sich der Okkultismus nicht mit Glauben, Aberglauben und Geistern in Form verstorbener Menschen, sondern baut auf den geheimen Naturkräften und Naturgesetzen auf und betrachtet Geister z. B. als Lebensformen außerhalb und/oder neben dieser Wirklichkeit. Im strengen Sinn ist Okkultismus die Bezeichnung für die wissenschaftliche Überzeugung vom Wirken übersinnlicher Kräfte. Der Schweizer Psychoanalytiker → C. G. Jung gab in diesem Jahrhundert den entscheidenden Impuls, den Okkultismus von abergläubischem Beiwerk zu

befreien und stellte ihn statt dessen auf eine wissenschaftlich fundierte Basis. Auch der Tarot zählt zu den okkulten Praktiken.

Onyx

Edler Stein, der auch schwarzer Chalzedon genannt wird. Er wird den → Großen Arkana → Der Teufel und → Die Welt zugeordnet. Während er im Altertum als Unglücksbringer galt, wird ihm heute die Fähigkeit zugesprochen, seinen Träger vor Streit und Zank zu bewahren und vor materieller Gier zu beschützen (s. auch → Edle Steine).

Operation

Karte	Art
3 d. Schwerter	Chirurgischer Eingriff, mit Schmerzen verbunden.
10 d. Schwerter	Operative Entfernung.

Opfer

Karte	Art
10 d. Schwerter	Sich selbst als Opfer sehen.
5 d. Schwerter	Opfer eines höhnischen Siegers werden oder einen anderen zum Opfer machen.

Orange

In der → Farbsymbolik werden dieser Farbe folgende Eigenschaften zugeschrieben:
Körperregion: Steiß.

Charakter: Vitalität, Bewegung, Aktivität, Spiel und Arbeit, Freude, Wohlgefühl, Gemeinsamkeit, Energie, Selbstvertrauen, schöpferischer Ausdruck, Sieg.
Wirkung: Befreit von Ängsten, Depression, Frustration, befreit von Konventionen.

Auffällig ist bei den farbigen → Tarotdecks, daß nur eine → Große Arkana Orange als dominante, einzige Hintergrundfarbe hat: → Der Herrscher (IV), während → Die Herrscherin (III) auf einem orangefarbenen Kissen ruht. Orange ist die Verbindung der roten Farbe (→ Rot) der Macht mit dem → Gelb der Weisheit, so daß es sich z. B. beim Herrscher um einen mächtigen, weisen, physisch aktiven Monarchen handelt, der Selbstvertrauen und Stolz repräsentiert. In der kabbalistischen Farbsymbolik wird allerdings → Der Wagen (VII) der Farbe Orange zugeordnet, da die Zahl 7 gleichbedeutend mit der Idee des Sieges ist. Der Wagen wird manchmal auch als → Triumphwagen oder Siegeswagen bezeichnet.

Originalität

Karte	Art
Der Narr	Einfallsreichtum.
Der Magier	Kann seine Fähigkeiten originell einsetzen.

O.T.O.

Ordo Templi Orientis (Orientalischer Templerorden). Es ist nicht geklärt, ob

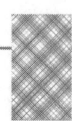
der Orden 1895 oder 1902 gegründet wurde, auch liegen die Namen der Gründer im dunkeln. 1910 wurde → Crowley in den Orden aufgenommen und 1912 zum Großmeister der englischen Sektion ernannt. Da Crowley den Orden als einen Unterorden seines eigenen Ordens → Astrum Argenteum betrachtete, blieb es nicht aus, daß Crowleys Lehren immer mehr Bestandteil der Ordensregeln wurden. Neben Sexualmagie, Yoga, Tantrismus galt auch das Gesetz von Thelema, d. h. die Lehren von Crowley:»Tu, was du willst« als oberstes Gebot. Crowley bezeichnete sich als der »Äon des Horus« (der Prophet des neuen Zeitalters).

Ouspensky, P. D.

(1878–1947), russischer Journalist, Naturwissenschaftler, Tarotforscher und Anhänger des Mystikers Gurdjieff. Er wurde stark von → Wirth beeinflußt. 1910 erschien sein Buch »Ein neues Modell des Universums« (dt. 1970), in dem er den → Baum des Lebens durch ein christlich orientiertes System ersetzte und den Tarotkarten zuordnete. Er schreibt in dem genannten Werk:»Wenn man nun einundzwanzig Karten so in Form eines Dreiecks auslegt, daß jeweils sieben Karten eine Seite bilden, mit einem Punkt in der Mitte des Dreiecks, der die Nullkarte repräsentiert, und einem Quadrat aus sechsundfünfzig Karten, vierzehn an jeder Seite, um das Dreieck, dann hat man eine Darstellung der Beziehungen zwischen Gott, dem

Menschen und der Welt, oder der Beziehung zwischen der Welt der Ideen, dem Bewußtsein des Menschen und der physischen Welt. Das Dreieck ist Gott (die Trinität) oder die Welt der Ideen, die numinose Welt. Der Punkt ist die Seele des Menschen. Das Quadrat ist die sichtbare, physische oder Erscheinungswelt. Potentiell ist der Punkt dem Quadrat gleich, d. h. die ganze sichtbare Welt ist im Bewußtsein des Menschen enthalten und wird in der Seele des Menschen erschaffen. Die Seele selbst ist ein dimensionsloser Punkt in der Welt des Geistes, symbolisiert durch das Dreieck.«

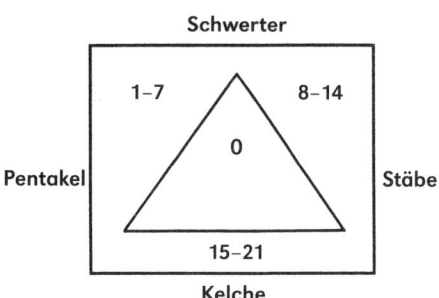

Später schuf Ouspensky einen Zyklus von Meditationen auf den Großen Arkana aufbauend, die heute noch maßgeblich sind für → Tarotmeditationen. In seinem Buch »The Symbolism of the Tarot« (Ersterscheinung 1913) läßt er die Karten »zu sich sprechen«, als hätte er reale Personen vor sich. Diese Art mit den Karten zu arbeiten, sie zu personifizieren, geht u. a. auch auf → Crowley zurück.

Oswald-Wirth-Tarot → Wirth

P

Pagad, The

(Engl.) Bezeichnung für die → Große Arkana → Der Magier (I), auch → The Magician, → Juggler, → The Thimblerigger, → The Cup Player, → The Mounterbank.

Page

→ Hofkarte. Andere Bezeichnung für → Bube.

Pap, La

(Franz.) Bezeichnung für die → Große Arkana → Der Hierophant (V).

Papa, II

(Ital.) Bezeichnung für die → Große Arkana → Der Hierophant (V).

Papasse, La

(Franz. und ital.) Bezeichnung für die → Große Arkana → Die Hohepriesterin (II).

Papst

1. Ursprünglich. Bezeichnung für die → Große Arkana → Der Hierophant. → Waite schrieb dazu: »Gewöhnlich wird er der Papst genannt, aber dies ist nur eine der Funktionen des durch ihn symbolisierten umfassenderen Amtes. Er ist die herrschende Kraft der exoterischen Religion, so wie die Hohepriesterin die vorherrschende Schutzherrin

der esoterischen, zurückgezogenen Kraft ist …« (Aus: »Der Bilderschlüssel zum Tarot«.) Der von ihm gewählte Name Hierophant stammt aus den Eleusinischen Mysterien im alten Griechenland, die mit diesem Namen ihre Hohenpriester bezeichneten. Waite wurde dazu höchstwahrscheinlich im → Golden Dawn inspiriert, dem er jahrelang angehörte.

2. Im → Tarocchini von Mitelli finden sich in den Großen Arkana zwei Päpste. Der Maler Mitelli hatte statt der → Hohepriesterin ebenfalls einen Papst dargestellt. Tarotforscher vermuten, daß er damit einen östlichen und einen westlichen Patriarchen symbolisieren wollte.

Päpstin

Venezianische Tarotspiele führten die Figur mit dem Namen La Papasse ein, die im 18. Jh. von → Gebelin im Glauben an einen ägyptischen Ursprung der Karten in Die Hohepriesterin umbenannt wurde. Über den Ursprung, einer Karte eine Päpstin zuzuordnen, gibt es bis heute keine hinreichende Erklärung. Auch die Meinungen der Tarotforscher gehen bei dieser Karte auseinander. Zum einen wird hinter dieser Figur die legendäre Päpstin Johanna vermutet, deren Geschichte sich das ganze Mittelalter hindurch hielt. Angeblich soll eine Frau zum Papst gewählt worden sein und jahrelang – als Mann verkleidet – dieses Amt versehen haben, bis sie während eines Oster-

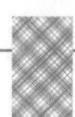
festes im Kindbett starb. Andere An-
hänger sehen in der Figur der Tarot-
Päpstin die Visconti-Päpstin, die es
historisch nachweislich gab. Im ausgehenden 13. Jh. glaubte die italienische
Sekte der Guglielmiten (dt. Wilhelmiten) an die Wiederauferstehung (im
Jahr 1300) ihres 1281 n. Chr. verstorbenen Gründers Guglielma von Bohe-
mia. Dieser hatte ihnen prophezeit,
daß nach seiner Wiederkehr Frauen als
Päpste regieren würden. Dies vorweg-
nehmend wählten die Mitglieder der
Sekte Manfreda Visconti zu ihrer ersten Päpstin. 1300 wurde Manfreda
Visconti auf dem Scheiterhaufen ver-
brannt. Um 1432 erschien der
berühmte → Visconti-Sforza-Tarot,
auf dem die Figur der Päpstin zu sehen
ist. So ist der Zusammenhang nahelie-
gend, daß die Päpstin aus familienge-
schichtlichen Gründen in dem Deck
erscheint, da Manfreda Visconti, die
erste Päpstin, eine Ahnin der Visconti-
Familie war. Die Tarotforscherin
→ Gertrude Moakley schreibt dazu in
ihrem Buch »The Tarot Card Painted
by Bonifacio Bembo«: »Die Päpstin im
Visconti-Sforza-Tarocchi ist keine jener legendären Frauen (wie die Päpstin
Johanna). Ihre religiöse Tracht zeigt,
daß sie dem Orden der Humalitatinnen
angehört und möglicherweise Schwester Manfreda ist, eine Verwandte
der Familie Visconti, die tatsächlich
von der kleinen lombardischen Sekte
der Wilhelmiten zum Papst gewählt
wurde …«

Papus

(1865–1917), Pseudonym für Dr.
Gerard Encausse, gebildeter französi-
scher Arzt und Physiker, Philosoph,
Gründer und Führer des spirituellen
und freimaurerischen Ordens der Mar-
tinisten, zusammen mit de Guaita
Gründer des Kabbalistischen Ordens
der Rosenkreuzer. Er war maßgeblich
an der Entwicklung des → esoterischen
Tarot beteiligt. Durch seine Beschäfti-
gung mit der → Kabbala, → Alchemie
und magischen Praktiken trug er vor
allem auch dazu bei, den Tarot mit diesen Systemen zu verbinden und in okkulte Praktiken einzubinden. Als Anhänger von → Lévi baute auch er auf
die Vorstellung auf, der Tarot sei ein
altes Wissenssystem aus uralter Zeit,
das von Gelehrten geschaffen wurde
und sich nur dem Eingeweihten wirklich offenbart. Zwar glaubte er wie
Lévi an eine Weiterentwicklung des
Tarot in Ägypten (Lévi sah in Ägypten
den Ursprung der Karten) und sah in
den Zigeunern die Überbringer nach
Europa, legte den Ursprung der Karten
allerdings nach Atlantis: »Im Wissen
und in der Bildung des antiken Menschen spiegelte sich noch die hochent-
wickelte Wissenschaft der gigantischen
Zivilisation von Atlantis …« (Aus:
»Der Tarot der Zigeuner.«)
Papus' Meinung war, der Tarot wäre
geschaffen, um altes Wissen nicht in
Vergessenheit geraten zu lassen, darum
wäre der Tarot auch als Spiel aufgebaut, denn niemals würde der Mensch

vom Spiel lassen können. In seinem 1889 erschienenen Buch »Der Tarot der Zigeuner« (diesem Buch waren von → Wirth gestaltete Karten beigelegt) legt er diese These folgendermaßen dar: »Zunächst erwogen [die Priester], diese Geheimnisse tugendhaften Männern anzuvertrauen, welche die Initiierten selbst im geheimen ausgewählt hatten, damit diese sie von Generation zu Generation weitergeben sollten. Ein Priester aber, dem aufgefallen war, daß die Tugend etwas sehr Zerbrechliches und sehr schwierig zu finden ist, vor allem in einer kontinuierlichen Linie, schlug vor, die Wissenstraditionen dem Laster anzuvertrauen. Letzteres, sagte er, würde niemals ganz aussterben und die Prinzipien gewiß lange und dauerhaft bewahren. Wie wir sehen, fand diese Auffassung Zustimmung, und man gab dem als Laster auserwählten Spiel den Vorzug. Dann wurden die geheimnisvollen Gestalten, die einst die wichtigsten Wissensgeheimnisse lehrten, in kleine Platten eingeritzt, und seither haben Spieler diesen Tarot weit besser von Generation zu Generation überliefert, als es die tugendhaftesten Männer der Welt vermocht hätten.« Laut dieser Aussage war Papus zufolge der Tarot der wichtigste Träger des Wissens um die Geheimnisse der Welt. Allerdings konnten ihm zufolge nur diejenigen dazu Zugang haben, die auch die Schlüssel besaßen, d.h. die → Symbole entziffern konnten. Das Buch »Der Tarot der Zigeuner« zeigt,

in welch hohem Maß Papus die zu seiner Zeit noch als geheime Lehren geltenden Wissenssysteme der hebräischen Zahlenmystik und hebräischen Buchstabenmystik studierte. Papus entwickelte auch das → Rota-Rad, dessen genaues System in seinem Buch »Der Tarot der Zigeuner« dargelegt ist. Neben seinem Schaffen und seinen Verdiensten für die Tarotforschung arbeitete Papus während des Ersten Weltkriegs als Chefarzt eines Feldlazarettes und machte sich bereits um die Jahrhundertwende Gedanken über ein vereintes Europa. Mit seinen spirituellen Lehren wollte er vor allem auch einen Friedensgedanken in die Welt setzen, der alle Völker auf der Basis eines gemeinsamen Erbes der Mystik und Spiritualität vereine. Weitere Werke von Papus: 1892, »Die Kabbala«; 1909, »Le Tarot Divinatoire« (Der Tarot der Divination. Ein umfassendes Lehrbuch des Kartenlegens).

Papus-Tarot

Tarotdeck, das 1909 von Papus seinem Buch »Le Tarot Divinatoire« (Der Tarot der Divination) beigelegt wurde. Die Karten waren nach Anweisungen von Papus von G. Goulinat gezeichnet worden. Das Deck zeichnete sich durch schlichte ägyptische Symbole und Figuren aus, die allerdings plastisch dargestellt waren. Die Karten trugen zudem astrologische, kabbalistische, numerologische Zuordnungen und Wahrsagehilfen am Rand. 1981 wurde das

Deck erneut aufgelegt. Allerdings nicht in Originalform. Es fehlen die Zuordnungen und Stichwörter, auch stimmt die Farbsymbolik nicht mehr mit dem Original überein. Besonders die → Kleinen Arkana zeigen einen starken Einfluß von → Eteilla. Der Enoil Gavat Tarot (s. Anhang) hingegen beruft sich zwar auf Eteilla, zeigt aber die ursprüngliche Symbolik des Originaldecks von → Papus verstärkter. (Papus baute seine Lehren neben eigenen Forschungsarbeiten und denen seines Lehrers → Lévi auch auf Eteilla auf.)

Pariser Tarock

Es handelt sich bei diesem Kartenset um eines der ältesten, noch komplett erhaltenen Kartendecks. Der Name rührt daher, daß die Tarotforschung den Ursprung der Karten in Paris vermutet. Beweisen läßt sich dies nicht mehr, da die Insignien des Künstlers/Kartenherstellers entfernt wurden. Die Symbolik beruht auf dem → Tarot de Marseille. Die → Großen Arkana sind ebenfalls wie im Tarot de Marseille angeordnet. Das Original stammt aus dem 17. Jh., 78 Karten, Faksimile von 1985 bei Verlag Grimaud, Paris.

Pause

Karte	Art
Der Eremit	Sich eine Pause gönnen, sich zurückziehen.
4 d. Schwerter	Ruhephase, Meditation.

Pe

 1. Siebzehnter hebräischer Buchstabe mit der Bedeutung »Mund« und dem Zahlenwert achtzig. Der vorhergehende Buchstabe → Samech symbolisiert die Wahrnehmung des Menschen. Mit Pe kommt das Wort der Menschen hinzu, die nun bereits vernunftbegabt, das, was sie sehen, in Worten wiedergeben können. Der Sinn ihres Tuns, ihrer Phantasien, ihres Handelns kommt mit Pe in diese Welt. In der Schreibweise setzt sich Pe aus → Kaf und einem umgekehrten → Jod zusammen.
2. → Case ordnete Pe dem → Turm zu und nannte diesen Buchstaben auch die »... aktive oder anregende Intelligenz. Diese stimuliert die Aktivität, bringt die Dinge in Gang, führt zu Veränderungen und bewirkt Umwandlungen ...« (Aus: Schlüssel zur ewigen Weisheit des Tarot.)
3. Andere Autoren ordneten Pe nach dem System von → Lévi dem → Stern zu.

Péladan

Legemethode nach → Wirth mit den 22 → Großen Arkana. Die Karten sollen laut Wirth nach der → Zahlenwahl ausgewählt werden. Zunächst werden 4 Karten gewählt und ausgelegt (s. Abbildung auf Seite 193).
Die fünfte Karte wird nach einer anderen Methode ausgewählt. Alle Zahlen der Karten werden addiert und davon eine Quersumme gebildet. Diese Quer-

Karte 3
Richter, Kritik

Karte 1	**Karte 5**	**Karte 2**
Bejahung	Zusammenfassung	Verneinung
Was dafür spricht	Unterstreichung	Was dagegen spricht

Karte 4
Urteilsspruch
Was die Karten zusammen aussagen

summe ist die Zahl der Karte auf Platz 5. Sie wird auch die Quintessenz genannt.

Beispiel: Die ersten vier Karten sind: Die Hohepriesterin Nr. 2, Die Herrscherin Nr. 3, Der Stern Nr. 17 und Die Mäßigkeit Nr. 14.

Die Summe dieser Karten ergibt 2 + 3 +17 + 14 = 36 = 3 + 6 = 9.

Karte Nummer 9 ist Der Eremit. Dieser wird nun als → Quersummenkarte auf den Platz der Karte 5 gelegt. Er bildet die Zusammenfassung und bildet die Zusammenfassung der Kartenlegung und der Aussage der Karte hinsichtlich der gestellten Frage.

Pendu, Le

(Franz.) Bezeichnung für die → Große Arkana → Der Gehängte (XII).

Penduto, Il

(Ital.) Bezeichnung für die → Große Arkana → Der Gehängte (XII).

Pentagramm

→ Drudenfuß, Pentalpha, → Pentakel, Albfuß, Barfuß, fünfzackiger Stern in einem Zug dargestellt, altes universales → Symbol der Magie, welches in der → Alchemie und der → Kabbala eine wichtige Rolle spielt. Ziel der Alchemisten war das Pentagramm als Sym-

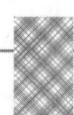

bol der Quintessenz (das reinste Wesentliche aller Dinge) zu erreichen. Der nach oben aufgerichtete

Pentagramm

Stern kann mit dem Körper des Menschen gleichgesetzt werden: obere Spitze: der Kopf; obere Vorsprünge: die ausgebreiteten Arme; untere Vorsprünge: die Beine. Esoteriker sprechen auch von vier Bewegungszentren und einem Kontrollzentrum als die fünf wichtigen kosmischen Kraftwerke, die mit der unsichtbaren Welt in Kontakt kommen können. Ein Eingeweihter, der alle Strahlungen, die von diesen Kraftwerken ausgehen, im Gleichgewicht halten kann, gilt als Meister der Magie, der okkulten Kräfte. Das Pentagramm wurde im Mittelalter auch zur Abwehr von Dämonen eingesetzt.

Im → Rider-Waite-Tarot ist das Pentagramm im Satz der → Münzen auf jeder einzelnen Münze dargestellt. Außerdem findet es sich bei den magischen Werkzeugen des → Magiers (ebenfalls auf einer Münze). Auf der → Großen Arkana → Der Teufel ist es als Zeichen der Schwarzen Magie über dem Haupt des Teufels auf den Kopf gestellt zu sehen. Der nach unten weisende fünfzackige Stern ist immer das Symbol für Fall, Sturz, das Negative. Im Mittelalter symbolisierte er das Antlitz des Teufels: die beiden Hörner, die Backen und den Bart.

Das Pentagramm ist manchmal auch als Symbol für Christus als Alpha und Omega (Anfang und Ende) und für die fünf heiligen Wunden Christi dargestellt. Das Pentagramm wird oft mit dem → Hexagramm (sechszackiger Stern) verwechselt.

Pentakel

1. Andere Bezeichnung für das Satzzeichen der → Münzen.
2. Andere Bezeichnung für → Pentagramm.

Pepin, Nicolao

Manche Tarotforscher sehen in ihm den Erfinder der Karten, da sie Rückschlüsse von den Anfangsbuchstaben seines Namens – N. P. – auf das Wort → naipes ziehen, jedoch ist diese These nicht zu beweisen.

Perle

Kein Stein im herkömmlichen Sinne, trotzdem wird die Perle zu den »Edlen Steinen« gezählt, die den Tarotkarten zugeordnet werden. Die Perle gehört zu den Karten → Die Hohepriesterin und → Der Wagen der → Großen Arkana. Ihr werden stark reinigende Kräfte zugeschrieben (s. auch → Edle Steine).

Pfadarbeit

Ausdruck aus der esoterischen Arbeit mit der → Kabbala. Mit Pfadarbeit wird bezeichnet, wenn sich der Tarotschüler von einer → Sephiroth zur nächsten weiterarbeitet.

194

Pfeile

Auf einigen Visconti-Karten sind im Satz der → Stäbe Pfeile statt Stäbe dargestellt. Auch → Der Tod des Visconti-Decks trägt Pfeil und Bogen.

Pflanzen

Verschiedene Pflanzen mit heilender oder wohltuender Wirkung werden den Tarotkarten zugeordnet. Diese können zusätzlich zur Arbeit mit den Karten eingesetzt werden, um die Aussage der Karten zu unterstützen oder gegebenenfalls abzumildern. Will eine Karte z. B. vor Streß warnen, sollte man zu Thymian oder Kamille greifen, um wieder zur nötigen Ruhe zu finden (s. unten und auf Seite 196).

Zuordnung der Pflanzen zu den Großen Arkana

Karte	Große Arkana	Pflanzen	Karte	Große Arkana	Pflanzen
0	Der Narr	Kiefer	11	Die Gerechtigkeit	Thymian und Veilchen
1	Der Magier	Majoran, Minze und Bergamotte	12	Der Gehängte	Jasmin und Nelke
2	Die Hohepriesterin	Rosmarin und Iris	13	Der Tod	Ingwer und Tanne
3	Die Herrscherin	Thymian und Veilchen	14	Die Mäßigkeit	Lavendel und Kamille
4	Der Herrscher	Geranie und Basilikum	15	Der Teufel	Mistel und Koriander
5	Der Hierophant	Thymian und Veilchen	16	Der Turm	Geranie und Basilikum
6	Die Liebenden	Majoran, Minze und Bergamotte	17	Der Stern	Kiefer
7	Der Wagen	Rosmarin und Iris	18	Der Mond	Jasmin und Iris
8	Die Kraft	Lorbeer, Sonnenblume und Rose	19	Die Sonne	Lorbeer, Sonnenblume und Rose
9	Der Eremit	Majoran, Minze und Bergamotte	20	Das Gericht	Ingwer und Tanne
10	Rad des Schicksals	Lavendel und Kamille	21	Die Welt	Mistel und Koriander

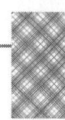

Zuordnung der Pflanzen zu den Kleinen Arkana

Pflanzen	Kleine Arkana
Lorbeer, Sonnenblume, Rose	5 d. Stäbe, 6 d. Stäbe, 7 d. Stäbe, Königin d. Stäbe, König d. Stäbe
Rosmarin und Iris	2 d. Kelche, 3 d. Kelche, 4 d. Kelche, As d. Kelche
Majoran, Minze, Bergamotte	8 d. Schwerter, 9 d. Schwerter, 10 d. Schwerter, As d. Schwerter, 8 d. Münzen, 9 d. Münzen, 10 d. Münzen, Königin d. Münzen und König d. Münzen
Thymian, Veilchen	5 d. Münzen, 6 d. Münzen, 7 d. Münzen, As d. Münzen, 2 d. Schwerter, 3 d. Schwerter, 4 d. Schwerter, Königin d. Schwerter, König d. Schwerter
Geranie, Basilikum	2 d. Stäbe, 3 d. Stäbe, 4 d. Stäbe, As d. Stäbe
Lavendel, Kamille	8 d. Stäbe, 9 d. Stäbe, 10 d. Stäbe, Bube d. Stäbe, Ritter d. Stäbe
Mistel, Koriander	2 d. Münzen, 3 d. Münzen, 4 d. Münzen, Bube d. Münzen, Ritter d. Münzen
Kiefer	5 d. Schwerter, 6 d. Schwerter, 7 d. Schwerter, Bube d. Schwerter, Ritter d. Schwerter
Jasmin, Iris	8 d. Kelche, 9 d. Kelche, 10 d. Kelche, Bube d. Kelche, Ritter d. Kelche
Ingwer, Tanne	5 d. Kelche, 6 d. Kelche, 7 d. Kelche, Königin d. Kelche, König d. Kelche

Phantasie
→ Künstler

Physik

Die Tarotforschung wendet sich zunehmend der modernen Physik zu, um bestimmte Phänomene des Tarot aus dem Reich der Wahrsagerei und Scharlatanerie zu befreien. So könnte z.B. mit Hilfe der Chaosforschung und der Quantenmechanik möglicherweise das Phänomen erklärt werden, warum man mit dem Tarot tatsächlich bestimmte Ereignisse der Zukunft sehen kann, warum manche Karten immer wieder auftauchen, obwohl gut gemischt wurde. Moderne Tarotautoren nehmen sich dieser Thesen an und durchleuchten sie auch für Laien verständlich. Auch → Crowley sah bereits eine Verbindung des Tarot mit der modernen Physik. Manche modernen Tarotdecks versuchen bereits, die moderne Wissenschaft mit der alten Symbolik zu verbinden, z.B. Entropy Tarot (s. Anhang), in dem Mikro-Makrokosmos eingebunden werden.

Piemonteser Tarot

Tarotspiel mit französischen Über-
schriften, 78 Karten. Stammt aus der
Nähe von Bologna (im italienischen
Piemont). Unter dem Sammelbegriff
versteht die Tarotforschung Kartendecks, die zwar auf der ursprünglichen
Bildgestaltung des → Tarot de Marseille aufbauen, diese aber um neue
Elemente erweiterten. Uneinig ist sich
die Forschung darüber, ob z. B. die
Flügel des Engels bei der Karte → Die
Mäßigkeit durch einen mythologischen
Gedanken hinzugefügt wurden oder
deshalb entstanden, weil die Druckschablonen beschädigt waren und
die Hersteller an dieser Stelle Flügel
vermuteten. Zum Piemonteser Tarot
zählt der Antico Tarocco Ligure Pie-
montese, der Ende des 18. Jh. von
Antonio Rossi entstand (Faksimile
1979 im Verlag Edizioni del Solleone,
Lissone, Italien, in limitierter Auflage,
2500 Stück). Ein Piemonteser Tarot
ist auch unter dem Namen Antike
Tarots aus Ligurien und Piemont (von
Giovanbattista Guala, 1860) im Verlag
Lo Scarabeo Antico, Turin, Italien
(mit viersprachigen Bildunterschriften), aufgelegt.

Piques

Satzzeichen, entspricht Pik oder Schippen, mit Speerspitzen dargestellt.

Platonisch

Karte	Art
Die Hohepriesterin	Platonische Liebe.

Pläne

Karte	Art
8 d. Kelche	Aufgabe von Plänen.
4 Buben nebeneinander	Neue Pläne.
3 d. Münzen	Erfolgreiche Pläne.
Königin d. Kelche	Eine Person, die ihre Energie und Vitalität zur Verwirklichung von Plänen einsetzt.
Bube d. Stäbe	Jemand, der seine Pläne abrupt ändern kann.

Pluto

→ Planet. → Symbol: ♀. In der →
Astrologie wird Pluto dem → Tierkreis-
zeichen → Skorpion zugeordnet. Im
Zeichen → Widder gilt er als »erhöht«.
Seine astrologischen Charaktereigen-
schaften sind Urkräfte, Einstellungen,
Erfahrungen unserer Ahnen, Rituale,
Opfer, magisch wirkende Energien,
aber auch die Verführung durch Sekten
und Sekten allgemein. Im → Radix
(Geburtshoroskop) zeigt er an, wo der
Betreffende Prinzipien über subjektive
Bedürfnisse stellt, wo der Betreffende
bereit ist, sich und andere für eine Idee
zu opfern. Körperliche Entsprechung:
Keimdrüsen, Prostata. Seine Farbe:
Schwarzgrün, Schwarz. Tarotzuordnun-
gen: → Das Gericht und → Der Tod.

Prager Tarot

Tarotdeck von 1980 (anonym), das aus
Mondastrologie, griechischer Astral-

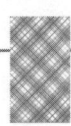

mythologie und Astrophysik des 20. Jh. zusammengesetzt ist. Im Anleitungsheft finden sich numerologische Anleitungen, anhand derer der Kartenleger die eigene Schicksalszahl, eine Herzzahl, errechnen und diese auf die Karten umsetzen kann. Der Name leitet sich wahrscheinlich davon ab, daß im Begleittext zu den Karten auch auf das Legen der Karten nach »böhmischer Tradition« eingegangen wird. Die errechneten Zahlen basieren auf der → Numerologie und nicht auf der tiefgreifenden → hebräischen Zahlenmystik.

Prima Materia

Begriff der → Alchemie, (lat.) Urmaterie, erste Materie. In der alchemistischen Vorstellung entsteht aus der Prima Materia jede andere Materie.

Prüfung

Karte	Art
Der Magier	Alle Prüfungen bestehen.
Die Liebenden	Überstandene Prüfung oder die Notwendigkeit, sich Prüfungen zu unterziehen oder zu prüfen.
Die Gerechtigkeit	Gerechte Beurteilung.
10 d. Schwerter	Hysterische Prüfungsangst.
7 d. Schwerter	In einer Prüfung betrügen.
5 d. Schwerter	Bei einer Prüfung versagen.
3 d. Münzen	Bestehen einer Prüfung.
6 d. Stäbe	Nachricht von einer bestandenen Prüfung.

Psychologie

Der moderne Tarot gilt zunehmend als Werkzeug zur Erforschung der eigenen Psyche und weniger als Mittel der reinen → Divination. Ausgehend von den Lehren → C. G. Jungs werden die Karten zur Ermittlung psychischer Vorgänge im → Fragenden benützt. Die Bilder der Karten können einen Kanal zum Unterbewußtsein des Fragenden öffnen und damit Lösungsmöglichkeiten offenbaren, die in ihm zwar bereits vorhanden waren, aber nicht bewußt anerkannt, durchdacht oder angedacht wurden.

Purpur

Spezielle, besonders kräftige Art der → Farbe → Rot.

Purpurner Mantel

→ Symbol der Herrschaft. Im Tarot auf folgenden Karten zu sehen (beschrieben werden nur die → Großen Arkana, da sie → Archetypen bilden, bei den → Kleinen Arkana würde die Aussage zu vage werden, z. B.: 6 d. Stäbe – Karte des Siegers. Welche Herrschaft er darstellt, hängt von den umliegenden Karten ab. Des weiteren finden sich auf den

klassischen Darstellungen der Kleinen Arkana keine parabelhaften Bilder wie bei → Waite.

Karte	Art
Der Magier	Herrschaft über die Gesetze und Kräfte der Natur.
Der Herrscher	Weltliche Herrschaft, Beherrscher der sozialen Struktur.
Der Hierophant	Herrschaft über das Wissen der großen Mysterien.
Die Gerechtigkeit	Herrschaft über das Gesetz, Recht und Ordnung.

Pyramidenkartenbild

→ Legesystem. Die 22 → Großen Arkana werden vom → Fragenden gemischt und dem → Deutenden übergeben. Dieser nimmt die obersten zehn Karten und legt sie wie folgt aus (s. Abbildung unten).

Bleiben nach der Deutung Fragen offen, können für die letzten beiden Reihen noch zusätzliche Karten der Kleinen Arkana gezogen werden.

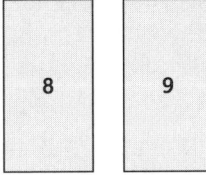

Bedeutung der einzelnen Reihen:

1. Energien, Kräfte und Möglichkeiten, derer sich der Fragende bedienen kann. Bei negativ zu deutenden Karten müssen diese schlechten Einflüsse umgangen werden.
2. Gegenwart. Tendenzen, denen man folgen sollte oder bei negativ zu deutenden Karten: auf die man achten sollte.
3. Chancen, Möglichkeiten der Zukunft. Künftige Einflüsse.
4. Endergebnis.

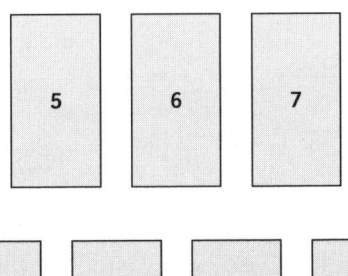

Q

Qual

Karte	Art
Der Teufel	Archetypus der Qual (seelisch, geistig, körperlich).
Der Turm	Blitzartige Erkenntnis aufgrund qualvoller Erfahrungen.
5 d. Münzen	Qual durch Herumirren, Qual durch Armut und Not.
3 d. Schwerter	Qualvolle Entscheidung.

Quersummenkarte

Die Quersummenkarte eines Legebildes wird in Anlehnung an die kabbalistische Zahlenmystik errechnet (→ Hebräische Zahlenmystik). Ziel dabei ist, die Quintessenz oder die Hauptaussage der gelegten Karten herauszufiltern und so noch mehr über den Ausgang der gefragten Sache zu erfahren. Im → Keltischen Kreuz z.B. liegen folgende Karten :

Position 1	Der Wagen
Position 2	Der Turm
Position 3	Der Teufel
Position 4	Der Eremit
Position 5	Das Gericht
Position 6	Die Gerechtigkeit
Position 7	Der Magier
Position 8	Der Herrscher
Position 9	Der Gehängte
Position 10	Die Welt

Durch Addition aller im Legebild enthaltenen Karten (7 + 16 + 15 + 9 + 20 + 11 + 1 + 4 + 12 + 21) ergibt sich eine Summe von 106. Durch kabbalistische Addition wird diese Summe auf eine Grundzahl reduziert: 1 + 0 + 6 = 7. Die Quersummenkarte dieses Legebildes ergibt erneut die → Große Arkana Nr. 7 → Der Wagen. Für den Fragesteller ist diese Karte also von grundlegender Bedeutung in bezug auf seine gestellte Frage.

Liegt → Der Narr im → Kartenbild, so wird dieser nicht mitgezählt. Ist die Quersumme aller Karten jedoch 22, so wird Der Narr als Quintessenz genommen (plus dem Herrscher; 22 = 2 + 2 = 4 = Der Herrscher).

Die Zahlenkarten (1–10 der Sätze) werden entsprechend ihrem Zahlenwert mitgerechnet (z.B. 2 d. Kelche = 2). Die → Hofkarten (Bube, Ritter, Königin, König) zählen Null. Als Quintessenz werden immer die Großen Arkana genommen.

Rad des Schicksals

→ Große Arkana. Da sie die dritte Karte in der zweiten → Siebenerreihe ist, gehört das Rad des Schicksals auch zu den sogenannten Saatkarten, d.h. sie bringt eine Umwandlung, sie trägt die Saat zu einer Änderung in sich. Das

Bild des Schicksalsrades findet sich vor allem im Mittelalter als Korrektiv für Überheblichkeit. Alte Darstellungen zeigen den Teufel, der am Rad dreht und dabei die stolzen Menschen zermalmt. Ein Bezug des Schicksalsrades und Fortuna wird auch zu den alten »Königsopfern« hergestellt. Auch in den → Gralssagen taucht das Rad des Schicksals auf, und zwar in König Artus' Vision am Vorabend seiner letzten Schlacht, in der Fortuna am Rad dreht und der König zermalmt wird. Diese Idee des Schicksalsrades findet sich als Darstellung z. B. auf den → Visconti-Karten. Dabei sind zwei der vier dargestellten Menschen mit Eselsohren (Aufwärtsbewegung »Ich werde regieren« und am Höhepunkt »Ich regiere«) dargestellt. Der sich abwärtsbewegende Mann trägt einen Eselsschwanz und sagt »Ich habe regiert«, während am Boden ein alter Mann auf allen vieren kriechend dargestellt ist, der von dem Rad in seiner Bewegung beinahe zermalmt wird und spricht: »Ich bin ohne Regierung.« Auch hier ist erneut der Bezug der Warnung vor Überheblichkeit und Stolz deutlich. (Bezug auch zu dem Sprichwort »Hochmut kommt vor dem Fall.«) Die Darstellungen der vier Gestalten weichen in den verschiedenen Tarotdecks erheblich voneinander ab, doch symbolisieren sie jeweils die gleichen Gestalten der Mythologie bzw. deren Tugenden und Laster. Im Tarot de Marseille wird die Karte Glücksrad benannt, was sich zum einen

auf Fortuna, die römische Göttin des Glück bezieht, zum anderen soll die Bezeichnung den Aspekt des Flüchtigen betonen.

Rad: Im Mittelalter auch als Rad der Mutter Natur betrachtet. Symbol des Werdens und Vergehens, des Auf und Ab im Leben eines Menschen. Symbol des gesamten Universums mit seinen Erneuerungszyklen. → C. G. Jung sieht darin das Symbol der »Einheit in der Vielheit«. Symbol der immerwährenden Veränderung. Im → Rider-Waite-Deck sind in das Rad mehrere Symbole eingezeichnet.

Hebräische Buchstaben: → Jod, → He, → Waw, He bilden zusammen den unaussprechlichen Namen Gottes. Alle vier Buchstaben sind Konsonanten und bewahren daher den wahren Namen Gottes als Geheimnis in sich, auch → Tetragrammaton genannt. Der Name Gottes auch als kabbalistisches Symbol der Mysterien dieser Welt.

Römische Buchstaben zwischen den hebräischen: Sie bilden ein Anagramm. Je nachdem in welcher Richtung sie gelesen werden, ergeben sie: Taro, Tora (die heiligen Bücher, auch → Die Hohepriesterin hält sie in Händen), Rota (lat. = Rad), Orat (lat. = »Er betet«), Ator (ägyptische Göttin des Todes). → Mathers setzte diese Wörter in einen Bezug: »Rota Taro Orat Tora Ator = Das Rad des Taro betet (spricht) das Gesetz des Ator.« → Case griff diesen Bezug auf und nannte das Rad auch: »Das Gesetz der Buchstaben.«

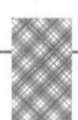

Symbole: Alchemistische Symbole in den Speichen. Von oben im Uhrzeigersinn zeigen sie: Quecksilber, Schwefel, Wasser und Salz. Sie symbolisieren das Ziel der Alchemisten: → Transformation. Dieses Ziel wird auch mit der zweiten → Siebenerreihe des Tarot (die → Großen Arkana als Zyklus der Transformation des Menschen betrachtet) gleichgesetzt. Der Mensch gelangt zu Erleuchtung, indem er sein innerstes Selbst findet und freilegt.

Rad des Schicksals, Rider-Waite

Rad des Lebens, Marseille

Vier Gestalten: Im Rider-Waite-Deck ist in der Abwärtsbewegung des Rades eine Schlange eingezeichnet als Symbol des ägyptischen Gottes Seth, Gott des Bösen, der den Tod in das Universum brachte. Seth gilt auch als Bruder von Osiris, Gott des Lebens. Manche Tarotautoren sehen in der Gestalt auch Typhon (aus der griechischen Mythologie), ein Riesenungeheuer der Unterwelt, der Zerstörung und Auflösung, wobei der Aussagegehalt an sich gewahrt bleibt. In der Aufwärtsbewegung befindet sich Anubis, Führer der toten Seelen und Spender neuen Lebens – nur durch den Tod kann neues Leben wachsen, neues aus altem entstehen. Die Sphinx auf dem Höhepunkt des Rades stellt Horus dar, Gott der Auferstehung als Symbol des Sieges des Lebens über den Tod. Daher decken die Gestalten zusammengenommen erneut die Symbolik der Karte auf: das ewige Auf und Ab von Tod und Wiedergeburt. Im → Tarot de Marseille werden die drei Gestalten in Tierform mit Klei-

dung gezeigt. Dies kann auch von der damals üblichen Mode der Kunst herrühren, menschliche Laster und Tugenden in Tiergestalt darzustellen. *Evangelistensymbole:* Im Rider-Waite-Deck finden sich auch die vier → Evangelistensymbole in den Ecken der Karte. Im Uhrzeigersinn zeigen sie: Johannes, Markus, Lukas, Matthäus. Die vier → Evangelisten werden auch mit den vier → Elementen gleichgesetzt: Wasser, Feuer, Erde und Luft. Die Elemente werden den vier Sätzen im Tarot zugeordnet und können mit den Symbolen des Grals in Verbindung gebracht werden. Die vier Gestalten symbolisieren aber auch die vier fixen Zeichen des Tierkreises: → Löwe, → Skorpion, → Wassermann und → Stier (Bezug zum Rad als Symbol des Universums und damit auch des Tierkreises). Alle Bezüge zusammengenommen symbolisieren die materielle Welt als Mysterium, die nur dann verstanden werden kann, wenn der Mensch alle Wahrheiten kennt.

202

Archetypus: Schicksal.

Divinatorische Bedeutung: Die Karte zeigt immer eine Veränderung im Leben des → Fragenden an. Auf die Lösung eines Problems zugehen. Schicksalhafte Ereignisse, denen sich der Betreffende fügt, ohne die Ereignisse selbst wirklich zu verstehen. Voranschreiten.

Umgekehrte Bedeutung: Scheitern, da man sich gegen Ereignisse auflehnen möchte, die aber den Gang der Dinge, den Lauf des Lebens repräsentieren. Zu beachten ist, daß die Bedeutung des Schicksalsrades sehr von den umliegenden Karten abhängt, die mehr darüber aussagen, ob der Betreffende die Veränderung in seinem Leben als positiv oder negativ wertet.

Radix

(Lat. = Wurzel), astrologische Bezeichnung für Geburtshoroskop.

Ra-Hoor-Khuit

Ägyptischer Gott, dessen Abgesandter → Aiwaz angeblich → Crowley erschien.

Ratlosigkeit

Karte	Art
5 d. Münzen	Im Sinn von: die Lösung nicht sehen.

Regardie, Israel

(1907–1983), Mitglied des → Golden Dawn, Sekretär von → Crowley. Als der Orden auseinanderfiel, wechselte er zu → O.T.O. Ging nach seinem Zer-

würfnis mit Crowley 1934 in die USA. 1937 brach er sein Schweigegebot dem Orden gegenüber und veröffentlichte (geheime) Ordensunterlagen, die als vierbändiges Werk unter dem Titel »The Golden Dawn« erschienen (deutsche Ausgabe, »Das magische System des Golden Dawn«, 1988, 3 Bände, Verlag Bauer, Freiburg/Breisgau). Darin werden magische Rituale, Praktiken und Initiationsriten beschrieben. Allerdings betrachtet die moderne Tarotforschung es nicht mehr als gesichert, daß Regardie tatsächlich die wahren Unterlagen des Ordens veröffentlichte oder aber diese mit seinen eigenen Vorstellungen vermengte. Dies rührt daher, daß Regardie erst relativ spät in den Orden eintrat und nicht gesichert ist, ob er tatsächlich Zugang zu allen Unterlagen hatte. Neben Werken über Magie, → Alchemie, veröffentlichte er Crowleys Bücher mit eigenen Anmerkungen, um Mißverständnisse und Falschbeurteilungen Crowleys von seiten seiner Biographen auszuschalten. Gilt als einer der wichtigsten Interpreten des zeitgenössischen → Okkultismus und der Esoterik.

Reichtum

Karte	Art
Der Magier	Geistiger Reichtum.
Die Hohepriesterin	Seelischer Reichtum.
Der Teufel	R. als Blendmittel.
As d. Kelche	Chance, großen inneren Reichtum zu erlangen.

As d. Münzen	Chance, großen materiellen Reichtum zu erlangen.
Königin d. Münzen	Jemand mit Freude am inneren Reichtum und möglicherweise Leben im Luxus.
10 d. Münzen	Der eigene innere Reichtum (der Familie) wird nicht erkannt.
9 d. Münzen	Überraschender Gewinn.
6 d. Münzen	Andere am eigenen Reichtum teilhaben lassen.
4 d. Münzen	Mit Reichtum geizen.

Reine

(Franz.) Bezeichnung für → Königin.

Reise

Karte	Art
Ritter d. Stäbe	Abenteuer- und Reiselust.
Bube d. Stäbe	Möglichkeit, zu einer Reise eingeladen zu werden.
8 d. Kelche	Aufbruch ins Unbekannte.
6 d. Schwerter	Überstürzte Reise, möglicherweise auch Seereise, Reiseweg mit Schwierigkeiten.
3 Achten nebeneinander	Viele Reisen.
4 Vieren nebeneinander	Reise in naher Zukunft.

Reiter

Andere Bezeichnung für → Ritter.

Renaissance Tarot

Tarotdeck (1987) von Brian Williams. Das Set ist größtenteils an die überlieferte Symbolik angelehnt. Die Gestaltung der Karten ist eine Mischform aus verschiedenen (Kunst-)Epochen in zarten Farben.

Resch

1. Zwanzigster hebräischer Buchstabe mit der Bedeutung »Haupt«. Nachdem mit dem vorhergehenden Buchstaben → Kof eine neue Welt begann, die nur durch einen kleinen Durchgang zu betreten ist, zeigt im Zyklus der Buchstabenmystik Resch den Beginn des Menschen an. Der erste Buchstabe des → hebräischen Alphabetes ist → Aleph und symbolisiert den Kopf eines Stiers, Resch hingegen zeigt nun das Haupt und damit den Anfang des denkenden Menschen. Auch die Schreibweise des Buchstabens symbolisiert seine Bedeutung – alles ist nach oben verlagert.
2. Case ordnete Resch der → Sonne zu und nannte ihn auch die sammelnde Intelligenz.
3. Andere Autoren ordneten Resch nach dem System von → Lévi der Karte → Das Gericht zu.

Rider-Waite-Tarot

Tarotset, 78 Karten, 1910 erstmals von der Firma Rider & Co. in London her-

ausgegeben. Das berühmte Kartendeck wurde von der Künstlerin Pamela Colman Smith nach Entwürfen von → Waite gezeichnet. Waite führte insbesondere eine Neuerung ein: er ließ auch die 56 → Kleinen Arkana mit Figuren in speziellen Lebenssituationen darstellen. (Die klassischen Sets verwendeten zur Darstellung der Zahlenkarten der Kleinen Arkana nur → Stäbe, → Schwerter, → Münzen und → Kelche ohne Figuren, mit Ausnahme auf den → Hofkarten.) Die allegorischen Darstellungen erleichtern die Arbeit mit den Karten für die → Divination. Manche Tarotautoren sehen aber in anderen Kartendecks ohne allegorische Darstellungen der Kleinen Arkana eine bessere Unterstützung zur → Tarotmeditation. Die meisten der modernen Tarotsets lehnen sich in ihren Darstellungen an den Rider-Waite-Tarot an.

Ritter

→ Hofkarte. Generell stehen die Ritter je nach Blickrichtung für das Ende oder den Anfang einer Sache. Während → Königin und → König Stabilität und Sicherheit symbolisieren, stehen Ritter immer für Bewegung. Sie interpretieren die Qualitäten des jeweiligen Satzes in Aktion. Seine Aufgabe ist es zu handeln. Seine Erfahrungen sind nicht so groß wie die von Königin oder König. Wird ein Ritter als → Signifikator eingesetzt, muß auch das Temperament des → Fragenden beachtet werden. Treten in einem Kartenbild mehrere Ritter

auf, so kommt zu ihrer eigentlichen Bedeutung noch hinzu (manchmal unterschiedlich, je nach Position):

2 Ritter: Vertraulichkeit.

3 Ritter: Neuigkeiten, unerwartete Begegnungen, lebhafte Debatte.

4 Ritter: Schnelligkeit, Geschwindigkeit, aber auch ernste Angelegenheiten.

Ritter der Kelche

→ Hofkarte.

Rider-Waite-Tarot: Ein junger Ritter in Rüstung mit geflügeltem Helm auf einem weißen Pferd, das verspielt den Vorderhuf hebt. In seiner rechten Hand hält der Ritter einen Kelch, er selbst sieht über diesen hinweg. Durch die Landschaft im Hintergrund schlängelt sich ein kleiner Fluß. Wolkenloser Himmel.

Tarot de Marseille: Ein junger Mann mit einem reich verzierten Kelch in seiner linken Hand. Er betrachtet den Kelch. Zu seinen Füßen eine Blume.

Symbol für: Da der Ritter den Kelch im Tarot de Marseille verträumt betrach-

RITTER der KELCHE

Ritter der Kelche, Rider-Waite

Ritter der Kelche

Ritter der Kelche, Marseille

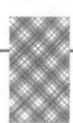

tet, im Rider-Waite-Tarot darüber hinwegsieht, steht dieser Ritter für einen verträumten, jungen Menschen. Tagträume, Sichgehenlassen, ein passiver Mensch, der möglicherweise vor Verpflichtungen flieht, indem er sich in eine Traumwelt zurückzieht, der aber auch kreativ, inspirativ wirken kann, wenn er sich seinen Aufgaben stellt. Aber auch Flirt mit einem kreativen, phantasievollen Mann.

Umgekehrte Bedeutung: Ein junger Mensch, der vielleicht einen Schwindel plant und dabei sehr klug und kreativ vorgeht.

Kann bei jüngeren Menschen für den Verlobten, die Verlobte, den Bruder, die Schwester oder den Freund, die Freundin stehen. Bei älteren Menschen für den Sohn oder die Tochter.

Ritter der Münzen

→ Hofkarte.

Rider-Waite-Tarot: Ein junger Ritter auf einem schwarzen Pferd, das bewegungslos steht. In seiner rechten Hand trägt er eine Münze, betrachtet diese aber nicht. Der Hintergrund ist gelb.

Tarot de Marseille: Ein junger Mann auf einem weißen Pferd. Er ist in Rot und Blau gekleidet – Dualität zwischen materiellem und spirituellem Denken. Er blickt auf eine Münze, die über ihm steht. In seiner rechten Hand hält er einen Stab.

Symbol für: Dieser junge Mensch ist in sein materielles Leben äußerst eingebunden, dadurch arbeitet er hart und

**Ritter der Münzen,
Rider-Waite**

**Ritter der Münzen,
Marseille**

verantwortungsvoll, steht dabei – wie sein Pferd zum Ausdruck bringt – mit beiden Beinen in der Realität.

Umgekehrte Bedeutung: Möglicherweise hat der junge Mensch den Zugang zu seinem inneren Selbst verloren oder vergessen und konzentriert sich zu sehr auf die materiellen Dinge des Lebens.

Kann bei jüngeren Menschen für den Verlobten, die Verlobte, den Bruder, die Schwester oder den Freund, die Freundin stehen. Bei älteren Menschen für den Sohn oder die Tochter.

Ritter der Schwerter

→ Hofkarte.

Rider-Waite-Tarot: Ein junger Ritter reitet in vollem Galopp gegen den Wind auf ein Ziel, das sich dem Betrachter nicht darbietet. Eine rote Feder an seinem Helm. Er hält ein gezücktes Schwert in seiner linken Hand. Die Bäume im Hintergrund und die Wolken deuten nochmals auf Sturm.

Tarot de Marseille: Ein junger Mann in Rüstung auf einem Pferd in Bewegung. Er hält ein Schwert in seiner linken Hand.

Symbol für: Ein mutiger, abenteuerlustiger, starker, junger Mensch, der manchmal im Übereifer Grenzen überschreitet. Seine ganze Lebenskraft richtet sich auf die äußere Welt, die er in einem fort erobern möchte.

Umgekehrte Bedeutung: Vielleicht versucht dieser junge Mensch auch mit Gewalt einen Sieg zu erringen. Dinge, die Zeit, Geduld und innere Ruhe erfordern, bedeuten für ihn eine Qual. Dadurch kann er zu sorglos, draufgängerisch und unmäßig werden.

Ritter der Stäbe,
Rider-Waite

Ritter der Stäbe,
Marseille

Ritter der Stäbe

→ Hofkarte.

Rider-Waite-Tarot: Ein Ritter in Rüstung mit gelbem Überkleid auf einem sich aufbäumenden Pferd. In der linken Hand hält er einen Stab. Eine orangefarbene Feder auf seinem Helm. Das gelbe Überkleid ist mit schwarzen Salamandern gemustert, die sich im Kreis drehen.

Tarot de Marseille: Ein junger Mann auf einem Pferd in Bewegung. In seiner linken Hand hält er einen Stab. Die Form seines Hutes zeigt die → Lemniskate (wobei manche Tarotforscher den Ursprung dieser Lemniskate eher in der zur Entstehungszeit des Tarot de Marseille üblichen Hutmode sehen).

Symbol für: Einen jungen Menschen, der ständig in Bewegung zu sein scheint, überschäumt vor Aktivität, sucht Abenteuer, Reisen, ständige Wechsel des Aufenthaltsortes.

Umgekehrte Bedeutung: Ein junger Mensch, dessen Pläne sich immer wie-

Ritter der Schwerter,
Rider-Waite

Ritter der Schwerter,
Marseille

Kann bei jüngeren Menschen für den Verlobten, die Verlobte, den Bruder, die Schwester oder den Freund, die Freundin stehen. Bei älteren Menschen für den Sohn oder die Tochter.

207

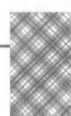

der abrupt ändern können. Ist seine Energie nicht zielgerichtet, kann sie leicht in undurchdachten Plänen und sinnlosen Handlungen enden. Da er z. B. nicht vorwärtsreitet (Rider-Waite-Deck), verbrennt ihn seine Energie innerlich. Kann bei jüngeren Menschen für den Verlobten, die Verlobte, den Bruder, die Schwester oder den Freund, die Freundin stehen. Bei älteren Menschen für den Sohn oder die Tochter.

Robson, Vivian

(1880–1941), englischer Astrologe, der sich mit Tarot, Magie und der → Kabbala beschäftigte. Er sah in den Figuren des Tarot die Zeichen des planetaren Tierkreises und der Sternbilder. In seinem Buch »The Fixed Stars« beschreibt er u. a. die Beziehung des Tarot zu den Fixsternen, der Kabbala und der Magie.

Rochias-Fils-Karten

Tarotkartenset, Schweiz, spätes 18. Jh. 78 Karten. Die Hohepriesterin als die → Päpstin und → Der Hierophant als den → Papst bezeichnet.

Roi

(Franz.) Bezeichnung für → König.

Romanze

→ Flirt

Rose

Pflanze, die den → Großen Arkana → Die Kraft und → Die Sonne zugeordnet

wird. Ihr Duft hilft gegen Depressionen, Wut und Angst und hilft bei Stimmungsschwankungen (s. auch → Pflanzen).

Rosenkreuzer

Geheimorden, der im 17. Jh. in Deutschland entstand. Begründet seine Lehren auf die Schriften »General Reformation« (1612/13) und »Fama Fraternatis« (1615), die Johann Valentin Andreae (1554–1601) als Autor zugeschrieben werden. Allerdings konnte bis heute nicht ermittelt werden, ob Andreae tatsächlich der Urheber dieser Schriften ist. 1616 erschien das Traktat »Chymische Hochzeit: Christiani Rosencreutz. Anno 1459 …«. Beschrieben wird in den Texten das Leben des Vaters Rosenkreutz und dessen Suche nach ewiger Wahrheit und Weisheit (zu vergleichen mit der → Tabula Smaragdina). Die Geschichte der älteren Rosenkreuzer ist im eigentlichen Sinne nur eine Geschichte ihrer Literatur, da sich nur vereinzelte Personen als zu den Rosenkreuzern zugehörig zu erkennen gaben. Die Rosenkreuzer sind auch heute noch tätig. Zu ihren Lehren zählten → Neuplatonismus, → Kabbala, christliche Theosophie und → Alchemie. In neuerer Zeit wurde auch der Tarot und → Astrologie in ihre Lehren aufgenommen.

Rosenkreuzer-Tarot

Zu den Lehren der Rosenkreuzer zählt auch das Wissen um den Tarot. Aller-

dings wird dieser weniger zu → divinatorischen Zwecken verwendet, denn zu → Tarotmeditationen oder Tarotyoga.

Rosenquarz

Edler Stein der Quarzgruppe. Der rosafarbene Stein wird den → Großen Arkana → Die Hohepriesterin und → Der Wagen zugeordnet. Er soll vor allem Störquellen jedweder Art beseitigen und die Atmosphäre reinigen (s. auch → Edle Steine).

Rosmarin

Pflanze, die den → Großen Arkana → Die Hohepriesterin und → Der Wagen zugeordnet wird. Rosmarin hat zugleich beruhigende und stimulierende Wirkung (s. auch → Pflanzen).

Rot

Die → Farbsymbolik ordnet dieser → Farbe folgende Eigenschaften zu:
Körperregion: Rückenmark.
Charakter: Macht, Energie, Mut, Aktion, Aktivität, Sexualität, Leben, Willen, Entschlossenheit, Erfolg, aber auch Zorn und Rücksichtslosigkeit.
Wirkung: Aktiviert, erneuert, kräftigt, ermutigend, vertreibt Kummer und Sorgen.

Als Hintergrundfarbe ist Rot auf keiner Tarotkarte des → Rider-Waite-Decks zu finden, allerdings tragen → Der Magier (I), → Der Herrscher (IV), → Der Hierophant (V) und → Die Gerechtigkeit (XI) rote Mäntel als Zeichen ihrer Macht. → Der Gehängte (XII) trägt ein rotes Beinkleid, was darauf hinweist, daß er sich willentlich aus seiner Situation befreien könnte. Die → ausgebreiteten Flügel der → Engel auf den → Trumpfkarten → Die Liebenden (VI), → Die Mäßigkeit (XIV) und → Das Gericht (XX) weisen wiederum auf ihre himmlische Macht hin. Bei → Die Herrscherin (III) ist der rote Mantel ansatzweise noch zu sehen, doch trägt sie ein rotgeblümtes Venuskleid als Zeichen ihrer sexuellen Macht und Ausstrahlung.

Rota-Rad

Das Rota-Rad bildet die Basis in der von → Papus begründeten okkulten Philosophie, die auf einer Form der → Kabbala aufbaute, die ein mystisches System von Zahlen und ihre Verbindung mit Namen und hebräischen Buchstaben verwendet. Das → Tetragrammaton spielt dabei eine große Rolle. Papus ordnete alle 78 Karten des Tarot auf dem radförmig dargestellten Wort Rota an und weitete sein Gesetz der Zahlen auf jede der 22 Karten der → Großen Arkana und der 40 → Zahlenkarten aus. Papus führte seine Lehre in seinem Buch »Der Tarot der Zigeuner« genau aus. Der Leser kann die verwendeten Räder (aus Karton) nachbasteln. Durch Übereinanderlegen und Drehen der Scheiben ergeben sich immer wieder unterschiedliche hebräische Wörter,

die zueinander in Verbindung gesetzt werden können und die neue Einsichten in den Tarot bieten können. Für die Handhabung des Rota-Rades sind allerdings fundierte Kenntnisse der → Zahlenmystik, der hebräischen Buchstaben und des Tarot notwendig.

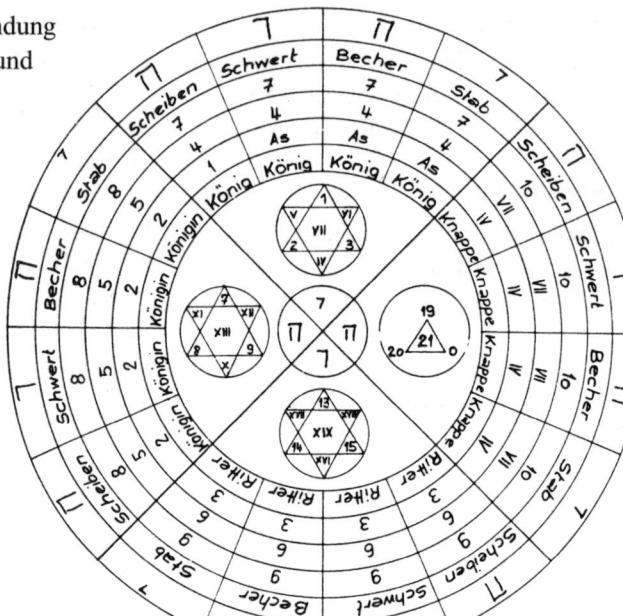

Das Rota-Rad

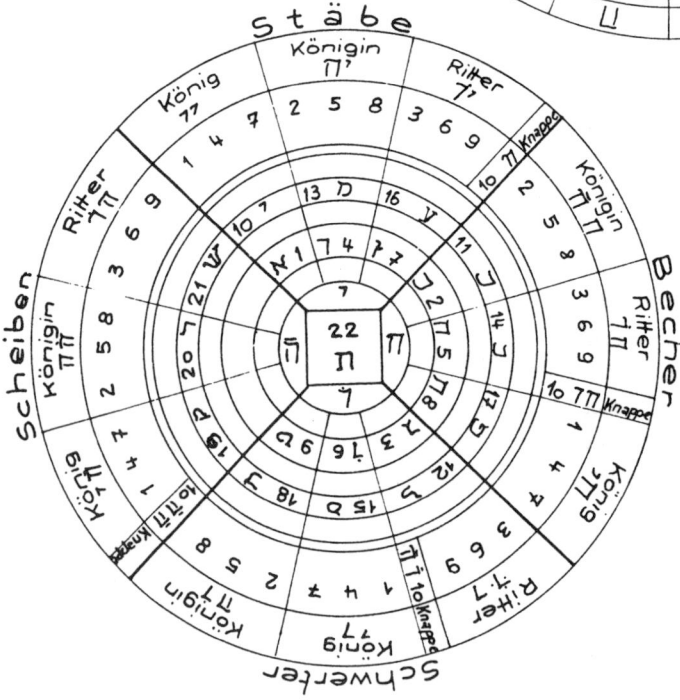

Rota di Fortuna

(Ital.) Bezeichnung für die → Große Arkana → Rad des Schicksals (X), auch → Ruota della Fortuna.

Roue de La Fortune, La

(Franz.) Bezeichnung für die → Große Arkana → Rad des Schicksals (X).

Royal Fez Maroccan Tarot

Tarotdeck (etwa 1972) von Roland Berrill und Michaiel Hobdell. Der Name des Decks stammt von der Theorie → Paul Foster Cases, der Tarot wäre eine bildliche Darstellung der Weisheit dieser Welt, die in Fez, Marokko, von den Weisen der Welt zusammengetragen worden wäre. Die Gestaltung der Karten lehnt sich aber an → Waite an.

Rubin

Edler Stein der Korundgruppe. Der rote Stein wird den → Großen Arkana → Die Herrscherin, → Der Hierophant und → Die Gerechtigkeit zugeordnet. Schon in früheren Zeiten wurde der Rubin als großer Schutzstein vor allem gegen Traurigkeit und Liebeskummer eingesetzt. Zudem warnt er seinen Träger vor Unheil jedweder Art, (s. auch → Edle Steine).

Ruhe

Karte	Art
Der Eremit	Sich in die Ruhe zurückziehen.
Bube d. Schwerter	Jemand, der nur schwer zu innerer Ruhe finden kann.
4 d. Schwerter	Meditative Ruhe.
2 Buben nebeneinander	Unruhe.
2 Dreien nebeneinander	Gelassenheit.
4 d. Stäbe	Eintracht durch Ruhe und Harmonie.
4 Vieren nebeneinander	Frieden.

Ruin

Karte	Art
Der Teufel	Finanzieller und seelischer Ruin.

Ruota de la Fortuna

(Ital.) Bezeichnung für die → Große Arkana → Rad des Schicksals (X). Auch → Roue de La Fortune.

Saatkarten

Bezeichnung für jede dritte Karte der → Großen Arkana, da sie innerhalb der → Siebenerreihe eine Saat für eine neue Richtung in sich trägt, d. h. mit dem Auftauchen dieser Karten findet eine Umwandlung statt, etwas Neues kann beginnen. Die Saatkarten sind → Der Magier, → Der Herrscher, → Der Wagen, → Der Tod, → Der

Turm, → Rad des Schicksals, → Die Sonne.

Sacred Tarot

Von → C. C. Zain geschaffenes Tarotset, in Schwarzweiß, mit überwiegend ägyptischen Symbolen, die sehr stark von der klassischen Tarotsymbolik abweichen. Eignen sich gut zum Kolorieren. Nicht zu verwechseln mit dem Sacred Rose Tarot (s. Anhang). Unter dem Titel »The Sacred Tarot« erschien auch ein Buch von Zain (etwa 1918).

Sajin

 1. Siebenter hebräischer Buchstabe mit der Bedeutung »Waffe«. Mit dieser Waffe zerbricht die Verbindung zwischen oben und unten, Gott und Mensch, da der Mensch glaubt, kraft seines Denkens könne er selbst die Welt erschaffen. In der Schreibweise zeigt sich diese Verlorenheit des Menschen durch den Tropfen aus dem Himmel, der keine Fülle mehr darstellt wie bei → Daleth, dem vierten Buchstaben, sondern allein darauf wartet, daß der Mensch diese Verbindung von oben und unten wieder zustande bringen kann. Noch aber steht der Mensch verloren diesem Zeichen gegenüber. Bei → Waw war die Verbindung noch gegeben, da der untere Strich noch mit dem Tropfen in Verbindung stand, hier aber fand eine Verschiebung statt, die das Getrenntsein symbolisiert. Mit der Waffe wird auch das Ringen von sich Liebenden oder

Hassenden bezeichnet und der Kampf Gottes.

2. Case ordnete Sajin der → Großen Arkana → Die Liebenden zu und nannte den Buchstaben auch die ordnende Intelligenz.

3. Andere Autoren ordneten Sajin dem → Wagen zu.

Samech

1. Fünfzehnter hebräischer Buchstabe mit Bedeutung »Wasserschlange« und Zahlenwert sechzig. Nach → Mem (Wasser) und → Nun (Fisch) kommt im Zyklus der Buchstaben die Wasserschlange auf den Menschen zu, um ihn zu verführen. So symbolisiert auch die Schreibweise des Zeichens einen geschlossenen Kreis – eine Schlange, die alles umschließt. In engem Zusammenhang stehen die Buchstaben Nun und Samech mit den Buchstaben → He und → Waw durch ihre Zahlenwerte. Alle vier Buchstaben symbolisieren entscheidende Einschnitte im Leben eines Menschen.

2) → Case ordnete Samech der → Großen Arkana → Die Mäßigung zu und nannte den Buchstaben auch die erprobende Intelligenz oder Intelligenz der Bewährung oder Prüfung.

3) Andere Autoren ordneten Samech nach dem System von → Lévi dem → Teufel zu.

Saphir

Edler Stein der Korundgruppe. Der blaue Saphir wird den → Großen Ar-

kana → Rad des Schicksals und → Die Mäßigkeit zugeordnet. Der kostbare Stein wurde in der Antike gern als Schutzamulett gegen sämtliche negativen Energien eingesetzt und soll seinem Träger Weisheit verleihen (s. auch → Edle Steine).

Saturn

→ Planet. → Symbol: ♄. In der → Astrologie wird Saturn dem → Tierkreiszeichen → Steinbock zugeordnet. Er repräsentiert in der Astrologie das Gesetz, Prozesse, die Zeit zur Vollendung brauchen, Reue, Sühne, Treue, Konsequenz, Zuverlässigkeit, Sorgfalt und Konzentration, aber auch Starrsinn, der bisweilen zwanghaft werden kann. Klassischer »Unglücksplanet«. Im → Radix gibt Saturn Auskunft darüber, wo die Grenzen des Betreffenden liegen und wo er eine allzu starre Haltung annimmt. Körperliche Entsprechungen: Milz, Knochen, Skelett, Gelenke, Haut und Haare. Seine Farbe: Dunkelblau (auch Schwarz), → Indigo. Tarotzuordnungen: → Der Teufel, → Die Welt.

Sätze

Die → Kleinen Arkana der Tarotkarten unterteilen sich in vier Sätze: → Stäbe, → Schwerter, → Münzen und → Kelche. Jeder dieser Sätze ist eingeteilt in → Zahlenkarten (2–10), → Hofkarten und → Asse. Die älteren Tarotdecks zeigen auf den Satzkarten geometrische Muster, gebildet aus den jeweiligen Symbolen (Münzen usw.). → Waite entwarf als erster auch die Kleinen Arkana in symbolhaften Darstellungen und eindeutigen Szenen. Neuere Decks folgten z. T mit diesen und abgewandelten Darstellungen. Während die → Großen Arkana hauptsächlich als → Archetypen betrachtet werden, stehen die einzelnen Sätze für den weltlichen Bereich des Lebens. Jedem Satz wird ein → Element zugeordnet (Feuer – Stäbe, Wasser – Kelche, Luft –Schwerter, Erde – Münzen). Die Asse repräsentieren in jedem Satz das betreffende Element in seiner reinsten und ursprünglichsten Form. Dem jeweiligen Element entsprechend läßt sich eine Art Geschichte aus den Karten eines Satzes erzählen. Werden die Karten zur → Divination verwendet, muß beachtet werden, in welcher Zusammensetzung sich die Elemente und → Qualitäten zusammenfügen, z. B. überwiegend Stäbe – kann u. a. eine im ganzen brenzlige Angelegenheit und Erfahrung bedeuten; viele Stäbe und Kelche – positive, befreiende Situationen und Erfahrungen. Esoteriker bevorzugen geometrische Darstellungen und abstrakte Muster auf den Karten, um diese zur Meditation und spirituellen Übungen zu verwenden. Eine Verbindung zwischen den vier Sätzen wird auch mit den vier Welten der → Kabbala gesehen. Der (unaussprechliche, hebräische) Name Gottes

JHVH läßt sich mit den vier Sätzen in Verbindung bringen, dabei werden die einzelnen Buchstaben jeweils einem Element zugeordnet: Jod – Feuer, He – Wasser, Waw – Luft, He – Erde, wobei die Zuordnung der Tradition des Tarot und nicht der Kabbala entspricht. Eine weitere Verbindung besteht zu den Instrumenten, die für magische Praktiken verwendet werden – vgl. Große Arkana I: → Der Magier: Auf seinem Tisch liegen alle vier (Münze, Schwert, Stab und Kelch) → Symbole.

Tarotinterpreten, die sich vor allem an → C. G. Jung anlehnen, ordnen den vier Sätzen psychologische Bedeutungen zu: Stäbe – Intuition, Schwerter – Denken, Münzen – Empfindung und Kelche – Gefühl. Auch die vier Temperamente werden mit den vier Sätzen in Verbindung gebracht: Münzen – Melancholiker, Schwerter – Sanguiniker, Stäbe – Choleriker und Kelche–Phlegmatiker.

Schattenseite

Die → umgekehrte Bedeutung einer Karte bei einer → Divination.

Scheideweg

Andere Bezeichnung für die → Große Arkana → Die Liebenden (VI). → Case schrieb speziell dazu: »… einige Pseudoesoteriker nennen sie [Die Liebenden] auch Scheideweg. Sie behaupten, daß ältere Versionen der zugrundeliegenden Symbolik einen Mann zeigen, der zwischen zwei Frauen steht, die Tugend und Laster verkörpern. Dies ist vollkommen falsch. In alten exoterischen Versionen des Tarot erkennt man auf diesem Schlüssel drei Figuren: einen Jüngling und eine Jungfer, die eine gekrönte Frau anschauen. Sie sind Sinnbilder des kabbalistischen Sohnes und seiner Braut, die zusammen mit der kabbalistischen Mutter oder Königin auftreten. Dieses Motiv weist – ganz abgesehen von seiner tieferen Bedeutung – offensichtlich Bezüge zur Hochzeit auf. Der Titel deutet die Vereinigung gegensätzlicher, jedoch einander ergänzender Formen des Daseins an …« (Aus: »Schlüssel zur ewigen Weisheit des Tarot.«)

Damit zeigt sich, daß manche Tarotautoren zwar bei der Aussage bleiben, ein Mann müsse sich zwischen einer jungen schönen und einer alten, aber reichen Frau entscheiden, die Deutung aber wahrscheinlich tiefgreifender ist und durchaus auf Cases Aussage beruhen könnte.

Markant ist, daß ein Tarotset existiert, das eine junge Frau zeigt, die zwischen zwei Männern wählt und nicht umgekehrt (→ Tarocchino Bolognese).

Scheidle, J.

Tarotautor und Tarotforscher. War der Ansicht, der Tarot wäre ägyptischen Ursprungs und demzufolge mit den 42 Büchern des Thot identisch. 1857 wurde von J. Scheidle veröffentlicht: »Theoretischer und praktischer Unter-

richt über das Buch Thot oder über die höhere Kraft, Natur und Mensch mit Zuverlässigkeit die Geheimnisse des Lebens zu enthüllen und Orakel zu erteilen, nach der Ägypter wunderbaren Kunst. Mit 78 Tarotkarten zum Ausschneiden.« Hierbei handelt es sich um eine neue Übersetzung eines Buches von → Eteilla.

Scheidung

Karte	Art
Königin d. Schwerter	Jemand, der durch eine Scheidung viel durchmachen mußte, sich aber selbst aus den Fesseln der Angst und Not befreien konnte.

Schicksal

Karte	Art
Rad des Schicksals	Am Schicksalsrad selber drehen können oder abwarten müssen – je nach Position der Karte.
Königin d. Schwerter	Jemand, der ein schweres Schicksal hatte, sich aber aus eigener Kraft befreien konnte.

Schicksalsrad

Andere Bezeichnung für die → Große Arkana → Rad des Schicksals oder Glücksrad.

Schin

1. Einundzwanzigster hebräischer Buchstabe mit der Bedeutung »Zahn«. Nachdem der vorhergehende Buchstabe → Resch das Haupt des Menschen symbolisiert, zeigt dieser Buchstabe nun an, daß der Mensch aufnahmebereit ist (mit den Zähnen wird aufgenommen und zerkaut, was man aufnehmen möchte).

2. Case ordnete Schin der → Großen Arkana → Das Gericht zu und nannte ihn auch immerwährende Intelligenz.

3. Andere Autoren ordneten Schin nach dem System von → Lévi der Karte → Der Narr zu.

Schmerz → Kummer

Schütze

Astrologisches → Tierkreiszeichen (22. November bis 20. Dezember). → Symbol: ♐. Element: Feuer (drittes Feuerzeichen des Tierkreises). Nach den strikten Verhaltensmustern des vorangehenden Zeichens → Skorpion will der Schütze innerhalb des Tierkreises Beweglichkeit, sowohl körperliche als auch geistige. Er erschließt neue Ideen, Gedanken und Philosophien. Schütze-entsprechungen sind: Religion, Reisen, Philosophie, Bewegung, Witz und Lebendigkeit, aber auch Maßlosigkeit. Manchmal besteht die Gefahr, daß er sich selbst überholt. Fehler treten auf, sobald er langsam agieren muß. Der

Schütze wird dem → Planeten → Jupiter zugeordnet. Der klassische Glücksplanet kann aber auch zu Übertreibungen verführen. Der Schütze wird im Tarot dem → Rad des Schicksals und der → Mäßigkeit zugeordnet. Das Rad des Schicksals kann sowohl ein Glücksrad sein als auch ein Schicksalsrad im Sinne von Unglück oder Pech symbolisieren, während Die Mäßigkeit dazu auffordert, das rechte Maß der Dinge und damit einen Ausgleich zu finden.

Schwarz

Die → Farbsymbolik ordnet dieser → Farbe folgende Eigenschaften zu:
Körperregion: Keine.
Charakter: Geheimnis, Unbekanntes, Dunkelheit, Tod, Sünde, Verhängnis, Depression, Verzweiflung.
Wirkung: Verursacht Traurigkeit, düstere Gedanken. Wirkt allerdings auch verstärkend, wenn sie zusammen mit anderen Farben eingesetzt wird, hebt den Ausdruck dieser Farben dann besonders hervor.

Im Tarot wird Schwarz vor allen Dingen im Zusammenhang mit der → Dualität gesehen, z. B. eine schwarze und eine weiße → Sphinx vor dem → Wagen (VII), eine schwarze und eine weiße Säule neben der → Hohepriesterin (II), die schwarze → Todesfahne mit der weißen Lebensblume auf der → Trumpfkarte → Der Tod (XIII). Als Farbe dominiert Schwarz

die beiden → Großen Arkana → Der Teufel (XV) und → Der Turm (XVI), die jede auf ihre Art als Symbol für Verhängnis, Verderben und Verzweiflung steht.

Schwerter

Satzbezeichnung, manchmal auch → Schippen genannt, entsprechen → Pik. Generell symbolisieren Schwerter das geistige Leben, den Intellekt. Im Zusammenhang damit oft auch Schwierigkeiten, Prüfungen, Sorgen, Krankheiten. Auch Trauer, Konflikt, die Wahrheit zu erkennen. Werden dem → Element → Luft und damit den → Tierkreiszeichen → Zwillinge, → Waage, → Wassermann zugeordnet. Treten mehrere Schwerter in einem → Kartenbild auf, stehen sie auch für: Ärger, Trauer, aber auch eine betont intellektuelle Seite der Angelegenheit, die zur Frage stand.

Schwindel → Betrug

Sechs

Grundzahl.
1. Schon die Pythagoräer sahen die 6 als die vollkommene Zahl, denn sie kann durch die drei Zahlen, aus denen sie entstanden ist, geteilt werden (1, 2, 3) und entsteht, wenn man ihre Bestandzahlen miteinander multipliziert. ($1 \times 2 \times 3$) oder addiert ($1 + 2 + 3$) Eine große Rolle spielt auch, daß Gott in 6 Tagen die Welt erschaffen hat, am 6. Tag der Mensch geschaffen wurde.

Darum wird sie auch die Zahl der Welt und des Menschen genannt. Am 6. Tag ist der Schöpfungszyklus abgeschlossen. Die Druiden sahen in der 6 die Einheit von Himmel und Erde. In der christlichen Mystik ist sie die Zahl der Erlösung, da Christus am 6. Tag vom Kreuz erlöst wurde. Ebenso wie der fünfzackige Stern ist der sechszackige Stern, das → Hexagramm, ein magisches Mittel zur Anrufung, aber auch Abwehr von guten oder bösen Mächten. Die Cherubim (bestimmte Gruppe von Engeln) werden mit sechs Flügeln dargestellt. Die 6 entspricht dem hebräischen Buchstaben → Waw (»Verbindungshaken«). Die Pythagoräer nannten die 6 die Zahl der Zeugung und der Heirat. Im Tarot ist die → Große Arkana Nummer 6 → Die Liebenden.

2. Treten in einem → Legebild mehrere Sechsen gemeinsam auf, so haben diese folgende, zusätzliche Bedeutung (kann je nach Position unterschiedlich sein):

2 Sechsen: Untergang, Mißlingen.

3 Sechsen: Gewinn, Erfolg, aber auch Befriedigung.

4 Sechsen: Vergnügen, aber auch Vorsicht, Sorgfalt.

Sechs der Kelche

→ Zahlenkarte.

Rider-Waite-Tarot: Ein Junge mit roter Zipfelmütze und blauem Kleid überreicht einem kleinen Mädchen einen Kelch, gefüllt mit weißen Blumen.

Sechs der Kelche, Rider-Waite

Sechs der Kelche, Marseille

Die beiden stehen im Garten einer Burg. Im Hintergrund sind ein Wohnhaus und ein Turm zu sehen. Links im Hintergrund geht ein Wachsoldat. Im Vordergrund stehen vier weitere Kelche mit Blumen gefüllt. Ein Kelch steht auf einer Balustrade im Rücken des Jungen. Grundfarbe des Bildes ist Gelb.

Tarot de Marseille: Drei Kelche rechts und drei Kelche links untereinander. In der Mitte ein Blumenkranz.

Symbol für: Kindheitserinnerungen, schöne Gefühle der vergangenen Tage. Der Fragende soll zur Lösung seines Problems in seiner Vergangenheit, in Dingen, die bereits vergangen sind, forschen – was brachte ihm Glück, gute Gefühle?

Umgekehrte Bedeutung: Die Zukunft. Möglicherweise aber auch das Nichtgelingen von Vorhaben.

Andere Deuter sehen in dieser Karte: Opfer, Einschränkungen, Schwäche, Hindernisse, Verdruß.

Sechs der Münzen

→ Zahlenkarte.

Rider-Waite-Tarot: Ein reich gekleideter Mann in rotem Überkleid und rotem Hut verteilt mit seiner rechten Hand Geld an zwei vor ihm kniende Bettler. In seiner linken Hand hält er eine Goldwaage. Der Bettler rechts von ihm ist mit einem gelben Überwurf bekleidet, der Bettler links zu seinen Füßen mit einem blauen.

Umgekehrte Bedeutung: Materielle Hindernisse. Auch das Verteilen der Gefühle auf zwei Personen. Hohe Schulden.

Sechs der Schwerter

→ Zahlenkarte.

Rider-Waite-Tarot: Ein Mann steuert ein Boot auf die andere Seite des Flusses. Er wendet dem Betrachter den Rücken zu. Eine Frau in einen dunklen Umhang gehüllt und neben ihr ein

Sechs der Münzen,
Rider-Waite

Sechs der Münzen,
Marseille

Sechs der Schwerter,
Rider-Waite

Sechs der Schwerter,
Marseille

Tarot de Marseille: Drei Münzen zu einem Dreieck angeordnet in der oberen Hälfte, drei weitere in der unteren Hälfte der Karte.

Symbol für: Gaben, Geschenke, Belohnung, aber auch Achtsamkeit, Wachsamkeit, Verteilen der Gefühle oder materieller Güter auf mehrere Personen oder Dinge, woraus schließlich folgt, daß man sich nicht nur auf eine Sache beschränkt oder konzentriert.

Kind sitzen zu seinen Füßen in dem Boot. Der Kahn ist mit sechs Schwertern beladen, die im Holz stecken. Der Fluß wirkt ruhig, schlägt aber bereits Wellen rechts vom Kahn.

Tarot de Marseille: Zwei mal drei Schwerter rechts und links, die sich oben und unten überkreuzen.

Symbol für: Zu schneller Übergang, ein neuer Weg, der mit alten Sorgen und Problemen angegangen wird, Reiseweg, Schwierigkeiten, hemmt

den Fragenden, Unordnung, Hindernisse, die nur überwunden werden können, wenn man sich mit der Vergangenheit beschäftigt und sie zu bewältigen versucht. Ein Übergang mit Hindernissen, die zuerst bewältigt werden müssen.

Umgekehrte Bedeutung: Die Lösung der alten Probleme kann nicht sofort erfolgen.

Manche Deutende sehen in dieser Karte auch: Gesandter, Hilfsmittel.

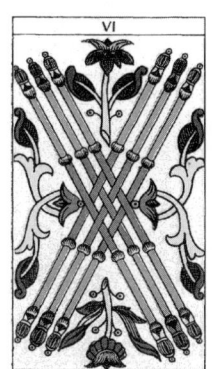

Sechs der Stäbe,
Rider-Waite

Sechs der Stäbe,
Marseille

Sechs der Stäbe

→ Zahlenkarte.

Rider-Waite-Tarot: Auf einem weißen Pferd mit grünem Überwurf sitzt ein junger Mann mit rotem Cape. Er trägt einen Siegeskranz auf dem Kopf und einen Stab mit einem Siegeskranz an der Spitze in der rechten Hand. Im Hintergrund sind seine Mitkämpfer zu erahnen. Auch sie tragen Stäbe in ihren Händen.

Tarot de Marseille: Zwei mal drei

Stäbe überkreuzen sich in der Mitte.

Symbol für: Triumphierender Sieger, große Neuigkeiten, die von einem Boten überbracht werden, Krone der Hoffnung.

Umgekehrte Bedeutung: Verzögerung bestimmter Vorhaben, auch Verzögerung eines Sieges.

Andere Deuter sehen in dieser Karte auch: Verzögerungen, Schwächen, Opfer, Mißerfolge.

Sechzehn

In der 16 erreicht die Frau nach → hebräischer Zahlenmystik ihre höchste Vollkommenheit (4 als Zahl der Frau im Quadrat). Der Magier und Philosoph Agrippa von Nettesheim schreibt über die 16: »... aus dem gleichseitigen Viereck entstanden und dem Zehner verwandt, wurde von den Pythagoräern deshalb die Glückszahl genannt. ...« (Aus: Die magischen Werke.) Da sich die 16 aus 4×4 bildet, steht sie in engstem Zusammenhang mit der 4 und wurde auch bei den Rosenkreuzern als die Vollkommenheitszahl betrachtet und die Natur in 4×4 philosophische Elemente unterteilt. Im Tarot ist die → Große Arkana → Der Turm die Karte Nummer 16. Da in der hebräischen Zahlenmystik erst die 20 wieder eine wirkliche Zahl darstellt, kann der 16 eigentlich kein hebräischer Buchstabe zugeordnet werden. Da manche Autoren jedoch den Tarot mit dem → hebräischen Alphabet gleichsetzten, steht für die

Karte 16 der Buchstabe → Ajin.
→ Case ordnet der 16. Karte den
Buchstaben → Pe zu, da er den ersten
Buchstaben → Aleph nicht der 1,
sondern der 0 zuschrieb.

Sehnsucht

Karte	Art
3 d. Stäbe	Sich noch am »Alten« festhalten, aber in sich bereits die Sehnsucht nach etwas Neuem tragen.

Selbstkontrolle

Karte	Art
Die Kraft	Archetypus der Selbstkontrolle.

Selbstvertrauen

Art	Karte
Der Magier	Wissen um die eigenen Kräfte, das Können.
9 d. Münzen	Das eigene Können gezielt und selbstbewußt einsetzen.

Sephiroth

Begriff der hebräischen Mystik, insbesondere der → Kabbala. (Hebräisch für Emanationen, dem »Hervorgehen aller Dinge aus dem unveränderlichen, vollkommenen, göttlichen Einen« [Ez.: Sephirah].) Bezeichnung für die zehn Stationen am → Baum des Lebens, welche durch 22 Pfade miteinander verbunden sind. Sie sind von 1 bis 10, beginnend bei Kether – der Krone, numeriert. Jede der Stationen bildet einen Seinszustand, der über einen der 22 Pfade erreicht werden kann, wobei die Namen der Sephiroth auf den zu erreichenden Zustand hinweisen. Ziel ist es, die Krone der Schöpfung, das Universum und/oder Gott zu erreichen (s. Abbildung auf Seite 221).

Als elfte (zehn sichtbare und eine unsichtbare) Sephiroth wird von den Kabbalisten Daath gesehen, welche durch die Verbindung der Sephiroth 4, 5, 7, 8 und 9 zu einem → Hexagramm entsteht. Die oberste Spitze des Hexagramms bildet die unsichtbare Sephiroth Daath, deren Name Wissen bedeutet. Sie dient als Kanal zur Welt des Überirdischen.

Jeweils drei Sephiroth bilden die drei Dreiecke des Lebensbaumes – das überirdische (Kether, Chockmah, Binah), das ethische Dreieck (Chesed, Geburah und Tiphereth) und das magische Dreieck (Netzach, Hod und Jesod). Betrachtet man die Sephiroth senkrecht, bilden sie drei Säulen, wobei die beiden äußeren Säulen durch die mittlere ihr Gleichgewicht finden. Jeder Sephiroth wird traditionell eine Zahl, ein Name, ein (astrologischer) Planet, eine Farbe und ein magisches Bild (vergleichbar mit Archetypen) zugeordnet:

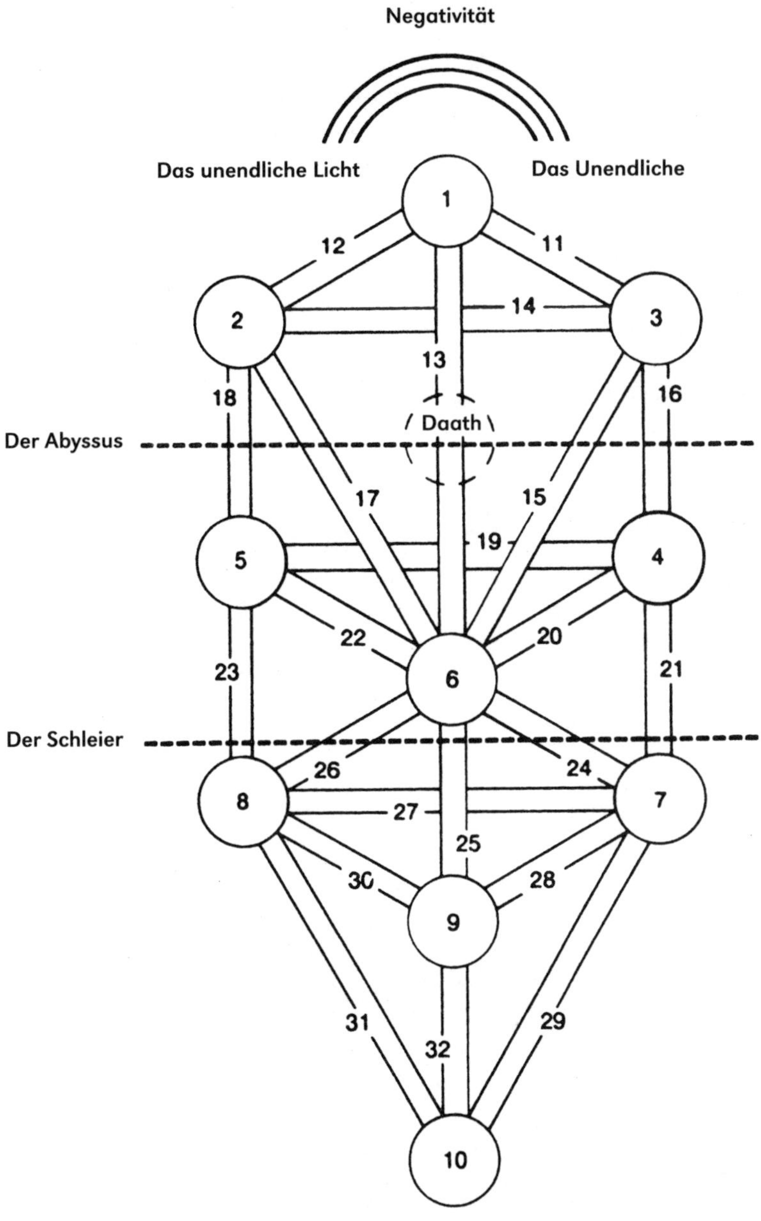

Negativität

Das unendliche Licht   Das Unendliche

1

12   11

2   14   3

13

16

18

Der Abyssus — — — — — — / Daath \ — — — — — — —

17   15

19

5   4

22   20

23   21

6

Der Schleier — — — — 26 — — — — 24 — — — —

8   27   7

25

30   28

9

31   29

32

10

Der Baum des Lebens

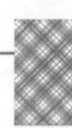
Die Zuordnungen zu den Sephiroth

Zahl	Name	Bedeutung	Planet	Farbe	Form
1	Kether	Krone	erste Bewegung	strahlendes Weiß	bärtiger König im Profil
2	Chockmah	Weisheit	Zodiak	Grau	bärtige, männliche Figur
3	Binah	Verstehen	Saturn	Schwarz	Mutter
4	Chesed	Barmherzigkeit	Jupiter	Blau	König mit Krone und Thron
5	Geburah	Strenge/Stärke	Mars	Scharlachrot	Krieger im Streitwagen
6	Tipereth	Schönheit	Sonne	Gelb	König, Kind, geopferter Gott
7	Netzach	Sieg/Macht	Venus	Smaragdgrün	wunderschöne, nackte Frau
8	Hod	Ruhm	Merkur	Orange	Hermaphrodit
9	Jesod	Fundament	Mond	Violett	schöner, nackter, starker Mann
10	Malkuth	Königreich	Erde	Gelb, Olivgrün, Rostbraun, Schwarz	junge Frau mit Krone und Thron

Des weiteren können den Sephiroth auch die zehn Namen Gottes, Erzengel und Engel zugeteilt werden.

Die zehn Namen Gottes

Sephiroth	Name	Bedeutung
1	Ehejeh	Ich bin
2	Jehovah	Gott – das Wort
3	Jehovah Elohim	Gott – der Schöpfer
4	El	Gott – der Herr
5	Elohim Gibor	Gott der Schlachten
6	Eloah Va Daath	Der sich im höheren Verstand manifestierende Gott
7	Jehovah Zebaoth	Herr der Heerscharen
8	Elohim Zebaoth	Gott der Heerscharen
9	Schaddai El Chai	Allmächtiger, lebendiger Gott
10	Adonai Melech, Adonai Ha Arets	Herr und König, Herr der Erde

Zuordnung der Erzengel und Engel

Sephirah	Erzengel	Engel
1	Metatron	Chajoth ha Qadesch – die heiligen Kreaturen
2	Raziel	Ophanim – die Räder
3	Zafkiel	Erelim – die Throne
4	Zadkiel	Chaschmalim – die Glanzwesen
5	Kamael	Seraphim – die flammenden Schlangen
6	Rafael	Melachim – die Könige
7	Haniel	Elohim – die Götter
8	Michael	Bene Elohim – die Söhne der Götter
9	Gabriel	Cherubim – die Starken
10	Sandalphon	Ischim – die Feuerseelen

Im Tarot werden den Pfaden die 22 Großen Arkana und den Sephiroth die 56 → Kleinen Arkana zugeordnet.

Sexualität

Karte	Art
Der Teufel	Sexuelle Abhängigkeit.
Königin d. Stäbe	Person mit großer sexueller Energie und Anziehungskraft.
As d. Stäbe	Sexuelle Energien.
2 d. Kelche	Zärtliche Begegnung.

Sforza, Francesco

(1401–1466), wurde nach der Ambrosianischen Republik Herzog von Mailand. Er war mit Bianca Maria Visconti verheiratet, der Tochter des letzten Visconti-Herzogs von Mailand, → Filippo Maria Visconti. Der Name Sforza bedeutet Kraft und wurde bereits seinem Vater Muzzio Attendolo, einem legendären Feldherrn, verliehen. Die Karte → Die Kraft im → Visconti-Sforza-Tarot zeigt einen jungen Mann, der einen Löwen erschlägt. Tarotforscher sehen darin das Abbild Francesco Sforzas. Der Löwe kann sinnbildlich für den Namen stehen. Manche Tarotautoren sehen darin aber auch die Stadt Venedig, die Sforza unterwarf und deren Wappentier ein Löwe war. Da bis heute nicht geklärt ist, wann das berühmte Visconti-Sforza-Tarotdeck entstand, wurden beide Namen in den Namen des Tarotsets aufgenommen. Zudem war der Künstler, der das Deck gestaltet hat, → Bembo, unter beiden Herrschern als Hofmaler tätig. Außerdem zeigen außer der Kraft auch andere Figuren Ähnlichkeit mit Francesco Sforza, so daß das Deck auch zu seinen Ehren entworfen worden sein könnte. Zudem zeigt das Kartenset

auch heraldische Symbole beider Familien, Sonne mit wellenförmigen und dazwischengesetzten geraden Strahlen als Symbol der Viscontis, drei ineinandergreifende Ringe als Symbol der Familie Sforza.

Sicherheit

Karte	Art
Der Herrscher	Archetypus der sozialen Sicherheit.
9 d. Münzen	Sicherheit durch Vertrauen in die eigene Kompetenz, Weitblick, materieller Erfolg.
4 d. Münzen	Sucht nach zu großer Sicherheit.
2 Zweien nebeneinander	Sicherheit im Neubeginn.

s. auch → Unsicherheit

Sieben

→ Grundzahl.

1. Da mit dem 7. Tag der Schöpfungszyklus endet, gilt die 7 in der → hebräischen Zahlenmystik als die immerwährende Gegenwart. Zahl der Zeit. Mit dem 7. Tag zeigt sich die Welt in ihrer höchstmöglichen Entwicklung. Eine höhere Stufe könnte sie nicht mehr erreichen. 7 × 7, also 49 Pforten können in dieser Welt durchschritten werden. Die 50 gehört bereits der anderen, der zeitlosen Seite an. Die 7 wird in der hebräischen Mystik auch als der »Welt-Tag« angesehen, da Gott am 7. Tag nicht spricht: »… und es war Abend, und es war Morgen, der … Tag.« – Der 7. Tag ist also scheinbar noch nicht zu Ende. Der hebräische Buchstabe der Zahl 7 ist → Sajin. Er bedeutet Waffe, womit auch ausgedrückt wird, daß wir Menschen uns in dieser Welt nicht wohl fühlen und uns nach unserer vollkommenen Welt, der Gottes-Seite sehnen. Auch zieht der 7. Stamm Israels als Stoßtrupp voraus, um das Gelobte Land zu erobern. Der Talmud berichtet: »Die Welt ist nicht in Ordnung. Daher ist das Kennzeichen unserer Welt, des siebenten Tages, die Waffe.«

Auch im Tarot wird ein Zyklus erzählt. Mit der siebenten Karte endet die erste Dreierreihe. Ein neuer Abschnitt beginnt. Im Tarot ist die → Große Arkana → Der Wagen die Nummer 7. Der Wagen kann sowohl als → Streitwagen als auch → Triumphwagen betrachtet werden. Die 7 wird sowohl als Glückszahl als auch als Unglückszahl gesehen. Agrippa von Nettesheim schrieb über die 7: »Die Zahl Sieben besitzt mannigfache Kräfte; sie besteht nämlich aus Eins und Sechs, oder aus Zwei und Fünf, oder Drei und Vier und enthält die Einheit gleichsam als Bindeglied der gedoppelten Dreiheit … Die Zahl Sieben also, weil sie aus Drei und Vier besteht, verbindet die Seele mit dem Körper.« (Aus: Die magischen Werke.)

2. Treten in einem → Legebild mehrere Siebenen gemeinsam auf, so haben

diese folgende, zusätzliche Bedeutung (kann je nach Position unterschiedlich sein):

2 Siebenen: Neuigkeiten.

3 Siebenen: Verträge, Abmachungen, aber auch Unsicherheit.

4 Siebenen: Enttäuschungen, aber auch Intrigen.

Sieben der Kelche

→ Zahlenkarte.

Rider-Waite-Tarot: Links im Vordergrund eine Person komplett in Schwarz. Sie wendet dem Betrachter den Rücken zu und blickt auf sieben Kelche, die auf einer Wolke schweben. Die Kelche sind mit visionären Dingen gefüllt.

Dauerhaftes oder Wirkliches bringen. Einbildung.

Umgekehrte Bedeutung: Eine Wahl, die nicht auf Einbildung oder Illusion beruht.

Manche → Deutende sehen in dieser Karte auch Wege zum Sieg, Triumph bei allen Ereignissen, Befreiung von Kummer und Leid.

Sieben der Münzen

→ Zahlenkarte.

Rider-Waite-Tarot: Ein Mann lehnt an seinen Stab gestützt und sieht auf die Münzen zu seiner Seite, die wie Früchte aus einem Berg Laub hervorragen. Eine Münze liegt zu seinen Füßen.

Tarot de Marseille: Zwei mal zwei

Sieben der Kelche, Rider-Waite

Sieben der Kelche, Marseille

Sieben der Münzen, Rider-Waite

Sieben der Münzen, Marseille

Tarot de Marseille: Zwei Kelche in der Mitte, zwei mal drei Kelche oben und unten.

Symbol für: Illusionen, Feingefühl, Imagination, visionär erlangte Einsichten, die aber nichts Wesentliches,

Münzen in der unteren Hälfte der Karte, darüber eine Münze in der Mitte, ganz oben nochmals eine Münze rechts und eine links.

Symbol für: Das Ernten der Früchte der Arbeit, nach getaner Arbeit den Erfolg

betrachten können. Sieg, Triumph, Befreiung von materiellen Sorgen. *Umgekehrte Bedeutung:* Verlust der Ernte, die aus Arbeit resultiert hätte. Auch Verlust von Geld. Zu vorschnelles Erwarten von Belohnung.

Manche Deuter sehen in dieser Karte auch: Wortwechsel, Streitigkeiten oder Unschuld, Scharfsinn und Läuterung.

Sieben der Schwerter

→ Zahlenkarte.

Rider-Waite-Tarot: Ein Mann mit rotem Fez und braunem Überkleid trägt fünf Schwerter von einem Zeltplatz davon. Dabei blickt er über seine Schulter auf zwei Schwerter, die er stehenließ (oder stehenlassen mußte, da er sie nicht mehr tragen konnte). Seine ganze Haltung wirkt, als würde er die Schwerter stehlen.

Tarot de Marseille: Ein Schwert in der Mitte, zwei mal drei Schwerter überkreuzen sich oben und unten.

Sieben der Schwerter, Rider-Waite

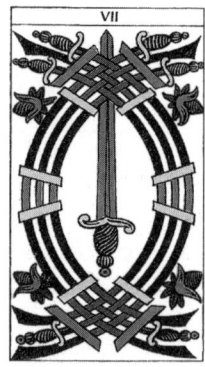

Sieben der Schwerter, Marseille

Symbol für: Ein Vorhaben, bei dem man sich allerdings zuviel aufgeladen hat, ein Versuch, den man nicht alleine zustande bringen kann. Wunsch, Hoffnung, Vertrauen.

Umgekehrte Bedeutung: Ein Plan, der scheitern könnte. Aber auch Kämpfe im finanziellen Bereich. Diebstahl. Falscher Rat. Streit. Operation (»etwas wird weggenommen«).

Manche Deutende sehen in der Karte generell den Diebstahl oder in bezug auf die Frage eine Operation.

Sieben der Stäbe

→ Zahlenkarte.

Rider-Waite-Tarot: Ein Mann im grünen Überkleid hält quer einen Stab vor seinen Körper. Sein Blick ist grimmig und zornerfüllt auf Angreifer gerichtet, die dem Betrachter jedoch verborgen bleiben. Lediglich die Spitzen ihrer Stäbe sind im Vordergrund zu sehen. Der Hintergrund ist blau.

Tarot de Marseille: Ein Stab in der Mitte, zwei mal drei Stäbe überkreuzen sich in der Mitte.

Symbol für: Man wappnet sich gegen Feinde, Verteidigung, Abblocken, Verhandlungen, Wettbewerb, Kampf im geschäftlichen Bereich, aber auch Erfolg, Glück, Triumph – da der Kämpfer auf einer Anhöhe und damit in der besseren Position gegenüber seinem Angreifer steht.

Umgekehrte Bedeutung: Unsicherheit, Widrigkeiten, Zweifel. Mißerfolg.

Sieben der Stäbe,
Rider-Waite

Sieben der Stäbe,
Marseille

Siebenerreihe

Der Begriff der Siebenerreihe steht
in engem Zusammenhang mit dem
→ Tarotzyklus, dessen Grundidee von
→ Paul Christian entwickelt wurde
und in der modernen Tarotpraxis nicht
mehr wegzudenken ist. Das → Diamantbild ist die Vorstufe zu den Siebenerreihen. Im Diamantbild wird anhand vier → Großer Arkana (Der Magier, Die Hohepriesterin, Der Narr und
Die Welt) die Dualität des Lebens
aufgezeigt (z. B. Bewußtsein – Unterbewußtsein). Die Siebenerreihen
verfeinern dieses Bild und zeigen die
genauen Stationen, die ein Mensch
durchlaufen muß, um volle Bewußtheit
im esoterischen Sinn zu erlangen. Jede
Karte baut dabei auf der vorhergehenden auf und bereitet den Weg für die
nachfolgende Karte.

Legen der Siebenerreihe

Für die Siebenerreihe werden lediglich
die Großen Arkana verwendet. Die
Großen Arkana werden in drei mal
sieben Karten unterteilt und zum ersten
besseren Verständnis in drei Reihen
zu je sieben Karten aufgelegt (s. Abbildung auf Seite 228).
1. Reihe: Die Reihe der Bewußtwerdung im engen Rahmen, das erste
Zusammentreffen mit Liebe, Staat und
Religion. Die Entwicklung des Menschen vom neugeborenen Kind zum
erwachsenen Menschen.
2. Reihe: Der Weg nach innen. Das
Unterbewußtsein wird erforscht,
bis Läuterung und Erkenntnis eintreten.
3. Reihe: Die Entwicklung spiritueller
Bewußtheit.

Erläuterungen zur 1. Reihe: → Der
Narr bleibt in den Siebenerreihen
sozusagen außen vor und wird neben
den Block aufgelegt. Er gilt als Ausgangspunkt für die sogenannte »Reise
durch den Tarot«. Da der Narr als ein
Wesen aus dem Reich der Phantasie
betrachtet wird, steht er außerhalb des
Zyklus. Mit dem Magier beginnt die
Bewußtwerdung des Menschen. Die
Hohepriesterin zeigt nach dem Gesetz
der → Dualität die unbewußte Seite
des Menschen, die nun erwacht. Die
Herrscherin repräsentiert innerhalb
des Zyklus das erste Zusammentreffen
des erwachten menschlichen Geistes
mit der Figur der Mutter, der Mütter-
lichkeit und der Fürsorge. Mit dem
Herrscher tritt das Gesetz und die
soziale Ordnung in die Bewußtheit

227

Die Siebenerreihe

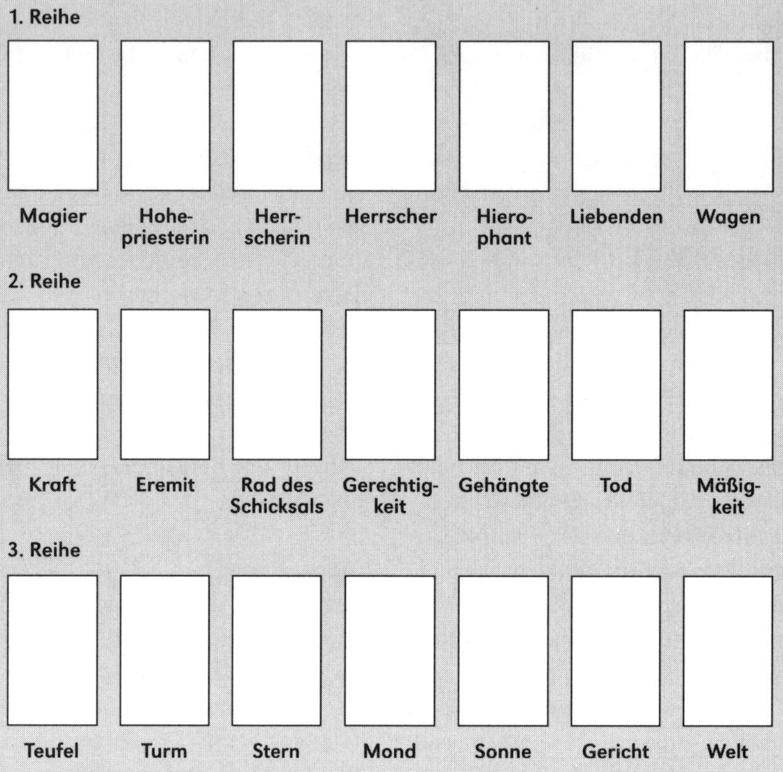

1. Reihe

Magier	Hohe-priesterin	Herr-scherin	Herrscher	Hiero-phant	Liebenden	Wagen

2. Reihe

Kraft	Eremit	Rad des Schicksals	Gerechtig-keit	Gehängte	Tod	Mäßig-keit

3. Reihe

Teufel	Turm	Stern	Mond	Sonne	Gericht	Welt

des Menschen. Der Hierophant repräsentiert innerhalb des Zyklus das auf die Mutter, den Vater und den Staat folgende Prinzip der Religion. Mit den Liebenden trifft der Mensch erstmals auf einen anderen Menschen in engerer Umgebung, der nicht direkt zur Familie gehört. Der Wagen zeigt an, daß der Mensch nun bereit ist, in die Welt zu ziehen und die ersten »Eroberungen« zu machen (z. B. Beruf). Mit dem Wagen schließt die erste Siebenerreihe ab. Die meisten Tarotautoren sprechen davon, daß mit dem Wagen die meisten Menschen auch in ihrer Bewußtheitsentwicklung stehenbleiben. Nur wenige Menschen wagen den Sprung in das Unterbewußte, um die eigene Entwicklung und die eigene Persönlichkeit wirklich zu erforschen.

Erläuterungen zur 2. Reihe: Die Kraft zeigt als erste Karte der zweiten Siebenerreihe die hochsteigenden Emotio

nen, die auf dem Weg in das Unterbewußtsein unter Kontrolle gehalten werden müssen. Dem folgt Der Eremit, der symbolisch das Insichgehen versinnbildlicht, um zur Ruhe zu kommen und das eigene Ich erforschen zu können. Das Rad des Schicksals zeigt an, daß der Mensch Änderungen auf sich nehmen und das ewige Auf und Ab der Natur aufnehmen sollte. Der Gehängte symbolisiert die Umkehr der eigenen Sicht der Dinge. Der erste wirkliche Schritt hin zu einer Bewußtheitsänderung. Der Tod symbolisiert das Sterben des alten Ichs, damit das neue Ich leben kann. Die Maske, die man sich auferlegt, muß fallen. Die Mäßigkeit zeigt als letzte Karte der Erfahrungen der zweiten Siebenerreihe, das rechte Verhältnis an, das zwischen Unterbewußtsein und Bewußtsein gefunden wird. Gleichzeitig aber auch den Weg hin zu einer weiteren Entwicklungsstufe.

Erläuterungen zur 3. Reihe: Die meisten Tarotautoren gehen davon aus, daß innerhalb des Zyklus die dritte Reihe nur selten erreicht werden kann. Es ist die Reihe der spirituellen Entwicklung. Der Teufel als erste Karte der dritten Siebenerreihe symbolisiert die Verführungen, denen der Mensch in diesem Entwicklungsstadium verfallen kann. Hat man diese überwunden, zerbricht das alte Ego endgültig. Eine neue Erkenntnis setzt ein. Der Stern symbolisiert den neuen Lebensweg, der beschritten werden möchte.

Dieser führt über den Mond. Hier muß der Mensch seine Instinkte unter Kontrolle halten und darf keine Angst vor den eigenen Tiefen aufkommen lassen. Die Sonne zeigt den inneren Garten, der damit erreicht wird. Alte, einengende Mauern können nun verlassen werden. Das Ich bricht auf zu neuen Welten. Das Gericht zeigt den inneren Ruf hin zu einer neuen Entwicklungsstufe. Diese wird mit der Welt erreicht. Vollkommene Einheit von Körper, Geist und Seele kann mit ihr erlangt werden. Als Endpunkt dieser »Reise durch den Tarot« steht erneut Der Narr. Er zeigt einen Quantensprung, einen enormen Sprung hin zu einer höheren, geistigen Entwicklung, die damit erreicht wurde.

Betrachtung der drei Reihen: Die drei Siebenerreihen können auch noch untereinander betrachtet werden. Alle Karten, die untereinander liegen, zeigen Verbindungen an; z.B. Der Magier und Die Kraft zeigen beide die → Lemniskate, der Teufel zeigt das → Pentagramm. Die Hohepriesterin ist eine Karte des Unterbewußtseins. Dieses wird aber noch verdeckt gezeigt – mit einem Vorhang vor den Wassern der Seele. Der Eremit in der Reihe unter der Hohepriesterin zeigt ebenfalls Ruhe und ein in sich gekehrtes Bild. Der Turm hingegen symbolisiert das Zerreißen des Vorhanges und damit das mögliche Eintauchen in das volle Unterbewußtsein.

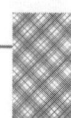
Siebenkartenbild

→ Legesystem. Zuerst mischt der → Fragesteller die → Kleinen Arkana, zählt dann elf Karten ab und mischt sie zusammen mit den 22 Karten der → Großen Arkana. Der → Deutende legt dann die ersten sieben Karten von links nach rechts aus (s. Abbildung unten).

Bei diesem Legesystem wird vor allem mit → umgekehrten Karten gearbeitet: Steht die Mehrzahl der Karten auf dem Kopf, ist das Endergebnis trotz positiver Karten eher negativ zu deuten. Ist bereits die erste Karte umgekehrt, deckt der Deutende die weiteren sechs Karten von oben nach unten statt von links nach rechts auf.

Vergangenheit   Gegenwart   Zukunft

Bedeutung der einzelnen Positionen:

1 Entfernte Vergangenheit.
2 Unmittelbare oder kurze Vergangenheit.
3 Gegenwärtige Einflüsse.
4 Gegenwärtige Hindernisse.
5 Gegenwärtige Perspektive – d. h. diese Karte gilt als Zusammen-

fassung der beiden vorangegangenen Karten und stellt außerdem den Bereich dar, der in bezug auf die Frage noch wirksam werden kann.
6 Zukünftige Einflüsse.
7 Endergebnis.

Siebzehn

1. Die christliche Mystik weist eine starke Verbindung zur Zahl 17 auf: Die Arche Noah wurde am 17. Tag fertiggestellt, die Sintflut begann und endete jeweils an einem 17. Tag. Zum anderen stellt die 17 die Verbindung zwischen der göttlichen 10 und der heiligen 7 dar, wobei die 10 auch für das Alte Testament und die 7 für das Neue Testament steht. Außerdem werden laut Augustinus durch die 17 die 10 Gebote mit den 7 Gaben des Heili-

gen Geistes verbunden. Die Ägypter sahen die 17 als Unglückszahl, da Osiris an einem 17. getötet wurde. Im Tarot ist die 17. Karte eine der stärksten und mächtigsten Karten: → Der Stern, der manchmal auch als Glücksstern bezeichnet wird. Auch hier ergibt sich eine Verbindung zur christlichen Mystik. Die Summe aller Zahlen bis 17 ergibt 153. 153 Fische wurde aus dem See Genezareth gefischt. An der gleichen Stelle spricht Jesus zu Petrus: »Du bist mein Stern. Du sollst

mein Nachfolger sein.« In einer Kartenlegung wird dem Stern unter anderem auch die Bedeutung des Lebensweges zugeschrieben, den der Fragende beschreiten möchte. Dabei soll ihm der Stern behilflich sein.

2. Da in der → hebräischen Zahlenmystik erst die 20 wieder eine wirkliche Zahl darstellt, kann der 17 eigentlich kein hebräischer Buchstabe zugeordnet werden. Da manche Autoren jedoch den Tarot mit dem hebräischen Alphabet gleichsetzten, steht für die Karte 17 der Buchstabe → Pe. → Case ordnet der 17. Karte den Buchstaben → Zade zu, da er den ersten Buchstaben → Aleph nicht der 1, sondern der 0 zuschrieb.

Sieg → Erfolg

Signifikator

(Lat. = der Ausdruck des sprachlichen Zeichens.) Im Tarot manchmal auch Indikator genannt. Wird von manchen Deutern ausgesucht, um den Fragenden oder die Frage selbst im → Kartenbild zu symbolisieren. Die → Großen Arkana stehen in Bezug zu Fragen, nach deren Ausgang geforscht wird, z.B. wählt man bei einer Frage nach dem Ausgang eines Rechtsverfahrens die → Trumpfkarte Nummer 11 Die Gerechtigkeit, die symbolisch für Rechtsangelegenheit stehen kann. Die → Hofkarten symbolisieren den Fragenden und dessen Innenleben. Generell gilt:

Unterscheidung des Signifikators nach den Sätzen

Münzen: Dunkelbraunes bis schwarzes Haar, dunkle Augen, bleiche oder dunkle Gesichtsfarbe. Sensibel, vergeistigt.
Kelche: Hellbraunes oder matthelles Haar, graue oder blaue Augen. Schlaffes, träges Temperament.
Schwerter: Haselnußbraune oder graue Augen, dunkelbraunes Haar, matte Gesichtsfarbe. Energisch, temperamentvoll.

Generelle Unterteilungen der Signifikatoren

König	Königin	Ritter	Bube
männlich	weiblich	männlich/weiblich	männlich/weiblich
älter als 40 Jahre	älter als 40 Jahre	30–40 Jahre	bis 30 Jahre

Unterteilung der Signifikatoren nach A. E. Waite

König	Königin	Ritter	Bube
männlich	weiblich	männlich	weiblich
jünger als 40 Jahre	über 40 Jahre	über 40 Jahre	jünger als 40 Jahre

231

Stäbe: Hellhäutig, blondes bis kastanienbraunes Haar, helle Gesichtsfarbe, blaue Augen. Heiter.

Wird nach dieser Tabelle unterschieden, sollte jedoch noch das Temperament des Fragenden miteinbezogen werden, wobei das Temperament vor den äußerlichen Merkmalen die ausschlaggebende Rolle spielt.

Sinnlichkeit → Sexualität

Sizilianischer Tarock

Das Originalspiel stammt aus Palermo, etwa 1820. Dieses Tarotset zeichnet sich durch verschiedene Abwandlungen der anderen Tarotsets aus. Die 22 → Großen Arkana wurden in anderer Reihenfolge plaziert und die Karten von 78 auf 64 Stück reduziert. Die Gründe hierfür sind der Tarotforschung bis heute nicht bekannt. Manche der Figuren und Symbole sind ebenfalls unterschiedlich in bezug zum → Tarot de Marseille und anderen alten Kartendecks. → Die Welt ist z. B. Atlas, → Der Turm wird nicht durch einen Blitzschlag getroffen und beinahe zerstört, sondern ist unversehrt. Ein Nachdruck dieser Karten erschien 1966 unter dem Namen Sicilian Tarot, Verlag Modiano.

Skorpion

Astrologisches → Tierkreiszeichen (23. Oktober bis 21. November). → Symbol: ♏ . Element: Wasser (das zweite Wasserzeichen des Tierkreises).

Der Skorpion symbolisiert die geistige Ordnung im Tierkreis. Die vorangehenden Zeichen → Jungfrau und → Waage stehen zwar ebenfalls für geistige und intellektuelle Denkprozesse, doch der Skorpion stilisiert diese und entkleidet sie jeglicher Emotion oder Gefühlsregung. Der Skorpion richtet seine Welt aufgrund von Logik des Geistes aus und erbaut für jede Handlung eine Art Konstrukt, das dann strikt eingehalten werden muß. Abweichungen von diesen Konstrukten gelten in den Augen eines Skorpions als Fehler. Skorpionentsprechungen sind: Logik, Geist, Askese, Überwindung, radikales Handeln, aber auch Sexualität, Magie, Rituale und Zeremonien. Das achte Zeichen und das achte Haus (→ Astrologische Häuser) im Tierkreis gilt auch als Haus der Magie und des Todes. Daher wird der Skorpion trotz seines logischen Denkens auch mit Übersinnlichem, Okkultem in Verbindung gebracht. Der Skorpion wird dem → Planeten → Pluto zugeordnet. In der Mythologie war Pluto der Herrscher der Unterwelt. Dementsprechend gilt Pluto auch für unterschwellige, mächtige und machtvolle seelische Vorgänge als Symbol. Der Skorpion wird im Tarot den Großen Arkana → Der Tod und → Das Gericht zugeordnet. Der Tod symbolisiert eine radikale Entscheidung, Haltung oder Handlung, während Das Gericht den inneren Ruf symbolisieren kann, der u. a. (z. B. im → Tarotzyklus) zu höheren geistigen Ebenen führt.

Smaragd

Sehr kostbarer Edelstein der Beryll-
gruppe. Der grüne Stein wird den
→ Großen Arkana → Die Herrscherin,
→ Der Hierophant und → Die Gerechtigkeit zugeordnet. Er soll seinem
Träger umfassende Liebe schenken und
ihn vor Krankheit beschützen. Zudem
wurde er in früheren Zeiten auch zum
Schutz vor dem »bösen Blick« eingesetzt (s. auch → Edle Steine).

Sole, Il

(Ital.) Bezeichnung für die → Große
Arkana → Die Sonne (XIX).

Soleil, Le

(Franz.) Bezeichnung für die → Große
Arkana → Die Sonne (XIX).

Sonne, Die

→ Große Arkana. Da im → Tarotzyklus
jede dritte Karte als → Saatkarte bezeichnet wird, kommt zur Grundaussage der Sonne noch hinzu, daß mit ihr
eine Entwicklung abschließt und eine
neue Phase vorbereitet wird. (Die Entwicklung resultiert aus den beiden vorangegangenen Karten → Der Stern und
→ Der Mond – beide signalisieren im
Tarotzyklus das Unbewußte, welches
an die Oberfläche des Bewußtseins
drängt und mit welchem sich der
Mensch auseinandersetzen muß. In der
Sonne findet diese Entwicklung ihre
Vollendung. Gleichzeitig ist die Sonne
die Vorbereitung auf die nächsten beiden Karten → Das Gericht und → Die

Welt, welche die Erfahrungen des
ewigen Kreislaufes von Tod und Wiedergeburt symbolisieren.)
Sonne: Sowohl im Rider-Waite-Deck
als auch Tarot de Marseille gleicht die
Darstellung der Sonne den alchemistischen Darstellungen der Sonne. Dadurch, daß sie sich dem Betrachter
zuwendet – im Gegensatz zum Mond –
zeigt sie das aktive Prinzip an. Als
Lebenspenderin macht sie alles fried-
lich und einfach. Tarotforscher sprechen von der Sonne nicht nur von dem
irdischen Licht, sondern auch vom ewigen leuchtenden Licht des Geistes. Im
Tarotzyklus hat dieses Licht nun über
die Dunkelheit des Mondes (die aus
dem Unbewußten steigenden Ängste)
gesiegt, der Mensch kann zu seiner
ureigenen Natur zurückkehren, er hat
sich selbst gefunden und muß keine
Angst mehr haben. Alles wird unter
dem Einfluß der Sonne strahlend. Die
Sonne wird als Symbol der ewigen
Wiederkehr gesehen (durch die spei-
chenförmige Anordnung ihrer Strahlen
einem Rad gleichzusetzen, das einem
immer wiederkehrenden Zyklus folgt).
Kind/Kinder: Im Rider-Waite-Deck ist
nur ein Kind abgebildet, während in
den meisten anderen Tarotdecks auf der
Sonne zwei Kinder dargestellt werden.
Das Kind an sich repräsentiert immer
Unschuld, Reinheit, das Neue (auch
Neugeborene – ob Geist oder Körper).
Die beiden Kinder auf den anderen
Karten symbolisieren die ewigen Ge-
gensätze Seele und Geist, männlich und

weiblich, aktiv und passiv, die mit Erreichen dieser Karte endlich friedvoll miteinander verbunden werden können und unter dem schützenden Einfluß der Sonne stehen. Es ist die kindliche Naivität, Weisheit und Klarheit, die hier symbolisiert wird. Manche Autoren sprechen von: »Der Mensch hat das ›verlorene Kind‹ wiederentdeckt.« Damit ist gemeint, der Mensch muß den Zugang zu seinem Innersten finden, Ängste überwinden (Mond) und damit zu seiner Unschuld zurückgelangen. Der griechische Philosoph Plato nannte die Sonne auch »die anschaubare Repräsentation des Guten«. Damit wird der Charakter der Karte treffend symbolisiert – die Vereinigung aller Gegensätze in reiner Unschuld und Harmonie und mit kindlicher Freude.

Mauer: Wer den Garten seiner Seele erreicht hat, wird beschützt, denn er hat die diesen Garten umgebenden Mauern erfolgreich überwunden. Nun beschützen ihn diese Mauern vor dem Hereinstürzen des Unbewußten. Manche Autoren sehen in der Mauer auch die Vergangenheit, welche der Mensch überwinden mußte, um sein innerstes Selbst zu finden.

Fahne: → Waite fügte dieses Symbol hinzu und bezeichnet es als »das Siegel der Schöpfung und der Kunst«.

Pferd: Erscheint nur auf dem Rider-Waite-Deck. Waite selbst bezeichnete es als Symbol der animalischen Instinkte. Dadurch, daß es weiß ist (Reinheit und Unschuld) und das Kind völlig

Die SONNE

**Die Sonne,
Rider-Waite**

unbeschwert darauf reiten kann, beschrieb er die Symbolik folgendermaßen: »Wenn sich der selbsterkennende Geist über den an die Natur gebundenen Geist entfaltet, leitet dieser erneuerte Geist die animalische Natur in einen Zustand der vollkommenen Übereinstimmung.«

Sonnenblumen: Die Blumen setzen die Karte in besondere Verbindung zur → Königin d. Stäbe der → Kleinen Arkana. Diese Königin symbolisiert einen Menschen, der vollkommen im Einklang mit sich selbst lebt und sein Leben immer nach dem Licht der Sonne ausrichtet.

Blumenkranz im Haar: Symbolisiert die Verbundenheit mit der ureigenen Natur.

Archetypus: Das »ewige Kind«. → C. G. Jung definierte es wie folgt: »… Das ewige Kind im Menschen ist eine unbeschreibliche Erfahrung, eine Unangepaßtheit, ein Nachteil und eine göttliche Prärogative …« (Aus der Abhandlung: »Die Psychologie des Kind-Archetypus.«)

Divinatorische Bedeutung: Erfolg, Zufriedenheit, Leistung, Wärme, Aufrichtigkeit, Freundschaft, Befreiung. Der Betreffende ist fähig, das Leben in

234

Die Sonne, Marseille

voller Harmonie und Freude zu betrachten. Energie. Künstlerischer Erfolg. Der Betreffende macht die Erfahrung, das Leben in seiner Ganzheit plötzlich in einem harmonischen Licht vereint zu sehen.

Umgekehrte Bedeutung: Das Glück wird nicht mehr so deutlich gesehen. Verzögerter, nicht ganz verlorener Sieg. Einfaches Glück. Der Betreffende muß erst lernen, auch einfaches Glück und Freude zu erkennen.

Sonnenblume

Pflanze, die den → Großen Arkana → Die Kraft und → Die Sonne zugeordnet wird. Sie gilt als Symbol der Freude und des Optimismus (s. auch → Pflanzen).

Spontaneität

Karte	Art
Der Narr	Archetypus der kindlichen, unvoreingenommenen Spontaneität.

Stäbe

Satzbezeichnung, manchmal auch Eichel genannt, entsprechen → Kreuz oder → Treff. Generell stehen die Stäbe für Arbeit und Unternehmungen, Aktivität, Kraft, Macht, Handlung, Bewegung, Optimismus, Erfolgsmöglichkeiten und Initiativen, die ergriffen werden. Werden dem → Element → Feuer und damit den → Tierkreiszeichen → Löwe, → Schütze und → Widder zugeordnet. Treten mehrere Stäbe in einem → Kartenbild gemeinsam auf, stehen sie auch für: Energie, Opposition, Auseinandersetzungen, aber auch einen fruchtbaren Neubeginn in bezug auf die gestellte Frage.

Stabilität

Generell stehen alle → Königinnen und → Könige für Sicherheit und Stabilität.

Star, The

(Engl.) Bezeichnung für die → Große Arkana → Der Stern (XVII).

Steinbock

Astrologisches → Tierkreiszeichen (21. Dezember bis 19. Januar). → Symbol: ♑ . Element: Erde (drittes Erdzeichen im Tierkreis). Nach dem vorangehenden Zeichen → Schütze, das für grenzenlose Bewegung steht, will der Steinbock innerhalb des Tierkreises ordnen, zusammenziehen und regeln. Da der Steinbock auch Maßstäbe setzen möchte, nach denen jeder zu leben hat, gilt er in der Astrologie als »natürlicher Feind des Löwen«, der für das einzelne Individuum, das individuelle, unbegrenzte Leben steht und dieses

auch beschützen möchte. Als zehntes Zeichen des Tierkreises symbolisiert der Steinbock aber auch die Berufung und das Gesetz. Steinbockentsprechungen: Hüter der Ordnung, Richterspruch, Regeln, bisweilen auch maßregelnd, gründlich, diszipliniert, ausdauernd, will nichts dem Zufall überlassen, Kontrolle. Begabt für die Astrologie. Der Steinbock wird dem → Planeten → Saturn zugeordnet. Dieser wurde in der klassischen Astrologie als »Hüter der Schwelle« bezeichnet, da er der letzte bekannte Planet unseres Sonnensystems war und wurde demzufolge ebenfalls mit Regeln und Kontrollen in Verbindung gebracht, da er sozusagen den »Grenzposten zum Universum« bildete. Der Steinbock wird im Tarot den → Großen Arkana → Der Teufel und → Die Welt zugeordnet. Der Teufel symbolisiert die Abhängigkeit von der materiellen Welt, während die Welt die Auflösung von Gegensätzen anzeigt.

Stella, La

(Ital.) Bezeichnung für die → Große Arkana → Der Stern (XVII).

Stern, Der

→ Große Arkana. Die Darstellung der Karte änderte sich mit Erscheinen des → Tarot de Marseille erheblich. Bis dahin wurde der Stern als Objekt an den Himmel gesetzt und Astrologen mit Meßinstrumenten als Beobachter dargestellt. Wird der Tarot als Zyklus der Erleuchtung, Bewußtwerdung des Menschen betrachtet, symbolisiert der Stern vor allem den Ausgleich nach den schmerzhaften Erfahrungen durch → Teufel und → Turm.

Sternenfrau: Die Gestalt wirkt ausgeglichen und ruhig und sich ihrer Handlung voll bewußt. Im Zyklus gesehen beschreibt ihre Haltung auch jene Demut, die auf den Teufel und den Turm folgt – Demut als Hinnahme der Dinge, die geschehen sind, ohne gedemütigt zu sein. Einer ihrer Füße ruht auf dem Wasser, taucht aber nicht darin ein als Symbol, daß das kollektive Unbewußte zwar berührt wird, der Mensch aber noch nicht darin eintaucht. Der Weg der Erleuchtung ist also noch nicht zu Ende. Das innere Selbst ist zwar geweckt, der Mensch hat sich aber noch nicht völlig mit seinem und dem kollektiven Unterbewußtsein verbunden. Mit dem Stern ist der erste Schritt zur Erleuchtung getan – die innere Ruhe.

Krüge: Symbol für das darin enthaltene Wasser des Lebens. Die dargestellte Figur gießt dieses Wasser sowohl in einen Teich, Symbol des Unbewußten, als auch auf die Erde, Symbol des Bewußtseins. In der Darstellung erinnert die Karte an die Große Arkana → Die Mäßigkeit, welche einen Engel zeigt, der Wasser von einem Krug in einen anderen gießt. Damit symbolisiert diese Karte das Vermischen der Elemente des Lebens. Der Stern hingegen gießt beide Krüge, die wirken, als würden sie niemals leer, aus, im Ver-

trauen, daß das Leben sie immer wieder füllen wird (= Lebensenergie). Der Teich symbolisiert das kollektive Unbewußte. Manche Autoren ziehen im Tarotzyklus einen Vergleich zu → Die Hohepriesterin, in deren Hintergrund das Wasser des Unbewußten zu sehen ist. Im Zyklus taucht dieses Wasser nun als eines der Hauptelemente auf und zeigt, daß der Mensch auf seinem Weg der Erleuchtung einen erheblichen Schritt weitergekommen ist. Die Erde als Symbol der materiellen, irdischen und bewußten Welt. Dadurch, daß aus dem anderen Krug Wasser auf die Erde gegossen wird, trennen sich die Elemente Bewußtheit und Unbewußtheit, gleichzeitig werden sie aber durch die Sternenfrau auch miteinander verbunden. Eine Brücke wird geschlagen vom Persönlichen zum Überpersönlichen.

**Der Stern,
Rider-Waite**

Sterne: Die Anordnung der Sterne läßt auf ein alchemistisches Symbol schließen. In alchemistischen Texten werden sieben Sterne als Symbol der sieben Planeten gezeigt, die um einen großen Fixstern als Symbol für den Prozeß der Erleuchtung kreisen. Damit wurde das sogenannte »Große Werk« (Gold der Philosophen = Der Aufstieg

des Menschen zur Erleuchtung) symbolisch dargestellt. Nach → Case beziehen sich die sieben Sterne auch auf die inneren Sterne (die Alchemie verwendete die Bezeichnung u. a. von Metallen, um die Kräfte des Menschen zu bezeichnen), während er den Fixstern als »Symbol der kosmischen Strahlungsenergie« bezeichnet. Im Rider-Waite-Tarot sind alle Sterne achtzackig dargestellt als Symbol des Oktagramms (zwei Quadrate verdreht übereinander gelegt), welches auch als Mittler von Quadrat (Materie) und Kreis (Geist) betrachtet wird. Im Tarot de Marseille sind die sieben Sterne unregelmäßig, ungleich und in verschiedenen Farben gezeichnet. Der Fixstern ist als Doppelstern (zwei Sterne mit je acht Spitzen) dargestellt. Ein gelber Stern mit acht Spitzen auf einem roten. Schwarze Linien im gelben Stern führen zum Mittelpunkt. Dadurch wirkt der Stern wie fixiert und symbolisiert die ewig ausstrahlende Energie des Kosmos.

Baum: Symbol des Aufstiegs. Im Tarot de Marseille sind zwei Bäume zu sehen und erinnern damit an den Baum des Lebens und den Baum der Erkenntnis von Gut und Böse

**Der Stern,
Marseille**

Der Stern

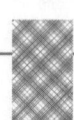
im Garten Eden. Manche Tarotautoren sehen darin das (psychologische) Zwillingsmotiv, welches vor allem in Träumen auftritt, wenn sich ein bislang unbewußter Aspekt des Lebens in das Bewußtsein drängt – eine erneute Verbindung zum Charakter der Karte, der vor allem aussagt, daß der Mensch auf dem Weg zu neuer Bewußtwerdung vorangeschritten ist. Andere Autoren sehen darin den Zusammenhang zwischen der Erkenntnis der Natur, der Verbundenheit mit ihr und der Selbsterkenntnis des Menschen.

Der Baum kann auch als Weltenbaum (Träger der Welt) gesehen werden, der in Darstellungen oft mit einem Vogel (wie auf der Karte) als Symbol der Seelen der Ungeborenen und Verstorbenen gezeigt wird.

Vogel: Symbol der Seele. Mittler zwischen Himmel und Erde. Auch Symbol der geretteten Seele. Damit wird ein Hauptcharakter der Karte deutlich: Die Seele des Menschen auf dem Weg zu ihrer Befreiung (im Zyklus) nach den schmerzlichen Erfahrungen durch Teufel und Turm. Manche Autoren sehen in dem Vogel einen Ibis, Symbol des ägyptischen Gottes Thot, u. a. Gott der Künstler und der Künste. Damit soll ausgesagt werden, daß der Mensch immer mit seinen inneren Quellen in Verbindung bleiben muß, um kreativ schöpferisch tätig zu sein (dies muß sich nicht auf Kunst, sondern kann sich ebenso auf das alltägliche Leben beziehen).

Archetypus: Nach → C. G. Jung symbolisieren Sterne jene archetypischen Bilder, durch die der Mensch die vielfältigen Aspekte Gottes (oder der Götter) erfahren kann.

Divinatorische Bedeutung: Glücksstern im Sinne von Hoffnung, Harmonie und Ganzheit. Den inneren Leitstern gefunden haben (in bezug auf die befragte Angelegenheit) und damit möglicherweise auch den Lebensweg, den man weiter beschreiten möchte. Das Unbewußte tritt hervor (jedoch nicht wie beim Turm auf stürmische, schmerzvolle Art, sondern als sanfter, langsamer Vorgang).

Umgekehrte Bedeutung: Der Betreffende verschließt sich gegen sein Unbewußtes. Enttäuschung, unerfüllte Hoffnung und Pessimismus als Folgeerscheinung.

Sternzeichen

Andere Bezeichnung für → Tierkreiszeichen.

Stier

Astrologisches → Tierkreiszeichen (21. April bis 20. Mai). → Symbol: ♉. Element: Erde (erstes Erdzeichen). Das vorangehende Zeichen → Widder, das erste Zeichen des Tierkreises, steht für reinen Energiezustand und Eroberung von Neuland. Der Stier als zweites Zeichen des Tierkreises wird hingegen der Materie zugeordnet. Der Stier will sammeln, ansammeln, beschützen und bewahren. Auch die Ordnung der Ge-

sellschaft will bewahrt werden. Einzelne Individuen müssen sich dem Stier zufolge einordnen, damit die Gesellschaft gewahrt bleibt. Stierentsprechungen sind: Zäh, ausdauernd, beharrlich und sparsam. Alles wird gespeichert – ob geistig oder materiell. Da der Stier dem → Planeten → Venus zugeordnet wird, gilt der Stier generell auch als sinnlich, lustvoll und dem schönen Leben zugetan. Der Stier wird im Tarot dem → Hierophant und der → Herrscherin zugeordnet. Während Der Hierophant auch eine soziale Struktur verkörpert, symbolisiert Die Herrscherin u. a. auch Sinnlichkeit, Fruchtbarkeit und Lebensfreude.

Streß

Karte	Art
8 d. Stäbe	Großem Streß ausgesetzt werden.

Streit

Karte	Art
Der Wagen	Archetypus für widerstreitende Gefühle, die dringend unter Kontrolle gebracht werden müssen (Streitwagen wird zum Triumphwagen).
7 d. Stäbe	Möglicher Streit, angegriffen werden.
5 d. Stäbe	Wettstreit, Scheinkampf, Übung.
As d. Schwerter	Möglichkeit, einen Streit zu schlichten.

Stucken

Tarotautor, der den Tarot als eine Abspaltung von der Astrologie betrachtete und den Ursprung des Tarot in den Mond-Häusern glaubte.

Sucht

Karte	Art
4 d. Kelche	Suchtproblem neben oder nahe dem Teufel.

Sun, The

(Engl.) Bezeichnung für die → Große Arkana → Die Sonne (XIX).

Symbole

Griech. = Erkennungszeichen, Sinnbilder. Zweck von Symbolen ist es, vor allem im → Okkultismus den offenen Sinn einer Darstellung oder einer Aussage zu verschleiern und damit vor den Augen und Ohren der Nichteingeweihten zu schützen. Auf der anderen Seite können die Eingeweihten aus den Symbolen oder Glyphen (→ Glyphe) die wahre Bedeutung lesen, erkennen. Des weiteren dienen Symbole dazu, ganze Wortketten zusammenfassend darzustellen, um im Betrachter eine ganz bestimmte Assoziation, ein ganz bestimmtes Gefühl, hervorzurufen. Die meisten der Symbole sind archetypisch und lösen in jedem Menschen ein annähernd gleiches Gefühl aus. Im Okkultismus werden Symbole auch dazu verwendet, das Unaussprechliche, weil nicht Faßbare, darzustellen. Wird der

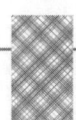

Mensch als aus vier Elementen bestehend betrachtet (Geist, Verstand, Gefühl und Körper), gibt es für jedes Element eine eigene »Symbolklasse«:
1. Geometrische Symbole: Punkt, Gerade, Kreis, Vieleck, werden dem Geist zugeordnet.
2. Komplexe Symbole: Sinnbilder wie das Kreuz, → Pentagramm, → Hexagramm, werden dem Verstand zugeordnet.
3. Personifizierte Symbole: Mensch, Adler, Löwe, Stier als vier heilige, lebendige Kreaturen, Muttergottes, werden dem Gefühl zugeordnet.
4. Dynamische Symbolgruppe: Man bewegt sich von einem Bewußtseinszustand zum nächsten. Dem Körper zugeordnet.

Auch die Aufteilung des Raumes ist in der Symbologie von Bedeutung. So werden der linken Bildfläche Mängel, Fehler, das Verborgene, die Nacht, Schwarze Magie zugeordnet. Zeitlich symbolisiert der linke und untere Teil die Vergangenheit. Der rechten und oberen Bildfläche wird die Zukunft zugeordnet, außerdem die Außenwelt, Anpassung, Liebe, das Positive.
Die Symbolik ist eines der wichtigsten Instrumente des Tarot. → Hall äußerte sich dazu: »… denn die Symbolik ist eines der nützlichsten Instrumente der Unterweisung in den spirituellen Künsten, weil sie beständig aus den subjektiven Ressourcen des Suchenden die Substanz seiner eigenen Bildung her-

ausdestilliert.« (Aus: »The Tarot. An Essay.«) Der Tarot bedient sich je nach Kartenset seiner eigenen Symbolik, in der Zahlen, → Farben, → Astrologie, → Alchemie und → Kabbala eine Rolle spielen. Dabei variiert je nach Autor und Gestalter der Karten, auf welchem Gebiet der Schwerpunkt der Symbolik liegt.
Hinzu kommt, daß die → Rider-Waite-Karten auch die → Kleinen Arkana mit Figuren und Szenen zeigen, während auf den klassischen Decks die Zahlenkarten der Kleinen Arkana lediglich mit geometrischen Mustern in der Farbe des jeweiligen Satzes versehen sind. Während bei Waite die Symbolik insbesondere aus den Farben und Details an den Gewändern der Figuren oder der Umgebung hervorgeht, sind bei den klassischen Karten bereits speziell okkulte Kenntnisse der Symbole nötig, um meditativ damit arbeiten zu können. Dadurch erleichtern die Rider-Waite-Karten und -Tarotdecks, die auf Waites Darstellungen aufbauen, divinatorische Zwecke, während klassische Kartendecks mehr zu Tarotmeditationen verwendet werden. Obwohl Waite selbst in der Einleitung zu seinem Buch »Bilderschlüssel zum Tarot« meint: »… so ist der Symbolismus die universellste Ausdrucksform in der Geheimhaltung von Dingen, die das innerste Heiligtum berühren, und die nach außen hin nicht in der gleichen Fülle durch das gesprochene Wort offenbart werden können.« Zu beachten:

Als Einzelbeschreibungen der Symbole werden nur die Großen Arkana, da sie → Archetypen bilden, verwendet. Bei den Kleinen Arkana würde die Aussage zu vage werden, z. B.: 6 d. Stäbe – Karte des Siegers. Welche Herrschaft er darstellt, hängt von den umliegenden Karten ab. Des weiteren finden sich auf den klassischen Darstellungen der Kleinen Arkana keine parabelhaften Bilder wie bei Waite.

Synchronizität

(Griech. = Gleichzeitigkeit.) Von Wolfgang Pauli und → C. G. Jung geprägter Begriff, der das scheinbar zufällige Zusammenfallen zweier Ereignisse ohne feststellbare Kausalität zur gleichen Zeit meint. Der Tarot als Mittel zur → Divination wird damit ebenfalls in Verbindung gebracht.

Tabula Bembina
→ Bembo

Tabula Smaragdina

Zentrales Werk der Alchemistischen Literatur, datiert auf das 6.–8. Jh. Seit dem 14. Jh. durch Übersetzungen aus dem Arabischen im Abendland bekannt. Als ihr angeblicher Verfasser gilt der legendäre ägyptische Gott Thot, der auch mit → Hermes Trismegistos wesensverwandt ist. Die Alchemisten glaubten, daß ihnen Thot/Hermes Trismegistos auf der Tabula Smaragdina u. a. die göttlichen Gebote ihrer Kunst überliefert hatte. Ihr Text soll auf einen Smaragd geschnitten worden sein.

Deutsche Übersetzung des Urtextes

1 Wahr, wahr, kein Zweifel darin, sicher, zuverlässig!

2 Siche, das Oberste (kommt) vom Untersten, und das Unterste vom Obersten; ein Werk der Wunder von einem Einzigen.

3 Wie die Dinge alle von diesem Grundstoff durch ein einziges Verfahren entstanden sind.

4 Sein Vater ist die Sonne, seine Mutter der Mond; der Wind hat ihn in seinem Bauch getragen, die Erde hat ihn ernährt.

5 (Er ist) der Vater der Zauberwerke, der Behüter der Wunder, vollkommen an Kräften; der Beleber der Lichter.

6 Ein Feuer, das zu Erde wird.

7 Nimm hinweg die Erde von dem Feuer, das Feine von dem Groben, mit Vorsicht und Kunst.

8 Und in ihm ist die Kraft des Obersten und Untersten. So wirst Du zum Herrscher über das Oberste und das Unterste. Weil mit Dir ist das Licht der Lichter, darum flieht vor der Dir die Finsternis.

9 Mit der Kraft der Kräfte wirst Du jegliches feine Ding bewältigen, wirst Du in jegliches grobe Ding eindringen.

10 Gemäß der Entstehung der großen Welt entsteht die kleine Welt, und das ist mein Ruhm.

11 Das ist die Entstehung der kleinen Welt, und danach verfahren die Gelehrten.

12 Und darum bin ich Hermes, der Dreifache an Weisheit genannt.

(Übersetzung von Ruska, 2, S. 159–162, gekürzt.)

Viele Tarotforscher sehen eine enge Verbindung zwischen der Tabula Smaragdina und dem Tarot, da sie diesem ebenfalls einen ägyptischen Ursprung zurechnen. Manche bezeichnen den Tarot als »eines der vielen Bücher Thots« bzw. glauben, der Tarot sei ursprünglich Bestandteil der Tabula Smaragdina gewesen.

Tageskarte

Wird der Tarot zur → Divination verwendet, kann auch eine Tageskarte gezogen werden. Aus den 78 Karten wird intuitiv eine Karte gezogen, oder die Karten werden gemischt und die oberste Karte wird abgehoben. Diese Karte soll ein wichtiges Ereignis oder Gefühl dieses Tages repräsentieren, an dem der → Fragende die Karte gezogen hat.

Tanne

Pflanze, die den Großen Arkana → Der Tod und → Das Gericht zugeordnet wird. Tannenduft gibt Stärke und Mut und stabilisiert generell (s. auch → Pflanzen).

Tarocchi-Spiel

Auch → Lombardi-Spiel genannt, 78 Karten, aus Venedig.

Tarocchi von Mantegna

Auch Carte di Baldini. Die Entstehungszeit der Karten ist nicht datiert, wurde aber auf etwa 1470 festgelegt. Als Urheber nennt die Tarotforschung Andrea Mantegna (1431–1506), allerdings ist dies bis heute nicht geklärt. Doch findet sich im Rechnungsbuch des Herzogs von Ferrara ein Eintrag über die Bestellung von Trumpfkarten. Da Mantegna am Hofe Ferraras tätig war, könnte er also durchaus als Urheber in Frage kommen. Das Spiel umfaßt 50 Karten in Schwarzweiß, jeweils zehn Karten bilden einen Satz. Die Sätze sind nach Buchstaben geordnet, wobei allerdings die Buchstabenfolge umgekehrt ist, d.h. der letzte Satz trägt den Buchstaben A, der erste Satz den Buchstaben E. Damit sollte der Weg zu Gott verdeutlicht werden (den letzten Satz bilden die Planeten, die »Octava Spera« – die achte Sphäre, die »Primo Mobile« – die Ursprungskraft und als letzte Karte die »Prima Causa« – der Ursprung aller Dinge). In jedem der fünf Sätze sind auf den Karten Figuren in Rangordnung abgebildet. Jede der Karten trägt eine Zahl. Obwohl der Tarocchi von Mantegna 50 Karten umfaßt und auch Planeten abgebildet sind, können 13 Karten sehr wohl mit modernen Tarotkarten verglichen werden (s. Aufstellung Seite 243).

Vergleich der Karten

Moderne Tarotkarten	Tarocchi di Mantegna
0. Der Narr	Misero I
IV. Der Herrscher	Imperator IX
V. Der Hierophant	Papa X
VI. Die Liebenden	Apollo XX
VII. Der Wagen	Marte XXXXV
VIII. Die Kraft	Fortezza XXXVI
IX. Der Eremit	Saturno XXXXVII
X. Rad des Schicksals	Astrologia XXIX
XI. Die Gerechtig- keit	Justicia XXXVII
XIV Die Mäßigkeit	Temerancia XXXIV
XVIII. Der Mond	Luna XXXXI
XIX. Die Sonne	Sol XXXXIV
Bube d. Schwerter	Chevalier VI

Die moderne Tarotforschung zieht ebenfalls in Betracht, daß es sich hierbei möglicherweise nicht um ein Tarotkartenspiel, sondern um Buchillustrationen handelte, da die Figuren- und Zahlenkarten fehlen. Faksimilesausgabe von 1981 im Verlag Edizione del Solleone, Lissone, Italien.

Tarocchino Bolognese

Unter dem Namen Tarocchino Bolognese existieren zwei Spiele.
1664 von Giuseppe Maria Mitelli: Auffällig ist hier, daß → Der Gehängte durch einen Mann ersetzt wurde, der einen schlafenden Jungen erschlagen will. Das dahinterstehende Motiv ist allerdings nicht bekannt. Außerdem fehlt die Figur der → Päpstin, die durch einen zweiten → Papst ersetzt wurde. 62 Karten, Neuauflage 1986, limitiert, Verlag Edizione del Solleone, Lissone, Italien.

Etwa 1809 von Antonio Meda: Im Gegensatz zu obengenanntem Deck ist dieses Kartenset weniger in der Esoterik bekannt. Vielleicht, weil manche der Karten doppelköpfig dargestellt sind (→ Trumpf- und → Hofkarten) und dies mehr an normale Spielkarten erinnert. Die Darstellungen auf den Karten sind z. T äußerst ungewöhnlich, z. B. ist die Figur der Weltentänzerin durch den Gott Merkur (in gleicher Haltung wie die Weltentänzerin) ersetzt. Sehr markant ist die Darstellung der → Liebenden. In diesem Kartendeck entscheidet sich eine junge Frau zwischen zwei Männern und nicht wie üblicherweise dargestellt umgekehrt ein Mann, der zwischen zwei Frauen steht (→ Scheideweg). Auch die Numerierung ist ungewöhnlich. Sie setzt bei den → Großen Arkana erst mit der Zahl 5 ein, diese ist auf der Karte der Liebenden zu finden, die üblicherweise die Nummer 6 trägt. Die vier Karten → Die Hohepriesterin, → Die Herrscherin, → Der Herrscher und → Der Hierophant wurden durch vier Karten ersetzt, auf denen Africano steht, die keine Numerierung tragen und die vier afrikanische Häuptlinge mit Pfeil und Bogen zeigen. 62 Karten, Neuauflage 1986, limitiert, Verlag Edizione del Solleone, Lissone, Italien.

243

Tarocchi Egizi

Original 1986 von → R. Falconnier und M. O. Wegener, Neubearbeitung von 1989. Die Karten sind mit den »22 Lames Hermetiques« der beiden Urheber identisch. Allerdings beriefen sich die beiden bei diesem Tarot auf → Christian als eigentlichen Urheber der Karten. Die Tarotwissenschaft zweifelt dies an, da viele der Bildunterschriften und Motive nicht mit den Lehren und vorgegebenen Bildunterschriften Paul Christians übereinstimmen (z. B. → Der Turm ist bei Christian ebenfalls als Turm benannt und beschrieben, während in diesem Tarot der Turm zur Pyramide gemacht wurde). Auch stimmen die zugeordneten astrologischen Symbole nicht mit der Planetenlehre von Christian überein. 78 Karten, limitierte Auflage (1123 Stück) Verlag Lo Scarabeo, Turin, Italien. → Brotherhood of Light Tarot.

Tarocchi Ermetichi

→ Wirth

Tarocchino Lombardo

Kartendeck, das zum → Lombardischen Tarock zählt. Original zwischen 1823 und 1840 von Carolo Dellarocca, Mailand. Faksimileausgabe von 1981. Durch Verfeinerung der Herstellungstechnik wurden die Figuren im Stil des → Tarot de Marseille feiner dargestellt. Verlag Edizione del Solleone, Lissone, Italien.

Tarocchino von Bologno

Vermutlich von François Fibbia, Prinz von Pisa (gest. 1419 in Bologna im Exil), erfunden. Obwohl das Set nur 62 Karten umfaßt und die Karten keinerlei Titel oder Namen tragen, kann es dennoch zu den Tarotkarten gezählt werden, da es die 22 → Großen Arkana und die → Hofkarten komplett enthält. Bei den → Zahlenkarten fehlen die Karten Nummer 2, 3, 4 und 5. Allerdings sind anstelle von → Die Hohepriesterin, → Die Herrscherin, → Die Herrscher und → Der Hierophant Mauren dargestellt. Tarotforscher vermuten die Ursache hierfür in der Tatsache, daß Bologna erst nach 1513 unter päpstliche Herrschaft kam. Andere Tarotforscher sehen den Ursprung darin, daß 1725 der Papst die Karten nur unter dem Vorbehalt, Papst, Päpstin, Kaiser und Kaiserin nicht mehr bildlich darzustellen, nicht verbieten ließ. Der Name Tarocchino bedeutet kleiner Tarock, da es lediglich 62 Karten und nicht 78 Karten sind.

Tarocchino von Mitelli

Der Name des Tarotspiels rührt von seinem Hersteller, dem damals in Bologna lebenden Maler Guisepe Maria Mitelli (1634–1718) her. Das Set umfaßt 62 Karten, bestehend aus 22 → Trumpfkarten und vier Sätzen mit je vier → Hofkarten, den → Zahlenkarten von 10 bis 6 und den → Assen. Bei den Darstellungen der → Großen Arkana finden sich erhebliche Änderungen

zum herkömmlichen Tarocchino-Spiel. Den Ursprung vermutet die moderne Tarotforschung in der Tradition, aktuelle politische und kulturelle Umstände in die Kartensymbolik miteinzubringen. Mitelli malte statt der Päpstin zwei männliche Päpste – einen sitzenden und einen stehenden. Tarotforscher vermuten, daß er einen westlichen und einen östlichen (stehend) Patriarchen darstellen wollte. Auch die Große Arkana Nummer 3 Die Herrscherin wurde in einen männlichen → Der Herrscher umgewandelt. Möglicherweise sollen auch hier ein östlicher und ein westlicher Herrscher dargestellt werden. → Der Gehängte wurde durch einen Mann ersetzt, der einen Schlegel schlägt. → Der Eremit – normalerweise mit einem dunklen, schweren Umhang bekleidet – wurde zu einer nackten, geflügelten Figur auf Krücken umfunktioniert, welche »Die Zeit« zeigt. Der Eremit wurde in früheren Epochen oft als der »Vater der Zeit« benannt. Im → Visconti-Sforza-Tarot trägt der Eremit ein Stundenglas in der Hand. → Der Mond wird durch Apollo und → Die Sonne durch Diana dargestellt.

Tarocchi von Venedig

Auch Lombardi-Spiel genannt, 78 Karten bestehend aus 22 → Großen Arkana und 56 → Kleinen Arkana. Der Name La Papesse (→ Päpstin) wurde zuerst in Tarotspielen aus Venedig verwendet. Die Figur der Päpstin taucht allerdings bereits im → Visconti-Sforza-Tarot auf.

Tarocco di 78 Carte Bolognea Sec. XVIII

Das Kartendeck gehört zu der Tarotgruppe des Marseiller Tarock. Alle diese Spiele basieren auf dem → Tarot de Marseille. Trotz des Namens ist dieses Deck mit 78 Karten also nicht zum → Tarocchino Bolognese zu zählen. Das Original entstand im 18. Jh. von Giacomo Zoni, im Verlag Il Meneghello wird eine Faksimileausgabe von 1989 im Kleinformat vertrieben.

Tarocco Italiano Milano

Kartendeck, das zum → Lombardischen Tarock gezählt wird. Original etwa 1845 von Teodoro Dotti, Faksimileausgabe 1985, Verlag Il Meneghello, Mailand. Der Tarotforscher → Yeats soll mit einem derartigen Spiel gearbeitet haben. Es wurde in seinem Nachlaß ein Tarocco Italiano Milano mit handschriftlichen Randnotizen gefunden. Dies wurde zum Leidwesen der Tarotforschung nicht in der Faksimileausgabe berücksichtigt.

Tarocco Milanese 1850

Kartendeck, das zum → Lombardischen Tarock gezählt wird. Original etwa 1850 von Teodoro Dotti, Faksimileausgabe 1985, Verlag Il Meneghello, Mailand, Italien. Neben der handwerklich außerordentlich feinen Arbeit ist eine Auffälligkeit zu bemerken: → Der Tod wurde in »Gleichheit« umbenannt.

245

Tarock

Bezeichnung des Tarot in Österreich, auch Taroc oder Tarock. Allerdings wird mit diesem Namen ebenfalls ein Kartenspiel mit 56 Karten bezeichnet.

Tarot

→ Geschichte des Tarot, → Ursprungsmythen des Tarot

Tarot Classic

Original Ende 19. Jh. von Johannes Müller d. J., Nachdruck 1971, AG Müller, Neuhausen, Schweiz. Zählt zur Gruppe des Marseiller Tarock, die in Bildgestaltung und Symbolik alle auf dem → Tarot de Marseille aufbauen. Handwerklich scheint dieses Deck allerdings feiner gearbeitet zu sein als die meisten anderen Marseiller Tarocks, und die → Zahlenkarten sind mit mehr Ornamenten verziert. Nicht zu verwechseln mit dem → Classic Tarot von Claude Burdel (18. Jh.).

Tarotdeck

Bezeichnung für ein komplettes → Tarotset, bestehend aus 22 → Großen Arkana und 56 → Kleinen Arkana.

Tarotee

Bezeichnung für das klassische Muster auf der Rückseite von Spielkarten (sich kreuzende Linien), meist in Blau oder Rot, z. B. → Rider-Waite-Tarot im Verlag Urania, Neuhausen, Schweiz.

Tarotiers

Name für Kartenhersteller, letzte Hälfte des 16. Jh.

Tarot de Centuriens

78 Karten, das Kartendeck zählt zu den Marseiller Tarockspielen, die alle auf dem → Tarot de Marseille aufbauen. Das Original entstand 1713 in Südfrankreich von J. P. Payen. Eine Neubearbeitung (1984) gibt der Verlag Boéchat Héron heraus. Es handelt sich bei diesen Karten um das älteste erhaltene Marseiller Tarockspiel. Allerdings wird der französische Prophet Nostradamus mit den Karten in Verbindung gebracht. Einige Namen der → Großen Arkana wurden seiner spezifischen Ausdrucksweise in ungelösten Reimen angepaßt. Der Name der Karten beruht darauf – die Reime nannte er Centurien. Die Tarotforschung geht jedoch beinahe einstimmig davon aus, daß der Name des Nostradamus bereits zu früheren Zeiten zu Werbezwecken benutzt wurde und der berühmte Prophet nicht tatsächlich mit den Karten arbeitete.

Tarot de Marseille

78 Karten, von Nicolas Conver, Frankreich 1760. Neben den → Visconti-Sforza-Karten, → Rider-Waite-Tarot und den → Crowley-Karten die wohl berühmtesten (klassischen) und bedeutendsten Tarotkarten der Welt. (Neben dem Rider-Waite-Deck, das hier als modernes Deck bezeichnet werden

kann.) Bis zur Entstehung des Tarot de Marseille hatte sich zwar bereits ein grundsätzliches, einheitliches Kartenbild entwickelt, aber die klassischen Darstellungen, wie sie heute bekannt sind, kamen erst durch den Tarot de Marseille auf. Dies zeigt sich z. B. in folgenden → Trumpfkarten:

● Der Stern war bis dahin stilisiert dargestellt als Beobachtungsobjekt für eine Gruppe Astronomen.

● Der Mond war ursprünglich ebenfalls ein stilisiertes astronomisches Objekt, erst der Tarot de Marseille fügte die heute unumgänglichen Symbole des → Krebses und der → Türme hinzu.

● Der Eremit war bis dahin meist mit Krücken (manchmal auch geflügelt) und einer Sanduhr dargestellt.

● Der Narr verwandelte sich von einer zerlumpten, streunenden Gestalt meist mit einer Art Keule statt eines Stabes auf den Schultern in den jungen, unbeschwerten Mann, den man heute kennt.

Manche der Symbole dürften sich auch aus modischen Motiven heraus ergeben haben, so z. B. die Hutkrempen des Magiers, Ritter d. Stäbe, König d. Münzen, Bube d. Münzen, deren Form der damals gängigen Mode entspricht, heute aber als die kosmische → Acht, die → Lemniskate gedeutet wird.

Die meisten der nachfolgenden Spiele, unter ihnen auch das Rider-Waite-Deck, übernahmen den größten Teil der Symbolik der Großen Arkana mit einigen kleineren Abwandlungen.

Die Zahlenkarten der Kleinen Arkana sind in klassischer Weise mit Kelchen, Münzen, Schwertern und Stäben ohne Figuren dargestellt. Die Bedeutung der Kleinen Arkana ergibt sich aus den numerologisch angeordneten Mustern und der Farbsymbolik. Dieser Tarot wird heute in verschiedenen Verlagen herausgegeben.

Die Tarotforschung spricht vom Marseiller Tarock allgemein. Darunter fallen Spiele, die in Bildgestaltung und Ausführung auf dem Tarot de Marseille beruhen. Hierzu gehören → Tarocco di 78 Carte Bologna Sec. XVIII, → Tarot des Centuries, → Tarot Rhenan, aber auch moderne Spiele unseres Jahrhunderts, die sich in der Symbolik und Gestaltung auf den Tarot de Marseille stützen. Unter diesen Spielen ist für die Tarotforschung der → Ancien Tarot de Marseille am interessantesten, da sich mit der Veröffentlichung dieser Karten erst das Interesse am Tarot de Marseille für die → Divination entwickelte.

Tarot Égyptien – Grand Jeu de l'Oracle des Dames

Original von 1889 von G. Regamey (Grafik) und H.-M. (Lithographie), Faksimile von 1982. Die Karten beruhen auf Eteillas Tarotlehre, obwohl die Symbolik und die Wahrsagehilfen nicht mehr ganz mit denen Eteillas übereinstimmen. 78 Karten, Verlag Édtitions Dussere.

247

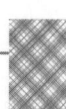

Tarot-Individualpsychologie

Praxis des → Rosenkreuzer-Tarot. Ziel ist die Selbstanalyse. Durch Meditation über jeweils einer → Großen Arkana soll der Weg zu sich selbst gefunden werden. Dabei sollen alle Erfahrungen und Gefühle aufgeschrieben werden, z. B. (Auszug aus Mária Szepes »Academia Occulta«, S. 263):

I. Der Magier

1. Hat es in meinem Leben bereits den Fall gegeben, daß ich mit gewaltiger Anstrengung etwas errungen habe und das Ganze sich später als Pyrrhussieg erwies?

2. Kann ich feststellen, wann ich stark und wann ich aufdringlich war?

3. Bin ich schon einmal mit einem Vorhaben gescheitert, von dem ich heute weiß, daß es gut war?

Tarotlesungen

Vorgang, bei dem der Tarot zur → Divination verwendet wird. Der → Fragende mischt die Karten, der → Deutende deckt sie auf und »liest« = deutet die Karten.

Tarotmeditationen

Praxis des → Rosenkreuzer–Tarot. Bereits → Lévi benutzte den Tarot nicht nur zur → Divination, sondern auch zur Tarotmeditation. Er sah im Tarot ein Einweihungssystem, das den Adepten (Schüler, Lehrling) Stufe für Stufe Gott oder einer höheren Bewußtseinsstufe näher bringen konnte. Ziel der Meditation ist das Durchleben, die Identifikation mit jeder einzelnen Karte, insbesondere der 22 → Großen Arkana, wobei der Meditierende sein Schicksal oder das Schicksal der Welt auf einer höheren, geistigen Ebene durchläuft und dabei – nach alchemistischer Vorstellung – das »menschliche Gold« erhält. Durch die Meditation über jeder einzelnen Karte, das Visualisieren aller mit der Karte in Verbindung stehenden Gefühle, Gedanken, Ideen soll der Lauf der Welt, der Lauf aller Dinge verständlich werden. Anleitungen und Texte zu Tarotmeditationen sind u. a. nachzulesen bei: Paul Foster Case »Das Buch der Siegel«, Verlag Urania, Neuhausen, Schweiz, und Mária Szepes »Academia Occulta«, Verlag Goldmann, München.

Tarot Rhenan

Kartendeck mit 78 Karten, das zu den → Marseiller Tarockspielen zählt, die alle im Aufbau und in der Bildgestaltung vom → Tarot de Marseille ausgehen. Das Set entstand etwa 1800 in Deutschland von Ignaz Krebs. Manche der Figuren sind ein wenig abgewandelt dargestellt, was sich jedoch nicht auf die Symbolik für die → Divination auswirkt. Nachdruck 1984, Verlag Piatnik, Wien.

Tarottrumpf

Beliebtes 78-Karten-Tarotspiel, das auf den alten Regeln der italienischen Spiele → Minichiate und → Tarocchi aus dem 16. Jh. basiert.

Tarotset

Andere Bezeichnung für → Tarotdeck.

Tarot-Treppe

1947 anläßlich einer surrealistischen Ausstellung in Paris entworfenes Modell, das an die verschiedenen Stufen einer → Initiation erinnern sollte. Jede der Stufen war mit einem Tarottrumpf beschriftet, welchem ein Buchtitel zugeordnet war. Die Themen der Bücher behandeln zudem meist tarotbezogene Themen wie → Alchemie. Jeder dieser Titel wiederum stellt in besonderer Weise die Qualitäten des jeweiligen Trumpfes dar:

I Der Gaukler: Maturin »Melmoth der Wanderer«

II Die Päpstin: N. N. »Leben und Tod des Facteur Cheval«

III Die Herrscherin: Jean-Jacques Rousseau »Die Träumereien des einsamen Spaziergängers«

IV Der Herrscher: Frazer »Der goldene Zweig«

V Der Papst: Baudelaire »Die Blumen des Bösen«

VI Die Liebenden: Hölderlin »Gedichte des Wahns«

VII Der Wagen: De Sade »Justine«

VIII Die Kraft: Meister Eckhard »Predigten«

IX Der Eremit: V. Andrea »Chymische Hochzeit Christiani Rosenkreutz, anno 1459«

X Rad des Schicksals: Kafka »Der Prozeß«

XI Die Gerechtigkeit: Lefebre des Noettes »Der Panzer und das gesattelte Pferd in den Zeitaltern«

XII Der Gehängte: Brisset »Die Wissenschaft von Gott«

XIII Der Tod: Apollinaire »Der verwesende Zauberer«

XIV Die Mäßigkeit: Swedenborg »Momorabilia«

XV Der Teufel: Jarry »König Ubu«

XVI Das Haus Gottes: Goethe »Faust«

XVII Der Stern: Fourier »Theorie der vier Bewegungen und der allgemeinen Bestimmungen«

XVIII Der Mond: Forneret »Der Mond schien und der Tau fiel …«

XIX Die Sonne: Hervey Saint-Denys »Träume und wie man sie steuert«

XX Das Gericht: »Apokalypse des Johannes«

XXI Die Welt: Isidore Ducasse, gesammelte Werke

Da manche Tarotautoren die Meditation mit dem Tarot empfehlen und beschreiben, eignen sich diese Bücher und ihre Inhalte, um die Qualität eines jeden einzelnen Trumpfes besser zu erfassen.

Tarot von Besançon

Tarotset, 78 Karten, Südfrankreich, frühes 19. Jh. Die → Große Arkana Nummer 2 La Papesse (→ Die Hohepriesterin) wurde durch Junon ersetzt.

Tarotyoga

Praxis des → Rosenkreuzer-Tarot, Übungen, bei denen der Tarotschüler jede einzelne Darstellung der → Großen Arkana nachzuempfinden versucht, indem er sich mental auf die abgebildete Figur einstellt, im Geiste ihre Haltung nachahmt. Ziel dieser Übungen ist es, Stufe für Stufe die Entwicklung aller Dinge zu erkennen. (Besondere Anleitungen finden sich u. a. in dem Buch »Academia Occulta« von Mária Szepes.)

Tarotzyklus

Der Tarotforscher → Paul Christian war der erste, der die Karten, insbesondere die → Großen Arkana, als Zyklus betrachtete, in dem die Bewußtwerdung des Menschen symbolisch dargestellt wird. Die moderne Tarotforschung und moderne Tarotautoren sehen den Tarot heutzutage ausschließlich im Licht des Entwicklungszyklus. Hierfür werden oftmals nur die Großen Arkana verwendet. Dem Tarotzyklus liegt die → Siebenerreihe zugrunde.

Täuschung

Karte	Art
Der Mond	Archetypus, arglistig getäuscht, hintergangen werden, im Unklaren gelassen werden.
7 d. Kelche	Illusionen, man gaukelt sich etwas vor.
3 Königinnen nebeneinander	Betrug und Täuschung durch Frauen.
9 d. Schwerter	Getäuscht werden.
4 Siebenen	Intrigen.
2 Asse nebeneinander	Gaunerei.

Taw

1. Zweiundzwanzigster und damit letzter Buchstabe des → hebräischen Alphabets. Taw bedeutet »Zeichen«. Der Zahlenwert 400 wird diesem Buchstaben zugeordnet. 400 wiederum ist symbolisch für das Äußerste der materiellen Welt anzusehen. In der Schreibweise von Taw zeigt sich ein umgekehrtes → Waw, das symbolisch auch für den Menschen steht, der nun aus der äußeren, materiellen Welt strebt. → Case nannte Taw auch ausführende Intelligenz.
2. Alle Autoren ordneten Taw der → Großen Arkana → Die Welt zu.

Temperance

(Engl.) Bezeichnung für die → Große Arkana → Die Mäßigkeit (XIV).

Temperance, La

(Franz.) Bezeichnung für die → Große Arkana → Die Mäßigkeit (XIV).

Temperanza, La

(Ital.) Bezeichnung für die → Große Arkana → Die Mäßigkeit (XIV).

Teth

1. Neunter hebräischer Buchstabe mit der Bedeutung »Doppeltes«. Mit dem Wort »Doppeltes« wird auch die Gebärmutter mit Embryo bezeichnet, da die Form des Zeichens in seiner Schreibweise einen Raum mit einer kleinen Öffnung zeigt. Hängt mit Finsternis zusammen, in der sich der Embryo befindet. Diese Finsternis symbolisiert Untergang, aus dem allerdings neues Leben entstehen kann. Das Zeichen selbst setzt sich in seiner Schreibweise aus → Sajin (links) und → Kaf (rechts) zusammen – wobei hiermit erneut die Doppelheit angedeutet wird.

2. → Case ordnete Teth der → Kraft zu und nannte sie »… die Intelligenz des Geheimnisses aller spirituellen Aktivitäten oder die Intelligenz des Geheimnisses der Werke … daß in der Tat alle Aktivitäten spirituell sind – im wörtlichen Sinn des Geistes als kosmischer Lebensatem« (Aus: »Schlüssel zur ewigen Weisheit des Tarot«.)

3. Andere Autoren ordneten nach dem System von → Lévi Teth dem → Eremit zu.

Tetragrammaton

Die vier Buchstaben des hebräischen Gottesnamens Jahwe = JHWH.

Teufel, Der

→ Große Arkana. Erste Karte der dritten → Siebenerreihe. Die Darstellung des Teufels erfuhr in der christlichen Symbolik eine Wandlung von der Schlange oder einem Drachen zu einem nackten, dunklen Engel (9. Jh. der gefallene Engel, der sich gegen Gott auflehnte) und wurde seit dem 11. Jh. als satyrähnliches Zwitterwesen gesehen. Diese Darstellung wurde bis ins 16. Jh. immer wieder abgewandelt. Die archetypische Gestalt des Teufels wird im Tarot meist als eine Mischung aus dem griechischen Gott Pan (Fruchtbarkeit bringender Mehrer der Herden, Schutzgott der Hirten und Jäger, auch er wird mit Bocksfuß dargestellt) und anderen Dämonen dargestellt, wie z. B. Pazazu, in der mesopotamischen Mythologie Gott der bösen Luftgeister. Vergleiche in der Darstellung können auch mit der babylonischen Göttin des Chaos, Tiamat, gezogen werden – sie wurde als gehörnter Vogel mit Klauenfüßen dargestellt. Im Tarot de Marseille stellt der Teufel ein Zwitterwesen mit sehr kleinen Fledermausflügeln dar im Gegensatz zum Rider-Waite-Tarot, der den Teufel als mächtigen dunklen Engel mit riesigen Fledermausflügeln zeigt. Mit dem Teufel wird im → Tarotzyklus die Reihe der → Transformation verlassen. Es geht in der dritten Reihe um die Freisetzung von Energien. Der Mensch beginnt, auf seine Erleuchtung hinzuarbeiten. Der Teufel symbolisiert dabei zunächst einen Rückfall in die Illusionen, gleichzeitig aber auch das Erkennen von Energien, die im Menschen selbst wirken. Erst wer sie erkennt,

251

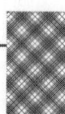
kann sie freisetzen und ggf. bekämpfen. Die letzte Reihe stellt archetypische Kräfte dar, die jenseits des Selbst des Menschen liegen.

Rider-Waite-Symbolik

Fledermausflügel: Symbol des Todes und der Unsterblichkeit. In der Antike galten Höhlen als Eingänge zum Jenseits (in der Jungschen Psychologie sieht man Höhlen als Eingänge zum Unterbewußten). Da sich Fledermäuse tagsüber in Höhlen aufhalten, galten sie als unsterblich.

Der Teufel,
Rider-Waite

In Europa stellte man sich Nachtgeister und Dämonen (mit Sexualität verbunden) manchmal auch als Fledermäuse vor, da sie erst nachts aus ihren Höhlen kommen. Dadurch, daß sie mit dem Kopf nach unten schlafen, auch Symbol des Feindes der natürlichen Ordnung.

Umgekehrtes Pentagramm: Das Pentagramm als Symbol der Quintessenz, Symbol des erleuchteten Menschen (die Spitze als Kopf nach oben) gilt umgekehrt als Zeichen der Schwarzen Magie.

Hörner: Symbol der Macht und Stärke. Beim Teufel die ins Negative gekehrte Macht. Auch phallisches Symbol – als Ausdruck der sexuellen Seite des Teufels, die Macht der Triebe, die den Menschen ebenso gefangenhalten kann wie politische und finanzielle Machttriebe. Diese Symbolik wird verstärkt dadurch, daß auch die beiden angeketteten Gestalten vor dem Teufel gehörnt erscheinen.

Fackel: Eigentlich Symbol der Reinigung und Fruchtbarkeitssymbol. Der Teufel kehrt alles ins Negative. Die Körperhaltung des Teufels erinnert im ganzen an den Magier (in der Siebenerreihe liegt der Magier zwei Reihen über dem Teufel). Als Gegensatz tritt der Teufel als Schwarzmagier auf. Mit seiner Fackel setzt er den Schweif des Mannes in Brand und symbolisiert damit die Macht der sexuellen Triebe, die, wenn sie zu überwältigend werden, destruktiv wirken können. Eine nach unten gesenkte Fackel symbolisierte in der Antike das Auslöschen des Lebens. Damit wird hier angedeutet, daß der Teufel durch Entfachen der sexuellen Triebe, die nicht mehr kontrolliert werden können, den geistigen Tod des Menschen bringt.

Handzeichen: Astrologisches Zeichen des Saturn. Früher als Unglücksplanet bezeichnet. Im Horoskop zeigt er Begrenzungen, die man sich selber setzt, und Schwächen an. Die Hohenpriester in Jerusalem machten das gleiche Handzeichen, um die Kraft des Geistes herabzuziehen. Heutzutage wird die Geste im jüdischen Neujahrsfest als priesterliche Segnung gezeigt. (Auch der Papst

oder Hierophant der fünften Trumpfkarte zeigt ein Segnungszeichen.)
Rechteck: Im → B.O.T.A.-Tarot von →
Case sitzt der Kaiser (Der Herrscher)
der vierten Großen Arkana auf einem
Würfel, der die Weltherrschaft durch
Wissen symbolisiert. In Anlehnung
daran sehen manche Autoren im Rechteck, auf dem der Teufel sitzt, das halbe,
das unvollständige Wissen, das er repräsentiert. (Das ledigliche Wissen um
materielle, weltliche Vorgänge ohne
das spirituelle, geistige Prinzip miteinz-
zubeziehen.)
Gestalten: Die beiden angeketteten Gestalten erinnern an Die Liebenden der
Großen Arkana Nummer Sechs. In der
christlichen Symbolik ist der Teufel vor
allen Dingen Luzifer, der Lichtbringer,
der Adam und Eva zur Sünde verführte
und seither als »Fürst der Welt« gilt.
Der Teufel stellt vor allen Dingen die
Kraft der Illusion, der Unterdrückung
dar – die beiden Gestalten symbolisieren das Angekettetsein des Menschen
an materielle, weltliche Dinge. Der
Geist, das Spirituelle, fehlt im Leben,
in der Weltanschauung der meisten
Menschen, es werden finanzielle, sexuelle und politische Ziele verfolgt, ohne
geistigen Hintergrund. Der Teufel symbolisiert die Illusion, daß nichts anderes existiert als das, was der Mensch
mit seinen Sinnen erfassen kann, dadurch wird der Mensch zum Gefange-
nen seiner selbst. Da die Personen auf
der Karte nicht vollkommen menschlich dargestellt sind, symbolisieren sie

die Unfreiheit des
Menschen (nicht
»menschlich«
sein im Sinn von
unfrei, nicht mit
dem Spirituellen,
dem Geist ver-
bunden).
Hintergrund:
Komplett in
Schwarz. Unter-
streicht die
Bedeutungen der

Der Teufel

Der Teufel,
Marseille

Karte: Schwarze Magie, sexuelle Abhängigkeit, Depression und Illusion.

Tarot-de-Marseille-Symbolik

Schwert: Im Tarot de Marseille trägt
der Teufel in seiner linken, unbewußten
Hand keine brennende Fackel, sondern
hält achtlos ein Schwert an der Klinge.
Das Schwert als eigentliches Symbol
der Macht symbolisiert dadurch die
achtlose, egozentrische Art, mit welcher der Teufel mit Macht umgeht.
Manche Autoren sehen in der Haltung
eine Verspottung des Schwertes als
Symbol der Gerechtigkeit.
Goldenes Geweih: Der Teufel ist nicht
gehörnt im traditionellen Sinne, sondern trägt ein goldenes Geweih. Symbol des göttlichen Feuers. Es soll aufzeigen, daß der Teufel als göttlicher
Bote fungiert, der mit seinem Feuer
reinigen soll. Auch erinnert das Geweih
an Flammenzungen, die zu beiden
Seiten des Kopfes des Teufels hervor-
züngeln.

Archetypus: Teufel.

Divinatorische Bedeutung: Abhängigkeit in jeder Form: Abhängigkeit von den sexuellen Trieben, gefangen sein in materieller Denkweise. Der Mensch handelt nicht mehr so, wie er es eigentlich für richtig erkannt hat, kann aber nicht anders. Besessenheit, Leid und Depression, Unterordnung, Knechtschaft, Böswilligkeit, schlechter Einfluß, auch Ruin.

Umgekehrte Bedeutung: Versuch, sich aus Abhängigkeit zu befreien (z.B. aus sexueller, materieller). Auf der Position der Vergangenheit zeigt er an, daß die Veränderung bereits stattgefunden hat, die damit zusammenhängenden Gefühle (Ärger, Trauer, Wut, Depression) noch in das jetzige Sein hineinspielen.

Thimblerigger, The

(Engl.) Bezeichnung für die → Große Arkana → Der Magier (I), auch → The Juggler, → The Magician, → The Cup Player, → The Mounterbank und → The Pagad.

Thot

Auch Thoth, Tehuti, Theut oder Tat, legendärer ägyptischer Gott. Durch den regen Kulturaustausch zwischen Ägypten und Griechenland (seit vorchristlicher Zeit) verschmolz Thot mit Hermes und wurde zu → Hermes Trismegistos. Er gilt als Erfinder und Überbringer der Schrift, Gott des Maßes und der Zahl, der Musik, Begründer der Sternkunde, Schutzgott der Tempelbibliotheken. Angeblich soll er 36525 Bücher verfaßt haben, in denen er das Mysterium der Schöpfung beschreibt. Andere Quellen berichten über 36 Bücher der Weisheit und sechs Bücher der Medizin. Wieder andere Quellen schreiben ihm 42 heilige Bücher zu. Durch sein unglaubliches Wissen gilt er als der größte Magier und als Gott der Zauberei (er soll Formeln zur Heilung aller Krankheiten besessen haben). Thot/Hermes Trismegistos gilt ebenfalls als Verfasser der → Tabula Smaragdina (demzufolge schreiben ihm manche Tarotforscher auch die Erfindung des Tarot zu), die als eines der heiligen Bücher des Thot/Hermes Trismegistos und als ein Schlüssel zur Klärung aller Geheimnisse dieser Welt und der Schöpfung gilt.

Thymian

Pflanze, die den Großen Arkana → Die Herrscherin, → Der Hierophant und → Die Gerechtigkeit zugeordnet wird. Thymian beruhigt und kräftigt die Nerven (s. auch → Pflanzen).

Tierkreiszeichen

Manche Autoren, vor allem → Christian, → Formahaut, → Fugairon, → Henkes, → Maxwell, → Robson und → Du Valoux sahen den Ursprung des Tarot in der → Astrologie. Andere Autoren wie → Waite, → Case und → Crowley vertraten andere Thesen über den Ur-

sprung des Tarot, ordneten trotzdem jeder Karte einen Planeten und ein Tierkreiszeichen zu. Man ging davon aus, daß alle westlichen, komplexen Orakelsysteme miteinander in Verbindung stehen und daher alle Karten des Tarot auch eine Zuordnung der → Planeten und Tierkreiszeichen erfahren können. Sinn ist es, bei der Deutung der Karte oder bei ihrer Verwendung zur → Tarot-meditation immer auch die Planeten- und Tierkreiskräfte miteinzubeziehen. Im Lauf der Zeit wurden die Zuordnungen willkürlich und wie es manchmal scheint, von jedem und vor allem nach eigenem Gutdünken geändert, so daß sich folgende Aufstellung rein auf die klassischen Zuordnungen von → Paul Foster Case und dem → Golden Dawn stützt:

Zuordnung der Großen Arkana zu den Tierkreiszeichen und den Planeten

Große Arkana		Tierkreiszeichen	Planet
0	Der Narr	Skorpion	Mars/Uranus
I	Der Magier	Zwillinge	Merkur
II	Die Hohepriesterin	Krebs	Mond
III	Die Herrscherin	Stier	Venus
IV	Der Herrscher	Widder	Mars
V	Der Hierophant	Stier	Venus
VI	Die Liebenden	Zwillinge	Merkur
VII	Der Wagen	Krebs	Mond
VIII	Die Kraft	Löwe	Sonne
IX	Der Eremit	Jungfrau	Merkur
X	Rad des Schicksals	Schütze	Jupiter
XI	Die Gerechtigkeit	Waage	Venus
XII	Der Gehängte	Fische	Jupiter/Neptun
XIII	Der Tod	Skorpion	Mars/Uranus
XIV	Die Mäßigkeit	Schütze	Jupiter
XV	Der Teufel	Steinbock	Saturn
XVI	Der Turm	Widder	Mars
XVII	Der Stern	Wassermann	Saturn/Uranus
XVIII	Der Mond	Fische	Jupiter/Neptun
XIX	Die Sonne	Löwe	Sonne
XX	Das Gericht	Skorpion	Pluto
XXI	Die Welt	Skorpion	Saturn

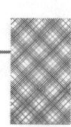

Zu beachten ist, daß in der klassischen Astrologie Uranus, Neptun und Pluto noch nicht bekannt waren und so den Planeten Mars, Saturn und Jupiter jeweils zwei Tierkreiszeichen als Zeichenherrscher zugeordnet wurden: Jupiter – Schütze und Fische, Mars – Widder und Skorpion, Saturn – Steinbock und Wassermann (Merkur wird auch heute noch zwei Tierkreiszeichen – Zwillinge und Jungfrau – zugeteilt).

Die moderne Astrologie ordnet folgendermaßen zu: Uranus – Wassermann, Neptun – Fische und Pluto – Skorpion. Dabei werden die alten Zeichenherrscher fast immer noch als »erhöhte« Planeten angegeben. So ergibt sich auch, daß in o. a. Tabelle nach Paul Foster Case, dessen Buch 1947 erschien, manche Planeten nach moderner astrologischer Zuordnung nicht mehr ganz richtig erscheinen.

Zuordnung der Zahlenkarten der Kleinen Arkana (nach Golden Dawn)

Karte	Tierkreis	Karte	Tierkreis
2 d. Stäbe	Widder	2 d. Schwerter	Waage
3 d. Stäbe	Widder	3 d. Schwerter	Waage
4 d. Stäbe	Widder	4 d. Schwerter	Waage
5 d. Stäbe	Löwe	5 d. Schwerter	Wassermann
6 d. Stäbe	Löwe	6 d. Schwerter	Wassermann
7 d. Stäbe	Löwe	7 d. Schwerter	Wassermann
8 d. Stäbe	Schütze	8 d. Schwerter	Zwillinge
9 d. Stäbe	Schütze	9 d. Schwerter	Zwillinge
10 d. Stäbe	Schütze	10 d. Schwerter	Zwillinge
2 d. Münzen	Steinbock	2 d. Kelche	Krebs
3 d. Münzen	Steinbock	3 d. Kelche	Krebs
4 d. Münzen	Steinbock	4 d. Kelche	Krebs
5 d. Münzen	Stier	5 d. Kelche	Skorpion
6 d. Münzen	Stier	6 d. Kelche	Skorpion
7 d. Münzen	Stier	7 d. Kelche	Skorpion
8 d. Münzen	Jungfrau	8 d. Kelche	Fische
9 d. Münzen	Jungfrau	9 d. Kelche	Fische
10 d. Münzen	Jungfrau	10 d. Kelche	Fische

Zuordnung der Tierkreiszeichen zu den Sätzen und Elementen

Da jeder Satz im Tarot auch einem Element entspricht, können auch die Sätze den jeweiligen Tierkreiszeichen zugeordnet werden:

Satz	Element	Tierkreiszeichen
Stäbe	Feuer	Widder, Löwe, Schütze
Schwerter	Luft	Zwillinge, Waage, Wassermann
Kelche	Wasser	Krebs, Skorpion, Fische
Pentakel	Erde	Stier, Jungfrau, Steinbock

Tier-Tarotkarten

Deutschland, etwa 1850, 78 Karten. Die → Trumpfkarten tragen arabische Ziffern und zeigen doppelseitig Tiere (Ausnahme: Nummer 1 zeigt einen Knaben).

Tigerauge

Edler Stein aus der Gruppe der Quarze. Das Tigerauge wird im Tarot den → Großen Arkana → Der Magier, → Die Liebenden und → Der Eremit zugeordnet. Der goldbraun schimmernde Stein soll die Konzentrationsfähigkeit und die Gedanken schärfen, zudem wird ihm die Fähigkeit zugesprochen, das »dritte« Auge zu öffnen (s. auch → Edle Steine).

Tod

Karte	Art
Der Tod	Archetypus, radikale Veränderung, Tod einer Sache, eines Gefühls, abrupter Bruch, aber auch physischer Tod (besonders im Zusammenhang mit der Großen Arkana → Das Gericht).
8 d. Kelche	Eine Sache, mit der man sich beschäftigte, »sterben« lassen, da man nichts mehr erreichen kann.

Tod, Der

→ Große Arkana. Die Darstellung der Figuren auf der Karte wurde von → Waite erheblich abgewandelt. Er kommentierte dies in seinem »Bilderschlüssel des Tarot«: »Der Schleier oder die Maske des Lebens setzt sich immerwährend im Wandel, in der Verwandlung und im Übergang vom Niederen zum Höheren fort, dies wird im berichtigten Tarot angemessener durch die apokalyptischen Visionen repräsentiert als durch die rohe Vorstellung eines mit der Sense bewaffneten Skeletts ...« Andere Tarotforscher und Autoren se-

257

hen im Skelett, Symbol des personifizierten Todes, ein okkultes Symbol des Wandels, mit dessen Hilfe eine Verbindung zur Ewigkeit erlangt werden kann. Die Todeskarte als Symbol des ewigen Kreislaufes von Leben und Tod zeigt im Tarotzyklus an, daß → Der Gehängte (die Karte vor der Karte des Todes) seine Wertvorstellungen umkehrte, während der nächste Schritt die tatsächliche Aufgabe des alten Lebens darstellt (Tod). Mit der Karte Tod wird der Weg zur → Transformation tatsächlich frei gemacht, während sie auf den vorhergehenden Karten der zweiten → Siebenerreihe, die als Reihe der Transformation zur Psyche betrachtet wird, erst vorbereitete (→ Die Kraft, → Der Eremit, → Rad des Schicksals, → Die Gerechtigkeit, → Der Gehängte). Mit der letzten Karte dieser Siebenerreihe wird die Transformation (Umwandlung) dann tatsächlich vollzogen: → Die Mäßigkeit.

Rider-Waite-Symbolik

Tod: Das Skelett in schwarzer Rüstung als Symbol der Dunkelheit, die aus dem Leben wachsen wird. (Nur wenn etwas stirbt, kann Neues wachsen.)
Personen: Die dargestellten Figuren symbolisieren durch ihre Haltung, ihre Einstellung dem Tod gegenüber, das Aufgeben alter Werte.
● König – starres Ego: Er liegt erschlagen von seinem eigenen Ego, das den Stürmen des Lebens nicht standhielt.

Der Tod,
Rider-Waite

● Bischof: Er steht aufrecht und sieht dem Tod entgegen als Symbol, daß der Glaube helfen kann, Angst zu überwinden.
● Die junge Frau symbolisiert durch ihren Blumenkranz und ihr weißes Kleid Unschuld, ihr Ego ist noch nicht erstarrt wie das des Königs, trotzdem ist sie noch nicht zur Hingabe bereit.
● Kind: Das kleine Kind verkörpert vollkommene Unschuld.
Weißes Pferd: Das Pferd steht in der Symbolik dem Reich des Todes nahe und gilt als Seelenführer. Reittier des apokalyptischen Reiters. Aber auch Symbol der Kraft und Sexualität. Durch die weiße Farbe, Symbol der gereinigten Kraft, der gereinigten Leidenschaften.
Fahne: Die schwarze Todesfahne mit der weißen Blume des Lebens als Symbol, daß Leben und Tod unzertrennlich zusammenhängen.
Sonne: Im Hintergrund geht die Sonne auf oder unter. Symbol des ewigen Wandels.
Fluß: Symbol für Zeit und Vergänglichkeit und ständige Erneuerung. Symbol der Einheit von Veränderung und Ewigkeit.
Schiff: Symbol des Lebens und der Lebensfahrt. Zeichen der Überfahrt. Sym-

bol des wahren Selbst, das durch den Tod zu neuem Leben getragen wird.

Tarot-de-Marseille-Symbolik

Skelett: Im Tarot de Marseille liegen unter der Sense des Skeletts zerstückelte Menschen als Symbol, daß das frühere Leben aufgegeben werden muß. Alle Aspekte dieses früheren Lebens liegen verstreut zu Füßen des Skeletts: Köpfe symbolisieren frühere Ideen, Wertvorstellungen. Füße symbolisieren frühere Standpunkte, Meinungen und Hände symbolisieren frühere Aktivitäten. Das Skelett gilt auch als alchemistisches Symbol der Notwendigkeit, die eigene Identifikation mit dem Körper aufzugeben.

Szene: Dadurch, daß ein gekröntes Haupt und ein ungekröntes Haupt auf dem Boden liegen, sehen manche Tarotforscher darin eine Allegorie dafür, daß der Tod keine Unterschiede macht. Andere Tarotforscher ziehen eine Verbindung zum Wagenlenker auf der Karte → Der Wagen. Es soll verdeutlichen, daß der Mensch sein Schicksal nicht länger auf althergebrachte Weise lenken kann.

Sense: Symbol der alles zerstörenden Zeit.

Vegetation: Inmitten der zerstückelten Menschen sprießen blaue und gelbe Keimlinge hervor – Symbole des neu erwachenden inneren Lebens des Menschen. Blau = Intuition, Gelb = Geist.

Archetypus: Tod

Divinatorische Bedeutung: Abrupte,

Der Tod, Marseille

radikale Veränderung, möglicherweise Angst vor Veränderung. Alte Wertvorstellungen, Einstellungen, Gewohnheiten, aber auch Beziehungen, müssen aufgegeben werden, damit etwas Neues entstehen kann.

Manchmal spiegelt die Karte auch den radikalen Standpunkt des Fragenden wider. Seine Haltung lautet dann: entweder alles oder nichts.

Umgekehrte Bedeutung: Stagnation. Nur langsame Veränderung. Teilweiser Wandel. Kann sich auch auf die physische Ebene beziehen und deutet dann möglicherweise auf einen Unfall hin, dem der Betreffende nur knapp entrinnen kann.

Tower, The

(Engl.) Bezeichnung für die → Große Arkana → Der Turm (XVI), auch → The Lightning Struck Tower, → The House of God, → The Hospital, → Fire of Heaven, → The Tower of Babel.

Tower of Babel, The

(Engl.) Bezeichnung für die → Große Arkana → Der Turm (XVI), auch → The Lightning Struck Tower, → The House of God, → The Hospital, → Fire of Heaven.

Torre, La

(Ital.) Bezeichnung für die → Große Arkana → Der Turm (XVI).

Transformation

(Lat. = Umwandlung), Begriff, der innerhalb des Tarot meistens in Zusammenhang mit dem → Tarotzyklus, dem → Diamantbild und der → Siebenerreihe verwendet wird. Dadurch, daß der Mensch von einer Großen Arkana zur nächsten eine Entwicklungsstufe nach der anderen durchläuft und meistert, kann er sich selbst transformieren. Auch in der Alchemie sprach man von der Transformation des Menschen in z. B. »menschliches Gold«, also der Umwandlung der niederen Instinkte in spirituelle Entwicklung.

Trauer

Karte	Art
Königin d. Schwerter	Person, die um jemanden trauert (z. B. Witwe).
9 d. Schwerter	Trauer um einen geliebten Menschen oder eine geliebte Sache.
3 d. Schwerter	Liebeskummer, Trauer um eine verlorene Sache.
5 d. Kelche	Trauern um etwas, das verloren ging.
2 d. Stäbe	Krank werden durch Trauer.

Traum

Karte	Art
Der Narr	Träumer.
Die Hohepriesterin	Die Macht der Träume.
Der Mond	Alptraumhafte Umgebung (Menschen oder Dinge).
Bube d. Kelche	Jemand, der sich in eine Traumwelt flüchtet, um Verpflichtungen zu umgehen, aber auch traumhafte, verträumte Umgebung.
7 d. Kelche	Illusorische Traumtänzerei.
6 d. Kelche	Alte Erinnerungen und Träume.
9 d. Schwerter	Alptraum, der real wird.

Tränen

Karte	Art
9 d. Schwerter	Weinen um eine geliebte Sache, einen geliebten Menschen.
10 d. Schwerter	Niedergeschlagenheit, Schmerz, Tränen (auch der Hysterie).
s. a. → Trauer	

Trennung

Karte	Art
Der Tod	Radikale Trennung.
9 d. Schwerter	Trauer nach einer Trennung.

3 d. Schwerter	Kummer der Trennung.
8 d. Kelche	Sich von einer Angelegenheit trennen, da man hier nichts mehr erreichen kann.

Trümpfe

Im Tarot Bezeichnung für die 22
→ Großen Arkana, auch Trumpfkarten.

Triumph

Karte	Art
Der Wagen	Je nach Position: Triumphwagen.
As d. Münzen	Chance auf materiellen Triumph.
7 d. Stäbe	Triumph und Erfolg im geschäftlichen Bereich, da man sich auf eventuelle Angreifer vorbereitet hat.
6 d. Stäbe	Triumphaler Sieg.
5 d. Schwerter	Höhnischer Triumph.

s. a.→ Erfolg

Turm, Der

→ Große Arkana. Manchmal auch »Turm der Zerstörung«, »Das Feuer des Himmels« oder »Das Haus Gottes« bezeichnet. Manche Tarotforscher sehen in der Übersetzung von »La Maison de Dieu« (Das Haus Gottes) eine Falschübersetzung von »La Maison Feu« (Haus des Feuers), wobei der Sinn allerdings nicht merklich geändert wäre. In Mesopotamien wurden Türme als Kulttempel errichtet, um eine Verständigung zwischen Himmel (Göttern) und Erde (Menschen) zu gewährleisten. Auch wird der Turm mit dem Turmbau zu Babel in Bezug gesetzt. In der Bibel erweckt König Nimrod den Zorn Gottes, als er einen Turm bis in den Himmel reichend errichten will. Sprachverwirrung und Streit zwischen den Völkern waren die Folge. Darin sehen Tarotautoren den Zusammenhang zwischen dem Turm zu Babel und dem Turm des Tarot – der göttliche Zorn, der die Menschen aus ihrer sicheren Position stürzt. Betrachtet man den Tarot als Zyklus der Bewußtwerdung, folgt der Turm als plötzliche Freisetzung von Energien auf die Große Arkana → Der Teufel, in dem Abhängigkeiten, Triebe und blockierte Energien erkannt werden müssen. Dieses plötzliche Freisetzen von Energien wird auf der Karte durch den Blitz ausgedrückt. Dieses Bild findet sich in der Mythologie und der Bibel häufig (z. B. Paulus auf dem Weg nach Damaskus wirkt »wie vom Blitz« getroffen – seine bisherigen Vorstellungen wurden zerstört, er selbst erleuchtet).
Turm: Symbol der Macht und der Wachsamkeit. Symbol der Weltabgeschiedenheit. Der Mensch hat sich zu sehr von seinem Unterbewußtsein abgeschieden, hat sich eingekerkert in vorgefertigten Denkmustern und Vorstellungen. Seine Energien können nicht mehr frei fließen und bedürfen

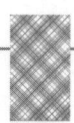

der Befreiung, da der Mensch aber nicht freiwillig, nicht bewußt dazu bereit ist, schickt die Psyche sozusagen einen Blitz der Befreiung. Auch wenn der Mensch enorm wachsam ist, kann er sich der urplötzlich ausbrechenden Gewalt seiner eigenen Psyche nicht widersetzen.

Blitz: Symbol der göttlichen Kraft. In der Bibel auch Symbol des göttlichen Zorns. In der Antike galten die von Göttervater Zeus geschleuderten Blitze sowohl als Ausdruck einer Bestrafung als auch als befruchtend. Diese Doppeldeutigkeit symbolisiert auch den Charakter der Karte. Der Turm zeigt eine plötzliche Erkenntnis (»wie vom Blitz getroffen«), die auf den betreffenden Menschen befreiend einwirkt, die allerdings auf schmerzhafte Weise gemacht wird. Gemeint sind die Ich–Bedürfnisse des Menschen, sein Drang nach materiellem Wohlstand, Ruhm, Vergnügungen. Vergißt er dabei die spirituellen Werte des Lebens, die Schau nach innen in das eigene Selbst, baut er sich einen Turm, in dem sein Geist gefangen bleibt. Der Blitz (Ausdruck des psychischen Drucks) kommt dann in Form von Streit, als äußere Katastrophe auf den Menschen. Wobei diese Katastrophen nicht als Bestrafung angesehen werden sollten, sondern als Weg der Erleuchtung – auch die Sephiroth des Lebensbaumes werden manchmal mit einer Zickzacklinie als Symbol des Gottesblitzes dargestellt, der die Er-

Der Turm, Rider-Waite

leuchtung bringt, indem er alle Elemente/Erscheinungsformen miteinander verbindet. Darauf wird hingewiesen: Der Mensch muß alle Erscheinungen und Äußerungen seines Lebens in Betracht ziehen, darf sich nicht so sehr auf materielle, äußerliche Zeichen stützen.

Blitz im Tarot de Marseille: Hier wird der Blitz wie eine brennende Feder dargestellt und erweitert den Aspekt des Blitzes. Die Feder nicht nur als Symbol der sozialen Stellung, sondern auch in ihrer Eigenschaft als besonders widerstandsfähig, obwohl sie weich und biegsam ist. Dadurch symbolisiert sie den Zustand psychischer Unausgeglichenheit, in dem der Mensch die Wirklichkeit nur noch als Illusion wahrnimmt. Plutarch bezeichnete den Blitz als »Ursprung allen Lebens« – der Blitz auf der Karte bringt neues Leben in das innere Selbst, neues Bewußtsein der inneren Vorgänge. → Case: »Der Blitz ist die vom Magier herabgezogene Kraft. Er ist das Schwert des Wagenlenkers, das Zepter des Kaisers, die Kraft, die das Rad des Schicksals antreibt, die Sense des Todes und das Licht, das der Laterne des Eremiten entströmt.

Er zerbricht bestehende Formen, um Raum für neue zu schaffen.« (Aus: Schlüssel zur ewigen Weisheit des Tarot.)

Krone: Symbol der Würde und Macht. Dieses Zeichen dient als Dach des Turmes und zeigt die aufgesetzten Vorstellungen und die Illusion des Menschen, bereits Erleuchtung erlangt zu haben. Der Blitz schleudert die Krone weg – die Erkenntnis tritt ein und befreit das vorgefertigte Denken.

Menschen: Die Menschen fallen kopfüber und erinnern damit an die Figur → Der Gehängte, der ebenfalls kopfüber dargestellt wird. Überkommene Vorstellungen werden damit umgekehrt, die Beziehung zwischen Unterbewußtsein und Selbst-Bewußtheit wird auf den Kopf gestellt. Im Rider-Waite-Deck tragen beide rotblaue Gewänder, um die Vermischung von bewußtem und unbewußtem Handeln zu symbolisieren. Die Krone der einen Figur symbolisiert, daß falsches Wissen die Persönlichkeit beherrscht. All dies wird umgekehrt, auch »über Bord geworfen« (allerdings nicht freiwillig), um neues Bewußtsein und damit Erleuchtung zu erlangen.

Tropfen – Jod im Rider-Waite-Deck: Hier sind rechts und links des Turmes herabfallende Feuertropfen in Form des hebräischen Buchstabens Jod zu sehen. Jod bedeutet Gnade. Damit symbolisieren sie, daß die Katastrophe einer Gnade und nicht einer Be-

strafung gleicht. Da man sich selbst nicht mehr aus dem Turm der Illusionen, des eingekerkerten Ichs befreien konnte, greift das Leben von außen in den Prozeß der Erleuchtung ein, auch wenn der Mensch dies zu-

Der Turm, Marseille

nächst als Strafe ansieht, wird er dennoch erkennen, daß es eine (sinnvolle) Gnade war.

Tropfen – Bälle im Tarot de Marseille: Hier sind die herabfallenden Tropfen wie Bälle dargestellt. Ihre Regenbogenfarben symbolisieren den Doppelcharakter der Karte. In Babylonien galt der Regenbogen noch als Ausdruck des Zorns der Götter, in der Bibel wandelte sich die Symbolik und wurde zum Zeichen des Bundes zwischen Gott und den Menschen. So kann die Katastrophe, die mit dem Blitz eintritt und das althergebrachte, eingekerkerte Verständnis zerstört, zuerst als Strafe angesehen, später aber als erlösendes Element betrachtet werden.

Die Anzahl der Jod/Bälle: Beträgt auf allen Karten 22, das entspricht der Anzahl der Tarottrümpfe. Des weiteren sind auf der linken Kartenseite zwölf (Symbol des Universums, des Spirituellen) und auf der rechten Seite

263

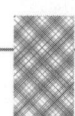
zehn (materielle, bewußte Welt) Jod/
Bälle zu sehen. Symbolisch wird damit dargestellt, daß Dualitäten miteinander vereint werden müssen.

Fels: Im Rider-Waite-Tarot steht der
Turm auf einem Fels und zeigt damit
symbolisch, daß die hereinbrechenden
Katastrophen, die zur Bewußtwerdung
und Erleuchtung notwendig sind, zwar
gewaltig auftreten und das Dach, die
Krone des Turmes, zum Einsturz bringen, der Turm jedoch auf dem Fels
bestehenbleibt – der Zusammenbruch
der Psyche, des inneren Selbst des
Menschen ist nicht notwendig, um zur
Erleuchtung zu gelangen.

Archetypus: Plötzliche Erkenntnis.

Divinatorische Bedeutung: Zank, wie
aus »heiterem Himmel«, heftiger
Streit, der alle Werte umkehren kann,
die Basis aber nicht zerstört (z. B. Beziehung: Die Beziehung bleibt bestehen, erfährt aber durch eine heftige
Auseinandersetzung eine grundlegende Erneuerung und Änderung).
Plötzliche Erkenntnis, die mit
schmerzhaften Begleiterscheinungen
einhergeht. Zerstörung althergebrachter Ansichten.

Umgekehrte Bedeutung: Wie in richtiger Position, allerdings in geschwächter Form, d.h. Streit, treten nicht so
stark und heftig auf. Allerdings auch
gefangen sein, indem der Mensch sich
noch nicht von alten Werten, Vorstellungen, Meinungen gelöst hat und
eingekerkert ist in seinem eigenen
Denkmuster.

Überdruß

Karte	Art
4 d. Kelche	Man ist nicht mehr bereit, die Freuden dieser Welt anzunehmen. Auch Unwille.

Übergang

Karte	Art
Der Gehängte	Archetypus, zur Erleuchtung gelangen.
6 d. Schwerter	Zu schneller Übergang, der mit alten Sorgen und Problemen belastet ist.

Überraschung

Karte	Art
Der Turm	Zank, wie »aus heiterem Himmel«, überraschender Geistesblitz aus einer unangenehmen Erfahrung heraus.
9 d. Münzen	Glückliche Überraschung, überraschender Gewinn.

Umbruch

Karte	Art
Rad des Schicksals	Je nach Position: Wende zum Glück oder Unglück.
Der Tod	Radikaler Umbruch.

Der Turm	Plötzlicher Umbruch (möglicherweise vom materiellen zum geistigen Denken).	
8 d. Kelche	Sich abwenden von etwas, dadurch einen Umbruch herbeiführen.	

Umgekehrte Bedeutung

Wird bei einer Tarotlegung eine Karte verkehrt herum aufgedeckt, d. h. auf dem Kopf stehend, kann sie auch auf ihre umgekehrte Bedeutung hin gedeutet werden. Positive Karten ändern sich dann in negativ zu deutende und umgekehrt. Der Teufel verändert seine Bedeutung nie. Diese Methode wird allerdings nicht von allen Tarotlegern praktiziert, da manche glauben, jede Karte trägt alle Bedeutungen in sich und kann von daher sowieso niemals ausschließlich positiv oder ausschließlich negativ bewertet werden. Das bedeutet, es müssen sowieso auch die umliegenden Karten zur genauen Deutung herangezogen werden, demzufolge ergibt sich die Bedeutung der Karte. Die Methode der Deutung der umgekehrten Karte geht auf → Eteilla zurück.

Unaufrichtigkeit

Karte	Art
Der Teufel	Archetypus der Lüge.
Der Mond	Archetypus, unaufrichtige Menschen in der Umgebung oder selbst unehrlich sein.

7 d. Schwerter	Betrogen werden oder selbst betrügen, lügen, stehlen.
7 d. Kelche	Betrug, Täuschung, Selbsttäuschung, Illusionen.

→ Täuschung

Unbewußt

Karte	Art
Die Hohepriesterin	Archetypus des Unbewußten.

Unerwartete Ereignisse

→ Überraschung

Unfähigkeit

Karte	Art
Der Wagen	Archetypus, mögliche Handlungsunfähigkeit, da das Innerste nach zwei Seiten zieht.
8 d. Schwerter	Unfähigkeit nach getroffener Entscheidung, auch wirklich etwas dafür zu tun (seelischer Konflikt).

Unglück

Karte	Art
Rad des Schicksals	Je nach Position – Wende zum Schlechteren.
Königin d. Schwerter	Jemand, der Unglück mit Fassung trägt.

265

Unsicherheit

Karte	Art
3 Siebenen nebeneinander	Unsicherheit (z. B. bei Verträgen).

s. a. → Sicherheit

Universe, The

(Engl.) Bezeichnung für die → Große Arkana → Die Welt (XXI), auch → The World. Bei → Eteilla eine → Trumpfkarte gleichen Namens.

Unparteiisch

Karte	Art
Gerechtigkeit	Archetypus, immer der Situation gerecht entscheiden.

Unreife

Karte	Art
Der Narr	Archetypus, kann durch seine kindliche Sorglosigkeit unreif wirken.

Untermann

→ Hofkarte. Entspricht dem Buben.

Untergang

Karte	Art
Der Teufel	Archetypus, finanzieller, seelischer, geistiger, körperlicher Ruin.
2 Sechsen nebeneinander	Untergang, Mißlingen.

Unzuverlässigkeit

Karte	Art
Königin d. Kelche	Verliert diese Person ihre Verbindung zu ihrem kreativen Unterbewußtsein, kann sie unehrlich und unzuverlässig werden.
2 d. Münzen	Lavieren, sich nicht entscheiden können, wankelmütig sein.
7 d. Kelche	Unzuverlässigkeit aus Illusionen und Selbsttäuschung heraus.

Uranus

→ Planet. → Symbol: ♅. In der → Astrologie wird Uranus dem → Tierkreiszeichen → Wassermann zugeordnet. Im Tierkreiszeichen → Steinbock gilt Uranus als → erhöhter Planet. Seine astrologischen Wesensmerkmale: Originalität, moderne Technik (alle neuen Erfindungen und Technologien werden ebenfalls Uranus zugeordnet (z. B. Flugzeuge, Autos, Computer), spontane Kreativität. Er verkörpert das Extreme, Radikale, revolutionäre Veränderungen und Exzentrik. Im → Radix zeigt Uranus an, wo der Betreffende aus Altem auszubrechen versucht, reformieren möchte, Querulant sein kann, aber auch, wo die Fähigkeit liegt, Gegensätzliches zu überwinden. Seine körperliche Entspre-

chung: Schilddrüse, Nervenfunktionen. Seine Farben: Lila und Orange. Tarotzuordnungen: → Der Narr, → Der Stern.

Urlaub → Reise

Ursprungsmythen des Tarot

Der Ursprung des Tarot liegt ebenso im dunkeln wie der Ursprung des Namens. Im Lauf der Jahrhunderte entstanden zahlreiche Mythen um die Entstehungsgeschichte des Tarot:

Ägyptischer Ursprung: → Gebelin, der sich zeitlebens mit Linguistik, Hieroglyphen beschäftigte, entwickelte die Theorie des ägyptischen Ursprungs des Tarot. Er setzte die vier → Sätze mit den vier Ständen und Rängen der Gesellschaft gleich und sah in den Karten eine Zusammenfassung der ägyptischen Lehren, die so die Jahrhunderte überdauern sollten. Er sah in den Karten das legendäre → Buch Thot. → Scheidle, → Eteilla und → Christian schlossen sich dieser Auffassung an.

Zigeuner: Jene Tarotforscher, die den ägyptischen Ursprung in Betracht zogen, sahen in den Zigeunern jene Menschen, welche die Karten nach Europa brachten (→ Papus). Manche Tarotforscher sahen aber auch in den Zigeunern selbst die Urheber der Karten (→ Vaillant).

Hebräischer Ursprung: → Eliphas Lévi, Anhänger von → Gebelin, verband die Karten erstmals vollständig mit der → Kabbala und dem → Baum des Lebens. Da das → hebräische Alphabet 22 Buchstaben und der Tarot 22 → Große Arkana umfaßt, sah er darin den Ursprung und die grundlegende Bedeutung der Karten.

Persischer Ursprung: → Fugairon sah in den Tarotkarten das zusammengefaßte Wissen der persischen Eingeweihten, die dieses an die Chaldäer vermachten. Unter dem jüdisch-hellenistischen Einfluß soll er römischen Charakter angenommen haben und kam so schließlich nach Italien.

Indischer Ursprung: Autoren wie Samuel Weller Singer und W. A. Chatto stellten einen Zusammenhang zwischen der Entstehung des Schachs und des Tarot her, da das altindische Chaturange (Vier Könige), der Vorläufer des heutigen Schachs, ähnliche Züge mit den vier Sätzen des Kartenspiels zeigt.

Atlantis: → Papus vertrat zwar die Ansicht der Weiterentwicklung des Tarot in Ägypten mit den Zigeunern als Überbringer der Karten nach Europa, sah deren Ursprung allerdings im legendären Atlantis.

All diesen Mythen und Legenden ist eines gemein: Der Glaube daran, beim Tarot handle es sich um ein komplexes, okkultes Wissenssystem.

Urteil

→ Entscheidung, → Gericht

267

Vaillant, J. A.

Tarotforscher, der 1857 ein Buch über
→ Zigeuner herausgab und als erster
eine Verbindung zwischen Tarot und
Zigeunern herstellte. Mehrere Tarotgelehrte schlossen sich seiner Meinung
an, z. B. → Papus, obwohl dieser Ursprungsmythos bereits 1869 von dem
Tarotforscher Romain Merlin kritisiert
wurde. Heutzutage scheint diese These
nicht mehr haltbar, da einerseits keine
Beweise existieren, daß die Zigeuner
bereits vor dem 18. Jh. ein Kartenspiel
als divinatorisches Mittel benutzten.
(Zudem ist bekannt, daß Zigeuner
meist keine Tarotkarten, sondern eigene Sets verwenden.) Andererseits ist
heutzutage die Ankunft der Zigeuner in
Europa später datiert als das erste Erscheinen der Tarotkarten.

Valet

→ Hofkarte. Entspricht dem → Buben.

Vater

Karte	Art
Der Herrscher	Archetypus des Vaters.

Generell gilt: → Könige können für
den Vater des → Fragenden stehen.

Veilchen

Pflanze, die den Großen Arkana → Die
Herrscherin, → Der Hierophant und
→ Die Gerechtigkeit zugeordnet wird.
Das Veilchen wird wegen seines lieb-
lichen Duftes eingesetzt, der stimulierende und ausgleichende Wirkung
hat (s. auch → Pflanzen).

Venezianischer Tarot

Auch Tarocchi von Venedig oder
→ Lombardi-Spiele genannt. 78 Kar-
ten, 22 → Große Arkana. Venezianische
Tarotspiele brachten die Figur der
→ Päpstin auf, die später in → Die
Hohepriesterin umgewandelt wurde.

Venus

→ Planet. → Symbol: ♀. In der
→ Astrologie den → Tierkreiszeichen
→ Stier und → Waage zugeordnet.
Die Kräfte der Venus zeigen sich in
künstlerischer Begabung, Gerechtigkeit, Harmonie und Ästhetik. Im
→ Radix (Geburtshoroskop) gibt
Venus Auskunft darüber, wie die betreffende Person mit Besitz umgehen
kann, wie sehr sie sich selbst ins
Gleichgewicht zu bringen versteht,
über den individuellen Geschmack
und zeigt, ob der Betreffende häuslich
ist oder eher freiheitsliebend und
zeigt auch seine Einstellung zur Liebe
allgemein. Die körperlichen Entsprechungen: Venen, Nieren, Blase, Hals,
Lippen, Drüsen, Stimmbänder. Die
Farbe: Dunkelrot, Grasgrün. Tarotzuordnungen: → Die Herrscherin,
→ Der Hierophant, → Die Gerechtigkeit.

Veränderung

Karte	Art
Der Tod	Archetypus, radikale Veränderung.
8 d. Kelche	Veränderung durch Aufgabe eines Vorhabens.
2 Zehner nebeneinander	Wandel.
3 d. Stäbe	Sehnsucht nach Veränderung.

Verblendung

Karte	Art
7 d. Kelche	Verblendung durch Illusionen.

Vergnügen

Karte	Art
4 Sechsen nebeneinander	Allgemeines Vergnügen.
3 d. Kelche	Vergnügtes Zusammentreffen, Freudenfest.

s. a.→ Freude

Verleumdung

Karte	Art
Der Mond	Archetypus, Betrug, üble Nachrede.
8 d. Schwerter	Verleumdung und Beherrscht- werden durch Dritte, Verrat.
5 d. Schwerter zusammen mit Der Teufel	Verleumdung und Mißgunst.

Verlobung

Karte	Art
10 d. Kelche	Verlobung.
2 d. Kelche	Verbindung eingehen.

Verlust

Karte	Art
Der Teufel	Archetypus, totaler materieller Verlust – Ruin.
4 d. Münzen	Angst vor materiel- lem Verlust.
9 d. Schwerter	Trauer um den Verlust eines gelieb- ten Menschen oder einer geliebten Sache.
5 d. Schwerter	Verlust der Ehre.
3 d. Schwerter	Verlust eines gelieb- ten Menschen oder einer geliebten Sache.

Versöhnung

Karte	Art
Die Mäßigkeit	Archetypus, Harmonie wieder- herstellen.
Die Sonne	Archetypus, Versöhnung.
Bube d. Kelche	Angebot auf Versöhnung.
2 d. Kelche	Vertragsschluß.
As d. Kelche	Chance auf Versöh- nung.

269

Versuch

Karte	Art
7 d. Schwerter	Versuch, ein Vor- haben alleine zu bewältigen – es aber nicht können.
6 d. Schwerter	Einen Übergang mit alten Sorgen und Lasten versuchen, was höchstwahr- scheinlich scheitern wird.
10 d. Schwerter	Versuch, alles alleine zu tun und sich damit zu sehr belasten.

Versuchung

Karte	Art
Der Teufel	Archetypus der Versuchung.

Vertrauen

Karte	Art
Die Liebenden	Archetypus, sich gegenseitig, dem Partner vertrauen.
Die Kraft	Archetypus, vertrau- en auf die eigene innere Stärke.
Der Stern	Archetypus, Vertrau- en in die Zukunft.
Bube d. Stäbe	Vertrauenswürdige Atmosphäre, vertrau- enswürdige Person.
7 d. Schwerter	Vertrauen in einen Plan, ein Vorhaben, das scheitern könnte.

| 9 d. Münzen | Sicherheit durch Vertrauen in die eigene Kompetenz. |

s. a. → Selbstvertrauen

Verträumt

Karte	Art
Der Narr	Archetypus, ein kindliches, verträum- tes Gemüt.
Bube d. Kelche	Verträumte Atmo- sphäre, verträumter Mensch.
7 d. Kelche	Illusorische Ver- träumtheit.
6 d. Kelche	Verträumt in Erinnerungen schwelgen.

s. a. → Traum

Verwirklichung

Karte	Art
Der Herrscher	Archetypus, gezielte Verwirk- lichung von Ideen.
As d. Münzen	Chance auf Verwirklichung von sich ergänzenden, materiellen Ideen.
Königin d. Kelche	Eine Person, die ihre Vitalität zur Verwirklichung von Plänen einsetzt.

Verzögerung

Karte	Art
9 d. Schwerter	Verzögerung durch fehlerhaftes Verhalten.
9 d. Stäbe	Mißtrauisches Verhalten, durch das sich eine Verzögerung ergeben kann.
4 d. Schwerter	Notwendige Verzögerung, da Ruhe benötigt wird.
7 d. Münzen	Ungeduldiges Verhalten könnte eine Verzögerung verursachen.

Verzauberter Tarot

Von der Künstlerin Amy Zerner geschaffener Tarot (1990), 78 Karten. Die wunderschönen Darstellungen sind ursprünglich als Wandteppiche entworfen und halten sich in ihrer → Symbolik weitgehend an Waites Bilder. Der Satz der → Kelche wurde in Herzen umgewandelt: → Münzen in → Sterne. Jeder Kartensatz ist mit einer eigenen, ihm zugeordneten Farbe umrahmt: → Stäbe – Orange/Rot, → Schwerter – Dunkelblau/Lichtblau, Herzen – Purpur/Lila und → Sterne – Dunkelgrün/Grasgrün. Eine weitere reizvolle Besonderheit liegt in den Texten, die im zugehörigen Buch »Das verzauberte Tarot« (Verlag Kleine Schritte, 1992) jeder Karte zugeordnet sind. Der Autor Monte Farber verbindet in gekonnter Art klassische Aussagen mit neuen, spirituellen Gedanken. Jeder Text unterteilt sich in drei Abschnitte:
1. Der Traum – Beschreibung der Karte mit Anregungen für weitere Gedanken über die Aussage der Karte.
2. Das Erwachen – divinatorische Auslegung.
3. Die Verzauberung – hier gibt der Autor magisch-rituell wirkende Anweisungen, sich mit den Kräften der Karte auseinanderzusetzen. Es sind reizvolle Tips, ohne aufdringlich zu sein.

Der Verzauberte Tarot, auch Traumtarot genannt, eignet sich vor allem nicht nur zu divinatorischen Zwecken, sondern besonders zur Selbstanalyse mit praktischen Anleitungen. Der Titel ist aus Sicht der Tarotanhänger jedoch nicht ganz korrekt, da »Das … Tarot« und nicht »Der … Tarot« geschrieben steht (der Duden »Deutsche Rechtschreibung« erlaubt beides).

Verzicht

Karte	Art
8 d. Kelche	Verzicht, Aufgabe von Plänen.
4 d. Kelche	Trotziger Verzicht.
4 d. Schwerter	Vorübergehender Verzicht, Verzicht in Form von Askese, nicht von Dauer.
3 d. Schwerter	Schmerzhafter Verzicht.
9 d. Stäbe	Abwehrend verzichten.

271

Vier

→ Grundzahl.

1. In der → hebräischen Zahlenmystik bildet die 4 eine Art Konsequenz, einen Bruch in der Reihe der Grundzahlen. Mit der 4 ist alles erreicht, was in dieser, sichtbaren Welt erreicht werden kann: $1 + 2 + 3 + 4 = 10$. Was danach kommt ist für die hebräischen Mystiker nur noch eine Art Wiederholung des Zyklus. Dadurch wird die 4 zur Grundlage des Aufbaues dieser Welt. Dies findet sich auch in den 4 → Elementen, 4 Jahreszeiten, 4 Himmelsrichtungen, 4 Mondphasen, 4 → Paradiesflüssen, 4 → Evangelisten wieder. Auch hat sich die 2 in der 4 selbst erfüllt: $2 \times 2 = 4$ oder $2 + 2 = 4$. Darum bildet die 4 auch das Ende eines Zyklus, der von der → Dualität geprägt ist. Da die 4 die Zahl der Frau ist, findet die Frau in der Zahl 4 ihre höchste Erfüllung: 4 im Quadrat ergibt 16 (Mann in der Zahl 3). Der 4 wird der Buchstabe → Daleth zugeordnet. Die 4 steht in engem Zusammenhang mit der 40 und der 400. Alle drei stehen in engem Zusammenhang mit Wasser und alle drei bezeichnen eine Art Ende (z. B. die 400 das Ende dieser Welt, die 500 wird bereits der anderen, der diesseitigen Welt zugeordnet). Die geometrische Darstellung der 4 ist der Körper. Durch die 4 räumlichen Ordnungen Höhe, Länge, Breite und Tiefe wird die 4 auch die räumliche Zahl genannt. → Case nennt die 4 »die bemessende Intelligenz, welche die Idee der Güte repräsentiert,

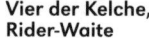

Vier der Kelche,
Rider-Waite

Vier der Kelche,
Marseille

die ihre Geschenke der Lebenskraft wohlabgemessen gibt«. Im Tarot die → Große Arkana Nummer 4 → Der Herrscher. Auch er steht für u. a. Ordnung.

2. Treten in einem → Legebild mehrere Vieren gemeinsam auf, so haben diese folgende, zusätzliche Bedeutung (kann je nach Position unterschiedlich sein):

2 Vieren: Schlaflosigkeit.

3 Vieren: Betriebsamkeit, aber auch ein Gegenstand der Betrachtung.

4 Vieren: Ruhe, Frieden, aber auch eine Reise in naher Zukunft.

Vier der Kelche

→ Zahlenkarte.

Rider-Waite-Tarot: Ein junger Mann sitzt mit übereinandergeschlagenen Beinen und verschränkten Armen an einen Baum gelehnt. Seine Haltung verrät Ablehnung. Drei Kelche stehen vor ihm. Aus einer Wolke wird ihm von einer Hand ein vierter Kelch gereicht, den er nicht annimmt.

Tarot de Marseille: Vier Kelche in den

**Vier der Münzen,
Rider-Waite**

**Vier der Münzen,
Marseille**

Tarot de Marseille: Zwei Münzen oben und zwei Münzen in der unteren Hälfte der Karte.
Symbol für: Materieller und gefühlsmäßiger Geiz, Sicherung von Besitz, sich an das klammern, was man hat, Erbschaft, Vermächtnis.
Umgekehrte Bedeutung: Verschwendung. Kein Zuwachs in der gefragten Angelegenheit.
Manche Deutende sehen in dieser Karte aber auch die Verwirklichung von materiellen Hoffnungen und Plänen.

Vier der Schwerter

→ Zahlenkarte.
Rider-Waite-Tarot: Ein Mann liegt in meditativer Haltung auf einem Steinsarkophag. Sowohl er als auch der Sarkophag sind gelb, dadurch sieht die Figur selbst aus wie aus Stein. In den Sarkophag eingemeißelt ist ein Schwert zu sehen. Links oben im Hintergrund der Ausschnitt eines Kirchenfensters. Rechts stehen senkrecht drei Schwerter.

vier Ecken der Karte. Ein Blumenkranz verbindet die Kelche miteinander.
Symbol für: Überdruß, Widerwille, Abneigung, eingebildete Sorge, gemischte Freude. Der → Fragende ist nicht mehr gewillt, die Freuden dieser Welt anzunehmen.
Umgekehrte Bedeutung: Ein Angebot wird angenommen. Neues Wissen und neue Möglichkeiten.
Manche → Deutende sehen in dieser Karte allerdings auch die Verwirklichung von Hoffnungen und Plänen, die Festigung von Gefühlsverbindungen und Stabilisierung von Beziehungen.

Vier der Münzen

→ Zahlenkarte.
Rider-Waite-Tarot: Ein reich gekleideter Mann (möglicherweise auch König, denn er trägt eine Krone) steht auf zwei Münzen, hält eine Münze wie zum Schutz vor seine Brust. Die vierte Münze steht auf seinem Kopf. Im Hintergrund ist eine Stadt zu sehen.

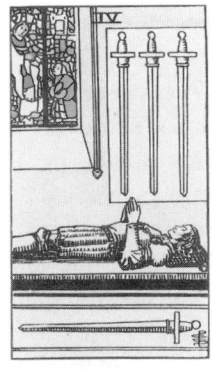

**Vier der Schwerter,
Rider-Waite**

**Vier der Schwerter,
Marseille**

273

Tarot de Marseille: Zwei mal zwei Schwerter überkreuzen sich oben und unten.

Symbol für: Wachsamkeit, Einsamkeit, Exil, Meditation, Nachdenken, aber auch das Ende von Schwierigkeiten. Genesung nach langer Krankheit.

Umgekehrte Bedeutung: Aktivität. Vorsichtige, umsichtige Handlung.

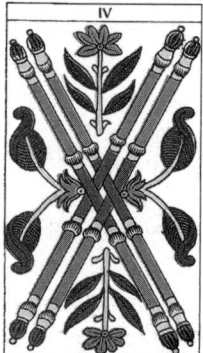

Vier der Stäbe,
Rider-Waite

Vier der Stäbe,
Marseille

Vier der Stäbe

→ Zahlenkarte.

Rider-Waite-Tarot: Vier Stäbe im Vordergrund, die durch eine Blütengirlande miteinander verbunden sind. Die Stäbe wirken wie ein Tor der Freude. Im Hintergrund sind zwei Menschen zu sehen, die freudig Blumensträuße in die Höhe halten. Weiter hinten eine Gruppe von Menschen vor einer Burg.

Tarot de Marseille: Zwei mal zwei Stäbe überkreuzen sich in der Mitte.

Symbol für: Ruhe, Eintracht, Harmonie, Frieden, Wohlergehen, Landleben, Zufluchtsort, Stabilisierung von Ge-

schäften. Aber auch: Wenn der Fragesteller in der Angelegenheit Schutzmauern errichtet hat, können diese nun verlassen werden. Neue Freude am Leben. In Verbindung mit der 2 d. Kelche auch Hinweis auf eine Heirat.

Umgekehrte Bedeutung: Verlust der Lebensfreude. Unerfülltes Liebesglück. Glücklose Affäre.

Vierzehn

Die 14 als Verdoppelung der heiligen 7 ($7 + 7 = 14$ oder auch $7 \times 2 = 14$) gilt als Schutzzahl. Es können 14 Heilige zum Schutz in Not angerufen werden, aber auch 14 Dämonen müssen gefürchtet werden. In besonders starker Beziehung steht die 14 mit dem Mond, da sein Zyklus vom Vollmond zum Neumond exakt 14 Tage dauert. In der ägyptischen Mythologie wird die Zahl als Symbol für Segen und Fruchtbarkeit verwendet: Osiris wird von seinem Bruder in 14 Teile zerstückelt und über das Land verteilt. Jedes dieser 14 Stücke Land war damit gesegnet. Im Tarot ist die → Große Arkana → Die Mäßigkeit die Karte Nummer 14. Auch sie spricht manchmal von einem mächtigen Schutz (der Engel auf der Karte). Da in der → hebräischen Zahlenmystik erst die 20 wieder eine wirkliche Zahl darstellt, kann der 14 eigentlich kein hebräischer Buchstabe zugeordnet werden. Da manche Autoren jedoch den Tarot mit dem hebräischen Alphabet gleichsetzten, steht für die Karte 14 der Buchstabe → Nun. → Case ordnet der

14. Karte den Buchstaben → Samech zu, da er → Aleph nicht der 1, sondern der 0 zuschrieb.

Violett

In der → Farbsymbolik werden dieser → Farbe folgende Eigenschaften zugeordnet:

Körperregion: Scheitel.

Charakter: → Transformation, Verwandlung, Opfer, Spiritualität, Autorität, Macht, Weisheit auf hoher Ebene, Entschlossenheit. Farbe der Kunst und der Künstler, aber auch des Todes und der Trauer (z. B. katholische Kirche).

Wirkung: Heilend, reinigend, erhebt zu höheren, geistigen Welten.

Da Violett auch die Qualität hat, niedere Begierden in hohe Ideale umzuformen, trägt der → Engel der → Trumpfkarte → Die Liebenden (VI) ein dominierendes violettes Kleid. → Die Welt zeigt in der Mitte der Karte eine nackte Frau, die lediglich einen violetten Schal um sich geschlungen trägt – auch sie verbindet mit höheren Welten und strahlt Königswürde aus.

Visconti, Filipo Maria

(1391–1447), letzter Herzog von Mailand (1412–1447) aus der Familie der Visconti. Die Entstehungszeit des → Visconti-Sforza-Decks fällt in seine Regierungszeit, trotzdem zeigen die Karten sowohl heraldische Embleme der Sforzas (nachfolgendes Herrschergeschlecht, → Sforza) als auch der

Familie Visconti. Da eine genaue Datierung der Entstehungszeit der Karten bis heute noch nicht möglich war, geht die Tarotforschung davon aus, daß die Karten möglicherweise ursprünglich für Filipo Maria Visconti gedacht waren, aber erst unter Francesco Sforza fertiggestellt wurden.

Visconti-Brambilla-Spiel

Höchstwahrscheinlich für Herzog Filippo Maria Visconti (1412–1447 Herzog von Mailand) gemalt. Befindet sich heute in der Pinacoteca de Brera in Mailand.

Visconti-Karten

Unter diesem Sammelbegriff versteht die Tarotforschung 250 Karten, die vermutlich aus fünfzehn verschiedenen Spielen stammen, die ursprünglich aus der Familie des Herzogs von Mailand stammen und zwischen 1420 und 1450 entstanden sind. Die drei berühmtesten dieser Spiele sind → Visconti-Sforza-Tarot, → Visconti-Brambilla-Spiel und → Visconti-Modrone-Spiel.

Visconti-Modrone-Spiel

Ebenfalls nach seinem Besitzer benannt. Befindet sich heute in der Cary-Sammlung in der Beinecke-Bibliothek in Yale. Im Gegensatz zu den beiden anderen → Visconti-Spielen enthält dieses Deck auch die drei theologischen Tugenden Glaube, Hoffnung und Liebe. Zudem scheint jeder Satz sechs (statt vier) → Hofkarten gehabt zu

275

haben, da es auch weibliche → Ritter und → Buben gab. Die Gemeinsamkeit mit dem → Visconti-Sforza-Spiel sind die geraden → Schwerter (im → Visconti-Brambilla-Spiel sind die damals in Italien üblichen geschwungenen Schwerter dargestellt). Die Verbindung mit dem → Visconti-Brambilla-Spiel liegt in der Darstellung von → Pfeilen statt → Stäben auf manchen Karten.

Visconti-Sforza-Tarot

Das bekannteste und vollständigste der Visconti-Spiele mit 74 noch erhaltenen Karten. Wurde 1974 als Faksimileausgabe von → Stuart Kaplan neu aufgelegt. Manche Tarotforscher sehen in den Gringonneur-Karten die ursprünglichen Tarotkarten. Dagegen sprechen z. B. aber auch die Darstellungen der → Päpstin und → Der Gehängte. Der zeitgenössische Tarotforscher → Michael Dummett sieht im Gehängten einen Beweis dafür, daß die Visconti-Karten die ursprünglichen Tarotkarten darstellen: »Der Gehängte wird manchmal l'impiccato und manchmal il traditore genannt. Er ist kopfüber an einem Fuß aufgehängt dargestellt, eine Haltung, in der Verräter dargestellt wurden. Die Mauern des Bargello in Florenz waren oft mit solchen Gemälden versehen, und der Papst gab den Befehl, daß der Condottiere Muzio Attendolo, Francesco Sforzas Vater, in dieser Weise auf allen Toren und Brücken Roms dargestellt werden solle; denselben Befehl erließ Ludovico Sforza

gegen den verräterischen Bernardino da Corte, den Gouverneur von Mailand, der das Castello den Franzosen übergeben hatte.« (Aus dem Zeitschriftenartikel »Tracing the Tarot«, 1985.)

Vorhaben

Karte	Art
7 d. Schwerter	Wunsch, Hoffnung, Versuch, bei dem man sich zuviel vorgenommen hat.

s. a. → Versuch

Vorsicht

Karte	Art
Der Mond	Archetypus, je nach Position: Vorsicht vor Verleumdung, übler Nachrede, Betrug.
4 Sechsen nebeneinander	Sorgfalt

Waage

Astrologisches → Tierkreiszeichen (23. September bis 22. Oktober). Symbol: ♎. Zweites Luftzeichen des Tierkreises. Mit der Waage (siebtes Zeichen des Tierkreises) beginnt die zweite Hälfte des Tierkreises. Die erste, untere Hälfte des Tierkreises beschreibt das Ego und den engen Kreis eines

Menschen, die obere Hälfte zeigt seine Auseinandersetzung mit der Umwelt bis hin zur Entpersönlichung. Waageentsprechungen sind: Diplomatie, Partnerschaft, Ausgleich, Denken, Geist, Strategie. Als Luftzeichen fällt die Waage Entscheidungen ungern auf emotionaler Basis, sie will Denkprozesse einer Entscheidung voransetzen. Die Waage wird dem → Planeten → Venus zugeordnet und symbolisiert daher auch Partnerschaft, Ästhetik, Schönheit, Kunst. Auch in diesen Bereichen will die Waage keine Übertreibungen sehen, sondern den Ausgleich und klare Formen und Linien. Die Waage wird im Tarot der Karte → Die Gerechtigkeit zugeordnet. Diese Karte symbolisiert u. a. Entscheidungen, die aufgrund intellektueller Überlegungen gefällt wurden, aber auch gerechtes Handeln und Vorgehen, die ausgeglichen sind.

Wagen, Der

→ Große Arkana. Mit ihr schließt die oberste Reihe in der → Siebenerreihe und endet die Reihe der Hauptarchetypen (auch Reihe der Götter genannt). Auf manchen Karten steht auch die Bezeichnung → Triumphwagen oder Prunkwagen.
Auch wenn auf den meisten Tarotdecks die Symbole nicht vollkommen identisch sind, so beruht dies meist auf der künstlerischen Auslegung der Gestalter oder Strömungen der Zeit, bezieht sich aber nicht auf den Inhalt der Karte. Der → Tarot de Marseille und der → Rider-Waite-Tarot zählen zu den Tarotsets, deren Symbolik am klarsten und verständlichsten ist.

Die Zahl 7: Kabbalistische Zahl des Sieges. Auch Zahl der → Transformation (hier liegt ein Bezug dazu, daß sich mit dem Wagen ein Übergang entwickelt, Psyche kann entstehen).

Rider-Waite-Tarot-Symbolik

Sternenbaldachin: Der Wagenlenker ist sich der Mächte des Universums sehr wohl bewußt, gleichzeitig ist sein Geist aber auch abgeschnitten von diesen Kräften.

Sternenkrone: Der achtzackige Stern als Symbol des Todes, aber auch als Mittler zwischen dem Quadrat der materiellen Welt und dem Kreis der spirituellen Welt.

Stab: Im Gegensatz zum Magier hält der Wagenlenker den Stab nicht über seinen Kopf als Symbol dafür, daß seine Macht dem Willen untergeordnet ist. Er hält den Stab in seiner rechten Hand zum Zeichen, daß Willenskraft Voraussetzung für den Sieg ist.

Kleidung: Zahlreiche magische Symbole auf dem Rock des Wagenlenkers zeichnen ihn als Kenner der zeremoniellen Magie aus, sein

Der Wagen, Rider-Waite

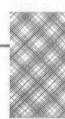

Gürtel zeigt die astrologischen Zeichen des Tierkreises und der Planeten. Symbol, daß er mit dem Himmlischen in Verbindung treten kann. Die Schulterplatten zeigen nach → Papus die Insignien von Urim und Tummim, die von den Hohepriestern Israels zur Erforschung des Willens der Götter benutzt wurden.

Wagen: Bereits Plato beschrieb den Geist als einen Wagen, der von einem schwarzen und einem weißen Pferd gezogen wird, wobei → Waite Sphinxe einsetzte, das uralte Symbol der Herrscher. Im Zusammenhang mit dem Wagen – Symbol der Herrschaft über den Geist. An der Front des Wagens hängt ein Wappen mit dem Symbol von Shiva. Das Zeichen ähnelt einem Rad an einer Achse – die beiden Dinge werden mit Lingam und Yoni bezeichnet und verkörpern die Idee des Willens, mit dem man den Sieg (über die Triebe) erringen und damit zur Bewußtheit gelangen kann. Die ausgebreiteten Flügel über dem Emblem symbolisieren den Mittlercharakter. Der Wagenlenker hält keine Zügel in der Hand, damit wird symbolisiert, daß er allein durch seinen starken Willen diesen Wagen lenkt. Sollte dieser Wille allerdings versagen, ziehen die beiden Sphinxe in unterschiedliche Richtungen, und der Wagen (Geist) wird sich spalten und den Lenker zerreißen. Auch muß er seine Instinkte, Triebe, unter Kontrolle halten. Der Wagen wirkt steinern und symbolisiert dadurch, daß der Wagen-

lenker Gefahr laufen kann zu erstarren. Die Räder des Wagens wirken, als würden sie auf dem Wasser im Hintergrund stehen und zeigen damit auf, daß der Wagenlenker zwar fähig ist, Energien aus seinem Unbewußten zu holen, da der Wagen selbst jedoch auf der Erde steht, wird er getrennt vom direkten Kontakt.

Sphinxe: Waite übernahm die Darstellung der Sphinxe von → Lévi. Sphinxe gelten zum einen als uraltes Herrschersymbol, zum anderen als Symbol der Rätselhaftigkeit (in den Mythen des antiken Griechenland stellten Sphinxe den Menschen rätselhafte Aufgaben, die gelöst werden mußten). Hier wird der Bezug deutlich, daß der Wagenlenker die Rätsel des Lebens durch seinen Willen lösen muß, um zu einer höheren Ebene zu gelangen. Die Sphinxe symbolisieren allerdings auch die → Dualität. Dadurch, daß sie sich voneinander abwenden, wird aufgezeigt, daß der Wagenlenker seinen Willen immer kontrollieren muß, um die Gegensätze im Gleichgewicht zu halten.

Hintergrund: Hier wird exakt verdeutlicht, daß der Wagen den Abschluß der obersten Siebenerreihe bildet und damit alle vorgehenden Qualitäten vereint und zu einer Persönlichkeit werden kann. Grün = Natur der Herrscherin, Stadt = Symbol des Herrschers, Schulterplatten = Symbol des Hierophanten, Lingam und Yoni = Symbol der Liebenden.

Tarot-de-Marseille-Symbolik

Wagen: Die Räder des Wagens sind in eigenartiger Weise seitwärts angeordnet. Manche Tarotautoren sehen darin einen Bezug zu Ezechiels Feuerwagen, dessen Räder ebenfalls merkwürdig angeordnet waren und die göttliche Kraft des Wagens symbolisierten.

Der Triumphwagen

Der Triumphwagen, Marseille

Pferde: Symbolisieren die körperlichen (rotes Pferd) und spirituellen (blaues Pferd) Aspekte des Lebens (ebenso wie die Pfeiler, die den Baldachin tragen). Weisen auf die Dualitäten hin, die verbunden werden müssen. Symbol von lebenspendenden und zugleich gefährlichen Mächten. Hinweis darauf, daß der Wagenlenker seinen Willen immer unter Kontrolle halten muß, um den Wagen des Geistes zu lenken und nicht zerrissen zu werden. Er muß sich selbst in vollkommenem Gleichgewicht halten.

Archetypus: Des Helden und des Sieges.

Divinatorische Bedeutung: Die befragte Situation bedarf der Kontrolle (der Triumphwagen könnte in einen Streitwagen umfunktioniert werden). Widersprüche innerhalb der Angelegenheiten, die aufgelöst werden müssen. Der → Fragende muß seinen Willen unter Kontrolle bringen, um von der Situation nicht »zerrissen« zu werden. Setzt man seinen Willen gezielt ein, bleibt der Sieg nicht aus. Erscheint der Wagen als Endergebnis einer Befragung zu Problemen, bedeutet er einen Siegeswagen (Sieg).

Umgekehrte Bedeutung: Eine Situation kann außer Kontrolle geraten. Die Situation kann mit reiner Willenskraft nicht gelöst werden. Überwältigung, Niederlage, Mißlingen.

Wahrsagen

Bezieht sich auf Aussagen, welche die Zukunft betreffen, die jedoch noch nicht eingetroffen sind und meistens als unveränderlich dargestellt werden. Wahrsagen wird oft mit Orakeln verwechselt, das die Aussage jedoch nicht als unveränderlich darstellt. Der Tarot wird häufig fälschlicherweise mit Wahrsagen in Verbindung gebracht. Vornehmlich dient der Tarot jedoch der Erforschung des eigenen Unterbewußtseins bzw. der Weissagung, die keine unabänderlichen Geschehnisse annimmt, sondern die Gestaltung der Zukunft in den Händen des Betreffenden sieht.

Waite, Arthur Edward

1857–1941), amerikanischer, esoterischer Schriftsteller und Tarotforscher. Zunächst war Waite in der Theosophischen Gesellschaft tätig. Nachdem er Ende des 19. Jh. die Werke von → Papus und → Lévi übersetzt hatte,

begann er, sich mit dem Tarot zu beschäftigen und schloß sich 1891 dem → Golden Dawn an. An den Streitigkeiten innerhalb des Golden Dawn – vor allem zwischen → Yeats und → Mathers/→ Crowley – war er kaum beteiligt. Nach der Spaltung im Jahr 1900 übernahm Waite 1903 die Leitung des Londoner Tempels und nahm einige Änderungen vor: So distanzierte er sich von Mathers Betonung der Magie und stellte statt dessen die Mystik in den Vordergrund, außerdem änderte er den Namen von »hermetic« in »holy«. Waites Hauptziel war es, den Tarot von Spekulationen und Gerüchten zu befreien, so distanzierte er sich nachdrücklich vom angeblichen ägyptischen Ursprung der Karten und anderen Mutmaßungen. Mit seinem Buch »Der Bilderschlüssel zum Tarot« (engl. Erstausgabe 1910, dt. 1978) legte er den Grundstein zur modernen Tarotforschung, da er den Tarot vor allem als Symbolsystem ansah: »… Der Tarot verkörpert die symbolische Darstellung von universellen Ideen, in denen alle Verwicklungen und Folgerungen des menschlichen Geistes verborgen sind, und so gesehen, enthalten sie die geheime Lehre, die im Bewußtsein eines jeden eingebettet ist, deren Wahrheiten nur von wenigen verwirklicht werden, weil der gewöhnliche Mensch ihnen die Anerkennung versagt. Es gibt eine Theorie, daß diese Lehre schon immer bestanden hat, d.h. sie wurde im Bewußtsein einer ausgewählten Minderheit erdacht; daß sie sich im verborgenen von einem zum anderen fortgesetzt hat und in geheimen Schriften niedergelegt worden ist, wie z.B. in alchemistischen und kabbalistischen Werken; daß sie in jenen Gesellschaften enthalten ist, von denen das Rosenkreuzertum ein lebendiges Beispiel in der Vergangenheit und die Freimaurerei eine vom Leben erfüllte Zusammenfassung oder allgemeine Erinnerung für jene ist, die ihre wahre Bedeutung ermessen können.«

Waite bezog sowohl → Alchemie als auch → Kabbala in das Verständnis um den Tarot mit ein. 1910 erschien sein eigenes → Tarotdeck: der → Rider-Waite-Tarot, das bis heute noch populärste und vor allen Dingen auch maßgeblichste Tarotset. Waite entwarf die Karten, die von der Künstlerin Pamela Colman Smith zeichnerisch umgesetzt wurden. Sie sind in einfach strukturierten Bildern mit klaren, aussagekräftigen Farben gehalten. In der → Symbolik der dargestellten Bilder hielt sich Waite bei den 22 → Großen Arkana fast ausschließlich an die klassischen Darstellungen, vertauschte jedoch Karte Nummer 11 mit Karte Nummer 8 (Die Gerechtigkeit und Die Kraft). Auch die Darstellung des → Herrschers weicht von den klassischen Darstellungen ab. Waite zeigt ihn frontal, während die früheren Darstellungen den Herrscher von der Seite zeigen.

→ Case übernahm in seinem Tarot zwar die Vertauschung der Karten Nummer 11 und Nummer 8, sah aber in der Darstellung des Herrschers einen groben Verstoß gegen alchemistische und kabbalistische Vorstellungen, die Waite seiner Meinung nach wissentlich und vor allen Dingen vorsätzlich vorgenommen haben soll. (Anzumerken ist, daß Waite in seinen Tarotbeschreibungen des öfteren tatsächlich wirkt, als ob er den nicht eingeweihten Leser ein wenig in die Irre führen oder zumindest im unklaren lassen möchte.)

Auch mit Waites Zuordnung der Großen Arkana zu den → hebräischen Buchstaben war Case nicht einverstanden und entwickelte ein eigenes System. Dabei begann Waite die Zuordnung mit → Der Narr, Case dagegen mit → Der Magier. Für Kenner der hebräischen Buchstabenmystik dürfte Case' Meinung ausschlaggebend sein (Zuordnungen → Hebräisches Alphabet).

Eine revolutionäre Neuerung stellen im Rider-Waite-Deck die → Kleinen Arkana dar. Bis zu diesem Zeitpunkt waren die 56 Karten nur mit geometrischen Mustern in der jeweiligen → Farbe des Satzes dargestellt. Waite hingegen zeigt die Bilder in parabelhaften Darstellungen. Allerdings scheiden sich auch hier die Geister, da in esoterischen Kreisen der Tarot hauptsächlich zu Meditationszwecken verwendet wird und man der Meinung ist, die geometrischen Muster seien der Imagination dienlicher. Die meisten der modernen Tarotdecks orientieren sich an Waites Bildern. Den Tarotneulingen erleichtern Waites Darstellungen vor allem den Einstieg in die Symbolik.

Des weiteren brachte Waite einen neuen Aspekt in die Tarotforschung ein: die → Gralssagen. Er zieht dabei Vergleiche des Tarot mit der christlichen Gralslegende und den alten keltischen Sagen und Mythen. In seinem 1909 veröffentlichten Buch »The Hidden Church of the Holy Gral: First Legends and Symbolism« befaßte er sich in einem Kapitel auch mit dem Tarot (»Die Wiederkehr der Heiligtümer des Gralsmysteriums in den Talismanen des Tarot«). Dieses Kapitel wurde seinem 1933 erschienenen Buch »The Holy Gral« als Anhang beigefügt. Seine Auffassungen zu diesem Thema inspirierten vor allem → Wald und → Weston zu weiteren Forschungen auf diesem Gebiet. Weitere Werke von Waite: »The Book of Black Magic«, »Holy Kabbalah«, »The Brotherhood of Rosy Cross« und »Hermetic Museum«.

Wald, George

Tarotgelehrter, baute die Gedanken von → Waite und → Weston über die Zusammenhänge des Tarot mit den → Gralssagen aus. Er schrieb u. a. über die → Große Arkana → Der Turm, die in klassischen Tarotsets Das Haus Gottes genannt wird: »Die Karte zeigt eines der markantesten Ereignisse im Sagenkreis um König Artus und seinen Rittern und des Heiligen Grals ... den

>schmerzlichen Streich< in der Grals-
burg, dem Haus Gottes, den einer von
Artus' Rittern austeilte, der glücklose
Sir Balin …« (Aus: Stuart Kaplan
»Encyclopedia of the Tarot«, Vol. II,
S. 174.) Da die Wunden nicht mehr
verheilen wollten, wurde nach diesem
schrecklichen Ereignis der Sage zufolge aus dem mächtigen König Pellam
der → Fischerkönig. Dies setzte Wald
mit den Karten → Der Herrscher und
→ Der Gehängte gleich – der König
vor und nach seiner Verwundung.

Wandel

→ Veränderung

Wassermann

Astrologisches → Tierkreiszeichen
(20. Januar bis 18. Februar). Symbol:
♒. Element: Luft (drittes Luftzeichen). Nach den Regeln und der
Disziplin des vorangehenden Zeichens
→ Steinbock will der Wassermann im
Tierkreis Befreiung und Bewegung.
Als Luftzeichen liebt er den geistigen
Freiraum. Zudem möchte er Ungleich-
heiten aufheben und neutralisieren.
Wassermannentsprechungen sind: Erfindung, Intellekt, Spannung, Gerechtigkeit, Abwechslung, Extreme, un-
konventionell, unbekümmert und freiheitsliebend. Der Wassermann wird
dem → Planeten → Uranus zugeordnet.
Dieser gilt als Planet der Erfindungen,
des Ungewöhnlichen und manchmal
auch Exzentrischen (was sich aber
nicht negativ auf die Umwelt auswirkt).

Auch moderne Technologien fallen in
den Bereich des Uranus und damit
auch des Wassermanns (z. B. Flugzeuge, Autos, Computer). Wird im Tarot
dem → Narr und dem → Stern zugeordnet. Der Narr symbolisiert im →
Tarotzyklus ein Wesen aus dem Reich
der Phantasie, steht aber auch für unkonventionelle Ideen, Unbekümmert-
heit und Freiheit, ohne die eigenen Instinkte zu vernachlässigen. Der Stern
symbolisiert u. a. auch einen Ausgleich.

Waw

1. Sechster hebräischer Buchstabe
mit der Bedeutung »Haken«. Als
Verbindungshaken steht Waw
auch für das Wort »und«, das sich in
der Schreibweise bereits im dritten
Buchstaben → Gimel zeigt, wobei hier
noch eine irdische Versuchung von unten angezeigt wird, während bei Waw
diese Versuchung nicht mehr gegeben
ist. Der Mensch ist mit dem Höheren
verbunden, ohne sich der Versuchung
hingegeben zu haben und damit rein.
Mann und Frau sind mit dem Himmel
verbunden.

2. → Case ordnete Waw der → Großen
Arkana → Der Hierophant zu und
nannte diesen Buchstaben auch die
»… triumphierende und ewige Intelligenz, denn sie verschafft uns Gewißheit über den endgültigen Sieg der
Lebenskraft, da der Hierophant das
vermittelnde Element zwischen Erfahrung und Erleuchtung darstellt, der
aber Hilfe von außen benötigt [z. B.

Gott], um diese auch umsetzen zu können.« (Aus: Case »Der Schlüssel zur ewigen Weisheit des Tarot«.)

3. Andere Autoren ordneten Waw der Karte → Die Liebenden zu.

Welt, Die

→ Große Arkana. Mit der Welt schließt sich der → Tarotzyklus, in dem die Bewußtwerdung des Menschen symbolisch dargestellt wird. Das Ende des Zyklus bildet den Hauptcharakter der Karte: Das Unbewußte wird bewußt, alle Gegensätze werden vereint. Die Tarotautorin → Pollack spricht auch von »Wissen, das eigentlich kein Wissen ist, sondern ein ständiger ekstatischer Tanz des Seins ...«

Tänzerin: In ihrer Haltung erinnert die Welttänzerin an den → Gehängten in umgekehrter Lage. Im Gegensatz zu ihm hat sich der Mensch auf dieser Karte befreit, seinen Geist freigelegt und ist bereit zu völliger Seligkeit. Der rechte Fuß steht auf der Erde und symbolisiert damit die materielle Welt, der linke, erhobene und angewinkelte Fuß symbolisiert die Befreiung der Seele. Manche Autoren sehen in der Haltung der Tänzerin auch eine symbolische Darstellung des → Baumes des Lebens.

Schal: Symbol des ewig bewegenden Geistes. Auch göttlicher Geist durch die Farbe Purpur.

Stäbe: Die Welttänzerin ist die einzige Figur der Großen Arkana, die zwei Stäbe in Händen hält. Dadurch wird

Die Welt,
Rider-Waite

bereits symbolisiert, daß hier die Gegensätze (wie negativ – positiv, aktiv – passiv, männlich – weiblich) tatsächlich vereint werden.

Kranz: Zum einen erinnert der Kranz an die 0 des Narren und setzt diese Karte in engen Bezug zu ihm – der Narr und die Welttänzerin sind die einzigen dargestellten Figuren, die tatsächlich in Bewegung zu sein scheinen. Zum anderen erinnert der Kranz in seiner Darstellung als Ellipse an die symbolische Darstellung des Welten-Eies und an das alchemistische Ei der Philosophen, in dem das philosophische Gold ausgebrütet wurde (die Erleuchtung und Erkenntnis). Auch Symbol der Gottgeweihten. Die Tänzerin bewegt sich frei innerhalb dieses Kranzes. Durch die Begrenzung schützt der Mensch seine Energien. Die freie Bewegung stellt symbolisch seine Selbstbefreiung dar. Der grüne Kranz symbolisiert durch seine Farbe auch die Verbundenheit zur Natur und daß der Mensch sich selbst geheilt hat (Grün als symbolischer Ausdruck der Heilung). Dies setzt ihn mit einem Siegeskranz gleich, der als Symbol des errungenen Heils gesehen wird.

Die Welt

**Die Welt,
Marseille**

Evangelistensymbole: Wie auf der Karte → Rad des Schicksals symbolisieren die vier Evangelistensymbole die vier Elemente, die erfolgreich verbunden werden: Wasser, Feuer, Erde und Luft. Die Elemente werden den vier Sätzen im Tarot gleichgesetzt und können auch mit den Symbolen des Grals in Verbindung gebracht werden. Die vier Gestalten symbolisieren aber auch die vier fixen Zeichen des → Tierkreises → Löwe, → Skorpion, → Wassermann und → Stier. (Bezug zum Rad als Symbol des Universums und des Tierkreises.) Alle Bezüge zusammengenommen symbolisieren die materielle Welt als Mysterium, die nur dann verstanden werden kann, wenn der Mensch alle Wahrheiten kennt.
Archetypus: Das Selbst.
Divinatorische Bedeutung: Erfolg, Verwirklichung, Vollendung, Vollkommenheit, Endergebnis aller Bemühungen, Sicherheit, Erfüllung. Grundlegende Veränderung. Ein Ziel wird erreicht.
Umgekehrte Bedeutung: Unvollkommenheit. Enttäuschung, weil der Betreffende nicht erkennt, daß er sehr wohl Frieden, Glück, Freiheit erreichen kann, dadurch auch Stagnation.

Weisheit

Karte	Art
Der Eremit	Archetypus, auf der Suche nach Weisheit und Einsicht.
Der Gehängte	Archetypus, das Warten auf Erleuchtung.
As d. Schwerter	Macht der Wahrheit und Weisheit.
König d. Stäbe	Jemand, der fähig ist, Weisheit und Autorität miteinander zu verbinden.
3 d. Münzen	Aufbruch zur Weisheitsfindung.

Weiß

Die → Farbsymbolik ordnet dieser → Farbe folgende Eigenschaften zu:
Körperregion: Keine.
Charakter: Reinheit, Perfektion, Sicherheit, das Positive im Sinne der → Dualität.
Wirkung: Schafft Distanz, wirkt reinigend, strahlend, vertreibt die Dunkelheit.
Weiß wird auf den → Rider-Waite-Karten nie als Hintergrundfarbe eingesetzt, sehr oft aber als Symbol der Dualität: das → weiße Pferd, auf welchem der schwarzgekleidete → Tod (XIII) reitet. Als Symbol der Reinheit wurde diese Farbe z. B. bei der → Kraft (VIII) eingesetzt: Die vollkommene Unschuld bändigt das wilde Tier.

Westcott, William Wynn

(1848–1925), gründete zusammen mit
→ Mathers den → Golden Dawn. Laut
Entstehungsgeschichte des Ordens
wurde ihm ein chiffriertes Manuskript
zugespielt, in dem von einem Orden
der »Goldenen Dämmerung« die Rede
war. Dieser sollte eine Art Unterorden
der Rosenkreuzer sein. Außerdem
berichtet die Entstehungsgeschichte,
Westcott hätte sich mit diesem Orden in
Deutschland in Verbindung gesetzt und
die Erlaubnis erhalten, einen eigenen
Zirkel in England zu gründen. Für die
Gründung des Ordens spielte es keine
Rolle, daß es sich höchstwahrscheinlich
um eine Fälschung handelte, doch führte dieser Umstand letztendlich zum
Bruch der Mitglieder in mehrere einzelne esoterische Gesellschaften, da
→ Mathers im Jahre 1900 von der Fälschung erzählte. Westcott verfaßte
grundlegende, okkultistische Werke:

»An Introduction to the Cabalah«
(1910), »The Isiac Tablet of Cardinal
Bembo« (1887), »Numbers – Their Occult Powers and Mystic Virtue« (1890),
»The Magical Ritual of the Sanctum
Regnum« (1869) und eine Reihe weiterer Abhandlungen.

Weston, Jesse L.

Tarotforscher, sah den Tarot nicht als
Divinationsmittel, sondern als Symbol-
system. Veröffentlichte 1920 eine Stu-
die über die → Gralssagen »From
Ritual to Romance«. Er greift darin
→ Waites Auffassung über die Entspre-
chung der vier → Sätze der → Kleinen
Arkana zu den vier Heiligtümern des
(christlichen) Grals (Kelch, Lanze,
Schwert und Stein) und den heiligen
Gegenständen der keltischen Sage auf:
»Wir haben … Beweise dafür, daß
diese vier Gegenstände ganz unabhän-
gig von ihrem Erscheinen in Folklore

Zuordnung der Tarotsätze nach Weston

Tarotsätze	Heiligtümer des christlichen Grals	Keltische Schätze
Kelche	Der Gral, der Kelch, aus dem Christus trank	Kessel des Dagda
Schwerter	Schwert Davids	Schwert Nuadas, Excalibur
Stäbe	Heilige Lanze, die Christi Seite durchbohrte	Speer Lugs
Münzen	Die Platte, von der Christus das Osterlamm aß	Der Stein von Fál

oder Romanen eine spezielle Gruppe bilden. Sie erscheinen heute in Form der vier Sätze im Tarot. ...« Außerdem zitierte er aus einer persönlichen Mitteilung von → Yeats: »... (1) Kelch, Lanze, Schale und Schwert haben in verschiedenen leichten Abwandlungen niemals ihre mystische Bedeutung verloren, und sie sind heute Teil magischer Operationen. (2) Die Erinnerungen, die in den vier Tarotsätzen Kelch, Lanze, Schwert und Pentakel (Schale) fortleben, sind eine esoterische Notation zum Zwecke des Wahrsagens.« Weston sah im Tarot die Suche nach dem Gral, der sich nur dem offenbart, der innerlich bereit dafür ist, und bildete damit u. a. auch die Grundlage für moderne → Tarotmeditationen, die auch → Case beschrieb und die ebenfalls einer stufenweisen Einweihung gleichen, wie sie auch in den → Gralssagen beschrieben werden.

Widder

Astrologisches → Tierkreiszeichen (21. März bis 20. April). → Symbol: ♈. Element: Feuer (erstes Feuerzeichen). Mit dem Widder setzt der astrologische Tierkreis ein. Der Widder verkörpert reine Energie. Innerhalb des Tierkreises ist der Widder der Eroberer neuen Territoriums, er will Neuland entdecken, sich aber nicht festlegen. Daher befindet er sich in einem permanenten Bewegungszustand. Widder-Geborene gelten als ungeduldig, und sind leicht für neue Ideen zu begeistern,

haben dabei nur wenig Durchhaltevermögen, wenn eine Sache sich als langwierig erweist. Widderentsprechungen sind: Suche nach neuen Zielen, aggressiv, mutig, unbekümmert und großes Durchsetzungsvermögen. Sehr schnell, manchmal aber nicht ausdauernd. Im Tarot den Großen Arkana → Der Herrscher und → Der Turm zugeordnet. Beide Karten wie auch der Widder werden dem → Planeten → Mars zugeordnet. Dieser symbolisiert ebenfalls Energie, Tatkraft und Mut, aber auch Aggressionen. Während die Karte des Herrschers den sozialen Souverän verkörpert, kann der Turm auch für Aggressionen stehen, die plötzlich freigesetzt werden.

Widersacher

Karte	Art
5 d. Schwerter	Widersacher, durch die man unter Umständen auch höhnisch besiegt werden kann.

Winckelmann, Joachim

Dipl.-Chemiker, Mitglied der Gesellschaft für wissenschaftlichen Spiritismus und Tarotautor. Sein Buch »Tarot der Eingeweihten«, 1954, stützt sich u. a. auf → Oswald Wirth, vermittelt viel von Wirths Tarotlehre und befaßt sich tiefgreifend mit dem Zusammenhang zwischen Tarot und → Kabbala, aber auch mit der → Astrologie und den Planetenzuordnungen zu den Kar-

ten. Jeder der 22 → Großen Arkana ist ein kabbalistisches Symbol zugeordnet, zudem geht er auch auf die ägyptische Mythologie ein und erläutert auch die unterschiedlichen Methoden des Kartenlegens und Mischens. Eine besondere Form der Legemethoden ist die Planetenzuordnung, in der durch Ermittlung einer → Quersummenkarte ein Planet in der abgedruckten Tabelle gefunden wird, der durch seine Qualität auch eine besondere Aussage zu der gestellten Frage hat. Dem Buch waren 22 Karten mit ägyptischen Motiven beigelegt.

Wirth, Oswald

(1860–1943), franz. Freimaurer, Hypnotiseur, Theosoph, als Sekretär des franz. Okkultisten Stanislas de Guaita tätig. (Dieser gründete zusammen mit → Papus im Jahre 1888 den kabbalistischen Orden des Rosenkreuzes.) Wirth, begabter Hobbymaler, schuf unter Anleitung von de Guaita einen eigenen Tarot. Die → Großen Arkana dieses Spiels wurden 1889 erstmals zusammen mit dem Buch »Les 22 Arcanes Kabbalistiques, restitués à leur pureté hiéroglyphique, sur les indications de Stanislas de Guaita« (Die 22 Kabbalistischen Arcana, nach den Angaben Stanislas von Guaitas in ihrer hieroglyphischen Ursprünglichkeit wiederhergestellt). Die Originalkarten waren in limitierter Auflage von nur 350 Stück in Schwarzweiß erschienen. Die Darstellungen auf den Karten richteten

sich ganz nach → Lévis und → Christians Vorstellungen und bauten zudem auf dem → Tarot de Marseille auf. 1927 erschien sein Buch »Le Tarot des Imagiers du Moyen Age« (übersetzt ins Englische: Introduction to the Study of The Tarot«), in dem er den Tarot mit kabbalistischen, astrologischen und esoterischen Lehren verglich und verband. Allerdings löste er sich von seiner ursprünglichen Vorstellung eines ägyptischen Ursprungs der Karten und kolorierte die Bilder. Die Karten, die dem Buch beigelegt waren, zeigen hebräische Buchstaben in der rechten, unteren Ecke und römische Ziffern am Kopfende. Sie sind in metallischen Farben gehalten, die Darstellungen richten sich nach klassischen Motiven. Trotzdem übte Wirth großen Einfluß vor allem auf → Ouspensky, → Hall und Knapp aus. (1929 gab Hall ein von J. A. Knapp gezeichnetes Tarotdeck heraus, das auf Entwürfen von Wirth basierte.) Der sogenannte Oswald-Wirth-Tarot, der heute vom Verlag U.S. Games, New York, wieder aufgelegt wird, hat die Originalkarten um die → Kleinen Arkana erweitert, auch stimmt die Farbgebung mit den ursprünglichen Karten nicht mehr überein. Im Jahre 1971 erschien von Elisabeth Haich ein Oswald-Wirth-Tarot, der sich strikter an das Original hielt. Die Karten waren ihrem Buch »Tarot. Die zweiundzwanzig Bewußtseinsstufen des Menschen.«, 1971, München, beigelegt. Der italienische Verlag Lo

Scarabeo gab 1989 den Tarocchi Ermetichi (22 Karten) heraus, der den ursprünglichen Wirth-Tarot modernisierte, die prägnanten Oswald-Wirth-Details jedoch beibehielt.

Oswald Wirth entwickelte auch die sogenannte → Zahlenwahl, eine andere Art des Mischens, und das Legebild → Péladan.

Wohlstand

Karte	Art
As d. Münzen	Chance auf materiellen Wohlstand.
Königin d. Münzen	Jemand, der in materiellem Wohlstand, Luxus und Komfort lebt.
9 d. Kelche	Wohlstand erreicht haben und diesen präsentieren können.

World, The

(Engl.) Bezeichnung für die → Große Arkana → Die Welt (XXI), auch → The Universe.

Yeats, William Butler

(1865–1939), irischer Dichter und Nobelpreisträger (1923). Ab 1890 Mitglied des → Golden Dawn, glühender Verehrer von → Mathers, bis es zu Spannungen innerhalb des Ordens

kam. Hielt → Crowley für einen »Verrückten« und verweigerte ihm die Initiation in den Inneren Orden, nachdem Crowley in schwarzer Maske versucht hatte, Requisiten und Unterlagen des Ordens im Auftrag Mathers zu entwenden. Yeats erklärte seine Weigerung mit den Worten: »… wir nicht der Meinung waren, daß eine mystische Gesellschaft in erster Linie als Erziehungsanstalt dienen sollte.« Nachdem sich der Orden im Jahre 1900 in mehrere neue esoterische Gruppen spaltete, übernahm er vorübergehend bis 1903 die Führung des Londoner Tempels (→ Waite war sein Nachfolger). Über den Tarot äußerte sich Yeats in der Öffentlichkeit nur selten. Es ist nur bekannt, daß er ihn für seine okkulten Forschungen benutzte.

Zade

 1. Achtzehnter hebräischer Buchstabe mit Bedeutung »Angel« und Zahlenwert Neunzig. Mit Angel ist ein Angelhaken gemeint. Das Leben im Wasser (→ Mem) ist vorbei. Dies wird noch deutlicher symbolisiert durch die Schreibweise von Zade, das Zeichen wirkt wie ein umgekehrtes → Ajin, d. h., die Welt hat sich gewendet. Außerdem wird der Angelhaken

auch als Symbol des menschlichen Forschens und Suchens gesehen.

2. → Case ordnete Zade dem → Stern zu und nannte ihn auch die natürliche Intelligenz.

3. Andere Autoren ordneten Zade nach → Lévis System dem → Mond zu.

Zahlenkarten

Die Karten von 2–10 eines jeden Satzes der → Kleinen Arkana. Die Bedeutung der einzelnen Karte ergibt sich aus der Qualität des Satzes (z. B. Stäbe – Feuer – Intuition) in Verbindung mit der Bedeutung ihrer jeweiligen Zahl. Manche Autoren ordnen jeder Zahl auch einen astrologischen Herrscher zu, dessen Qualitäten ebenfalls in die Deutung miteinbezogen werden sollte:

Zuordnungen von Zahlen zu den astrologischen Herrschern

Zahl	Astrologische Herrscher
2	Merkur/Mond
3	Venus
4	Erde/Sonne
5	Mars
6	Jupiter
7	Saturn
8	Uranus
9	Neptun
10	Pluto

Zahlenmystik

Fast alle alten Kulturen beschäftigten sich mit Magie, Mystik und Symbolik der Zahlen. Plato schrieb, »die Welt sei aufgrund von Zahlen« aufgebaut. Die Zahlenmystik der Sumerer und Babylonier spiegelt sich zum großen Teil in unserer heutigen europäisch-christlichen Zahlensymbolik wider. Die 0 wurde erst mit der Übernahme der arabischen Ziffern um 1300 auch in Europa bekannt. Die arabische und → hebräische Zahlenmystik ordnet jeder Zahl einen Buchstaben zu, womit sich die Qualität des Wortes präziser ausdrücken läßt und Entsprechungen entstehen. In der christlichen Mystik verschaffte der Theologe, Philosoph und Kirchenlehrer Augustinus (354–430 n. Chr.) der Zahlenmystik einen festen Platz. Angelehnt an die kabbalistische Zahlenmystik lehrte auch er, daß der Sinn der Bibel erst dann wirklich verstanden werden könne, wenn man sie in Bezug zu den Zahlen und Zahlenwerten setzt (z. B. Jesus war 40 Tage in der Wüste. Die 40 ist auch die Zahl der Wüste, des Fastens und der Reinigung). Die jüdische Zahlenmystik wurde hauptsächlich durch die → Kabbala weiterentwickelt und verfeinert und findet im → Tarot Anwendung, wobei sich auch hier markante Entsprechungen zwischen Karte und Nummer der Karte ergeben. Allerdings vertauschte → A. E. Waite die → Große Arkana Nr. 8 mit der Großen Arkana Nr. 11, was zu Diskussionen unter den Tarotforschern führte. Ursprünglich war → Die Kraft als 11 und → Die Gerechtigkeit als 8 numeriert. Andere Autoren übernahmen diesen Tausch, wie z. B. → Case.

Zahlenwahl

Methode der Kartenlegung, indem nur eine einzelne Karte gewählt wird. Die Methode der Zahlenwahl geht auf
→ Wirth zurück und wurde von
→ Winckelmann wieder aufgegriffen. Der → Fragende soll sich dabei auf seine Frage konzentrieren und dann spontan eine Zahl zwischen 1 und 22 sagen. Während dieses Vorganges soll der Fragende spielerisch die Karten mischen. Hat er eine Zahl gewählt, werden so viele Karten vom gemischten Stapel abgezählt, die der Zahl entsprechen. Die restlichen Karten werden wieder zusammengenommen und erneut gemischt und wieder eine Zahl gewählt, Dieser Vorgang wiederholt sich so lange, bis alle Karten gefunden sind, die für die Legemethode benötigt werden. Die Legemethode kann man selbst wählen.

Zain

Eigentlich Elbert Benjamine (siehe S. 46), Begründer der Kirche des Lichts (Church oft Light, 1932). Dieser mystische Orden beschäftigte sich hauptsächlich mit einem neu geschaffenen System der → Kabbala und der
→ Astrologie. Schuf das Tarotset → The Sacred Tarot und verfaßte ein gleichnamiges Buch, das 1913 erstmals erschien. Das Tarotset ist schwarzweiß gestaltet, reich an ägyptischen Symbolen und weicht gänzlich von den üblichen Tarotsets ab. In der Tarotinterpretation war Zain einer der ersten, der den Schwerpunkt auf den Zusammenhang zwischen Astrologie und Tarot legte.

Zehn

→ Grundzahl.
1. Mit der 10 wird auch in der → hebräischen Zahlenmystik eine neue Ebene betreten: die sogenannte Zehnerreihe. Der Buchstabe → Jod wird ihr zugeordnet und symbolisiert gleichzeitig das Tun des Menschen, das nunmehr Sinn erhalten hat. Der kabbalistische → Baum des Lebens wird in 10 → Sephiroth eingeteilt. Agrippa von Nettesheim schreibt über die 10: »Der Zehner ist die vollkommene und Universalzahl, die den ganzen Lebenslauf bezeichnet. Über sie hinaus kann man nicht zählen, außer durch Wiederholung; sie schließt daher entweder alle Zahlen in sich ein oder erzeugt dieselben durch sich und die in ihr enthaltenen vermittelst der Vervielfachung. Deshalb auch als heilige Zahl angesehen. Zehn sind ferner die Vorschriften des Gesetzes und am zehnten Tage nach Christi Himmelfahrt kam der Heilige Geist herab. Es gibt 10 Gebote. Gleich der Einheit ist auch diese Zahl kreisförmig, weil sie zusammengenommen zur Einheit, von der sie ausging, zurückkehrt. Sie ist das Ende und die Erfüllung aller Zahlen, sowie der Anfang der Zehner (Dekaden) ... Alles vollendet seinen Kreislauf mit der Zahl Zehn und durch dieselbe, indem es, wie Proklus sagt, von Gott anfängt

**Zehn der Kelche,
Rider-Waite**

**Zehn der Kelche,
Marseille**

Zehn der Kelche

→ Zahlenkarte.

Rider-Waite-Tarot: Mann und Frau stehen vor einem Regenbogen aus Kelchen. Der Mann hat den Arm um seine Frau gelegt, beide preisen mit ausgebreitetem Arm den Regenbogen. Zwei kleine Kinder tanzen rechts von ihnen. Im Hintergrund eine ländliche Gegend mit einem Bach.

Tarot de Marseille: Drei mal drei Kelche in der unteren Hälfte, ganz oben liegt der zehnte Kelch, der größer ist als die übrigen, quer über den anderen.

Symbol für: Zufriedenheit, Herzensruhe und Harmonie, Vervollkommnung menschlicher Liebe und Freundschaft. Glück, begünstigt Pläne und das Einverständnis mit anderen.

Umgekehrte Bedeutung: Streit in Familie und Freundschaft. Unglück. Wut und Zank. Meinungsverschiedenheiten.

Zehn der Münzen

→ Zahlenkarte.

Rider-Waite-Tarot: Die zehn Münzen sind komplett im Vordergrund zu sehen. Ihre Anordnung entspricht dem → Baum des Lebens. Links vorne ein alter Mann mit Bart, der in ein reich verziertes Gewand gehüllt ist. Zwei Hunde sehen zu ihm auf. Im Hintergrund steht eine junge Familie unter einem steinernen Torbogen. Der Mann wendet dem Betrachter den Rücken zu, die Frau sieht zu ihrem Mann auf,

und in Gott aufhört … Alle Zehnheiten enthalten somit etwas Göttliches in sich und werden im Gesetze als Eigentum Gottes ausgesprochen, indem zugleich mit den Erstlingen, als den Anfängen der Dinge und dem Ursprung der Zahlen, auch alle Zehnten als das Ende demjenigen gegeben werden sollen, welcher der Anfang und das Ende von allem ist …«

Die 10 steht in engem Zusammenhang mit der 4, da die Summe aller Zahlen bis 4 die 10 ergeben ($1 + 2 + 3 + 4 = 10$). Auch im Tarot bildet die → Große Arkana Nummer 10 → Rad des Schicksals einen Bruch, aber auch Neubeginn.

2. Treten in einem → Legebild mehrere Zehner auf, so ergeben sie folgende, zusätzliche Bedeutung (kann je nach Position unterschiedlich sein):

2 Zehner: Wandel, Veränderung.

3 Zehner: Kaufen, Verkaufen, Handel oder neuer Vertrag.

4 Zehner: Besorgnis, Verantwortlichkeit, Hader.

291

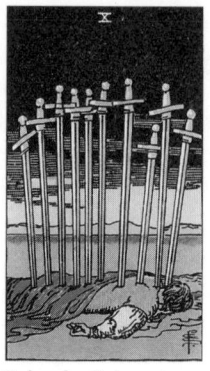

**Zehn der Münzen,
Rider-Waite**

**Zehn der Münzen,
Marseille**

**Zehn der Schwerter,
Rider-Waite**

**Zehn der Schwerter,
Marseille**

das kleine Kind hält sich ängstlich am Rock der Mutter fest. Keiner von ihnen scheint den alten Mann zu bemerken.

Tarot de Marseille: Zwei mal fünf Münzen oben und unten, durch Blüten miteinander verbunden.

Symbol für: Gewinn, Reichtümer, Familienangelegenheiten, Urkunden, Herkunft, Wohnstätte einer Familie, erleichtert das berufliche Vorankommen, materielles Wachstum.

Manche → Deutende sehen in dieser Karte aber auch: den inneren Reichtum der eigenen Familie nicht sehen oder erkennen, an der Weisheit vorüberschreiten, ohne sie zu bemerken. (Der alte Mann als Symbol der Weisheit, der nur von den Hunden angesehen wird. Die Hunde als Symbol des Instinktes in den Menschen, die instinktiv zwar den Reichtum erahnen, ihn aber bewußt nicht erkennen.)

Umgekehrte Bedeutung: Risiko. Verschwendung von materiellen Dingen, auch Geld beim Glücksspiel und da-

durch Verlust. Geringe Chancen auf Gewinn. Möglicher Verlust einer Erbschaft.

Zehn der Schwerter

→ Zahlenkarte.

Rider-Waite-Tarot: Ein Mann liegt an einem Strand. Über ihn liegt zur Hälfte ein rotes Tuch gebreitet. Zehn Schwerter stecken in seinem Leib. Der Himmel ist schwarz, nur ein gelber Streifen ist am Horizont zu erkennen. Die See ist vollkommen ruhig.

Tarot de Marseille: Zwei mal fünf Schwerter überkreuzen sich oben und unten. Aus der unteren Hälfte der Karte ragen von rechts und von links je ein Schwert. Die beiden überkreuzen sich in der Mitte.

Symbol für: Hysterie, Schmerz, Niedergeschlagenheit, Tränen, Traurigkeit, Einsamkeit, Schwermut.

Manche → Deutende sehen in dieser Karte aber auch: Macht über Ereignisse, Vorteile, Erfolg, Schnelligkeit.

Umgekehrte Bedeutung: Gewinn, Erfolg und Vorteil, die aber nur zeitlich begrenzt sind.

Zehn der Stäbe

→ Zahlenkarte.

Rider-Waite-Tarot: Ein Mann mit dem Rücken zum Betrachter hat zehn Stäbe aufgenommen und versucht, diese zu tragen. Er wirkt, als würde ihm die Last beinahe zu schwer, er will aber trotzdem nicht aufgeben. Sollte er versuchen hochzublicken, wird er nichts sehen können.

Tarot de Marseille: Zweimal vier Stäbe überkreuzen sich in der Mitte. Zwei Stäbe stehen senkrecht in der Mitte.

Symbol für: Unterdrückung, Bedrängnis, sich zuviel aufgeladen haben und dadurch keinen Blick mehr für die eigentlichen Umstände haben, falscher Schein, Verstellung, Treulosigkeit.

Umgekehrte Bedeutung: Intrigen, Betrug und Verrat. Mögliche Verluste. Manche → Deutende sehen in dieser

**Zehn der Stäbe,
Rider-Waite**

**Zehn der Stäbe,
Marseille**

Karte aber auch Glück, Gewinn, jede Art von Erfolg, Erleichterung über Vorankommen.

Zepter

Symbol der Macht. Nach unten gerichtetes Zepter verdeutlicht als Symbol die Festigkeit, Stärke und Energie dieser Macht.

Zerstörung

Karte	Art
Der Turm	Archetypus, blitzartige Zerstörung falscher (materieller) Werte und dadurch plötzliche Erkenntnis geistiger Werte.
5 d. Schwerter	Gemeines Zerstören.
5 d. Kelche	Trauer über das Zerstörte.

Ziele

Karte	Art
König d. Kelche	Jemand, der manchmal seine Phantasie unterdrücken mußte, um reale Ziele im Leben zu erreichen.
7 d. Kelche	Illusorische Ziele.
König d. Schwerter	Jemand, der mit Kompetenz und Selbstbeherrschung seine Ziele erreicht.
9 d. Münzen	Das Erreichen des Zieles durch wohlüberlegtes, durchdachtes Handeln.

293

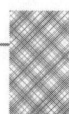

Zigeuner

Manche Tarotautoren, unter ihnen z. B → Gebelin und anfänglich auch → Papus, vertraten die Ansicht, der Tarot wäre ägyptischen Ursprungs und im 14. Jh. von Zigeunern nach Europa gebracht worden. Allerdings spricht vieles für die Ansicht, daß die Zigeuner ihre Wanderungen erst auf Europa ausweiteten, als die Tarotkarten dort bereits bekannt waren. Zudem gelten die Zigeuner zwar als Wahrsage–Künstler, doch legen Zigeuner auch heute noch fast nie Tarotkarten, sondern beschränken sich auf ein eigenes Karten- und Legesystem.

Zigeunerkartenbild

→ Legesystem, das für ein ganzes Jahr gelegt wird. Der → Fragende mischt zuerst die 56 → Kleinen Arkana und zählt verdeckt 20 Karten von oben ab. Der Rest der Karten wird zur Seite gelegt, die 20 gezogenen Karten werden dann mit den 22 → Großen Arkana nochmals gemischt. Dann zählt der Fragende jeweils 7 Karten verdeckt von oben ab. Dies ergibt 6 Stapel, die in einer Reihe (von oben nach unten) abgelegt werden. Der → Deutende legt die einzelnen Stapel unverdeckt von rechts nach links aus. Jede der sechs Reihen hat eine eigene Bedeutung:

Legen des Zigeunerkartenbildes

Reihe 1: Vergangenheit, die zum jetzigen Ausgangspunkt geführt hat. Die letzte Karte dieser Reihe (die Karte am linken Rand) ist die Verbindungskarte zwischen Vergangenheit und Gegenwart.

Reihe 2: Das zweite halbe Jahr nach Zeitpunkt der Fragestellung (die Karte ganz links ist zugleich eine der Zukunftskarten = Endergebnis.

Reihe 3: Einflüsse von außen.

Reihe 4: Gegenwart (beginnend ganz rechts) und die nächsten drei Monate ab Zeitpunkt der Fragestellung. Die letzte Karte dieser Reihe (ganz

links) ist zugleich die Verbindungskarte zu Reihe 2. Diese Karte symbolisiert auch jene drei Monate, die zwischen den ersten drei Monaten ab Fragestellung und dem zweiten Halbjahr liegen.

Reihe 5: Möglichkeiten, die der Fragesteller hat, um zum Ziel zu gelangen.

Reihe 6: Reihe der Zukunft, zukünftige Entwicklung.

Sollten bei der Legung noch Fragen offenbleiben, so kann der Deutende die restlichen Karten für das → Fünfunddreißigkartenbild nach → Waite benützen.

Zigeunerkartenbild

Reihe 1 | 7 | 6 | 5 | 4 | 3 | 2 | 1 |

Vergangenheit

Reihe 2 | 7 | 6 | 5 | 4 | 3 | 2 | 1 |

Zukünftige Entwicklung in sechs Monaten

Reihe 3 | 7 | 6 | 5 | 4 | 3 | 2 | 1 |

Äußere Einflüsse

Reihe 4 | 7 | 6 | 5 | 4 | 3 | 2 | 1 |

Gegenwart

Reihe 5 | 7 | 6 | 5 | 4 | 3 | 2 | 1 |

Möglichkeiten, zum Ziel zu gelangen

Reihe 6 | 7 | 6 | 5 | 4 | 3 | 2 | 1 |

Zukunft

Zufriedenheit

Karte	Art
As d. Kelche	Chance auf Zufriedenheit im Gefühlsleben.
10 d. Kelche	Herzensruhe und Harmonie.
9 d. Kelche	Satte Zufriedenheit.
3 d. Kelche	Zufriedenstellender Ausgang einer Affäre.
König d. Münzen	Jemand, der mit seinem Leben zufrieden ist.
7 d. Münzen	Zufriedenheit über das Erreichte.

Zuverlässigkeit

Karte	Art
Bube d. Kelche	Berufliches Angebot, das nicht unbedingt zuverlässig scheint.

s. a. → Unzuverlässigkeit

Zwanzig

Die 20 kann u. a. in 2 × 10 geteilt werden und stellt damit die Verbindung von dieser Welt und dem Jenseits dar, aber auch die verwirklichten 10 Gebote. Nach der 10 ist in der → hebräischen Zahlenmystik die 20 die erste wirkliche Zahl. Ihr entspricht der elfte Buchstabe → Kaf, der im Tarot der elften und nicht der zwanzigsten Karte zugeordnet wird (→ Case ordnete Kaf der 10. Trumpfkarte zu). Nachdem mit der 10 die Ebene der Zehner und damit des Tuns erreicht wurde, bringt die 10 nun das Lebendige. Die 20.

→ Trumpfkarte ist → Das Gericht, die als symbolische Darstellung einen Engel zeigt, der mit seiner Trompete zum Jüngsten Gericht bzw. ins Jenseits ruft. Diese Darstellung soll den inneren Ruf eines Menschen zeigen, der ihn zu neuen Zielen, neuen Welten führen wird.

Zwei

→ Grundzahl.

1. Zahl der → Dualität, der Reflexion, Empfänglichkeit, Änderung und des Gegensatzes, aber auch des Gleichgewichtes. Wird dem → Element → Erde zugeordnet. Manchmal auch eine »böse« niedere Zahl genannt. Dies rührt daher, daß Gott am 2. Tag nicht »Und es war gut« ausspricht und die 2 den gefallenen → Engel, den → Teufel und seinen Abfall von Gott repräsentiert. Auch die Zahl des Geschlechts. Da sie die erste gerade Zahl ist, verkörpert sie das weibliche Prinzip und wird dem → Mond zugeordnet. Geometrisches Symbol der 2 ist die Verbindungs- oder Trennlinie. Auch hier wieder der Ausdruck der Dualität – die Linie kann unter verschiedenen Gesichtspunkten betrachtet werden.

Die 2 wird auch die Zahl der Verdoppelung genannt. Die 2 braucht die Verdoppelung der 1, um selbst zu entstehen, dadurch wird sie aber auch zum Spiegel für die 1.

In der hebräischen Zahlenmystik beginnt mit der 2 die Vielheit gegenüber

der alles umgreifenden Einheit, der 1. Mit ihr ist eine andere, neue Welt entstanden. Auch der Schöpfungsbericht beginnt mit einer »Zweiheit«. Die 2 wird dem Buchstaben → Beth zugeordnet. In der → Alchemie wurde die 2 symbolisiert durch einen Androgyn, in dem sich alle Gegensätze auflösen. Die alten Griechen sahen in der 2 keine eigentliche Zahl, da sie mit sich selbst addiert den gleichen Zahlenwert ergibt, wie mit sich selbst multipliziert: 2 + 2 = 2 × 2. Sie hatte für die Griechen daher zwar Anfang und Ende, aber keine Mitte und stand damit zwischen Einheit und Vielheit. In der → Kabbala gilt die 2 als die »Erleuchtende Intelligenz«, das Begreifen von inneren Prinzipien und steht für die Lebenskraft in allen Lebewesen. Im Tarot ist die → Trumpfkarte Nummer 2 → Die Hohepriesterin, die ebenfalls für den individuellen Geist, das Unterbewußte, das Weibliche und das intuitive Begreifen steht. Der Symbolgehalt der Hohepriesterin als die zweite Karte im Tarot wird verdeutlicht durch die beiden Säulen zu ihren Seiten: → Boaz und → Jakin.

2. Treten in einem → Legebild mehrere Zweien auf, so ergeben sie folgende, zusätzliche Bedeutung (kann je nach Position unterschiedlich sein):

2 Zweien: Übereinstimmung.

3 Zweien: Neugestaltung, Empfehlung, aber auch Sicherheit.

4 Zweien: Konferenzen, Gespräche, aber auch Hader.

Zwei der Kelche

→ Zahlenkarte.

Rider-Waite-Tarot: Eine junge Frau in weißem Kleid und blauem Überwurf und mit einem Lorbeerkranz um den Kopf und ein junger Mann in gelben Beinkleidern und gelb gemustertem Überkleid stehen einander gegenüber und reichen sich die Kelche. Über ihnen schwebt der Caduceus des Hermes, zwischen dessen Flügeln ein Löwenkopf erscheint.

Tarot de Marseille: Zwei große Kelche nebeneinander.

Symbol für: Liebe, Leidenschaft, Freundschaft, Verwandtschaft, Vereinigung, Eintracht, Zuneigung, Beziehung der Geschlechter zueinander, Flirt.

Umgekehrte Bedeutung: Unglückliche Liebe, unehrliche Freundschaft oder Liebe. Trennung und Scheidung auch im geschäftlichen Bereich.

Manche → Deutende sehen diese Karte aber auch generell negativ für Ehe, Partnerschaft und Liebesbeziehungen.

Zwei der Kelche, Rider-Waite

Zwei der Kelche, Marseille

297

**Zwei der Münzen,
Rider-Waite**

**Zwei der Münzen,
Marseille**

Zwei der Münzen

→ Zahlenkarte.

Rider-Waite-Tarot: Im Vordergrund ein junger Mann in grünen Schuhen, rotem Kleid, rotem Hut und braunem Über-kleid. Tanzend laviert er mit zwei Mün-zen – eine in seiner rechten, die andere in der linken Hand. Die Münzen sind durch eine grüne Schleife miteinander verbunden. Im Hintergrund sind zwei Schiffe auf den tanzenden Wogen des Meeres zu sehen.

Tarot de Marseille: Zwei Münzen übereinander, die in ein S eingebunden sind.

Symbol für: Hindernisse, Aufregung, Schwierigkeiten und Verwirrung, da der → Fragende in der Angelegenheit zu sehr laviert, nicht weiß, in welche Richtung er tendieren soll – dadurch können die Wellen in seinem Leben hochschlagen. Verdruß in materiellen Angelegenheiten, ungünstig für Ein-nahmen, zieht Geldschwierigkeiten nach sich.

Umgekehrte Bedeutung: Einigkeit der Gedanken und Gefühle in bezug auf die gestellte Frage.

Manche → Deutende sehen in dieser Karte aber auch Heiterkeit, Er-quickung, Neuigkeiten und schriftliche Botschaften.

Zwei der Schwerter

→ Zahlenkarte.

Rider-Waite-Tarot: Eine junge Frau in weißem Kleid sitzt mit verbundenen Augen auf einem Steinsockel am Ufer des Meeres. Über ihr scheint der Mond, aus der relativ ruhigen See im Hinter-grund ragen vereinzelte Felsen. Sie hält zwei Schwerter über Kreuz vor ihrer Brust.

Tarot de Marseille: Zwei Schwerter überkreuzen sich oben und unten. Ein Blumenkranz in der Mitte, vier Blüten an den Seiten.

Symbol für: Wut und Angst, die daraus resultieren, daß man die gefragte Ange-legenheit nicht mehr durchschaut und

**Zwei der Schwerter,
Rider-Waite**

**Zwei der Schwerter,
Marseille**

das Ausbalancieren der besagten Kräfte noch mehr Wut und Ängste hervorbringt. Rivalität, Ärger, Kämpfe, Zwänge.

Umgekehrte Bedeutung: Harmonie und ausgeglichene Kräfte.

Manche → Deutende sehen in dieser Karte allerdings auch Übereinstimmung, Zärtlichkeit, Zuneigung, Vertraulichkeit.

Zwei der Stäbe

→ Zahlenkarte.

Rider-Waite-Tarot: Ein reich gekleideter Mann mittleren Alters steht an den Zinnen einer Burg und betrachtet das Land zu seinen Füßen. In seiner rechten Hand hält er eine Weltkugel, mit der linken Hand lehnt er sich an einen Stab. Ein zweiter Stab ist rechts von ihm an einer Zinne befestigt. An der linken Zinne sind Rose, Lilie und Kreuz eingezeichnet. Im Hintergrund sind ein See und Berge zu sehen, der Himmel ist grau.

Tarot de Marseille: Zwei Stäbe, die sich in der Mitte überkreuzen.

Symbol für: Die eigene Welt in Händen zu halten und dabei trotzdem Ausschau nach anderen Dingen halten. Befürchtungen, Zögern, Diskussionen.

Umgekehrte Bedeutung: Schwierigkeiten und Verlust durch andere. Die eigene Welt nicht mehr für erachtenswert halten.

Manche Deutende sehen in dieser Karte aber auch: Krankheit, Erniedrigung, Kummer, Trauer, Leid.

Zwei der Stäbe, Rider-Waite

Zwei der Stäbe, Marseille

Zweifel

Karte	Art
8 d. Schwerter	Innerlich gefesselt sein durch Zweifel.

Zweiundzwanzig

Obwohl es 22 → Große Arkana gibt, geht die Numerierung der → Trumpfkarten nur bis 21, da der Narr die 0 trägt. Während bei → Case der Narr den ersten Buchstaben → Aleph trägt, ordnete → Lévi dem Narren den vorletzten Buchstaben des hebräischen Alphabetes → Schin zu. Der 22. Buchstabe → Taw steht bei Case für die 21. Arkana, → Das Gericht, andere Autoren ordneten Taw der Karte → Die Welt zu.

Zwillinge

Astrologisches → Tierkreiszeichen (21. Mai – 21. Juni). Element: Luft. → Symbol: ♊. Das vorhergehende Zeichen des Tierkreises – → Stier – festigt Energien und sammelt Materie. Die

299

Zwillinge hingegen sind als Luftzeichen beweglich. Sie wollen den geistigen Raum entdecken und intellektuell erforschen. Alle Luftzeichen gelten als nicht emotionsbeladen. Die Zwillinge wollen sich nicht mit Streit und Konfrontationen abgeben, weil sie sie in ihrem Prozeß der Entdeckung stören und aufhalten. Die Zwillinge werden dem → Planeten → Merkur zugeordnet. Dieser symbolisiert die Sprache, die Intelligenz, den Intellekt und den Verstand. Aber auch Neugierde und Pfiffigkeit. Zwillingeentsprechungen sind: Wortgewandtheit, neugierig auf intellektuelle Dinge, unparteiisch, neutral, interessiert. Die Zwillinge werden im Tarot den → Großen Arkana → Die Liebenden, → Der Magier und → Der Eremit zugeordnet. Während die Liebenden innerhalb des → Tarotzyklus ebenfalls die intellektuelle Erschließung von Neuraum symbolisieren können, stehen Der Magier und Der Eremit generell für Sprache und intellektuelle, geistige Vorgänge.

Zwölf

In Israel gilt die 12 als heilige Zahl: 12 Stämme Israels, 12 Edelsteine im Brustschild des Hohepriesters, 12 kleine Propheten, 12 Kundschafter wurden nach dem Gelobten Land geschickt, 12 Steine im Jordan aufgerichtet. Auch in der christlichen Mystik kommt die 12 immer wieder vor: 12 Apostel, mit 12 Jahren betrat Jesus den Tempel zum ersten Mal, 12 Engel vor den 12 Toren der Himmlischen Stadt. Die Griechen und Römer kannten 12 Hauptgötter, der Tierkreis ist in 12 Abschnitte unterteilt, das Jahr hat 12 Monate, 12 Stunden der Tag und 12 Stunden die Nacht. Auch Mitternacht, oft als die 12. Stunde bezeichnet, gilt als die Stunde mit der höchsten magischen Kraft. Auch besteht die 12 aus den heiligen Zahlen 5 und 7 und steht in enger Verbindung mit 3 und 4. Agrippa von Nettesheim schreibt über die 12: »12 dagegen (im Gegensatz zur 11) ist eine göttliche Zahl, nach der auch das Himmlische eingeteilt wird. Auf sie stützt sich die Herrschaft der himmlischen Zeichen und Geister ...« (Aus: »Die magischen Werke.«) Da in der → hebräischen Zahlenmystik erst die 20 wieder eine wirkliche Zahl darstellt, kann der 12 eigentlich kein hebräischer Buchstabe zugeordnet werden. Da manche Autoren jedoch den Tarot mit dem → hebräischen Alphabet gleichsetzten, steht für die Karte 12 der Buchstabe → Lamed. → Case ordnete der 12. Karte den Buchstaben → Mem zu, da er → Aleph nicht der 1, sondern der 0 zuschrieb.

ANHANG

Tarotdecks

Neben den Tarotdecks, die im Wörterbuch von A bis Z unter dem jeweiligen Stichwort näher beschrieben werden, weil sie für den Tarot eine individuelle Bedeutung hatten oder haben, gibt es noch mehr als 180 Kartendecks. Darunter befinden sich neben Tarotsets mit deutschem Begleittext oder deutschen Bildunterschriften zum größten Teil italienische, englische und französische Karten. Viele der Decks sind im Buchhandel nur schwer zu erhalten oder werden nicht mehr aufgelegt. Im Rahmen eines Tarotlexikons soll eine größere Auswahl aber dennoch aufgeführt werden, zumal einige durchaus über ein Antiquariat zu erwerben sind oder in einem der Spielkartenmuseen betrachtet werden können (s. Nützliche Adressen).

Manche dieser Karten haben aber die Symbolik des Tarot allerdings derart verändert, daß sich ein sinnvolles Arbeiten mit den Karten im herkömmlichen, esoterischen Sinn nicht mehr bewerkstelligen läßt. Andere wiederum zeichnen sich durch hohe Originalität und Einfallsreichtum verbunden mit Tradition aus. Die Palette ist hier bunt gemischt, und es obliegt immer noch dem schaffenden Künstler, wie er sein Deck gestalten möchte. Nicht immer konnten der Künstler, der Verlag und/oder das Ersterscheinungsdatum ausfindig gemacht und angegeben werden.

Deutscher Sprachraum

Tarot 2000: Tarotdeck von Mascha Rabben und Ursula Schostok. Die Gestaltung der Karten verbindet alte Symbole mit moderner (z. T sehr kindlich wirkender) Maltechnik. Auf manchen Karten finden sich neben der üblichen Bezeichnung am oberen Rand auch klärende Hinweise in der unteren Bildhälfte (z. B. → Der Magier – Entfaltung von Kräften). Diese stimmen teilweise nicht mit den alten Überlieferungen überein.
Verlag Urania, Neuhausen, Schweiz.

1JJ Tarot: Original zwischen 1831 und 1938 entstanden, von Johann Georg Rauch. Neubearbeitung 19. Jh. von Johann Müller d. J.; Neuauflage 1965. Das Spiel gehört zu den → Besançon-Spielen. JJ bezieht sich auf Juno und Jupiter, die statt → Papst und → Päpstin im Spiel sind. 78 Karten, *Verlag AG Müller,* Neuhausen, Schweiz

Ansata Tarot: 1981, von Bernd A. Mertz und Paul Struck. Bildgestaltung in Verbindung von → Astrologie, Tarot

305

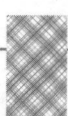

und → C. G. Jung. 78 Karten. *Verlag Ansata,* Interlaken, Schweiz

Das Astrologische Mandala Tarot: 1987, von A. T. Mann. Verbindung von → ägyptischen Symbolen, Astrologie, der Lehre des → Golden Dawn und Mandalas. Karten sind quadratisch, um nicht nur auf dem Kopf stehend gedeutet werden zu können. 78 Karten. *Verlag Interbook*

Cosmic Tarot: 1988, von Norbert Lösche. Futuristische Bilder einer Welt in der Zukunft. 78 Karten. (Nicht zu verwechseln mit: Cosmic Deck of Initiation.) *Verlag F. X. Schmidt,* Prien am Chiemsee

Tarot of the Cloisters: 1994. Die Bilder sind Kirchenfenstern nachempfunden. Runde Karten. 78 Karten. *Verlag Urania Neuhausen,* Schweiz

Delphisches Tarot: 1986, von Liz Greene, Juliet Sharman-Burke und Tricia Newell. Griechische Mythologie stand Pate für die Bildgestaltung. 78 Karten. *Verlag Hugendubel* München.

Das Deva Tarot: 1986, von R. Lanphere, M. Ulbing, Paul Catty und H. Drnec. Quadratische Karten. Indien und die brahmanische Religion wurden mit der alten → Tarotsymbolik verwoben. Hinzugefügt wurde Triax, eine fünfte Farbe. 93 Karten. *Verlag Piatnik,* Wien

Eclectic Tarot: 1986, von Josef Machynka. Der Künstler vermischte die Symbole des → Waite-Tarot, des → Tarot de Marseille und des → Crowley-Tarot zu neuen Bildern. 78 Karten. *Verlag Piatnik,* Wien

Egorov Tarot: Bildgestaltung auf goldenem Hintergrund, russischer Malstil. *Verlag Piatnik,* Wien

Engel Tarot: 1987, von Alois Hanslian. Zeigt auf jeder Karte die alte Symbolik mit einem zusätzlichen Engel oder einem Engel allein, z. B. auf der Karte des Todes einen in schwarze Kleider und Schleier gehüllten Engel. 22 übergroße Karten. *Verlag Aquamarin,* Krailing
(Nicht zu verwechseln mit den Engeltarotkarten, die von einer großen deutschen Zeitung herausgegeben wurden und kein Tarot sind – bis auf den Namen.) Und auch nicht zu verwechseln mit dem engl. → Angel Tarot, das zur Gruppe des → Marseiller Tarock gehört.

Flying Hearts Tarot: 1988, von Flying Hearts Company. Pop-art-Mischung aus Collagen, Zeichnungen, Fotos usw., welche die alten Symbole und Figuren z. T ersetzen, z. T neu gestalten. Allerdings wird östliche Mystik mit westlicher Kultur verwirrend vermengt. 78 übergroße Karten. *Verlag Hermann Bauer,* Freiburg/ Breisgau

Haindl Tarot: 1988, von Hermann Haindl. Der deutsche Bühnenbildner und Künstler entwarf den Tarot als Mischung aus germanischen, indischen, kabbalistischen, ägyptischen und indianischen Sagengestalten und verband diese durch hebräische Buchstaben, Runen, Astrologie und dem I-Ging. Das Begleitbuch von → Rachel Pollack erklärt viele Zusammenhänge. 78 übergroße Karten. *Verlag Droemer Knaur,* München

Ibis Tarot: Von Josef Machynka. Farbenprächtige Version der ägyptischen Mythologie im Tarot. 78 Karten. *Verlag Urania,* Neuhausen, Schweiz

Kräuter-Tarot (Herbal Tarot): 1988, von Michael Tierra und Candice Cantin. Tarotdeck, dessen Abbildungen auf den Karten durch verschiedene Kräuter bereichert wurden. Die Symbolik ähnelt der des → Rider-Waite-Decks, allerdings wurden die Figuren der → Kleinen Arkana des Rider-Waite-Decks durch Kräuter ersetzt. Auf manchen Karten ist der Name der Pflanze angeführt, auf manchen wiederum nicht. Im Begleitheft sind Anwendungen für die Kräuter angegeben. 78 Karten. *Verlag U.S. Games;* deutschsprachiger Raum *Verlag Urania,* Neuhausen, Schweiz

Tarot der Liebe: 1989, von Wulfing von Rohr, Gayan S. Winter und Marcia Perry. Manche der Karten wurden umbenannt: z. B. → Der Teufel in Ver-

strickung. Östliche Mystik wurde mit den westlichen Tarotsymbolen vermengt. 22 Karten. *Verlag AG Müller,* Freiburg/Breisgau

Londa Tarot: Tarotdeck, das nach der überlieferten Methode stringent eine Geschichte anhand einer einzigen Figur, Londa, erzählt. Diese Figur durchlebt alle Stationen des Tarot (und damit des Lebens), so wie auch in meditativer Tarotarbeit vorgegangen wird. Allerdings muß man hierzu andere Teile in sich selbst und nicht Erlebnisse der Außenwelt entdecken. *Verlag Urania,* Neuhausen, Schweiz

Tarot der Medizinfrau: Tarotdeck von Carol Bridges. Das Deck ist in fröhlichen Farben gestaltet. Allerdings hat es auf den ersten Blick weder etwas mit indianischer Kultur und auch auf den zweiten Blick nichts mit dem Tarot im eigentlichen Sinn zu tun. So wird z. B. eine der Karten mit Totem der Schalen und gleichzeitig Delphin Der Schwimmer bezeichnet. Gemeint ist damit das As d. Kelche. *Verlag Urania,* Neuhausen, Schweiz

Pointner Tarot: 1974, von Rudolf Pointner. Die Karten sind von starker Farbsymbolik und dem künstlerischen Stil des Malers geprägt. Einflüsse von → Papus. 78 Karten. *Verlag Piatnik,* Wien

Das Spiel der Spiele Tarot: 1980, von Frederic Lionel und Odile Pinault.

Das Deck verzichtet auf alte Tarotsymbole und ersetzt diese durch Zeichen und geometrische Formen, die in einem Buch von F. Lionel erläutert werden. 22 Karten. *Verlag Aurum,* Freiburg/Breisgau

Tarot der Weisen Frauen: Tarotdeck von Howard Rodway und Sylvia Gainsford. Das Deck baut auf dem Wicca-Kult aus Großbritannien auf. Die Gestaltung der Karten wirkt sehr naiv. Die Farbsymbolik stimmt nicht mit der alten Überlieferung und Tradition überein. Für Anfänger könnte Verwirrung entstehen. *Verlag Urania,* Neuhausen Schweiz

Italien

I 55 Tarocchi di Alan: 1983, von Mauro Boldi, I. Garibaldi und E. Gabbrielli. Mit Legemethoden des Autors im Begleitheft. Allerdings nur 55 Karten. *Verlag Modiano,* Triest

22 Arcani Fiabeschi: 1986, von M. Elena Pecchio. »22 märchenhafte Arkana« sagt der Titel und die Künstlerin zeigt in ihrem Tarot Märchenfiguren wie Rumpelstilzchen als → Große Arkana (z. B. → Der Teufel als Räuber mit Krummsäbel und Dolch). 22 Karten in limitierter Auflage (2500 Ex.). *Verlag Il Meneghello,* Mailand

22 Arcani Fumatori: 1981, von Osvaldo Menegazzi und G. Scarsato.

»Der Rauchertarot« zeigt sich als Satire verpackt in einer zigarettenschachtelähnlichen Form. Die Figuren tragen mittelalterliche Kleidung und haben alle eines gemeinsam: das Rauchen aus Meerschaumpfeifen. 22 Karten in limitierter Auflage (2500 Ex.). *Verlag Il Meneghello,* Mailand (Der Künstler entwarf bereits 1980 ein ähnlich gestaltetes Deck → Tarocco del Tabacco.)

22 Arcani »I Gatti«: 1990, von Osvaldo Menegazzi. Alle Figuren wurden durch Katzen in typischen Posen ersetzt. 22 Karten, schwarzweiß, in limitierter Auflage (2000 Ex.), *Verlag Il Meneghello,* Mailand

22 Pittori in 22 Arcani: 1989, von Osvaldo Menegazzi. Italiens fleißigster und einfallsreichster Tarotkünstler führte 22 verschiedene Künstler zusammen, die jeder eine der → Großen Arkana entwarfen. 22 Karten, in limitierter Auflage (2000 Ex.). *Verlag Il Meneghello,* Mailand

I Tarocchi dell'Alba Dorata: 1990, von Giacinto Gaudenzi, Begleittext von Giordano Berti. Alte Mystik und Fabelwesen (Zwerge, Feen usw.) bestimmen die Bilder. 22 Karten. *Verlag Lo Scarabeo,* Turin

I Tarocchi di Andrea Picini: 1978, von Andrea Picini. Ausnahmsweise stand die für den Tarot weniger wichti-

ge und sehr auf den sexuellen Bereich beschränkte Lehre Sigmund Freuds Pate für die Bildgestaltung und Symbolik in Pop-art, Grafik und Collage. 78 Karten, in limitierter Auflage (1000 Ex.). *Verlag Galleria Eros Libreria*

Tarocco degli Animali: 1979, von Osvaldo Menegazzi. Alle Figuren wurden entsprechend ihrer Aussagen und Bedeutungen in Tiere umgewandelt (z. B.: → Der Herrscher in einen Löwen). 78 Karten, limitierte Auflage (1100 Ex.). *Verlag Il Meneghello,* Mailand

Tarocco di Besançon: Original um 1780 und 1818, von Jean-Baptiste Benois. Faksimileausgabe 1986. Unter dem Oberbegriff Besançon finden sich mehrere Kartendecks (s. Wörterbuch), die alle dem → Tarot de Marseille entsprungen sind. Der Tarocco di Besançon dürfte die älteste Version dieser Spiele sein. Benois war bis 1803 Kartenmacher in Straßburg. Die Karten waren Drucke von Holzschnitten. Koloriert. 78 Karten. Die Karten selbst sind französisch untertitelt, allerdings ist der Begleittext italienisch. Limierte Auflage (2500 Ex.). *Verlag Il Meneghello,* Mailand

I Tarocchi del Buongustaio: 1989, von Edoardo Ballone. Der Name sagt es bereits: es geht um »Guten Appetit«. Alle Figuren der → Großen Arkana wurden durch Menschen in einem Restaurant ersetzt (z. B. ein Koch statt

→ Der Herrscher). 22 Karten. *Verlag Lo Scarabeo,* Turin

Le Calzature Fantastiche: 1980, von Osvaldo Menegazzi. Alle Tarotfiguren wurden durch Schuhe ersetzt, z. B. → Der Herrscher durch Königsschuhe. 22 Karten. *Verlag Il Meneghello,* Mailand

Tarocco del Carnevale di Venezia: 1988, von Amerigo Folchi. Die Figuren werden durch venezianische Masken repräsentiert. 78 Karten, limitierte Auflage (3000 Ex.) *Verlag Italcards*

Tarocco delle Collezioni: 1979, von Osvaldo Menegazzi. Der Künstler ist für unkonventionelle Tarotdecks bekannt. In diesem werden Obskuritäten aller Art gezeigt. Neben Uhren und Pfeifen wird → Der Gehängte z. B. als Marionette dargestellt. Daher der Name: Kollektion. 78 Karten, limitierte Auflage (2000 Ex, davon 500 signiert und per Hand numeriert). *Verlag Il Meneghello,* Mailand

Le Conchiglie Divinatorie: 1987, von Osvaldo Menegazzi. Alle Figuren wurden durch Muscheln oder Schnecken(häuser) ersetzt. 22 Minikarten, limitierte Auflage (1000 Ex.). *Verlag Il Meneghello,* Mailand

Tarocco della Corona Ferrea: Original 1840, von Ferdinando Gumppenberg. Neuauflage 1979. Die damals aktuelle Politik spielte bei der Bildge-

309

staltung die vorherrschende Rolle: die von den Italienern gehaßte österreichische Herrschaft über die Lombardei und Venedig. 78 Karten. *Verlag Edizione del Solleone,* Lissone

I Tarocco del Re Sole: 1986, von Paolo Piffarerio. Der Name sagt es bereits: Der Sonnenkönig Ludwig XIV. wurde in den → Tarotzyklus eingebaut. Außerdem wurden die vier Musketiere (die drei Musketiere Aramis, Athos und Porthos plus dem zeitweiligen Musketier D'Artagnan) stellvertretend für die vier → Sätze des Tarot miteinbezogen. 78 Karten, limitierte Auflage. 530 Ex. in schwarzer Tuschezeichnung, 406 Ex. in brauner Tuschezeichnung. *Verlag Lo Scarabeo,* Turin

I Tarocchi Dürer: 1990, von Giacinto Gaudenzi. Die Karten sind den Gemälden und Stichen Dürers nachempfunden. Äußerlich sind die Karten auf »alt gemacht« durch nicht abgerundete Kanten. 22 Blatt schwarzweiß. *Verlag Lo Scarabeo,* Turin

I Tarocci Egizi: Original 1896, von Falconnier und M. O. Wegener. Neuauflage 1989.

Gli Arcani di Elisabetta: 1986, von Elisabetta Cassari. Futuristische Bilder einer anderen Welt auf einem fremden Planeten, der z. T sehr gruselig wirkt. 22 übergroße Karten. *Verlag Edizione del Solleone,* Lissone

Tarocco Favoloso: 1986, von Piero Alligo und Michelangelo Gaulio. Der → Rider-Waite-Tarot stand Pate für eine Entführung ins Reich der Fabeln (Favoloso-Fabel). Die Figuren des Rider-Waite-Tarot sind teilweise geblieben und karrikiert worden, z. T durch andere humorvolle/satirische Bilder ersetzt worden. 78 Karten. *Verlag Il Meneghello,* Mailand

Tarocco della Felicita: 1984, von Amerigo Folchi. Die Gestaltung des »Tarot der Glückseligkeit« ist im Stil des Art nouveau und zeigt Symbole des Jugendstils vermengt mit traditionellen Tarotsymbolen. 78 Karten. *Verlag Edizione del Solleone,* Lissone

I Fiori Divinatori: 1980, von Osvaldo Menegazzi. Ein Blumentarot. 22 Karten, in limitierter Auflage (1500 Ex.). *Verlag Il Meneghello,* Mailand

I Tarocchi della Follia: 1988, von Alessandro Baggi. Groteske Bilder in verschiedenen Stilrichtungen des Comic–Künstlers. (Der Name bedeutet »Tarot des Wahnsinns«.) Allerdings 38 Karten, schwarzweiß. *Verlag Lo Scarabeo,* Turin

Tarocco i Funghi Pui Belli del Mondo: 1987, von Osvaldo Menegazzi. Der Künstler ist bekannt für extravagante, satirische Tarotdecks. Hier zeigt sich die Welt des Tarot als Welt der Pil-

ze. 22 Karten, limitierte Auflage (2000 Ex.). *Verlag Il Meneghello,* Mailand

Future Solleone Tarot: 1987, Elisabetta Cassari. Der Tarot als Schöpfungsgeschichte – aus dem Chaos entsteht Leben bis hin zu futuristischen Bildern mit Astronauten. 78 Karten. *Verlag Edizioni del Solleone,* Lissone

I Tarocchi di Gambedotti: 1986, von Mario Gambedotti. Die Bildgestaltung beruht auf Holzschnittechnik. Die Figuren und Symbole wurden in eine Welt des Essens und der Speisen verfrachtet (z. B. Schwerter sind Messer, Stäbe sind Nudelhölzer). 78 Karten. *Verlag Priuli & Verlucca*

Gli Arcani Maggiori della Storia Venezia: 1980, von Pietro Ricca. Die Geschichte Venedigs wird in den 22 → Großen Arkana nacherzählt. 22 Karten. *Verlag Filippi Editore*

I Tarocchi degli Gnomi: 1987, Antony Moore. Alle Figuren sind als Gnome und Zwerge dargestellt. Auf der → Großen Arkana → Der Wagen bändigt ein Zwerg mit langem, weißem Bart und roter Zipfelmütze statt zweier Sphinxe oder Pferde zwei Hasen. (Das Kartenspiel ist unter dem Namen Tarocchi più piccoli del mondo als »kleinstes Kartenspiel der Welt« mit 22 Blatt erhältlich. → Kleinster Tarot der Welt.) 78 Karten. *Verlag Lo Scarabeo,* Turin

Tarocco Indovino: 1979, von Sergio Ruffolo. Sanfte Zeichnungen von mittelalterlichen Figuren und Hintergründen (Burgen usw.). Die → Kleinen Arkana tragen die Satzbezeichnungen → Kreuz, → Pik, → Karo und → Herz, zeigen Wahrsagebeschriftungen als Auslegehilfen und sind im Gegensatz zu den meisten anderen Tarotdecks nicht an die Symbolik des Rider-Waite-Decks angelehnt. 78 Karten. *Verlag Dal negro,* Treviso

I Tarocchi Lanzichenecchi: 1988, von Giorgio Trevisan. »Der Landsknecht-Tarot« zeigt alle Figuren in der Welt der Renaissance vermischt mit modernen Motiven. → Der Magier als Alchemist, aber auch eine moderne Teufelsmaske ist zu sehen. 22 Karten, limitierte Auflage (909 Ex.). *Verlag Lo Scarabeo,* Turin

La Scala d'Oro: 1979, von Giorgio Tavaglione. Der Name des Tarot bedeutet »Goldene Treppe«, die Figuren sind in Renaissancekleidung und prächtiger Ausstattung zu sehen. Astrologische Symbole und magische Zeichen an den Rändern. 78 Karten. *Verlag U.S. Games,* New York. Auch Tavaglione Tarot.

Mani Divinatorie: 1979, von Osvaldo Menegazzi. Der italienische Künstler nahm in diesem (einem seiner vielen) Tarotdecks Hände als stringentes Motiv. So fährt z. B. eine

Hand auf einen Turm aus Karten nieder. 22 Karten, limitierte Auflage (1500 Ex.). *Verlag Il Meneghello,* Mailand

Tarocco Storico della Citta di Ferrara: 1987, von Amerigo Folchi. Der Künstler hat die Geschichte der Stadt Ferrara mit dem Tarot verbunden (wie der italienische Name sagt). 78 Karten, limitierte Auflage (3000 Ex.). *Verlag Italcards*

Mestieri e Vedute di Milano: Originial um 1820, von Ferdinando Gumppenberg. Wie der Titel der Karten bereits sagt, zeigt das Set den Handel Mailands und die Sehenswürdigkeiten der Stadt aus der Entstehungszeit des Sets eingebaut in alte → Tarotsymbolik. 78 Karten. Faksimile von1982. *Verlag Edizioni del Solleone,* Lissone

Il Tarocco Mitologico: 1988, von Andrea Gamboni und Amerigo Folchi. Klassizistischer Stil und griechische Mythologie verwoben mit alter → Tarotsymbolik. 78 Karten, limitierte Auflage (3000 Ex.). *Verlag: Italcards*

Tarot Moretti: 1984, von Charles Pasino. In Holzschnittechnik entworfener Tarot, der in der Gestaltung an alte Spiele angelehnt ist. Die → Sätze wurden in → Pik, → Herz, → Karo und → Kreuz um(rück)benannt. 78 Karten. *Verlag Moretti*

Tarocco della Musica: 1981, von Osvaldo Menegazzi. Figuren und Szenen der Oper, Operette, Musiktheater und Instrumente ersetzen die Tarotfiguren und Symbole auch in esoterischer Manier. 78 Karten, limitierte Auflage (2000 Ex.). *Verlag Il Meneghello,* Mailand

Tarocco Neoclassico Italiano: Original um 1810, von Ferdinando Gumppenberg. Das Spiel ist mit alten römischen Göttern und Göttinnen bevölkert, um der damaligen italienischen Bevölkerung neben dem Vergnügen des Kartenlegens auch Nationalbewußtsein nahezubringen. Faksimile von1980. *Verlag Edizione del Solleone,* Lissone

I Tarocchi delle Origni: 1989, von Sergio Toppi. Der Name bedeutet »Tarot der Ursprünge« und zeigt die Welt des Tarot in der Steinzeit. 22 Karten. *Verlag Lo Scarabeo,* Turin

Tarocco dell'Orror: 1987, von Gianni Maiotti. Der »Tarot des Horrors« zeigt Gruselszenen aus sämtlichen Sparten: Vampire, Sadisten und Horrorvisionen aus der Feder des Satirikers. 78 Karten, limitierte Auflage (2500 Ex.). *Verlag Il Meneghello,* Mailand

Tarocco con Personaggi Napoleonici: 1983, von Osvaldo Menegazzi und Giovanni Scarsato. Die Zeit Napoleons stand Pate für die Figuren und

Symbole (Soldaten usw.) 78 Karten, limitierte Auflage (2000 Ex.). *Verlag Il Meneghello,* Mailand

Omaggio a Erté: 1987, von Amerigo Folchi. Eine Hommage an den Modeschöpfer Erté der 20er Jahre unseres Jahrhunderts. Bildgestaltung dementsprechend auch im Stil des Art déco. 78 Karten, limitierte Auflage (1500 Ex.). *Verlag Edizioni del Solleone,* Lissone

Tarocco Popolare di Marsiglia: 1984. Zählt zu den → Marseiller Tarockspielen, die in Bildgestaltung und Symbolik alle auf dem → Tarot de Marseille aufbauen. Die Bilder (Figuren usw.) wurden leicht modernisiert, während die Karten selbst alten Karten nachempfunden wurden (z. B. keine abgerundeten Ecken). *Verlag Il Meneghello,* Mailand

I Tarocchi di Pinocchio: 1988, von Armando Valcauda. Die Geschichte Pinocchios wird im Rahmen des → Tarotzyklus erzählt. 22 Karten, limitierte Auflage (888 Ex.). *Verlag Lo Scarabeo,* Turin

I Tarocchi di Robot: 1987, von Piero Alligo, Massimo Borrelli und Luisella Prestinoni. Alle Figuren sehen im »Roboter-Tarot« aus wie Maschinen mit menschlichen Zügen. Sehr hintergründiger Tarot. 78 Karten. *Verlag Lo Scarabeo,* Turin

Tarocchi Romantici: 1989, von Giorgio Trevisan. Verschiedene Stile der unterschiedlichsten Epochen vereinen sich in diesem Tarot. 22 Karten. *Verlag Lo Scarabeo,* Turin

Sardinia la Magia nei Tarocchi: 1984, von Osvaldo Menegazzi. Wie der Name dieses Tarot bereits sagt, stand die italienische Insel Sardinien mit ihrer Geschichte, Kultur und ihren Sehenswürdigkeiten Pate. 78 Karten, limitierte Auflage (2500 Ex.). *Verlag Il Meneghello,* Mailand

Il Tarocchi di Sissi: 1988, von Amerigo Folchi. Die Lebens- und Leidensgeschichte der österreichischen Kaiserin Sissi wird in diesem Tarotzyklus nacherzählt. 78 Karten. *Verlag Italcards*

Solleone Tarot: 1981, von Elisabetta Cassari. Eine mittelalterliche Welt mit z. T sehr furchteinflößenden, aber immer nachdenklich stimmenden Bildern. 78 Karten. *Verlag Edizioni del Solleone,* Lissone

Tarocco Storio del Palio di Pistoia: 1985, von Amerigo Folchi. Der Palio von Pistoia (ein Pferderennen durch die Stadt, das bereits in der Renaissance zwischen den einzelnen Stadtvierteln veranstaltet wurde) und die Sehenswürdigkeiten der Stadt sind in die alte → Tarotsymbolik eingewoben. 78 Karten, limitierte Auflage (2000 Ex.). *Verlag Edizioni del Solleone,* Lissone

Tarocco del Tabacco: 1980, von Osvaldo Menegazzi. In diesem Tarot sind Tabaksdosen und Tabak an sich vorherrschend und nicht wie in dem ein Jahr später erschienenen Tarot des Künstlers, wo es um die Raucher persönlich ging. 22 Karten, limitierte Auflage (1500 Ex.). *Verlag Il Meneghello,* Mailand

I Tarocchi: 1988, Centro Studi di Cartomanzia, das Studienzentrum des Kartenlegens verwob geschickt die Lehren → Christians und → Lévis und fügte den alten astrologischen Zuordnungen die »neuen« Planeten Uranus, Neptun und Pluto zu. Die Summe der Karte 2 mal 22 ergibt sich daraus, daß jeder Karte im Set eine Karte mit Deutungstext extra hinzugefügt wurde. 2× 22 Karten. *Verlag Ideabag*

Tharbon Tarocchi: 1987, von Roberto Bonadimani. Ein Sciencefiction-Tarot des bekannten italienischen Comic-Illustrators. 78 Karten, in Schwarzweiß, limitierte Auflage (1001 Ex.). *Verlag Lo Scarabeo,* Turin

I Tarocchi Universali: 1988, von Sergio Toppi. Der Tarot wird ganz in der Bildersprache des Künstlers erzählt. Mit Collagen, 22 Karten, limitierte Auflage (1988 Ex.). *Verlag Lo Scarabeo,* Turin

I Tarocchi di Valentina Visconti per il Palio d'Asti: 1982, von Maria Teresa Perosino und Sergio Panza. Dieser Tarot knüpft an den Ursprungstarot, den → Visconti-Sforza-Tarot an, indem er die Geschichte der Valentina Visconti nacherzählt, die mit Ludwig von Orleans, Bruder Karls VI. von Frankreich, verheiratet war. Hinzugefügt wurden 10 Karten, die eine Episode aus der Stadt Asti erzählen. Dort wurde der Palio d'Asti ihr zu Ehren abgehalten (Palio war/ist ein traditionelles Reiterfest). 88 Karten, in Schwarzweiß, limitierte Auflage (1000 Ex.). *Verlag Edizioni del Solleone,* Lissone

Frankreich

Tarot Arista: 1964. Alle Karten tragen neben dem Namen Deutungshilfen, astrologische Symbole und numerologische Notizen. 78 Karten. *Verlag Grimaud,* Paris

Tarot de Bordeaux: 1987, von Gianfranco Dominis. Sehenswürdigkeiten der Stadt Bordeaux mit → Tarotsymbolen vermischt als Bildgestaltung. Quadratisches Format. Allerdings merkwürdigerweise 26 Karten. *Verlag Ca'Dominis*

Le Tarot des Capétiens: 1987, von Anne-Marie und Gilles Hipeau. Historische Figuren Frankreichs ersetzen die herkömmlichen Figuren (daher der Name – Capétiens = Kapetinger), z. B: → Die Sonne stellt

den Sonnenkönig Ludwig XIV. dar. 78 Karten, limitierte Auflage (50 Ex.). *Verlag Imagerie Maat*

Cartmancie de l'An 2000: 1981, von Pino Zac. Nicht zu verwechseln mit Tarot 2000. Der Karikaturist Zac zeigt alle Tarotfiguren in neuen Situationen und Symbolen, z. B. zeigt sich → Der Tod als Abgaswolke eines Industrieschlotes. 22 Karten. *Verlag: J. M. Simone/France Cartes,* Paris

Tarot d'Epinal: Original zwischen 1830 und 1855, von François Georgin. Neuauflage 1976. Zählt zu den → Besançon-Spielen. Unter den Karten befindet sich auch eine mit der Beschriftung »Consultant« (Ratsuchender). 78 Karten. *Verlag Grimaud,* Paris

Le Tarot Français: 1984, von Anne-Marie und Gilles Hipeau. Buchillustrationen des 14. Jh. standen Pate für die Bildgestaltung. 78 übergroße Karten, limitierte Auflage (250 Ex.). *Verlag Imagerie Maat*

Grand Tarot Belline: 1966, von Magus Belline. Der französische Magier Belline wurde in den 60er Jahren durch politische Vorhersagen berühmt. Sein Tarot baut angeblich auf den Überlieferungen des Pariser Wahrsagers Edmond des 19. Jh. auf. Die Bildgestaltung ist eng an den → Tarot de Marseille angelehnt.

Die Lehre → Paul Christians ist eng in diesen Tarot eingewoben.

La Maison de Jeu: 1985, von Mario Masini. Geometrische Formen ersetzen die Figuren und Symbole. 22 Karten, limitierte Auflage (333 Ex.). *Verlag Éditions de l'Éphémère,* Lausanne

Tarot Madonni: 1981, von Silvia Madonni. Märchenhafte Bilder mit Königinnen, Prinzessinnen und Rittern. 78 Karten. *Verlag France Cartes,* Paris

Minotarot: 1982, von Eric Provoost. Die griechische Sage von Minos, König von Kreta, wird im Zuge der → Tarotsymbolik nacherzählt. 78 Karten, limitierte Auflage (2000 Ex.).

Tarot Numérologique: 1986, von Richard Bennett. Der Autor selbst beruft sich auf → C. G. Jung, Atlantis und → Ägypten, um seine Zahlen- und Buchstabenzuordnungen zu erklären. Die Tarotforschung vermutet dahinter jedoch den Tarot der → Zigeuner von → Papus und das Gedankengut des Philosophen, Magiers und Okkultisten Agrippa von Nettesheim (1486–1535). Allerdings 88 Blatt. *Verlag France Cartes,* Paris

Symbolisches Freimaurertarot: 1987, von Paul Beauchard. Viele Tarotforscher waren im Bund der Freimaurer, z. B. → Oswald Wirth, daher sind Freimaurersymbole auch in den

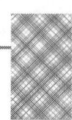

herkömmlichen Kartendecks zu finden (z. B. das angewinkelte Bein des Gehängten). Der Freimaurertarot ist eine Mischung aus astrologischen, zahlensymbolischen, kabbalistischen und alchemisitischen Figuren und Symbolen. 78 Karten. *Verlag France Cartes,* Paris

Taromantic: 1987. Baut auf dem → Ancien Tarot de Marseille auf, nahm zu den → Großen Arkana noch die 4 Asse hinzu. 26 Karten. *Verlag Grimaud,* Paris

Belgien

Tarot of Transition: 1983. Tarot im ägyptischen Stil, der auf den Lehren → Christians aufbaut. 78 Karten. *Verlag Carta Mundi,* Turnhout

Simplified Tarot: 1984, von Paul de Becker. Ursprünglich trug dieses Set den Namen »Armer Leute Tarot«. Die Bildgestaltung ist von den charakteristischen Werken des Künstlers geprägt. 78 Karten, in Schwarzweiß. *Verlag Carta Mundi,* Turnhout

Vandenborre Bacchus Tarot: Original um 1780 von Vandenborre. Faksimile 1974. Dieser Tarot zählt zu den → Flämischen Tarockspielen. Allerdings ist sich die Tarotforschung heute uneinig darüber, ob diese Karten wirklich der → Divination dienten. Der römische Gott Bacchus erscheint nur

anstatt des Hierophanten. Alle anderen Figuren tragen sehr ausgelassene Züge. 78 Karten. *Verlag Aurelia Books und Carta Mundi,* Turnhout

Spanien

22 Arcanos Mayores: Die Tarotforschung zählt das Kartendeck zu den → Marseiller Tarockspielen, die in Bildgestaltung und Symbolik auf dem → Tarot de Marseille aufbauen. Der Verlag beruft sich auf ein verlorengegangenes katalanisches Renaissancespiel. Hebräische Buchstaben auf den Karten, deren Zuordnung die Tarotforschung dem amerikanischen Okkultisten John H. Dequer zuspricht.

Tarot Egipcio Adivinatorio: 1988, von M. A. Moscardó und J. Bernaus. Ägyptische Symbolik. 78 Karten. *Verlag Naipes Comas,* Barcelona

El Gran Tarot Esoterico: 1976, von M. Guler und Luis Pena Longa. Verschiedene Hochkulturen wurden gemixt. → Die Gerechtigkeit zeigt König Salomo, → Die Sonne zeigt einen griechischen Tempel, Der Ratsuchende und die Ratsuchende werden wie bei → Eteilla entweder vom → Magier oder der → Hohepriesterin repräsentiert (El Consultante, La Consultante). → Lévi und → Papus standen für die → hebräischen Buchstabenzuordnungen Pate. Die Bildgestaltung lehnt sich eng an den → Tarot de

Marseille an. 78 Karten. *Verlag Fournier,* Vitoria

Tarot Español: Das Kartendeck wurde 1736 das erste Mal herausgebracht. Es zählt zu den → Marseiller Tarockspielen. Das Original befindet sich im Fournier Museum, Vitoria (Spanien). 78 Karten. Neubearbeitung 1975. *Verlag Fournier,* Vitoria

Divination Tarot: 1988. Das Deck zählt zu den → Marseiller Tarockspielen und ist stark an den → Ancien Tarot de Marseille angelehnt. 78 Karten. *Verlag Naipes Comas,* Barcelona

Tarot Universal Dali: Original 70er Jahre, von Salvador Dali. Nachdruck 1984. Themen des großen spanischen Künstlers sind mit Ausschnitten berühmter Gemälde anderer Künstler verwoben. Alte Symbolik des Tarot wurde dadurch ersetzt. 78 Karten. *Verlag Distribucions d'Art Surrealista und Naipes Comas,* Barcelona

USA - englischer Sprachraum

Bitte beachten Sie speziell in dieser Rubrik, daß manche der genannten Decks durchaus über deutschsprachige Verlage zu beziehen bzw. bei diesen erhältlich sind. Die genannten Karten zeichnen sich allerdings alle durch englische Begleittexte und englische Bildunterschriften aus bzw. erschienen erstmalig in den USA oder England.

African Tarot: Von Marina Romito und Denese Palm. Überbreite Karten mit alten Tarotsymbolen in plakativen Farben und kindlich wirkender Bildgestaltung. 78 Karten. *Verlag AGM AG Müller,* Neuhausen, Schweiz

Ages Tarot: 1988, von Mario Garizio. Bildgestaltung bezieht sich auf Atlantis. 78 Karten. *Verlag U.S. Games,* New York

Alchemical Tarot Deck: 1989, von R. T. Prinke, E. J. O'Donelly und W. M. Kiessling-Jensen. Die Verbindung von → Alchemie und Tarot war in der Bildgestaltung ausschlaggebend. 22 Karten, limitierte Auflage (100 Ex.). *Verlag Ouroboros, Roskilde,* Dänemark

Ancestral Path Tarot: Von Juli Cuccia-Watts. Ägyptische und römische Sagenwelt in moderner Gestaltung. 78 Karten. *Verlag AGM AG Müller,* Neuhausen, Schweiz

Angel Tarot: 1980. Dieser Tarot beruht auf den → Marseiller Tarockspielen, die in Symbolik und Bildgestaltung alle auf dem → Tarot de Marseille beruhen. Der Name rührt nicht von Engeln, wie es der Titel sagt, sondern vom Namen der japanischen Herstellerfirma Angel. Zusätzlich zu den Satzzeichen der → Schwerter, → Kelche, finden sich → Pik, → Herz, → Kreuz und → Karo auf den → Kleinen Arkana. *Verlag U.S. Games,* New York

317

Alan's Tarot Cards: Original um 1910, von Argio Orell, Nachdruck 1981. Die Karten wurden ursprünglich von einer österreichischen Firma zu Werbezwecken in Auftrag gegeben. Die Bilder zeigen dementsprechend Szenen der Reederei. Der Italiener M. Boldi (s. I 55 Tarocchi di Alan, Italien) unterlegte sie mit spirtitueller Bedeutung und neuen eigenen Legemethoden. 78 Karten. *Verlag Modiano, Triest,* Italien

Art Nouveau Tarot: 1989, von Matt Myers. Die Gestaltung ist, wie der Name sagt, an den Jugendstil angelehnt. 78 Karten. *Verlag U.S. Games,* New York

Balbi Tarot: 1976, von Domenico Balbi. Astrologische Symbole, → Kabbala und → Numerologie sind in jede Karte miteingearbeitet. Sehr starke Farbsymbolik. 78 Karten. *Verlag Fournier, Vitoria,* Spanien

Basic Tarot: Von Gudrun Dobratz. Die Karten sind deutsch/englisch untertitelt und zeigen die alten Tarotsymbole in neuer künstlerischer Gestaltung. 78 Karten. *Verlag AGM AG Müller,* Neuhausen, Schweiz

Cagliostro Tarot: 1955. Der berühmte Scharlatan-Magier Cagliostro hat mit den Karten nichts zu tun. Die Motive wurden an die 20er Jahre (Kleidung, Frisuren) angelehnt und mit astrologi-

schen Symbolen, hebräischen Buchstaben und Stichworthilfen für die → Divination versehen. Die Bildgestaltung ist stark dem → Papus-Tarot entnommen. Tarotforscher sehen in den Karten allerdings den Geist → Lévis. 78 Karten. *Verlage U.S. Games,* New York, USA, und *Modiano, Triest,* Italien

Cat People Tarot: 1985, von Karen Kuykendall. Jede Karte zeigt zusätzlich zu den Tarotfiguren eine Katze – z. B. → Der Tod zeigt auch ein Katzenskelett, der → Ritter der Kelche reitet auf einem Tiger, 78 Karten. *Verlag U.S. Games,* New York, USA, auch *Urania Verlag,* Neuhausen, Schweiz

Celtic Tarot: 1990, von M. G. Miranda. Die → Großen Arkana beruhen auf dem → Tarot de Marseille, die → Kleinen Arkana lehnen an mittelalterliche Bilder an. 78 Karten. *Verlag Piatnik,* Wien

Chinese Tarot: 1989, von Stuart R. Kaplan und Jui Guoliang. Alle Figuren in chinesischer Darstellung. Die Karten sind mit chinesischen Symbolen versehen. 78 Karten. *Verlag U.S. Games,* New York, auch *Urania Verlag,* Neuhausen, Schweiz

Connolly Tarot: Bildgestaltung und Symbolik basieren auf dem Rider-Waite-Deck, doch werden alte Symbole reizvoll umgewandelt und mit der Farb-

symbolik geändert. 78 Karten. *Verlag U.S. Games,* New York

Cosmic Deck of Initiation: Runde Karten mit Bildbeschriftungen am Rand. Keine Figuren, sondern Mandalas ersetzen die alte Tarotsymbolik. Im deutschsprachigen Raum auch *Verlag Urania,* Neuhausen, Schweiz

Dragon Tarot: Von Peter Pracownik und Terry Donaldson. Mythologische Drachenszenen. 78 Karten. *Verlag AGM AG Müller,* Neuhausen, Schweiz

Diamond Tarot: Von Klaus Holitzka und Marie-Louise Bergoint. Die Bilder des → Rider-Waite-Tarot sind in der Mitte der Karten abgebildet. Ornamente in moderner Gestaltung in zarten Farben außen herum. 78 Karten. *Verlag AGM AG Müller,* Neuhausen, Schweiz

Enoil Gavat Tarot: 1978, von Giorgio Tavaglione. Baut in der Gestaltung auf dem → Papus-Tarot auf. Randnotizen von Papus wurden übernommen, die in der heutigen Version des Papus-Tarot fehlen. 78 Karten. *Verlag U.S. Games,* New York

Experimental Tarot: Von Gunnar Kossatz. Neue moderne Bildgestaltung mit teilweise Zahlen, Buchstabenkombinationen und astrologischen Symbolen als Bildunterschriften. 78 Karten. *Verlag AGM AG Müller,* Neuhausen, Schweiz

Tarocco Egiziano: 1968. Die Karten sind eine Mischung der Lehre → Eteillas und dem → Tarot Égyptiens mit → hebräischen Buchstaben auf den → Großen Arkana. Allerdings werden im Begleittext Legemethoden nach → Papus erklärt. 78 Karten. (Die Bildunterschriften sind italienisch/spanisch, allerdings ist der Verlag und der Begleittext amerikanisch/englisch, daher fällt dieser Tarot unter diese Sparte.) *Verlage Altenburg-Stralsunder* und *U.S. Games,* New York

Gareth Knight Tarot: Mitte 60er Jahre, von Gareth Knight und Sander Little. Vorreiter der Esoterikwelle unserer Tage. Eine Mischung aus den Symbolen und Figuren des → Rider-Waite-Decks und denen → Crowleys. 78 Karten. *Verlage Altenburg–Stralsunder* und *U.S. Games,* New York

Gendron Tarot: Von Melanie Gendron. Die alten Symbole in neuer Gestaltung und in mystischen Farben. 78 Karten. *Verlag AGM AG Müller,* Neuhausen, Schweiz

Gill Tarot: Übergroße Karten, auf denen alte → Tarotsymbolik mit neuen Elementen vermischt wird. 78 Karten.

Golden Dragon Tarot: Von Jean-Louis Victor. Japanische Bildgestaltung mit englischer Bildunterschrift und japanischen Schriftzeichen. 78 Karten. *Verlag AGM AG Müller,* Neuhausen, Schweiz

Golden Rider Tarot: Tarotdeck von Miki Krefting. Die Bilder entsprechen exakt der berühmten Vorlage, dem → Rider-Waite-Deck. Allerdings ist die Gestaltung der Bilder modernisiert worden und wirkt dadurch nicht ganz so naiv wie das Original. *Verlag U.S. Games,* New York

Halloween Tarot: Von Kipling West. Wie der Name sagt, stand das amerikanische Fest Halloween (Allerheiligen, die Nacht vom 30. Oktober zum 1. November) Pate für diesen Tarot. Frankenstein als → Der Herrscher, in kindlich wirkender Bildgestaltung und lustigen Farben. 78 Karten. *Verlag AGM AG Müller,* Neuhausen, Schweiz

Hanson-Roberts-Tarot: 1985, von Mary Hanson-Roberts. Die Bildgestaltung hält sich im Stil an Märchen- und Kinderbuchillustrationen und von der Symbolik und den Figuren her streng an den → Rider-Waite-Tarot. 78 Karten. *Verlag U.S. Games, New* York

Hermetic Tarot: 1979, von Godfrey Dowson. Das Deck ist eine Mischung aus den Symbolen des → Golden Dawn (z. B. die astrologischen Zuordnungen) mit denen → von Aleister Crowley und eigenen Vorstellungen des Künstlers. 78 Karten, in Schwarzweiß. *Verlag U.S. Games,* New York

Hudes Tarot: Von Susan Hudes. Ausschnitte alter Landkarten und alche-

mistischer Bilder als Hintergründe. 78 Karten. *Verlag AGM AG Müller,* Neuhausen, Schweiz

Kalevala Tarot: Von Kalervor Aaltonen und Taina Pailos. Bilder einer vorzeitlichen Welt. 78 Karten. *Verlag AGM AG Müller,* Neuhausen, Schweiz

Karma Tarot: 1983, von Birgit Boline-Erfurt. Die alten Symbole wurden etwas erneuert. → Der Turm ist z. B. der Eiffelturm in Paris. Zudem sind bekannte Persönlichkeiten und Filmgrößen auf den Karten als Figuren eingearbeitet worden (z. B. → Königin d. Münzen – Marilyn Monroe). 78 Karten. *Verlag U.S. Games,* New York

Kazanlár Tarot: Von Ámin Emil A. Kazanlár. Alte Bildsymbolik mit neuen Elementen. Bildgestaltung in mittelalterlicher, christlicher Ikonographie mit indischen Elementen. Kartenränder goldfarben mit Bildunterschriften in vier Sprachen. *Verlag AGM AG Müller,* Neuhausen, Schweiz

Lord of the Rings Tarot & Card Game: Von Terry Donaldson, Mike Fitzgerald und Peter Pracownik. Der Bestseller von Tolkin »Der Herr der Ringe« stand Pate für die Ausgestaltung des Tarotdecks. Die Bildunterschriften erzählen eine Geschichte. Die herkömmliche Bedeutung steht am seitlichen Rand. 78 Karten. *Verlag AGM AG Müller,* Neuhausen, Schweiz

Magickal Tarot: 1986, von Anthony Clarke. Das »ck« in Magickal ist vom Künstler gewollt und soll auf → Aleister Crowley hinweisen, dessen magisch-rituelles Gedankengut Pate für das Deck stand. 78 Karten. *Verlag Aquarian Press*

Master Tarot: Von Amerigo Folchi und Mario Montano. Bildunterschriften deutsch/englisch. Die Symbolik, die Reihenfolge der Numerierung (diese ist nach einem eigenen System aufgebaut) und die Namen der Karten wurden z. T. geändert. 78 Karten. *Verlag AGM AG Müller,* Neuhausen, Schweiz

Maya Xultun Tarot: 1976, von Peter Balin. Die Kultur der Maya und die Lehren Carlos Castanedas sind mit dem westlichen System des Tarot verbunden worden. Symbolik und Bildgestaltung durch die Götterwelt der Maya ersetzt. 78 Karten. *Verlag Arcana Publishing,* Wilmont, Wisconsin

Medieval Scapini Tarot: 1984, von Luigi Scapini. Der Künstler nahm den → Visconti-Tarot als Grundlage und fügte eigene Entwürfe hinzu. 78 Karten. *Verlag U.S. Games,* New York, dt. auch bei *Urania,* Neuhausen, Schweiz

Morgan Greer Tarot Deck: 1979, von L. und W. Greer. Der Tarot vereint die Symbolik von → Waite und → Case in moderner Version. 78 Karten. *Verlag U.S. Games,* New York

Native American Tarot: 1982, von Magda Weck-Gonzales und J. A. Gonzales. Die Welt des Tarot in die Welt der Indianer versetzt. Statt → Der Herrscher ein Häuptling. 78 Karten. *Verlag U.S. Games,* New York

Navigators Tarot of the Mystik Sea: Von Julia Turk. Überbreite Karten in plakativen Farben und neuen, mystischen Gestaltungen der alten → Tarotsymbole. Mit doppelter Beschriftung. Im unteren Bildrand die herkömmliche Bedeutung, am oberen Rand ein zusätzlicher divinatorischer Hinweis. 78 Karten. *Verlag AGM AG Müller,* Neuhausen, Schweiz

Neuzeit Tarot: 1982, von Walter Wegmüller. New Age mit alter Tarotsymbolik verbunden. 78 Karten. *Verlag U.S. Games,* New York

New Tarot: 1974, von Jack Hurley, Rae Hurley und John Horler. Vorläufer der New Age Tarotsets. 78 Karten, in Schwarzweiß. *Verlag U.S. Games,* New York

New Palladini Tarot: Von David Palladini. Alte Symbole in neuer Gestaltung. 78 Karten. *Verlag AGM AG Müller,* Neuhausen, Schweiz

Norse Tarot: 1990, von Clive Barrett. Die Götterwelt der Germanen stand Pate für die Symbolik. 78 Karten. *Verlag Aquarian Press*

321

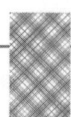

Old English Tarot: Von Maggie Kneen. Alte → Tarotsymbole neu gestaltet mit antik anmutenden Hintergründen. 78 Karten. *Verlag AGM AG Müller,* Neuhausen, Schweiz

Prediction Tarot: 1985, von Bernard Stringer und Peter Richardson. Englischer »Prophezeiungs-Tarot« (Prediction), der alte → Tarotsymbole mit weiteren mystischen Elementen in moderner Bildgestaltung zeigt. 78 Karten. *Verlag Aquarian Press*

Ravenswood Eastern Tarot: 1980, von Stuart R. Kaplan und Dirk Dykstra. Die Märchen aus 1001 Nacht standen Pate für diesen Tarot, vermischt mit hinduistischen, indischen und buddhistischen Elementen. 78 Karten, in Schwarzweiß. *Verlag U.S. Games,* New York

Renaissance Tarot: 1987, von Brian Williams. Der Name rührt möglicherweise daher, daß in der Renaissance die Antike neu entdeckt wurde. Die Bildgestaltung ist demzufolge eine Mischung aus Klassizismus, Renaissance, Antike. Auch die Figuren reichen von griechischen Göttern bis hin zum Taoismus. 78 Karten. *Verlag U.S. Games,* New York

Rolla Nordic Tarot: 1980, von Rolla K. Nordic und Paul Mathison. Sehr originelle Idee der Kartengestaltung. Es handelt sich zwar um herkömmliche Motive des → Tarot de Marseille, diese müssen aber erst vom Benutzer selbst vervollkommnet werden (Umrißzeichnungen, die vervollständigt werden müssen), um ein sehr persönliches Kartendeck gestalten zu können. 78 Karten. *Verlag U.S. Games,* New York

Romeo & Julia Tarot: Die Geschichte von Romeo und Julia eingebaut in den → Tarotzyklus. Die Karten wirken z. T. sehr alt durch die Malerei, die an den Stil der Renaissance angelehnt ist. 78 Karten. *Verlag U.S. Games,* New York

Russian Tarot of St. Petersburg: 1992, von Yury Shakov. Goldfarbiger Rand, reiche Ornamentik auf schwarzem Grund und alte Tarotfiguren und Symbole in russischer, naiver Malerei. 78 Karten. *Verlag U.S. Games,* New York

Sacred Rose Tarot: Um 1980, von J. Gargulio-Sherman. Rosen und florales Design in allen Variationen und Formen sind in allen Bildern zu finden. 78 Karten. *Verlag U.S. Games,* New York

Santa Fe Tarot: Von Holly Huber und Tracy le Cocq. Indianische Symbolik in reinen Farben. 78 Karten. *Verlag AGM AG Müller,* Neuhausen, Schweiz

Starter Tarot: 1976,von Stuart R. Kaplan und G. Bennett. Der Name sagt

es hier schon. Stichwortartige Weis-
sagehilfen sind auf die Karten gedruckt, um Anfängern die Arbeit mit
dem Tarot zu erleichtern. In Symbolik
und Bildgestaltung stützt sich das Deck
auf den → Tarot de Marseille und den
→ Rider-Waite-Tarot. 78 Karten. *Verlag
U.S. Games,* New York

Tapestry Tarot: Von Yvonne G. Jensen. Übergroße Karten. Collagen als
Bildgestaltung mit Planetenzuordnungen. Allerdings 80 Karten. *Verlag AGM
AG Müller,* Neuhausen, Schweiz

Tarot of a Moon Garden: Von Karen
Marie Sweikhardt. Alte Symbolik in
eine Sagenwelt versetzt mit neuen Elementen. 78 Karten. *Verlag AGM AG
Müller,* Neuhausen, Schweiz

Tarot of Gemstones and Crystals:
Von Helmut G. Hoffmann. Alle Karten
zeigen Fotografien von Edelsteinen
und Halbedelsteinen. 78 Karten. *Verlag
AGM AG Müller,* Neuhausen, Schweiz

Tarot of Love: Von Marica Perri.
Manche der Namen wurden geändert.
Alle Hintergründe zeigen ein Herz.
78 Karten. *Verlag AGM AG Müller,*
Neuhausen, Schweiz

Tarot of Northern Shadows: Von
Howard Rodway und Silvia Gainsford.
Keltische Mythologie als Bildsymbole.
78 Karten. *Verlag AGM AG Müller,*
Neuhausen, Schweiz

Tarot of the Old Path: Von S. Gainsford und Howard Rodway. Szenen
einer Sagenwelt in zarten Farben.
78 Karten. *Verlag AG AG Müller,*
Neuhausen, Schweiz

**Tarot of the Southwest Sacred
Tribes:** Von Violeta Monreal. Kultur
der Indianer stand Pate für die Bildgestaltung. 78 Karten. *Verlag AGM AG
Müller,* Neuhausen, Schweiz

Tarot of the Spirit: Alte → Tarotsymbole neu interpretiert und mit
intensiver Farbsymbolik. 78 Karten.
Im deutschen Raum auch bei *Verlag
Urania,* Neuhausen, Schweiz

Tarot Settanni: Von Pino Settanni
und Jean-Louis Victor. Überbreite
Karten, olivgrüne Umrahmung.
In der Mitte die Bildgestaltung auf
schwarzem Hintergrund. 78 Karten.
Verlag AGM AG Müller, Neuhausen,
Schweiz

Terrestrial Tarot: Von Ara Bergard
und Ad Zeeuwen. Futuristische Bilder.
Allerdings 82 Karten. *Verlag AGM AG
Müller,* Neuhausen, Schweiz

Transition Tarot: Die Karten sind
am oberen Rand mit Weissagungs-
hilfen versehen. Ägyptischer Stil.
78 Karten.

Unicorn Tarot: Von Liz Hilton und
Suzanne Star. Auf allen Karten Ein-

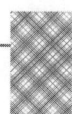

hörner zusätzlich zur Bildsymbolik. 78 Karten. *Verlag AGM AG Müller,* Neuhausen, Schweiz

Ukiyoe Tarot: 1982, von Stuart R. Kaplan und Koiji Furuta. Alle Tarotfiguren bauen auf dem → Rider-Waite-Tarot auf, sind aber stilistisch nach Japan versetzt und zusätzlich zu den herkömmlichen Namen mit japanischen Zeichen versehen. 78 Karten. *Verlag U.S. Games,* New York

Waite Variationer Nr. 1: 1989, von Georgine Margareta Witta Kiessling-Smith-Jensen. Kleine Ausschnitte aus dem Rider-Waite-Deck auf Kartengröße vergrößert, um dem Betrachter mehr Einsichten zu bieten. Künstlerisch sehr wertvoll. 26 Karten, limitierte Auflage (133 Ex.). *Verlag Spilkammeret,* Roskilde, Dänemark

Waite Variationer II-1 »A la Pringle«: 1989, von Georgine Margareta Witta Kiessling-Smith–Jensen. Das → Rider-Waite-Deck auf Seide in kräftigen Farben. 26 Karten, limitierte Auflage (30 Ex.). *Selbstverlag*

Waite Variationer II-2 »Metallic Blue on Red«: 1989, von Georgine Margareta Witta Kiessling-Smith-Jensen. Vollständig handgearbeitete Karten in blauem Metallicdruck auf rotem Untergrund. 26 Karten, limitierte Auflage (30 Ex.). *Selbstverlag*

Waite Variatonier II-3 »My Favourite«: 1989, von Georgine Margareta Witta Kiessling-Smith-Jensen. Handgemachte Karten in farblich-künstlerischen Waite-Variationen. 26 Karten, limitierte Auflage (30 Ex.). *Verlag Spilkammeret,* Roskilde, Dänemark

Voyager Tarot: 1986, von James Wanless und Ken Knutson. Mit Fotocollagen wird eine kosmologische Tarotwelt aufgebaut. Auch biologische Themen werden behandelt. DNA, 78 Karten. *Verlag Merrill-West Publishing*

Tarot of the Witches: 1973, von Fergus Hall. Der Tarot wurde für den James-Bond-Film »Leben und Sterben lassen« kreiert. Es wurde später unter dem Namen Tarot der Hexen veröffentlicht. 78 Karten. *Verlag U.S. Games,* New York

Yeager Meditations Tarot: 1975, von Marty Yeager. Indien, Yoga und Meditation vermischt mit Tarot. 78 Karten. *Verlag Credo Company*

Zigeuner Tarot: 1975, von S. Golowin und W. Wegmüller. Nicht zu verwechseln mit → Papus' Tarot der Zigeuner. Trotzdem baut dieser Tarot auf dem Ursprungsmythos der Zigeuner als Schöpfer/Überbringer des Tarot auf. Neue Symbole wurden alten Figuren interessant hinzugefügt. 78 Karten. *Verlag U. S. Games,* New York

Zolar's Astrological Tarot: 1983, von Zolar. Aufbauend auf dem → Rider-Waite-Deck wird die Verbindung von → Astrologie und Tarot um viele Neuheiten ausgebaut. 56 Karten (die 22 → Großen Arkana sind in einem ausgeklügelten System »eingebaut«). *Verlag U.S. Games,* New York

Japan

Entropy Tarot: 1983, von Shigeki Gomi. Ausgehend von Mikro- und Makrokosmos verbindet der Schöpfer der Karten modernste Wissenschaft mit alten Überlieferungen. Vielleicht der erste Tarot, der tiefgreifend auf die Chaostheorie und die damit mögliche Erklärung der → Divination eingeht. Farbsymbolik der alten Spiele wurde allerdings weggelassen, alle Karten sind in den Farben Lila und Weiß gestaltet. Zudem ist jede Karte mit einem → hebräischen Buchstaben nach dem System des → Golden Dawn versehen. 22 Karten. *Verlag Shigeki Gomi*

Südamerika

Egipcios Kier Tarot: Original vor 1978, von J. I. Janeiro. Neubearbeitung von 1984. Einziger Tarot aus Südamerika mit Weltbedeutung. Ägypten und → ägyptische Symbolik sind auch auf den → Kleinen Arkana stringent als Bildgestaltung durchgehalten. Die Lehren des → Golden Dawn wurden teilweise miteingewoben. 78 Karten. *Verlag U.S. Games,* New York

Tarotspiele

Mit Spiel sind hier tatsächliche Spiele (mit Spielbrett usw.) gemeint.

Sefirota – Das Spiel zum Tarot.
Der Tarotautor E. Graf hat ein Spiel geschaffen, um den Tarot spielend entdecken und erlernen zu können. → Astrologie und → Baum des Lebens wurden ebenfalls integriert. 25 Orakelkarten, 4 Lederspielsteine und 1 Astro-Disc. 1988. *Edition Piccattrix*

Tarot-Mysterien-Spiel.
Gesellschafts-, Meditations- und Orakelspiel für Anfänger und Eingeweihte. Spielplan, 1 Würfel und 28 Spielsteine. *Verlag Avalon*

Tarot Orakel Spiel.
Das Spiel wurde vom Tarot abgeleitet und mit ägyptischen Elementen verbunden. 4 Würfel und Spielanleitung. 1986. *Editions Rá*

325

Klassische Tarotliteratur

Dieser Literaturanhang erhebt nicht den Anspruch einer Wertung, lediglich wird hier Tarotliteratur aufgeführt, die bereits zu den »Klassikern« zählt.

Agrell, Sigurd: *Die pergamenische Zauberscheibe und das Tarockspiel.* Veröffentlicht im Bulletin de la Societé Royale des Lettres in Lund. 1935.

Case, Paul Foster: *Schlüssel zur ewigen Weisheit des Tarot.* Cases Standardwerk zum Tarot mit größtenteils kabbalistischen, astrologischen und zahlenmystischen Erläuterungen. *Urania,* Neuhausen 1992.

Case, Paul Foster: *Das Buch der Siegel.* Kabbalistische Tarotmeditationstexte. *B.O.T.A.,* Paris, o.J.

Christian, Paul: *Histoire de la Magie.* 1870. Hier werden die Tarotkarten erstmals im Sinn eines Zyklus beschrieben. Christian führte auch den Begriff Arkana ein.

Crowley, Aleister: *Das Buch Thot* (Ägyptischer Tarot). Crowley erklärt sein eigenes Tarotset mit ägyptischen, kabbalistischen, aber auch naturwissenschaftlichen Lehren. *Urania,* Neuhausen 1987.

Eteilla: s. Werner

Gebelin, Court de: *Le Monde Primitif, analysé et comparé avec le monde moderne.* 9 Bände zwischen 1775 und 1789. In Bd. I entwickelte er unter der Überschrift »Du Jeu des Tarots ...« seine Theorie vom ägyptischen Ursprung des Tarot.

Glahn, A. Frank: *Das deutsche Tarotbuch.* Die Lehre von Weissagung und Wesenheit. Drei Stufen der Einweihung. 1924. Glahn wollte zu seiner Zeit den Deutschen ihr erstes Tarotbuch »geben«, obwohl Ernst Kurtzahn bereits eines veröffentlicht hatte. Das Buch ist auf kabbalistischem und astrologischem Gedankengut, aber hinduistischen und chinesischen Lehren aufgebaut und bezieht sogar die Runen mit ein.

Kurtzahn, Ernst: *Der Tarot.* Die kabbalistische Methode der Zukunftserforschung als Schlüssel zum Okkultismus. Eines der ersten deutschen Tarotbücher (von einem deutschen Autor). Geht sehr intensiv auf die Kabbala ein, Anlehnung an Papus ist erkennbar. *Schikowski,* Berlin 1983.

Lévi, Eliphas: *Geschichte der Magie* (2 Bde.), engl. Übersetzung 1896.

Lévi, Eliphas: *Der Schlüssel zu den großen Mysterien,* Jhg. unbekannt.

326

Mathers, S. L. MacGregor: *The Tarot. Its Occult Signification, Use in Fortune-Telling, and Method of Play,* Jhg. unbekannt. Alle Karten werden mit ihrer divinatorischen Bedeutung angegeben und ein ungewöhnliches Legesystem beschrieben, das stark auf der Zahlenmystik aufbaut. *S. Weiser,* New York 1969.

Ouspensky, P. D.: *The Symbolism of the Tarot. Philosophy of Occultism in Pictures and Numbers.* Der Autor läßt die Karten zu sich »sprechen«, als würde er sich mit realen Personen unterhalten. (Im Sinne des Tarotzyklus, allerdings ist die Reihenfolge der Karte innerhalb des »Gespräches« verändert.) *Dover,* New York, 1976.

Papus: *Tarot der Zigeuner.* Für Tarotanfänger sehr schwer verständliches Buch, wie Papus selbst im Vorwort erwähnt, da er sich explizit an Eingeweihte wendet. Fundierte Kenntnisse esoterischer Wissenschaft ist Voraussetzung zum Verständnis des Buches, das sich tiefgreifend mit dem Tarot auseinandersetzt. *Ansata,* Interlaken 1985.

Papus: *Le Tarot Divinatoire.* 1909.

Waite, Arthur Edward: *Der Bilderschlüssel zum Tarot.* Alle Karten seines Kartensets werden beschrieben.

Eine Einführung in die Tarotsymbolik und Anleitungen für Legemethoden werden ebenfalls gegeben. *Urania,* Neuhausen 1978.

Werner, Helmut (Hrsg): *Das Eteilla Tarot.* Das ursprüngliche Buch Thot. Theoretischer und praktischer Unterricht über das Buch Thot oder über die höhere Kraft, Natur und Mensch mit Zuverlässigkeit die Geheimnisse des Lebens zu enthüllen und Orakel zu erteilen, nach der Ägypter wunderbarer Kunst. Mit 78 Abbildungen, die man auf Kartenpapier aufzukleben und in ein Futteral zu bringen hat, wodurch das »Buch Thot« dargestellt wird. 1783. Das Buch wurde von J. Scheidle 1857 in Übersetzung herausgegeben. *Meco,* Dreieich 1990.

Winckelmann, Joachim: *Tarot der Eingeweihten. Schikowski,* Berlin 1954.

Wirth, Oswald: *Le Tarot des Imagiers du Moyen Age* (übersetzt ins Englische: Introduction to the Study of The Tarot. A beginner's guide to the symbolism and use of Tarot cards by one of the greatest Tarot designers and theorists). Ein kleines Buch mit umfassenden kabbalistischen und zahlenmystischen Erläuterungen der 22 Großen Arkana. *US Games Systems,* New York 1983.

327

Nützliche Adressen

Drei wichtige Adressen für Tarotliebhaber und Sammler:

Deutsches Spielkartenmuseum
Schönbuchstraße 32
(Grundschule Leinfelden-Echterdingen)
D-70771 Leinfelden-Echterdingen
Öffnungszeiten:
Di – Fr 14–17 Uhr
So und Feiertage 10–13 Uhr

MGM JOKER KG
Stiglmaierplatz 2
D-80333 München

Vergriffene und neue Tarotliteratur
und Tarotkartendecks für Sammler,
Liebhaber und Interessierte.

Spilkammeret
Sct. Hans Gade 20
Dk-4000 Roskilde

Ein privates Museum für Tarot und
historische Spielkarten, größte Samm-
lung in Nordeuropa. Besichtigung
nach Vereinbarung (es wird deutsch
gesprochen).
Europas momentan einzige Fachzeit-
schrift des Tarot wird von diesem
Museum (Leitung K. Frank Jensen)
herausgegeben. In Englisch.

Allgemeiner Deutscher Tarotverein
(ADTV)
Aachener Straße 1353
D-50859 Köln

Der Verein ist erst im Aufbau begriffen,
doch kann man sich bereits jetzt in
die Adreßkartei einschreiben lassen
(Stand Herbst 1998). Geplant sind jähr-
liche Tagungen, günstige Kurse und
Vorträge, und ein Broschürenblatt über
den Tarot (Literatur, Legungen, aktuelle Themen und häufige Fragen etc.).

Suchhilfe

Diese Suchhilfe ist nach Fachgebieten unterteilt, so daß man schnellstmöglich verschiedene Themen zu einem Fach- gebiet finden kann bzw. erfährt, welche Stichwörter für die einzelnen Bereiche wichtig sind.

Divination

Abenteuer	Botschaft	Erinnerung
Abhängigkeit	Bruch	Erniedrigung
Abneigung	Bruder	Errungenschaft
Absichten	Bündnis	Fasten
Aktivität	Chance	Fehltritt
Alleinsein	Demut	Feigheit
Alptraum	Diebstahl	Flirt
Angst	Durststrecke	Fortschritt
Anwalt	Ehe	Freude
Arbeit	Ehefrau	Freunde
Arglist	Ehemann	Freundschaft
Armut	Ehre	Frieden
Arzt	Einfluß	Fruchtbarkeit
Askese	Einsamkeit	Geduld
Aufbruch	Einsicht	Gefahr
Aufgabe	Eintracht	Gefangenschaft
Ausgleich	Einweihung	Gefühle
Autorität	Emotion	Gelassenheit
Befreiung	Ende	Gelegenheit
Begabung	Energie	Gemeinheit
Beherrschung	Entscheidung	Genialität
Beruf	Entschlossenheit	Genuß
Betrug	Enttäuschung	Gerechtigkeit
Bewußt	Erbe	Geschenke
Bildung	Ereignis	Geschicklichkeit
Bösartigkeit	Erfolg	Gleichgewicht

Glück

Gnade

Großzügigkeit

Handeln

Harmonie

Hemmung

Hoffnung

Ideen

Illusion

Innere Stimme

Interesse

Intuition

Irreführung

Isolierung

Kampf

Kindheit

Klugheit

Knechtschaft

Konflikte

Konsequenzen

Kontrolle

Kraft

Krankheit

Kreativität

Krise

Kritik

Kummer

Kunst

Künstler

Leichtsinn

Leidenschaft

Liebe

Liebhaber

Los

Macht

Meditation

Meisterschaft

Mißtrauen

Mitgefühl

Mut

Mutter

Nachrichten

Neuigkeiten

Neuorientierung

Niederlage

Not

Operation

Opfer

Originalität

Pause

Phantasie

Pläne

Platonisch

Prüfung

Qual

Ratlosigkeit

Reichtum

Reise

Romanze

Ruhe

Ruin

Scheidung

Schicksal

Schmerz

Schwindel

Sehnsucht

Selbstkontrolle

Selbstvertrauen

Sexualität

Sicherheit

Sieg

Sinnlichkeit

Spontaneität

Stabilität

Streit

Streß

Sucht

Täuschung

Tod

Tränen

Trauer

Traum

Trennung

Triumph

Überdruß

Übergang

Überraschung

Umbruch

Unaufrichtigkeit

Unbewußt

Unerwartete Ereignisse

Unfähigkeit

Unglück

Unparteiisch

Unreife

Unsicherheit

Untergang

Unzuverlässigkeit

Urlaub

Urteil

Vater

Veränderung

Verblendung
Vergnügen
Verleumdung
Verlobung
Verlust
Versöhnung
Versuch
Versuchung

Vertrauen
Verträumt
Verwirklichung
Verzicht
Verzögerung
Vorhaben
Vorsicht
Wandel

Weisheit
Widersacher
Wohlstand
Zerstörung
Ziele
Zufriedenheit
Zuverlässigkeit
Zweifel

Esoterische Symbole, allgemeine

Achtzackiger Stern
Ausgebreitete Flügel
Drudenfuß
Elemente
Evangelisten

Evangelistensymbole
Glyphe
Hexagramm
Lemniskate
Pentagramm

Pentakel
Purpurner Mantel
Zepter

Farbsymbolik

Blau
Braun
Farbprisma
Farbsymbolik
Gelb

Grau
Grün
Indigo
Orange
Purpur

Rot
Schwarz
Violett
Weiß

Geschichte des Tarot

Altindische Karten
B.O.T.A.
Bembo
Bembo, Bonifazio
Charles VI. v. Frankreich
Chinesischer Domino
Esoterischer Tarot
Etymologie d. Tarot
Exoterischer Tarot

Fes
Geschichte des Tarot
(mit Zeittafel)
Golden Dawn
Gringonneur, Jaquemin
John I.
Losbücher
Naipes
O.T.O.

Päpstin
Pepin, Nicolao
Taroc
Taroteer
Tarotiers
Ursprungsmythen des
Tarot
Zigeuner
Ägyptischer Tarot

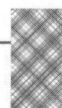

Karten

(mit Ausnahme der einzelnen Karten)

Allegorische Karten
As
Bube
Doppelköpfige Hof-
    karten
Elemente
Farben
Große Arkana
Hofkarten
Indikator
Kelche

Kleine Arkana
Kleine Karten
König
Königin
Lichtseite
Münzen
Numerische Karten
Obermann
Ritter
Sätze
Schattenseite

Schwerter
Signifikator
Stäbe
Tarotdeck
Tarotlesung
Trümpfe
Trumpfkarten
Untermann
Zahlenkarten

Kartenbezeichnungen

(fremdsprachige und Spezialbegriffe)

Amanti, Gli
Atouts
Atutti
Bagattel, Il
Bagatto, Il
Bastaleur
Bastoni
Batons
Blatt
Carreaux
Carro
Cavalier
Cavallo
Chariot
Cœurs
Coppe

Coupes
Cup Player
Dama
Dame
Death
Denari
Deniers
Devil
Diable
Diavolo
Eicheln
Empress
Epees
Erde
Fante
Female pope

Fire of Heaven
Fol
Fool
Foolishman
Force
Fortitude
Forza
Fou
Gaukler
Giudizio
Giustizia
Hanged Man
Hanging Man
Hierophant
High Priestess
Hospital

House of God	Lune	Reine
Joueur de gobelets	Magician	Reiter
Judgement	Maison de Dieu	Roi
Jugement	Mat	Rota di Fortuna
Juggler	Matto	Rota-Rad
Justice	Monde	Roue de la Fortune
Kaiser	Mondo	Ruota de la Fortuna
Kaiserin	Moon	Schicksalsrad
Keulen	Mort	Sole
Knabe	Morte	Soleil
L'Amoureux	Mounterbank	Stella
L'Angelo	Pagad	Sun
L'Appeso	Page	Temperance
L'Empereur	Pap	Temperanza
L'Ermita	Papa	Thimblerigger
L'Ermite	Papasse	Torre
L'Etoile	Papst	Tower
L'Imperatore	Pendu	Tower of Babel
L'Imperatrice	Penduto	Universe
Lovers	Pfeile	Valet
Luna	Piques	World

Kartenlegung

Aufdecken der Karten	Fragender	Signifikator
Deutender	Fragestellung	Tageskarte
Deutung	Indikator	Umgekehrte Bedeutung
Divination	Mischen	Zahlenwahl
Ertasten der Karten	Quersummenkarte	

Kartensets

(außer den Decks im Anhang)

Aquarian Tarot
B.O.T.A.-Tarot
Carey Tarotkarten der
  Französischen
  Revolution
Classic Tarot
Grimaud-Tarot-Arista-
  Karten
Große Eteilla Karten
Lyoner Tarock
Minichiate von Florenz
Napoleonische

Tarotkarten
Piemonteser Tarot
Rider-Waite-Tarot
Rochias-Fils-Karten
Rosenkreuzer-Tarot
Sacred Tarot
Sizilianischer Tarock
Tarocchi von Mantegna
Tarocchi von Venedig
Tarocchi-Spiel
Tarocchino von Bologna
Tarocchino von Mitelli

Tarot de Marseille
Tarot v. Besançon
Tarottrumpf
Tier-Tarotkarten
Venezianischer Tarot
Verzauberter Tarot
Visconti-Brambilla-
  Spiel
Visconti-Karten
Visconti-Modrone-Spiel
Visconti-Sforza-Spiel

Legesysteme

Abgeleitete Häuser
Astrologische Häuser
Dreikartenbild
Elfer Kreuz
Fünfunddreißigkarten-
  bild
Hufeisenkartenbild

Jahresauslage
Keltisches Kreuz
Kleines Kreuz oder
  Frageauslage
Königskartenbild
Legen der siebenten
  Karte

Namenskartenbild
Péladan
Pyramidenkartenbild
Siebenkartenbild
Zigeunerkartenbild

Tarot und Astrologie

Astrologie
Astrologische Häuser
Astrologische Symbole
Christian, Paul
Erhöhte Planeten
Jupiter
Mars
Merkur

Mond
Neptun
Planeten
Pluto
Radix
Saturn
Sonne
Sternzeichen

Tierkreiszeichen – Die
  12 Tierkreiszeichen
  von Widder bis Fische
Uranus
Venus
Zahlenkarten

Kartenlegung

Kartensets

(außer den Decks im Anhang)

Aquarian Tarot

B.O.T.A.-Tarot

Carey Tarotkarten der
  Französischen
  Revolution

Classic Tarot

Grimaud-Tarot-Arista-
  Karten

Große Eteilla Karten

Lyoner Tarock

Minichiate von Florenz

Napoleonische

Tarotkarten

Piemonteser Tarot

Rider-Waite-Tarot

Rochias-Fils-Karten

Rosenkreuzer-Tarot

Sacred Tarot

Sizilianischer Tarock

Tarocchi von Mantegna

Tarocchi von Venedig

Tarocchi-Spiel

Tarocchino von Bologna

Tarocchino von Mitelli

Tarot de Marseille

Tarot v. Besançon

Tarottrumpf

Tier-Tarotkarten

Venezianischer Tarot

Verzauberter Tarot

Visconti-Brambilla-
  Spiel

Visconti-Karten

Visconti-Modrone-Spiel

Visconti-Sforza-Spiel

Legesysteme

Abgeleitete Häuser

Astrologische Häuser

Dreikartenbild

Elfer Kreuz

Fünfunddreißigkarten-
  bild

Hufeisenkartenbild

Jahresauslage

Keltisches Kreuz

Kleines Kreuz oder
  Frageauslage

Königskartenbild

Legen der siebenten
  Karte

Namenskartenbild

Péladan

Pyramidenkartenbild

Siebenkartenbild

Zigeunerkartenbild

Tarot und Astrologie

Astrologie

Astrologische Häuser

Astrologische Symbole

Christian, Paul

Erhöhte Planeten

Jupiter

Mars

Merkur

Mond

Neptun

Planeten

Pluto

Radix

Saturn

Sonne

Sternzeichen

Tierkreiszeichen – Die
  12 Tierkreiszeichen
  von Widder bis Fische

Uranus

Venus

Zahlenkarten

Tarot und Kabbala

Ajin
Aleph
Baum des Lebens
Beth
Chet
Daleth
Gematria
Gimel
He

Hebräische Zahlen-
  mystik
Hebräisches Alphabet
Jod
Kabbala
Kaf
Lamed
Mem
Nun

Pe
Sajin
Samech
Sephiroth
Teth
Waw
Zade

Tarotforscher und -autoren

Alliete
Banzhaf, Hajo
Benjamine, Elbert
Birven, Dr. Phil. Henri
Clemens
Calvino, Italo
Case, Paul Foster
Christian, Paul
Crowley, Aleister
Dummett, Michael
Eteilla
Formahaut
Fugairon
Gebelin, Court de
Giles, Cynthia

Glahn, A. Frank
Golowin, Sergius
Hall, Manley Palmer
Henkes
Kaplan, Stuart R.
Kurtzahn, Ernst
Lévi, Eliphas
Malory, Sir Thomas
Mathers, McGregor
Maxwell, Joseph
Metzner
Moakley, Gertrude
Mouni Sadhu
Ouspensky, P.D.
Papus

Regardie, Israel
Scheidle, J.
Stucken
Vaillant, J. A.
Vivian, Robson
Waite, A. E.
Wald, George
Westcott, William Wynn
Weston, Jesse L.
Winckelmann, Joachim
Wirth, Oswald
Yeats, William Butler
Zain, C. C.

Weiterführende Begriffe

Ägyptische Symbole
Aiwaz
Alchemie
Amethyst

Aquamarin
Archetypen
Ars Memoria
Astarte

Astrum Argentum
Baal
Bergamotte
Bergkristall

335

Zahlen